어느투자자의회상

어느 투자자의 회상

초판 1쇄 발행
2022년 5월 15일

초판 3쇄 발행
2024년 7월 31일

지은이
에드윈 르페브르

옮긴이
신가을

펴낸이
이종미

펴낸곳
담푸스

전화
031-919-8510(편집부)
031-907-8512(주문 및 관리)

팩스
070-4275-0875

주소
경기도 파주시
문예로 21, 3층 302호

홈페이지
http://dhampus.com

이메일
dhampus@dhampus.com

등록
제395-2008-00024호

편집
허지혜, 이병철

디자인
유어텍스트

마케팅
김하경

경영지원
김지선

ISBN 979-11-90024-43-3 (04320)

탑픽은 담푸스의 고전 시리즈 브랜드입니다.
탑픽이란 '주식의 여러 종목 가운데 엄선된 최고의 종목'을 말합니다.
고전 중 가장 양질의 도서만을 선보이고자 합니다.

어느 투자자의 회상

추세매매 대가 제시 리버모어의 이야기

에드윈 르페브르 지음 | 신가을 옮김

Reminiscences of a
Stock Operator

《어느 투자자의 회상》에 보내는 찬사

《어느 투자자의 회상》은 '투자 지혜의 샘' 그 자체다.

– 앨런 그린스펀Alan Greenspan, 전 미국 연방준비제도 의장, 저서 《격동의 시대》
중에서

제시 리버모어는 월스트리트 투기의 전설적인 아이콘 중 한 명이었
다. 주식시장과 호흡이 잘 맞지 않을 때, 그의 투자 방법을 다시 본다.

– 제프리 소트Jeffrey Saut 레이먼드 제임스Raymond James CIO

시대를 넘어선 보석 같은 트레이딩이다. 그의 방법은 종종 모방되지
만 결코 넘어설 수는 없다.

– 알렉산더 엘더Alexander Elder, 《심리투자법칙》 저자

20년 동안 읽고 또 읽었지만 이 책은 아직도 내가 가장 즐겨 보는 책 중 하나다.

- 케네스 L. 피셔Kenneth L. Fisher, 〈포브스Forbes〉

우리가 알고 있는 비즈니스에 관한 책 중 가장 똑똑한 책이다.

- 〈포천Fortune〉

주식시장에 관한 책들이 나왔다가 사라진다. 하지만 이 책은 90년이 지난 지금도 발간되며 인기를 구가하고 있다.

- 〈GQ 매거진GQ magazine〉

투자에 관한 책 중 가장 재미있는 책을 꼽으라면 에드윈 르페브르가 1923년 처음 선보인 《어느 투자자의 회상》이다.

- 〈시애틀 타임스The Seattle Times〉

나의 이야기, 당신의 이야기, 제시 리버모어

올해로 이 책이 나온 지 99년이 되었다. 이 책은 흔히 역사상 가장 많이 읽힌 투자 관련 서적으로 불린다. 또 다른 명저인 '시장의 마법사 시리즈'에 나오는 트레이더들의 인터뷰 등에서 투자자들에게 영감을 준 책으로 꾸준히 재등장하며 사랑받고 있다. 트레이더뿐만 아니라 켄 피셔, 윌리엄 오닐 등 주식의 정성적 분석에 능한 전설적 투자자들 사이에서도 '최애 책'으로 꼽히고 있다. 필자는 개인적으로 투자를 시작한 뒤로 이 책을 20번 이상을 읽었다. 밑줄로 얼룩진 책을 즉석에서 친구에게 선물한 것도 여러 번이다. 읽을 때마다 새로움이 느껴진다. 문장 하나하나가 감탄스러우며, 읽을 때마다 새로운 것을 얻어가고, 군중에 대해 생각하게 된다.

제시 리버모어가 '훗날 투자에 실패한 것을 비관하여 자살했다'는 소문이 주는 아이러니, 혹은 허망감 때문에 이 책이 더 유명해진 것인지도 모르겠다. 그러나 이 책을 진정성 있게 읽은 사람들은 그런 이야기에 의문을 가졌을 것이다. 실패를 받아들이고 그것을 냉정하게 분석하는 제시 리버모어의 세계관은 소름 돋을 정도로 정교하고 강렬하기 때문에, 그가 그 같은 전철을 밟았으리라 상상하기가 어렵기 때문이다. 그는 자신을 객관화해서 바라보면서 실패의 요인을 찾고 반성하는 데 천재적이었다. 그런 그가 개인사의 비극을 경험하면서 63세의 나이에 스스로 목숨을 끊었으니, 이 드라마가 사람들에게 큰 수수께끼를 던지는지도 모르겠다.

이 책에 나오지 않는 그의 삶에 대한 이야기를 몇 가지 소개한다. 전설(?)에 의하면 그는 세 살 반 때 글을 읽고 쓸 줄 알았으며, 다섯 살 때는 경제 신문을 읽었다. 책의 첫 장에 나오듯 열네 살 때 일을 시작해 주식시장이 전혀 무작위하지 않다는 것을 스스로 깨닫고, 투기로 돈을 벌기 시작한다. 이 책이 발간된 것은 그가 46세가 되던 때로, 여러 번의 실패를 반복했음에도 다시 더 큰 투자자로 일어섰다. 우리는 이 책에서 그의 전설적인 투자의 장면들과 그의 깨달음을 뒤쫓아가는 즐거움을 느낄 수 있을 것이다.

한편, 책이 발간된 이후 그는 1929년 대공황 때 지금 기준으로 무려 2조 원에 달하는 수익을 거둔다. 혹자는 이런 이유로 제시 리버모어를 역사상 가장 많은 수익을 낸 개인 트레이더로 논하기도 한다. 하지만 이혼과 재혼을 반복하며 가정이 불안정해졌고, 이때쯤엔 재혼한 부인의 과소비 등으로 스트레스를 받기도 했다. 그러다 다시 이혼하고, 부인이 아들을 총으로 쏘는 사고 등을 겪으며, 그의 정신건강은 급격히 무너졌는지도 모른다. 몇 년 지나지 않아 그는 다시 2조 원에 달하는 자금의 파산 신청을 했다. 마지막 부인은 제시 리버모어와 재혼하기 전에 최소한 두 명의 전남편이 자살로 삶을 마감했다. 건강한 관계라 보기 어려울 수도 있다. 그러나 여러 기록에 의하면 그가 자살할 무렵에는 소문대로 빚투성이는 아니었던 모양이다. 나이가 들면서 높은 기대감을 충족시켜야 한다는 피로감이 쌓인 것은 아닐까. 그러나 돈이 있다고 해서 저절로 행복해지는 것이 아님은 분명하다. 행복해지기 힘든 삶을 자신도 모르게 밟아 나갔음이 분명하다.

그러나 그런 그의 최후가 중간에 그가 이겨낸 여정을 훼손시키지는 않는다. 또한 그 여정에서의 생각을 글로 남겨준 것이야말로 큰 공로라 할 수 있다. 이런 전후 사정을 모르더라도 이 책은 군중과 시장, 투자와 자신에 대한 이해를 높이는 주옥 같은 문장들로 가득하다. 이 책을 여럿에게 추천해봤는데 즉각적으로 재미를 느끼지 못하는 사람들은 적극적인 투자에 맞지 않는다는 생각도 들곤 했다. 재 있게 읽은 사람들은 꼭 세월이 흐름과 더불어 여러 번 읽기를 추천한 다. 투자하면서 다시 읽어보면 자신의 심리적 실수들이 이미 이 책 안에 모두 정확하게 서술되어 있다고 느끼며 허탈해질 것이다. 그러 나 그것을 고쳐 나갈 수만 있다면, 그래서 시장의 큰 흐름을 조금이 라도 객관화할 수 있다면, 투자 여정에 큰 도움이 될 것이다.

제시 리버모어, 그리고 그의 이야기를 아름다운 문장으로 편집해 준 대기자 에드윈 르페브르! 여러분도 이 책을 필자만큼 사랑하게 되 기를 바란다. 필자의 글을 더 읽을 시간이 없다! 본문으로 향하소서.

천영록
(주)두물머리(대표이사)

차
례

열다섯, 주식시장에
첫발을 딛다

나는 초등학교를 졸업하자마자 생활 전선에 나서야 했다. 주식중 개소에 호가판을 관리하는 사환으로 취직했다. 다행히 나는 셈이 빠른 편이었다. 학교에서 3년 과정으로 배워야 하는 산수를 1년에 마쳤는데, 특히 암산에 능했다. 호가판 사환이 하는 일은 객장에 있는 커다란 호가판에 숫자를 기입하는 것이었다. 보통 고객 한 사람이 시세 표시기* 옆에 앉아서 큰 소리로 시세를 불러줬다. 숫자라면 까먹는 법이 없는 나는 아무리 빨리 불러줘도 척척 처리했다. 실수는 물론 없었다.

사무실에는 다른 직원도 많았다. 물론 동료들과 다 친하게 지냈지

---

* 1870년부터 1970년까지는 전산으로 주가 정보를 전송하는 시스템을 사용했다. 스톡 티커(Stock ticker)라는 기계가 폭이 좁은 종이 테이프인 티커 테이프(Ticker tape)를 통과시키며 전송받은 정보를 인쇄했다. 전송하는 정보는 회사명, 주가, 수량이었는데, 통신 속도가 느린 데다 인쇄 공간이 좁아 정보를 축약 전달했다. 이때 회사 이름 대신 사용된 알파벳 기호가 오늘날 티커 심볼((Ticker Symbol)이 됐다.

만, 시장이 한창 활기를 띠는 오전 10시부터 오후 3시까지는 너무 바빠서 서로 이야기할 틈도 없었다. 어차피 업무 시간에 수다 떠는 것을 좋아하지도 않았지만.

하지만 시장이 아무리 정신없이 돌아가도 주식시장 그 자체에 대한 관심은 놓지 않았다. 처음에 내게 시세란 주가가 아니라 그냥 숫자에 불과했다. 다시 말하면 주당 몇 달러로 표시되는 값어치가 아니라 그냥 숫자로 느껴졌을 뿐이다. 그 숫자는 잠시도 멈추지 않고 시시각각 바뀌었다. 그 변화를 놓치지 않기 위해 나는 온 신경을 곤두세웠다. 하지만 숫자들이 왜 그렇게 변하는지 그 이유는 알지 못했다. 사실 그런 건 상관하지도, 생각하지도 않았다. 그저 시세 표시기의 숫자가 계속 변한다는 사실만 신경 썼다. 매일 다섯 시간 동안, 그리고 토요일에는 두 시간 동안 내가 기억해야 하는 사실은 오로지 숫자가 계속 변한다는 것 하나뿐이었다.

그렇게 계속 숫자만 바라보다가 언젠가부터 주가가 움직이는 양상에 점점 관심을 갖게 됐다. 숫자를 기억하는 재주가 남달랐던 터라 주가가 오르거나 내리면 바로 전날에는 어떻게 움직였는지 낱낱이 비교했다. 어려서 암산을 좋아했던 게 이럴 땐 아주 요긴했다. 그러다 보니 주가가 떨어질 때도 오를 때도, 말하자면 일정한 패턴을 나타내는 게 보였다. 아주 비슷한 움직임이 쌓이고 쌓여서 선례가 되고, 길잡이 노릇을 해줬다. 그때 나는 겨우 열네 살이었는데, 수백 건의 주가 움직임을 관찰해서 머릿속에 집어 넣어뒀다가 그날 주식이

13

보인 움직임을 다른 날과 비교하면서 내가 예상한 것과 얼마나 맞아떨어지는지 살폈다. 이렇게 경험을 쌓아가면서 주가 움직임을 점점 더 정확히 예측하게 됐다. 유일한 길잡이는 과거 주가가 보인 움직임이었다. 머릿속에 '경마 예상지'가 있었던 셈이다. 경주마들이 그동안 거둔 성적을 바탕으로 오늘은 어떻게 달릴지 예측하듯이 주가가 지금까지 보여준 양상을 토대로 어떻게 움직일지 예측했다. 경주마들의 속도를 기록하듯 주가가 움직이는 양상을 기록해둔 셈이다. 무슨 말인지 충분히 이해할 수 있을 것이다.

이런 식으로 예측하다 보면 매수가 매도보다 약간이나마 더 나아질 것 같은 지점을 포착할 수 있다. 경마꾼들이 망원경으로 질주하는 말들을 자세히 관찰하듯 주식시장에서 전투가 벌어질 때면 시세 테이프가 망원경 역할을 해줬다. 내 예측은 열에 일곱 정도의 확률로 적중했다.

이런 일을 되풀이하면서 내가 일찌감치 깨우친 교훈이 하나 있다. 바로 월가엔 새로운 게 없다는 사실이다. 투기의 역사는 유구하다. 오늘 주식시장에서 무슨 일이 벌어졌건, 그런 일은 과거에도 있었고 앞으로도 또 일어날 것이다. 나는 이 사실을 결코 잊지 않았다. 그리고 어떤 일이 벌어지면 이런 일이 과거에 언제 어떻게 일어났는지 기어코 기억해냈다. 이처럼 일이 일어난 경위를 기억하는 것은 경험을 활용하는 나 나름의 방식이었다.

이 게임에 푹 빠진 나머지, 거래가 활발한 주식이라면 종목을 가리지 않고 등락을 예상하기 시작했다. 단지 머릿속으로 점쳐보는 데 그치지 않고 급기야 조그만 장부를 한 권 마련해 내가 관찰한 바를 적어봤다. 많은 이가 모의로 주식을 매매하고 그 결과를 기록한다. 모의 매매는 여러 가지 장점이 있지만, 나 같은 초짜에게는 특히나 유용하다. 수백만 달러를 벌어도 헛바람 들 일이 없고, 돈을 왕창 날려도 빈민구제소의 도움에 기대야 할 일이 없다. 다른 이들과 차이점이 있다면, 나는 가짜 돈이라도 따는 게 아니라 주가가 어떻게 움직일지 판단해보는 데 재미를 느꼈다. 내 예측이 적중했는지 빗나갔는지 그 결과를 장부에 일일이 기록했는데, 주가가 어떻게 움직일지 정확히 맞힐 때면 그 무엇과도 비교할 수 없을 정도로 짜릿했다. 내가 제대로 관찰했는지, 내 예측이 맞았는지 확인하는 것은 당시 내게 가장 흥미진진한 일이었다.

예를 들어, 어떤 인기 주의 주가 변동을 꼼꼼히 살펴보니 8~10포인트 하락하기 전에 특정한 움직임을 보였다고 하자. 이런 움직임을 파악하고 나면 월요일에 그 종목의 이름과 주가를 적어두고, 과거의 등락 양상을 떠올리면서 화요일과 수요일에 어떻게 움직일지 예상해서 적어놓았다. 그런 다음 나중에 시세 표시기에 찍히는 실제 주가와 비교했다.

이렇게 하다 보니 점점 시세 테이프가 보내는 메시지에 관심을 갖게 됐다. 처음에는 주가 변동이란 그냥 숫자가 오르내리는 움직임에 불과하다고 생각했다. 물론 주가가 오르내리는 데는 언제나 이유가 있게 마련이지만, 시세 테이프는 그 이유나 까닭 따위는 상관하지도 설명하지도 않았다. 내가 주식시장에 처음 발을 디딘 열네 살 때도 그랬고, 주식 투자에 어느 정도 자신감이 생긴 마흔이 된 지금도 마찬가지다.

어떤 주식이 오늘 왜 그렇게 움직였는지 그 이유를 이삼 일, 몇 주 또는 몇 달 뒤에도 여전히 모를 수 있다. 하지만 그게 뭐 대수인가? 시세 테이프를 보면서 결단을 내려야 하는 것은 내일이 아니라 지금 당장인데. 주가가 등락한 이유는 차차 알아내도 되지만 주식판에선 즉시 행동하지 않으면 닭 쫓던 개 지붕 쳐다보는 꼴이 되기 일쑤다. 기억하겠지만 얼마 전 다른 종목들은 다 급등하는데 할로 튜브만 3포인트 하락했다. 중요한 건 이런 사실이다. 다음 주 월요일이 되자 할로 튜브 이사진은 배당금 지급을 건너뛰겠다고 발표했다. 이게 주가가 하락세를 보인 이유였다. 이사진은 자신들이 어떤 결정을 내렸는지 미리 알고 있었으므로 할로 튜브 주식을 팔지는 못할망정 사지도 않았다. 내부자들이 주식을 사들이지 않으니 주가가 떨어질 수밖에.

나는 6개월 정도 이 소소한 비망록을 계속 써 나갔다. 주식중개소에서 일이 끝나면 집으로 가지 않고 하루 종일 눈여겨봤던 숫자를 적고 반복되는 움직임이나 유사한 움직임이 있는지 기억을 되새기며 주가 변화를 연구했다. 그러면서 나도 모르는 사이에 시세 테이프 읽는 법을 깨닫게 됐다.

어느 날 점심을 먹고 있는데 나보다 나이 많은 사환 하나가 다가

16

오더니 돈이 좀 있냐고 슬쩍 물었다.

"왜 그러는데?"

"저기, 벌링턴이라고 끝내주는 정보가 있거든. 같이 들어갈 사람 있으면 나도 좀 해보려고."

"해보다니 무슨 말이야?" 내가 물었다.

내가 알기로 비밀 정보를 입수해서 주식 놀이를 할 수 있는 사람은 주머니가 두둑한 노신사뿐이었다. 이런 판에 끼려면 수백, 심지어 수천 달러가 필요했다. 주식 놀이는 마치 전용 마차에 실크 모자 쓴 마부를 거느리고 다니는 호사나 다름없었다.

"말 그대로야. 한다고! 얼마나 있어?"

"얼마나 필요한데?"

"5달러 넣으면 5주 정도 살 수 있어."

"어쩌려고?"

"사설 중개소bucket shop(버킷숍)*에 증거금을 내고 매매 가능한 한도까지 몽땅 벌링턴 주식을 살 거야. 틀림없이 오른다니까. 돈을 그냥 줍는 거라고. 금세 2배로 불어날걸."

"잠깐만!"

나는 그를 잠시 만류하고는 늘 가지고 다니던 조그만 주가 예측 장부를 꺼냈다. 돈을 2배로 불리는 건 관심 밖이었지만, 벌링턴 주가가

---

* 이름은 주식중개소이지만 실제로는 주가 상승과 하락을 놓고 판돈을 거는 게임판이다. 따라서 실제로 주식이나 현물이 양도되거나 거래되지는 않았다.

오를 거라니 솔깃했다. 만약 벌링턴 주가가 오른다면 내 장부에도 그렇게 나타나야 했다. 장부를 살펴보니 아니나 다를까, 내가 계산한 대로라면 벌링턴은 지금까지 상승세를 나타내기 전에 보이던 패턴대로 움직이고 있었다.

그때까지 나는 뭘 사본 적도, 팔아본 적도 없었다. 물론 친구들과 어울려 도박을 해본 적도 없었다. 그저 이번 기회에 내가 취미로 해온 연구가 얼마나 정확한지 시험이나 해보자는 마음이었다. 내가 만든 '예측 장부'가 실전에 통하지 않으면 그 장부를 만들어낸 원리 따위가 무슨 가치가 있겠는가. 나는 가진 돈을 탈탈 털었다. 동료 사환은 우리가 '출자'한 돈을 들고 근처 사설 중개소에 가서 벌링턴 주식을 샀다. 이틀 후 이를 현금으로 바꿨는데 내 몫으로 3.12달러를 벌었다.

첫 거래에 성공한 이후 나는 종종 혼자 근처에 있는 사설 중개소에 가서 돈을 걸었다. 점심시간에 가서 사거나 팔았는데 매수인지 매도인지는 중요하지 않았다. 시스템에 따라 돈을 걸었기 때문이다. 좋아하는 주식에 돈을 걸지도 않았고, 남들이 한다고 줏대 없이 따라서 돈을 걸지도 않았다. 오직 내가 만든 시스템의 셈법만 따랐다. 사설 중개소에서 거래하는 내내 내 방식은 딱 맞아떨어졌다. 사설 중개소에선 시세 테이프에 찍히는 주가를 보고 상승에 걸지 하락에 걸지만 결정하면 됐기 때문이다.

얼마 지나지 않아 주식중개소에서 일해서 받는 월급보다 사설 중개소에서 돈을 걸어 버는 액수가 훨씬 많아지자 나는 직장을 그만뒀다. 식구들은 처음엔 반대했지만 내가 사설 중개소에서 벌어오는 액수를 보고는 다들 입을 다물었다. 꼬마 사환으로 일할 때는 월급이 쥐꼬리만 했지만 혼자 힘으로 거래를 하기 시작한 뒤로는 벌이가 꽤 쏠쏠했다.

열다섯 살 때 현금 1000달러를 모아 어머니 앞에 내놓았다. 그동안 생활비로 갖다 준 돈을 제외하고도 몇 달 동안 사설 중개소에서 번 돈이었다. 어머니는 잔뜩 흥분해서는 유혹의 손길이 닿지 않도록 저축은행에 넣어두라고 하셨다. 빈손으로 시작한 열다섯 소년이 이렇게 큰돈을 벌었다는 얘기는 듣도 보도 못했다고도 하셨다. 심지어 진짜 돈이 아닐지도 모른다며 걱정하고 속을 끓이셨다.

하지만 나는 내 방식이 옳다는 걸 계속 증명하고 싶었다. 머리를 써서 주가의 움직임을 맞히는 일이 너무 재미있었다. 내 예측이 맞는지 10주로 시험했다고 하자. 그런데 다음에 100주를 거래했다면 내가 옳다는 확신이 10배는 더 강해졌다는 뜻이다. 증거금을 더 많이 건다? 이것은 그만큼 내 판단을 굳게 믿는다는 의미일 뿐이다. 배짱이 더 두둑해졌다고? 아니다! 배짱은 전혀 상관없는 문제다. 수중에 10달러뿐인데 10달러를 전부 거는 경우와 200만 달러가 있는데 100만 달러는 남겨두고 100만 달러만 거는 경우를 비교하면 10달러 전부 거는 쪽이 훨씬 더 대담하다고 할 수 있다.

어쨌든 나는 열다섯 살 때 주식으로 돈을 벌어서 넉넉하게 지낼 수

있는 정도가 됐다. 조그만 사설 중개소에서 시작했는데, 그곳은 한번
에 20주 정도 거래하면 존 W. 게이츠John Warne Gates*가 변장하거나 J. P.
모건John Pierpont Morgan**이 신분을 숨기고 돌아다니는 건 아니냐며 수군
거릴 정도로 규모가 작은 곳이었다. 하지만 다행스럽게도 당시 사설
중개소는 고객이 딴 돈을 주지 않고 뭉개는 경우가 좀처럼 없었다.
고객이 제대로 맞혀서 돈을 벌더라도 고객의 돈을 뜯어낼 다른 방법
들이 있어서 굳이 그럴 필요가 없었기 때문이다. 하여튼 사설 중개소
는 엄청나게 남는 장사였다. 정직하게 운영해도, 그러니까 굳이 속임
수를 쓰지 않아도 주가가 출렁이면 밑천이 달리는 사람들은 쫄딱 망
할 수밖에 없었다. 증거금이 0.75포인트밖에 안 되어서 주가가 조금
만 반등하거나 반락해도 증거금이 모조리 날아갔다. 게다가 빚을 떼
먹은 사람은 다시는 판에 끼워주지 않았다. 다시 말해, 아예 거래를
할 수 없었다.

　나는 도와주는 사람 없이 오로지 혼자 헤쳐 나갔다. 한마디로 1인
기업이었다. 내 머리로 굴러가는 사업 아닌가. 내가 주가의 움직임을
제대로 예측하면 그것은 오로지 내 능력이지 친구나 동업자가 도와

---

* 존 W. 게이츠(1855~1911). 철조망 영업으로 성공한 뒤 월가에서 투기로 거액을 거머쥐었다. J. P. 모
　건이 여러 기업을 합쳐 US철강을 만들 때 큰돈을 받고 회사를 넘겼는데 이사 자리를 주지 않자 모건
　과 대립하기도 했다.
** J. P. 모건(1837~1913). 남북전쟁 시절 금괴 투기로 돈을 벌었다. 은행가인 아버지가 죽은 후 회사 이
　름을 J. P. 모건으로 바꾸고 금융 재벌이 됐다. 1913년 연방준비제도가 생기기 전에는 J. P. 모건이 중
　앙은행 역할을 할 정도로 막강한 영향력을 행사했으며, 19세기 말 철도 회사들을 합병해 US철강을
　설립했다.

쥐서 그런 게 아니었다. 주가가 내 예측과 반대로 흘러가도 그 피해는 고스란히 나 혼자 감당해야 할 뿐, 인정 많은 친구나 동업자가 그 피해를 막아줄 수는 없었다. 성공할 자신이 있는데 내 사업을 왜 다른 사람에게 이야기해야 하는지 도무지 알 수 없었다. 물론 나도 친구가 있었지만, 사업은 언제나 혼자 꾸려갔고 단독으로 행동했다.

내가 계속 돈을 벌어가자 사설 중개소에선 슬슬 나를 눈엣가시로 여기기 시작했다. 사설 중개소에 가서 돈뭉치를 턱 내려놓아도 쳐다보기만 하고 집어 들지 않았다. 오히려 딱 잡아 거절했다. 그 무렵, 사설 중개소에선 나를 '꼬마 도박사'라고 불렀다. 결국 가명을 써 가며 사설 중개소를 이곳저곳 전전했다. 처음에는 15주나 20주 정도로 가볍게 시작했다. 사설 중개소에서 의심의 눈초리를 보내면 가끔 첫 판에는 일부러 돈을 잃고 나중에 제대로 본때를 보여줬다. 내가 돈을 너무 많이 따니까 얼마 지나지 않아 중개소 사장들 몫에 손대지 말라며 급기야 자기네 중개소엔 얼씬도 하지 말라고 쫓아냈다.

한번은 몇 달 동안 거래하던 큰 사설 중개소에서 쫓아내려고 하기에 쫓겨날 땐 쫓겨나더라도 돈을 조금 더 뜯어내기로 작심했다. 그 사설 중개소는 시내 곳곳과 호텔 로비, 인근 도시에도 지점을 두고 있었다. 나는 호텔에 있는 지점에 가서 관리인에게 몇 가지 묻고는 거래를 시작했다. 하지만 내가 늘 써먹는 독특한 방식으로 인기 주에 돈을 걸자마자 본점에서 전화가 왔다. 본점에서 관리인에게 내가 누군지 물은 모양이었다. 관리인이 내 이름을 물었다. 나는 케임브리지 출신으로 이름은 에드워드 로빈슨이라고 대답했다. 간부는 안도하는 얼굴로 본점 간부에게 내 대답을 전했다. 하지만 본점 관리인은 호락호락하지 않았다. 그는 내 인상착의를 물었다. 어떻게 대답해야 할지 몰라 우왕좌왕하는 관리인에게 이렇게 일러줬다.

"키 작고 뚱뚱한 남잔데 검은 머리에 수염이 덥수룩하다고 해요!"

하지만 관리인은 내 인상착의를 눈에 보이는 대로 묘사했다. 수화기를 들고 있던 관리인은 얼굴이 빨개지더니 전화를 끊었다. 그러곤 꺼지라고 쏘아붙였다.

"본점에서 뭐라고 하던가요?" 내가 정중하게 물었다.

"이러더군. '멍청아, 래리 리빙스턴은 받지 말라고 얘기했어, 안 했어? 근데 그놈이 700달러나 등쳐먹도록 수수방관해?'"

그밖에 또 무슨 말이 오간 것 같지만 얘기해주지 않았다.

다른 지점들에도 차례로 가봤지만, 모두 나를 알아봤다. 아무리 돈을 내밀어도 소용없었다. 시황을 보려고 해도 직원들이 야유를 퍼붓는 바람에 지점 안으로 들어갈 수조차 없었다. 시차를 두고 띄엄띄엄 돌아다니며 거래하는 방법도 시도해봤지만 뜻대로 되지 않았다. 결국 내가 갈 곳은 하나뿐이었다. 바로 제일 크고 돈 많은 코스모폴리탄 주식중개소였다.

코스모폴리탄은 손꼽히는 굴지의 증권 중개소로 뉴잉글랜드 주에 있는 공업 도시에는 전부 지점이 있을 정도로 규모가 컸다. 이곳에선 매매를 허락해줘서 나는 주식을 사고팔 수 있었다. 몇 달 동안 돈을 벌기도 하고 날리기도 했다. 하지만 이 중개소 역시 결국에는 마찬가지였다. 물론 작은 중개소처럼 대놓고 문전박대하지는 않았다. 돈 좀 벌었다고 고객을 쫓아냈다는 소문이 퍼지면 회사의 평판이 나빠질까 봐 두려웠기 때문이었다.

하지만 이 중개소는 쫓아내는 것 못지않게 몹쓸 짓을 했다. 즉, 처음에는 3포인트의 증거금을 설정했으나 이후로도 추가로 증거금을 예치하도록 요구한 것이다. 처음에는 0.5포인트, 다음에는 1포인트, 마지막엔 1.5포인트를 내라고 강요했다. 엄청나게 불리한 조건이었다! 이게 왜 불리할까? 간단하다! 90달러에 팔리는 철강 회사 주식을 샀다고 하자. 매수 수수료가 0.125달러면 전표에는 보통 "90.125에 철강 10주 매수"라고 적는다. 증거금 1포인트까지 감안하면 주가가 89.25 아래로 떨어질 경우 자동으로 빈털터리가 된다.* 이런 경우 사설 중개소는 고객에게 증거금을 더 납부하라고 요구하지 않고, 고객 역시 한 푼이라도 건지게 주식을 팔아달라고 중개인에게 애걸할 필요가 없다.

그런데 코스모폴리탄은 추가 증거금을 요구하는 반칙을 썼다. 매수 가격이 90달러라면, 전표에 "철강 90.125에 매수"가 아니라 "철강 91.125에 매수"라고 적었다. 이렇게 하면 매수 후 주식이 1.25포인트 오른 상태에서 청산해도 나는 손해를 볼 수밖에 없다. 게다가 처음에 3포인트의 증거금을 요구했으므로 매매 규모는 3분의 1로 줄어든다.

---

* 이 경우 정식 증권사는 추가 증거금을 납부하라고 요청하지만, 사설 중개소는 증거금이 없어지면 바로 계좌를 폐쇄해서 고객은 고스란히 증거금을 날릴 수밖에 없었다.

그래도 나를 받아주는 사설 중개소는 그곳밖에 없었기에 나는 이 불리한 조건을 받아들이든가 매매를 중단할 수밖에 없었다.

물론 기복이 있었지만, 두루두루 종합해보면 돈을 딴 건 내 쪽이었다. 코스모폴리탄은 내게 이토록 끔찍한 조건을 붙이는 것으로 만족하지 않았다. 그런 조건이면 누구도 돈을 딸 수 없을 정도였는데도 말이다. 그들은 나를 속이려고 했지만, 성공하지 못했다. 나는 육감 덕분에 위기를 모면할 수 있었다.

앞서 말했지만 코스모폴리탄은 나한테 마지막 비빌 언덕이었다. 코스모폴리탄은 뉴잉글랜드에서 가장 돈 많은 사설 중개소였고, 원칙적으로 거래에 제한을 두지 않았다. 매일 꾸준히 매매하는 고객들 중에서 아마 내가 제일 큰손이었을 것이다. 근사한 사무실에는 어디서도 보지 못한 크고 완벽한 호가판이 있었다. 널찍한 객장을 꽉 채운 대형 호가판에는 표시할 수 있는 건 모두 적혀 있었다. 그러니까 뉴욕증권거래소, 보스턴증권거래소에서 거래되는 주식, 그리고 면화, 밀, 식량, 금속 등 뉴욕, 시카고, 보스턴, 리버풀에서 사고파는 것들은 그곳에서도 죄다 찾아볼 수 있었다.

사설 중개소에서 어떤 식으로 거래가 이루어지는지 알 것이다. 직원에게 돈을 주고 사고 싶은 것이나 팔고 싶은 걸 말하면 직원이 시세 테이프나 호가판을 보고 마지막 가격을 확인한다. 그러곤 전표에 시간을 기록하는데, 마치 여느 정식 증권사의 체결 내역서처럼 보인다. 즉, 어느 날 몇 시에 어떤 주식을 얼마에 얼마나 사고팔았고 중개소에서 고객에게 얼마를 받았는지 적는다. 청산하고 싶으면 직원에게 이야기하면 되는데 처음 거래할 때 처리한 직원이 나올 수도 있고 다른 직원이 나올 수도 있다. 이건 중개소 마음이다. 아무튼 직원이 마지막 가격을 확인하는데, 거래가 활발하지 않으면 시세 테이프에 호가가 찍히기까지 기다려야 한다. 직원은 전표에 가격과 시간을 적어서 보여준 뒤 고객이 이상 없다고 확인하고 나면 고객에게 전표를 건넨다. 그러면 고객은 출납 창구에 가서 현금을 받는다. 물론 시장이 불리하게 돌아가서 주가가 증거금 한도를 넘어서면 거래는 자동으로 청산되고 전표는 휴지조각이 된다.

5주도 매매할 수 있는 영세 사설 중개소에서는 조그만 쪽지를 전표로 썼는데, 살 때의 쪽지와 팔 때의 쪽지 색깔이 달랐다. 때때로 시장이 급등세를 보일 것 같으면 모든 고객이 일제히 매수에 나섰는데, 예상대로 주가가 오르면 사설 중개소는 직격탄을 맞을 수밖에 없었다. 그래서 중개소에선 매수매도 수수료를 한꺼번에 떼어가기 시작했다. 다시 말해, 20달러에 주식을 사면 전표에는 20.25가 찍혀서 주가가 1포인트 올라도 0.75달러밖에 벌지 못했다.

앞서 말했지만, 코스모폴리탄은 뉴잉글랜드에서 제일 번듯한 중개소였다. 고객이 수천 명에 달했는데, 이 중개소가 두려워하는 고객은 정말 나 한 사람밖에 없는 것처럼 보였다. 중개소에서 3포인트의 증거금에 살인적인 추가 증거금까지 부과했지만 내 매매 규모는 크게 줄지 않았다. 나는 중개소에서 받아주는 만큼 계속 사고팔았다.

가끔 한 번에 5000주까지 거래하기도 했다.

사건이 벌어진 그날, 나는 제당 회사 주식 3500주를 공매도했다. 각각 500주라고 적힌 커다란 분홍색 전표를 일곱 장 받았다. 코스모폴리탄은 추가 증거금을 적을 만한 빈 공간이 있는 커다란 전표를 사용했다. 물론 대부분의 사설 중개소는 추가 증거금을 요구하지 않았다. 고객이 투자금을 몽땅 잃고 쫄딱 망해야 중개소가 돈을 벌 수 있기 때문에, 고객의 밑천이 적을수록 중개소가 유리했다. 증거금을 더 내겠다고 하면 영세 사설 중개소에서는 전표를 새로 발행했다. 그래야 환매했다가 다시 공매도한 것처럼 취급해서 환매 수수료를 따로 부과하고 새로운 거래인 공매도에 따른 수수료도 물릴 수 있기 때문이다. 이 경우, 고객은 주가가 1포인트 하락해도 0.75포인트만 받게 된다. 내 기억에 그날 예치한 증거금만 1만 달러가 넘었다.

나는 겨우 스무 살 때 처음으로 현금 1만 달러를 모았다. 다들 우리 어머니가 뭐라고 하시는지 봤어야 하는데. 어머니는 록펠러가 아니면 현금을 1만 달러 넘게 갖고 있는 사람은 없을 거라며, 그 돈으로 만족하고 이젠 평범한 일을 해서 먹고살 궁리를 하라고 하셨다. 어머니에게 내가 하는 건 도박이 아니라고, 나는 철저히 계산에 따라 돈을 벌고 있다고 설득하느라 애를 먹었다. 하지만 어머니는 여전히 1만 달러가 엄청나게 큰돈이라며 벌벌 떠셨다. 나는 그저 증거금이 조금 더 쌓였다고 생각했을 뿐이다.

앞서의 이야기로 돌아가보자. 나는 105.25달러에 제당 회사 주식

3500주를 공매도한 상태였다. 그 방에는 헨리 윌리엄스라는 사람도 있었는데, 이 사람은 2500주를 공매도했다. 나는 시세 표시기 옆에 앉아서 호가판 사환에게 호가를 불러줬다. 주가는 내 생각대로 움직였다. 곧바로 2포인트 하락한 뒤 잠시 숨을 고르더니 다시 하락세를 보이기 시작했다. 시장은 전체적으로 약세를 면치 못했다. 만사 순조로워 보였다. 그런데 갑자기 주가 움직임이 주춤하는 모양새가 왠지 마음에 걸렸다. 나는 초조해지기 시작했다. 시장에서 발을 빼야겠다는 생각이 들었다. 그러더니 제당 주식이 103달러에 팔렸다. 그날 최저가였다. 하지만 자신감이 생기기는커녕 점점 더 알쏭달쏭해졌다. 뭔가 잘못됐다 싶은데 정확히 콕 짚어낼 수 없었다.

만약 어떤 일이 벌어질 것 같은데 그 원인을 모른다면 제대로 대비하는 건 불가능하다. 이럴 땐 시장에서 그냥 손을 떼는 게 낫다. 난 결코 무턱대고 움직이는 사람이 아니다. 그런 것을 싫어하고 그렇게 행동해본 적도 없다. 심지어 아주 어렸을 때도 이유가 분명해야 행동에 나섰다. 하지만 이번엔 스스로 납득할 만한 명확한 이유가 없는데도 너무 불안해서 견딜 수 없었다. 나는 내 친구 데이브 와이먼을 불러 이렇게 부탁했다.

"데이브, 나 대신 여기 앉아 있어줘. 부탁할게. 조금 기다렸다가 다음 제당 주가 좀 불러주고. 응?"

데이브는 그러겠다고 했다. 나는 데이브가 사환에게 가격을 불러줄 수 있도록 시세 표시기 옆자리를 양보했다. 그러곤 주머니에서 제당 주식 전표 일곱 장을 모두 꺼내 들고는 출납 창구로 걸어갔다. 창구에는 거래를 청산할 때 전표에 표기하는 직원이 앉아 있었다. 아무리 생각해봐도 나는 내가 왜 시장에서 나와야 하는지 그 이유를 도무지 알 수 없었다. 그래서 그냥 창구에 기대서 있었다. 직원이 못 보게 전표를 손에 꼭 쥔 채. 이내 전신기 돌아가는 소리가 들렸다. 직원인 톰 번햄이 급히 고개를 돌리더니 귀를 기울였다. 그때 뭔가 일이 꼬였다는 예감이 들었다. 더 이상 기다리면 안 되겠다 싶었다. 바로 그때 시세 표시기 옆에 있던 데이브가 입을 뗐다. 나는 창구에 전표를 탕 내려놓으면서 데이브가 주가를 다 부르기 전에 이렇게 외쳤다. "제당 청산!" 중개소 직원은 데이브가 부르기 전 가격으로 내 주식을 청산해줘야 했다.

데이브가 가격을 불렀는데 이번에도 103이었다. 내 예상대로라면 제당 주식은 103선 아래로 무너져야 했다. 내 예상이 빗나간 것일까? 그때 근처에 함정이 있다는 느낌이 들었다. 여하튼 전신기가 계속 돌아가는데 톰은 내 전표에 표시하지 않고 마치 뭔가를 기다리는 것처럼 딸깍거리는 전신기 소리만 듣고 있었다. 그래서 급히 소리쳤다.

"이봐, 톰, 도대체 뭘 꾸물거리는 거야? 전표에 103이라고 가격을 표시해야지, 어서!"

중개소에 있는 사람들이 내 말을 들었는지 다들 우리를 쳐다보며 무슨 일인지 웅성대기 시작했다. 코스모폴리탄이 고객에게 결제하기를 거부하고 뭉갠 적은 이제까지 한 번도 없었다. 혹시라도 그랬다간 고객들이 우르르 몰려와서 돈을 빼가는 사태가 벌어질 수도 있다. 은행이 망한다는 소문이 돌면 우르르 몰려가 예금을 인출하는 것처럼 말이다. 고객 한 명이 의심하면 다른 고객들 사이에도 의심이 번지기 마련이다. 톰은 부루퉁한 얼굴로 다가와 전표에 "103에 청산"이라고 표시하고는 전표 일곱 장을 내밀었다. 그의 표정이 어찌나 떨떠름하던지.

톰이 있는 곳에서 출납 창구까지는 2미터 남짓밖에 안 됐다. 돈을 찾으러 출납 창구에 가기도 전에 시세 표시기 옆에 있던 데이브가 흥분해서 외쳤다. "이럴 수가! 제당, 108!" 하지만 너무 늦었다. 나는 웃으며 톰을 보고 소리쳤다. "이번엔 시간이 자네 편이 아니었군. 안 그런가, 친구?"

말할 필요도 없이 미리 짜고 한 짓거리였다. 나는 헨리 윌리엄스와 함께 제당 6000주를 공매도했다. 중개소는 나와 헨리한테 증거금을 받는데 십중팔구 중개소에는 제당 주식을 공매도한 사람이 아주 많았을 것이다. 아마도 모두 합쳐 1만 주는 족히 됐을 것이다. 중개소에 예치된 제당주 증거금이 2만 달러라고 하자. 이 정도 증거금이면 사설 중개소가 뉴욕증권거래소에서 야바위 짓으로 시장을 교란해서 고객들을 무일푼으로 만들고도 이문이 남는다. 예전에는 특정 주식을 매수하는 사람이 너무 많으면 사설 중개소에서 거래소 중개인을 움직여 해당 주식 가격을 떨어뜨리기도 했다. 그러면 매수한 고객들은 판돈을 모조리 날려야 했는데, 이런 일이 비일비재하게 벌어졌다. 쉽게 말해, 사설 중개소는 고작 몇백 주로 주가를 2포인트 이상 끌어내려 수천 달러를 벌 수 있었다.

　코스모폴리탄은 바로 이런 수법으로 나와 헨리 윌리엄스를 비롯해 제당 주식을 공매도한 사람들을 알거지로 만들려고 했다. 코스모폴리탄과 연줄이 있는 뉴욕 중개인들이 가격을 108로 끌어올린 것이다. 물론 주가는 곧바로 다시 떨어졌지만 헨리를 비롯해 많은 사람이 밑천을 몽땅 날렸다. 가격이 이유 없이 급락했다가 곧바로 반등하는 것을 당시 신문에서 '사설 중개소의 공습'이라고 불렀던 데는 다 이유가 있다.

　코스모폴리탄이 나를 상대로 사기를 치려고 한 지 열흘도 안 돼 아주 통쾌한 사건이 벌어졌다. 뉴욕에 사는 한 투자자가 코스모폴리탄에서 7만 달러가 넘는 돈을 뜯어낸 것이다. 이 사내는 뉴욕증권거래소 회원으로, 1896년 브라이언$^{William Jennings Bryan}$* 공황 때 하락장을 예측해 이름을 날리는 등 한창때 시장에서 한가락하던 사람이다. 사내는 동료들을 희생시켜 돈을 벌려고 일을 꾸몄지만 증권거래소 규칙에 부딪혀 번번이 성공하지 못했다. 그러던 어느 날 사설 중개소가 고객에게 갈취하는 부당 이득을 빼앗아와도 증권거래소나 경찰 당국이 군소리하지 못할 것이라는 생각이 들었다. 우선 코스모폴리탄 본

---

* 　윌리엄 제닝스 브라이언(1860~1925). 민주당 대통령 후보로 선출돼 세 번 대선에 도전했지만 모두 실패했다. 브라이언은 금본위제 대신 은본위제를 주장하고 대형 은행에 맞섰으며 팽창주의 대신 평화를 외친 포퓰리스트이자 진보 정치인이었다. 이처럼 진보파인 브라이언이 처음 민주당 대통령 후보가 된 1896년 7월부터 대통령 선거가 있었던 11월까지 주식시장은 신저점을 찍는 등 계속 하락하다가 공화당 후보인 윌리엄 맥킨리(William McKinley)가 대통령에 당선된 이후 시장은 상승 반전했다.

사와 비교적 큰 지점들로 35명 정도 사람을 보내 고객 행세를 하라고 했다. 그리고 특정한 날 정해진 시간에 모두 특정 주식을 최대한 많이 매수한 다음 일정한 수익이 나면 살며시 빠져나오라고 지시했다. 물론 친구들에게는 그 주식이 오를 거라는 정보를 흘리고 자신은 거래소 객장으로 가서 호가를 올려 주식을 사들였다. 그를 호인으로 여긴 장내 거래원*들도 주가를 끌어올리는 데 한몫했다. 이 일에 안성맞춤인 주식을 신중하게 골랐기 때문에 어렵지 않게 주가를 서너 포인트 올릴 수 있었다. 사설 중개소에 보낸 첩자들은 미리 짠 대로 주식을 팔아 현금을 챙겼다.

첩자들에게 준 경비와 삯을 제외하고 사내가 7만 달러 정도의 순수익을 거머쥐었다는 얘기가 들렸다. 사내는 뉴욕, 보스턴, 필라델피아, 시카고, 신시내티, 세인트루이스 등 방방곡곡을 돌아다니며 여러 차례 사기 행각을 벌여 대형 사설 중개소를 골려줬다. 사내가 즐겨 거래한 주식 중 하나가 웨스턴 유니언이었다. 웨스턴 유니언처럼 거래량이 어중간한 주식의 주가를 몇 포인트 끌어올리거나 내리는 건 일도 아니었기 때문이다. 사내가 보낸 첩자들은 일정 금액에 주식을 사고 2포인트 오르면 팔아서 수익을 챙긴 뒤 공매도했다가 3포인트 이상 떨어지면 환매해 수익을 챙겼다.

그런데 최근 사내가 가난에 시달리다 쓸쓸하게 죽었다는 소식을

---

* 뉴욕증권거래소에서 자기 명의로 매매하는 개인 회원. 주가가 소폭 등락해도 매매해 시장을 조성하고 주가를 평준화하는 역할을 한다.

신문에서 봤다. 만약 1896년에 죽었다면 뉴욕에서 발행되는 신문마다 첫 페이지에 박스기사가 실렸을 테지만 5면에 실린 고작 두 줄짜리 부고가 전부였다.

주식 투기라는 게임

코스모폴리탄 주식중개소가 3포인트의 증거금과 1.5포인트의 추가 증거금이라는 살인적인 조건도 통하지 않으면 더러운 수를 써서라도 나를 무너뜨리려 한다는 것, 그리고 어떻게 하든 나를 받아줄 마음이 없다는 걸 눈치채자 뉴욕으로 가야겠다는 생각이 들었다. 거기라면 뉴욕증권거래소 회원인 정식 거래소에서 매매할 수 있으리라. 전신기로 시세를 전달받아야 하는 보스턴 지점에는 가고 싶지 않았다. 정보가 처음 나오는 곳, 그러니까 정보의 진원지 가까이 있고 싶었다. 스물한 살에 나는 가진 돈 2500달러를 몽땅 챙겨 뉴욕으로 향했다.

앞에서 얘기했듯이 스무 살 때 1만 달러를 모았고 제당 회사 주식을 거래해서 번 수익도 1만 달러가 넘었다. 물론 번번이 딴 것은 아니다. 하지만 내가 세운 매매 계획은 탄탄해서 잃은 적보다 번 적이 많았다. 내 계획을 흔들림 없이 지켰다면 아마 열 번 중 일곱 번 정도는

33

적중했을 것이다. 사실 시작하기도 전에 옳다는 확신이 들 때도 있었는데, 이런 경우엔 항상 돈을 벌었다. 내가 돈을 잃은 것은 내 방식을 끝까지 고수하면서 게임에 임했어야 하는데 그러지 못했기 때문이다. 다시 말해, 선례를 따져 충분히 유리할 때만 시장을 공략했어야 하는데 그러지 못했다. 세상일에는 다 때가 있는 법인데, 그걸 몰랐다. 호구와는 한참 거리가 먼 사람들이 월가에서 수없이 나가떨어지는 건 바로 이런 이유 때문이다. 바보는 어디서나 항상 멍청한 짓을 하지만, 월가를 떠도는 바보는 쉬지 않고 계속 매매해야 한다고 생각한다. 날마다 주식을 사고팔아야 할 타당한 이유가 있는 것도 아니고, 날마다 이익이 남게 투자할 만큼 식견이 넓은 것도 아닌데 말이다.

내가 산 증거다. 경험을 바탕으로 시세 테이프를 읽고 행동에 나섰을 때는 돈을 벌었지만, 바보짓을 했을 때는 손해를 봤다. 나라고 별수 있겠는가? 커다란 호가판이 내 얼굴을 똑바로 응시하고, 시세 표시기는 계속 돌아가고, 사람들은 분주히 매매했다. 손에 쥔 전표는 현금이 되기도 하고 휴지조각이 되기도 했다. 짜릿한 전율을 맛보고 싶은 나머지 판단력이 흐려질 때도 있었다. 증거금이 아주 적은 사설 중개소에선 장기전이 아닌 단기전으로 임하다 보니 아차 하는 순간, 밑천이 거덜 나버리기 쉽다. 월가에서 손해를 보는 건 대부분 시장의 상황과 무관하게 계속 매매하고 싶어 하는 욕망 때문이다. 전업 투자자들조차 또박또박 나오는 월급을 보고 일하는 사람처럼 매일 조금이라도 돈을 벌어야 한다고 생각한다. 당시만 해도 나는 가소로운 풋

내기였다는 사실을 잊지 말기 바란다. (나중에야 깨달았지만 그때는 몰랐다. 15년 뒤에는 꼬박 2주를 기다린 끝에 내가 상승세를 보일 것으로 전망한 주식이 30포인트 오르는 것을 보고서야 매수해도 안전하겠다고 생각하고 투자에 나섰다. 파산하고 다시 일어서려고 발버둥치고 있었기 때문에 무모하게 투자할 수 있는 형편이 아니었다. 꼭 적중해야 했기에 기다릴 수밖에 없었다. 1915년 일인데, 말하자면 사연이 길다. 이 얘기는 나중에 적당할 때 다시 하겠다.)

이제 몇 년 동안 사설 중개소에서 돈을 벌었지만 번 돈을 대부분 사설 중개소에 도로 뺏긴 얘기를 해보려고 한다. 그것도 두 눈 시퍼렇게 뜨고 당했다! 물론 살면서 그렇게 당한 건 이때뿐만이 아니었다. 주식 투자를 하는 사람은 큰 타격을 입히는 내면의 적들과 끊임없이 싸워야 한다.

아무튼 나는 2500달러를 들고 뉴욕에 왔다. 그런데 뉴욕에는 믿을 만한 사설 중개소가 없었다. 뉴욕증권거래소와 경찰이 사설 중개소를 단단히 틀어막는 데 성공한 탓이다. 게다가 나는 판돈만 있으면 매매하는 데 제한이 없는 곳을 찾고 있었다. 당장은 밑천이 달렸지만 언제까지 그러지는 않을 테니 말이다. 공정한 거래가 이뤄지지 않을까 봐 걱정할 필요가 없는 곳을 찾는 게 급선무였다. 그래서 뉴욕증권거래소 회원사 지점으로 갔다.

이 회사는 고향에도 지점이 있었는데, 고향에 있을 때 거기 직원 몇 사람과 알고 지내기도 했다. 이 회사는 오래전에 폐업해서 지금은 존재하지 않는다. 아무튼 이 회사의 파트너 한 명이 마음에 들지 않아 오래 거래하지 않고 A. R. 풀러턴으로 갔다. 얼마 지나지 않아 그곳 사람들이 나를 '꼬마 트레이더'라고 부르기 시작했는데, 누군가 내 과거 행적에 대해 이러쿵저러쿵 늘어놓은 게 틀림없었다. 나는 나이보다 어려 보이는 편이었는데, 많은 사람이 자신보다 어리다는 생각이 들면 만만하게 보고 벗겨먹으려고 들었기 때문에 어려 보이는 게 어떤 면에선 불리했다. 하지만 덕분에 스스로를 지키기 위해 맞서 싸우는 법을 익힐 수 있었다. 나를 만만하게 생각한 사설 중개소 직원들은 횡재수나 노리는 얼간이일 거라며 나를 얕잡아봤다. 그런데 내가 거래를 하면서 자주 돈을 번 이유는 딱 하나, 바로 이런 취급 때문이었다.

어쨌든 나는 뉴욕에 발을 디딘 지 6개월도 못 돼 알거지가 됐다. 활발하게 매매했고 잘 번다는 명성 비슷한 것도 얻었다. 내가 낸 수수료만 해도 금액이 꽤 됐다. 통장에 잔고가 수북이 쌓였지만 결국 다 날려버렸다. 게임에 신중하게 임했지만 날릴 수밖에 없었다. 그 이유를 알려주겠다. 사설 중개소에서 크게 성공한 게 화근이었다!

내 방식대로 해서 돈을 딸 수 있는 곳은 사설 중개소뿐이었다. 사설 중개소에선 가격 변동에 돈을 걸었다. 시세 테이프를 판독하는 기술은 이곳에서 아주 쓸모 있었다. 주식을 살 때는, 바로 눈앞에 있는 호가판 가격이 내가 지불할 가격이었다. 심지어 주식을 사기 전에도 얼마에 사야 할지 가격을 정확히 알 수 있었다. 게다가 언제든 즉시 팔 수 있었기 때문에 동에 번쩍 서에 번쩍 하면서 순식간에 차익을 챙길 수 있었다. 운때가 맞으면 놓치지 않고 수익을 챙겼고, 설사 손실이 나도 눈 깜박할 새 손절해버리면 그만이었다. 어떤 종목이 적어도 1포인트 정도 움직이겠다 싶으면 굳이 욕심 부리지 않고 증거금으로 1포인트를 걸고 금방 돈을 두 배로 불리거나 여의치 않으면 0.5포인트만 먹었다. 이런 식으로 하루에 100~200주 정도 매매해도 월말이면 짭짤한 정도가 아니었다.

물론 이런 방식도 벽에 부딪치게 마련이다. 연거푸 큰 손실을 입고도 버틸 만큼 자본력이 탄탄한 사설 중개소도 그런 상황을 참고 보지만은 않았다. 사설 중개소는 늘 돈을 따는 고약한 고객이 객장에 얼씬거리는 꼴을 가만히 두고 보지 않았다.

아무튼 사설 중개소에선 딱딱 들어맞던 시스템이 풀러턴에선 통하지 않았다. 거기서는 실제로 주식을 사고팔아야 했기 때문이다. 예컨대 시세 테이프에 찍힌 제당 회사 주식 가격이 105, 내 예상은 3포인트 하락이라고 하자. 그런데 시세 테이프에 '105'가 찍히는 바로 그 순간, 거래소에서 매매되는 실제 가격은 104 또는 103이 될 수도 있다. 1000주 매도 주문을 내고 풀러턴 객장 거래원이 전표를 받아서 거래가 체결될 때쯤이면 주가가 더 내려갈 수도 있다. 직원이 체결 내역서를 건네기 전에는 얼마에 체결됐는지 알 길이 없다. 사설 중개소에서 거래했더라면 3000달러를 확실히 벌었을 테지만 증권거래소에선 한 푼도 못 벌 수 있다. 물론 극단적인 사례이지만, 내 매매 방식을 그대로 적용하기에 풀러턴의 시세 테이프가 찍어내는 주가는 늘

고릿적 주가였다. 체결가가 전신으로 송신되는 데는 시간이 걸리기 마련이어서 내가 본 시세 테이프의 주가는 이미 과거의 수치일 뿐, 거래 시점의 가격과는 차이가 있었다. 당연히 내 매매 시스템은 제대로 돌아갈 수 없었는데, 나는 그것을 깨닫지 못하고 있었다.

게다가 내가 대량 매도하면 그 자체가 주가 하락 압력으로 작용했다. 사설 중개소에서는 내 매매가 시장에 미치는 효과를 계산할 필요가 없었다. 이처럼 게임 방식이 전혀 딴판이었기 때문에 뉴욕에서는 돈을 날릴 수밖에 없었다. 돈을 날린 이유는 내가 거래한 곳이 정식 증권사라서가 아니라 그냥 내가 무지했기 때문이었다. 시세 테이프를 판독하는 것에는 예전부터 고수 소리를 들었지만, 전문가 수준으로 노련하게 시세 테이프를 읽어내도 패배를 막을 순 없었다.

장내 거래원처럼 객장에서 직접 매매했다면 결과가 훨씬 나았을 수도 있다. 고립무원 상태가 아니라 전업 트레이더들이 여럿 모여 있는 곳에서 매매했더라면 시장이 돌아가는 상황을 직접 두 눈으로 보고 매매 방식을 조정했을 테니 말이다. 하지만 장내 거래원처럼 거래했더라도 물량이 이처럼 크면 나 자신의 매매가 주가에 미치는 영향 때문에 내 방식은 실패로 돌아갈 수밖에 없었을 것이다.

한마디로, 나는 주식 투기라는 게임에 무지했다. 비교적 중요한 부분은 알았고 그때나 지금이나 이 지식은 무척 소중하다고 생각하지만, 그래도 일부일 뿐이었다. 아무튼 주식 거래에서 날고 긴다는 명성을 얻은 지금의 나조차 계속 실패하는데, 애송이 문외한이 이길 확률은, 그러니까 돈을 벌 확률은 얼마나 될까?

내 방식에 뭔가 문제가 있다는 걸 깨닫기까지는 오래 걸리지 않았지만, 뭐가 문제인지 정확히 알 수 없었다. 내 시스템은 기가 막히게 들어맞았다. 그러다 갑자기, 연달아 얻어맞기 시작했다. 당시 내가 겨우 스물두 살이었다는 것을 기억하기 바란다. 무엇이 잘못됐는지 알려고 하지 않을 정도로 아집이 강해서 실패의 나락에 빠졌던 게 아니다. 그저 그 또래답게 식견이 넓지 않았을 뿐이다.

사무실 사람들은 나한테 아주 잘해줬다. 증거금 요건 때문에 원하는 만큼 판돈을 크게 걸 수는 없었지만 A. R. 풀러턴은 물론 사무실 사람들이 어찌나 친절했는지, 6개월 동안 활발하게 매매한 끝에 나는 뉴욕에 올 때 들고 온 전 재산과 뉴욕에 와서 번 돈을 몽땅 날린 것으로도 모자라 거래소에 수백 달러의 빚까지 졌다. 고향을 벗어나본 적도 없는 애송이가 뉴욕에 왔다가 쪽박을 차고 만 것이다. 물론 나라는 사람 자체에는 문제가 없었다. 오로지 내 게임 방식이 문제였다. 무슨 말인지 이해할지 모르겠지만, 난 주식시장에 대고 화를 내는 법이 없다. 시세 테이프와 다투지도 않는다. 시장에 대고 울화통을 터뜨린다고 해서 해결되는 문제는 하나도 없기 때문이다.

그런 와중에도 다시 매매하고 싶어서 몸이 근질거렸다. 잠시도 머뭇거리지 않고 풀러턴을 찾아가서 졸랐다.

"저기 A. R, 500달러만 빌려줘요."

"뭐하려고?"

"돈이 좀 필요해요."

"글쎄, 뭐하려고?" 풀러턴이 다시 물었다.

"뭐하긴요, 증거금으로 쓰려고 그러죠."

"500달러?" 풀러턴은 이렇게 말하곤 얼굴을 찡그렸다. "증거금으로 10퍼센트를 요구하는 거 알지? 그러니까 100주를 거래하려면 1000달러가 있어야 해. 자네한테 그냥 돈을 빌려주는 게 훨씬 나을 것 같은데……."

"아뇨." 내가 말했다. "여기 돈을 빌리고 싶진 않습니다. 벌써 빚을 잔뜩 졌는걸요. 그냥 500달러만 빌려주세요. 나가서 돈다발을 들고 돌아올게요."

"어떻게?" 풀러턴이 물었다.

"사설 중개소에 가서 매매하려고요."

"그냥 여기서 하는 건 어때?"

"아뇨. 여기서 돈을 딸 수 있을지 아직 자신이 없어요. 하지만 사설 중개소에선 돈을 벌 자신이 있어요. 거기서 벌어지는 게임은 훤하거든요. 여기선 왜 자꾸 삐끗했는지 이제 조금 알 것 같아요."

풀러턴이 주는 돈을 들고 사무실을 나왔다. '사설 중개소의 악동'이라 불렸던 나는 풀러턴에서 쪽박을 차고 나왔다. 고향에 있는 사설 중개소는 나를 받아주지 않을 게 뻔하니 고향으로 돌아갈 순 없었다. 당시 뉴욕에는 영업하는 사설 중개소가 없어서 뉴욕도 불가능했다. 1890년대에는 브로드 스트리트와 뉴 스트리트에 널린 게 사설 중개소였다고 하는데, 정작 내가 필요로 할 때는 하나도 없었다. 그래서 고민 끝에 세인트루이스로 가기로 했다. 중서부 전역에 걸쳐 사업을 아주 크게 하는 업체가 두 군데 있다고 들었기 때문이다. 모르긴 해도 영업이익이 어마어마했을 것이다. 이들 업체는 수십 개 도시에 지사를 두고 있었는데, 사업 규모로 따지면 동부에는 필적할 만한 업체가 없다고 들었다. 두 업체는 성황리에 영업하고 있었다. 내로라하는 상류층 인사들도 거기서 활발하게 매매한다고 했다. 업체 한 곳의 사장은 상공회의소 부회장이었는데, 세인트루이스라서 가능한 일이었다. 어쨌든 뉴욕증권거래소 회원사인 풀러턴에서 증거금으로 쓸 밑천 500달러를 빌려 찾아간 곳은 바로 거기였다.

세인트루이스에 도착하자마자 호텔로 가서 씻은 다음 사설 중개소를 찾아 나섰다. 한 군데는 J. G. 돌란이고, 다른 한 군데는 H. S. 텔러였다. 돈을 딸 자신이 있었다. 하지만 돌다리도 두드려볼 정도로 안전하게, 신중하고 조심스럽게 할 작정이었다. 딱 하나 걱정되는 게 있다면 누가 날 알아보고 사설 중개소에 일러바치면 어쩌나 하는 것이었다. 왜냐하면 '꼬마 트레이더'에 대한 소문이 여기까지 쫙 퍼져 있었기 때문이다. 도박장이 타짜들에 대한 소문을 꿰고 있듯, 사설 중개소 역시 이런 소문이라면 귀를 쫑긋 세우고 듣기 마련이다.

돌란이 텔러보다 가까워서 먼저 거기로 갔다. 딴 데 가라는 소리를 듣더라도 그곳에서 며칠만 버틸 수 있었으면 했다. 중개소는 정말 무지하게 넓었다. 호가판을 쳐다보고 있는 사람이 적어도 200명은 돼 보였다. 이렇게 사람이 많으면 눈에 띄지 않을 가능성이 높을 테니 다행이다 싶었다. 가만히 서서 호가판을 꼼꼼하게 살피다가 돈을 걸 첫 번째 주식을 골랐다. 주위를 둘러보니 창구에서 주문 담당 직원이 돈을 받고 전표를 건네고 있었다. 창구 직원과 눈이 마주치자 다가가서 물었다.

"여기가 면화와 밀을 매매하는 곳인가요?"

"그렇다네, 젊은이."

"주식도 살 수 있나요?"

"돈만 있으면 살 수 있지."

"아, 있어요. 있고말고요." 나는 어린애처럼 뻐기며 말했다.

"돈이 있다고?" 직원이 히죽 웃으며 말했다.

"100달러면 주식을 얼마나 살 수 있죠?" 나는 퉁명스러운 얼굴로 물었다.

"100, 100달러라."

"100달러 있어요. 그리고 200달러도요!"

"어이쿠!"

"그냥 200주만 사주세요." 나는 부루퉁하게 말했다.

"어떤 걸로 200주?" 이번엔 직원도 진지하게 물었다. 돈이 걸린 거래니까.

나는 신중하게 고르는 척 호가판을 다시 훑어보고는 이렇게 말했다. "오마하철도 200주요."

"알겠어!" 직원이 돈을 받아 세고는 전표를 작성했다.

"이름이 뭐니?"

"호러스 켄트예요."

직원이 전표를 주자 나는 사람들 사이에 앉아서 돈이 불어나기만 기다렸다. 그날 하루 빠릿빠릿하게 움직여서 여러 차례 매매했다. 다음 날도 마찬가지였다. 이틀 만에 2800달러를 벌었다. 이런 추세라면 꽤 쏠쏠할 것으로 보였다. 이번 주 내내 매매할 수 있도록 중개소에서 부디 나를 가만히 놔두기만 속으로 빌고 또 빌었다. 운이 좋다면 그런 다음 다른 중개소로 가서 밑천을 두둑이 챙긴 뒤 뉴욕으로 돌아가 뭐든 할 수 있을 것이라는 계산이었다.

사흘째 되던 날 아침, B. R. T. 500주를 사려고 쭈뼛대며 창구에 갔더니 직원이 이렇게 말했다.

"켄트 군, 사장님이 좀 보자고 하시네."

이제 여기서 놀긴 글렀구나 싶었지만 그래도 모르는 척 물었다. "무슨 일로 보자는 거죠?"

"모르겠네."

"어디 계시죠?"

"전용 사무실이야. 저쪽으로 가봐." 직원이 문을 가리켰다.

들어가보니 돌란이 책상에 앉아 있었다. 돌란이 휘리릭 몸을 돌리더니 말했다. "앉게나, 리빙스턴."

돌란이 의자를 가리켰다. 마지막 희망이 사라졌다. 내 정체를 어떻게 알아냈는지 알 수 없었다. 어쩌면 호텔 숙박부를 뒤졌을 수도 있겠다는 생각이 들었다.

"무슨 일로 보자고 하셨죠?" 나는 당황한 기색을 보이지 않으려고 표정을 갈무리하며 물었다.

"젊은이, 잘 듣게나. 자네한텐 아무 감정도 없어. 알겠지? 전혀 없다고. 알지?"

"아뇨, 무슨 말씀이신지 모르겠어요." 내가 대답했다.

사장이 회전의자에서 일어나는데 덩치가 산처럼 거대했다. "리빙스턴, 이리 와봐." 그는 문쪽으로 걸어갔다. 사장이 문을 열더니 넓은 객장에 있는 손님들을 가리켰다. "보이지?" 사장이 물었다.

"뭐가요?"

"저 사람들 말이야. 잘 봐, 젊은이. 300명이야! 호구가 300명이라고! 저 사람들이 나와 내 식구들을 먹여살리고 있다고. 알아들어? 호구가 300명이라고! 그런데 자네가 와서는 내가 2주 동안 300명한테 뜯어낸 돈보다 더 많이 해먹었어. 나는 뭐 땅 파서 장사하냐고! 자네한텐 아무 감정도 없어. 번 돈은 가져가. 하지만 더 이상은 안 돼. 이제 여기서 자네를 볼 일은 없었으면 좋겠군."

"저, 난……."

"끝이라고. 그저께 낮에 자네가 오는 걸 봤어. 생긴 게 마음에 안 들었다네. 솔직히 맘에 안 들었어. 정체를 숨기고 있는 것 같았지. 눈치가 딱 그랬거든. 그래서 저기 저 얼치기를 불렀지." 사장이 직원을 가리켰다. 나를 못 알아본 대역죄인 말이다. "자네가 무슨 짓을 하고 있는지 물었어. 저 녀석이 뭐라 하기에 내가 이렇게 말했지. '저 녀석 생긴 게 마음에 안 들어. 틀림없이 사기꾼일 거야!' 그랬더니 저놈이 이렇게 주절대더라고. '사기꾼이라니, 그럴 리가요! 호러스 켄트라는 꼬맹이인데 열심히 어른 흉내나 내는 풋내기예요. 말썽 부릴 깜냥도 못 된다고요!' 그래서 저놈 마음대로 하라고 내버려뒀지. 저 괘씸한 멍텅구리 때문에 2800달러나 날렸다고. 배 아파서 이러는 건 아냐. 하지만 이제 더 이상 자네한테 줄 돈은 없어."

"저기요." 내가 입을 뗐다.

"리빙스턴, 닥치고 잘 들어." 사장이 쏘아붙였다. "자네에 관한 얘기는 전부 다 들었어. 나는 호구들에게 판돈을 뜯어서 돈을 벌고 있어. 자넨 여기 안 맞아. 난 공명정대하게 해결하려는 거야. 여태까지 자네가 우리한테 뜯어낸 건 얼마든지 괜찮아. 하지만 이제 자네가 누군지 알았으니 더 이상 뜯기면 내가 봉이지. 자, 아장아장 걸어 나가거라, 꼬맹아!"

나는 2800달러를 손에 쥐고 돌란 중개소에서 쫓겨났다. 멀지 않은 곳에 텔러 중개소가 있었다. 알고 보니 텔러는 갑부로, 마권 판매장도 여러 곳 굴리고 있었다. 텔러가 운영하는 사설 중개소에 가기로 마음먹었지만, 소량으로 시작해서 차근차근 1000주까지 늘리는 게 현명할지, 아니면 아무래도 하루밖에 매매하지 못할 것 같으니 처음부터 왕창 거는 게 현명할지 고민됐다. 중개소는 자기들이 돈을 잃을 것 같은 낌새는 귀신같이 알아차리는데, 그래도 B. R. T. 1000주를 너무 사고 싶었다. 4~5포인트는 먹을 자신이 있었기 때문이다. 하지만 중개소에서 수상쩍게 여기거나, 너무 많은 고객이 그 주식을 매수하면 내 거래를 받아주지 않을 수도 있었다. 처음에는 물량을 분산해 소규모로 시작하는 게 좋을 것 같았다.

텔러 중개소는 돌란만큼 넓지 않았지만, 장비는 더 근사했고, 모인 사람들은 분명 더 상류층처럼 보였다. 나한테 딱 맞는 곳 같았다. 나는 B. R. T. 1000주를 사기로 결정했다. 창구로 다가가서 직원에게 말했다.

"B. R. T.를 좀 사고 싶어요. 한도가 어떻게 되죠?"

"한도는 없어요." 직원이 대답했다. "돈만 있으면 얼마든지 살 수 있지요."

"1500주 살게요."

이렇게 말하고 주머니에서 돈다발을 꺼내자 직원은 전표를 쓰기 시작했다. 그때 빨간 머리 사내가 직원을 카운터에서 밀쳐냈다. 사내가 몸을 수그리며 을러댔다.

"리빙스턴, 돌란으로 돌아가. 자네하곤 거래 안 해."

"전표 받을 때까지 기다려요. 방금 B. R. T.를 샀거든요." 내가 응수했다.

"자네한텐 전표 안 줘." 사내가 대답했다. 어느새 다른 직원들이 사내 뒤에 모여 나를 쳐다보고 있었다. "매매한답시고 여기 얼씬도 마.

46

안 받는다고. 알아들어?"

성내고 입씨름해봤자 쓸데없을 것이기에 호텔로 돌아가 방값을 낸 다음 첫 기차를 타고 뉴욕으로 돌아왔다. 힘들었다. 꼭 돈을 벌어 만회하고 싶었는데 텔러는 단 한 번도 매매하지 못하게 했다.

뉴욕으로 돌아와 풀러턴에게 빌린 500달러를 갚고 세인트루이스에서 번 돈으로 다시 매매를 시작했다. 잘 풀릴 때도 있고 꼬일 때도 있었지만, 그래도 본전치기보다는 나은 수준이었다. 어쨌든 매매할 때 나쁜 버릇이 있거나 무언가 잘못 아는 게 있어서 돈을 날리는 건 아니었다. 한 가지 새로 깨달은 건 있었다. 옛날, 그러니까 정식 증권사인 풀러턴에서 매매하기 전에 생각했던 것보다 주식 투기 게임에는 많은 요소가 얽혀 있다는 것이었다. 마치 일요판 잡지 부록에 실린 십자말풀이를 하는 퍼즐광 같았다. 퍼즐광은 끝장을 봐야 직성이 풀린다. 나는 퍼즐을 풀 열쇠를 꼭 찾고 싶었다. 아무튼 다시는 사설 중개소에서 매매할 수 없을 거라고 생각했는데 아니었다.

뉴욕으로 돌아온 지 두 달쯤 지났을 때였다. 나이 지긋한 신사가 풀러턴 사무실로 들어왔다. 신사는 A. R. 풀러턴의 지인으로, 한때 경주마 여러 필을 풀러턴과 공동 소유했을 정도로 친밀한 사이라고 했다. 틀림없이 예전에는 지금보다 더 잘나갔을 사람이었다. 노신사의 이름은 맥데빗으로 우리는 서로 인사를 나눴다. 노신사는 경마 사기꾼 일당이 세인트루이스에서 속임수로 한탕했다고 얘기했다. 우두머리는 텔러라는 마권 판매장 주인이라나 뭐라나.

"무슨 텔러죠?" 내가 물었다.

"하이 텔러, H. S. 텔러야."

"저, 그놈 알아요."

"못된 놈이지." 맥데빗이 말했다.

"못된 정도가 아니고 악질이죠. 전 그놈하고 마무리해야 할 일이 있어요."

"어떻게?"

"얼치기 녀석들을 엿 먹이려면 돈지갑을 뺏는 수밖에 없어요. 지금은 그놈이 세인트루이스에 있으니 손을 볼 수 없지만 언젠가 꼭 손을 봐줄 겁니다." 그리고 맥데빗에게 내가 왜 그렇게 이를 갈고 있는지 얘기했다.

맥데빗이 말했다. "그 사람이 여기 뉴욕에도 손을 뻗치려고 했는데, 뜻대로 안 돼서 호보켄에 지점을 열었다네. 판돈에 한도가 없어서 돈이 산더미처럼 쌓이는데 그 건방진 놈 주머니로 다 들어간다는 소문이 파다해."

"어떤 곳이죠?" 나는 마권 판매장일 거라고 생각했다.

"사설 중개소야." 맥데빗이 대답했다.

"확실해요?"

"그럼, 여러 사람한테서 들었어."

"그냥 풍문일 뿐인지, 실제 영업하고 있는지, 그리고 어느 정도나 매매할 수 있는지 확실히 알아봐주실래요?"

"그러지." 맥데빗이 약속했다. "내일 아침에 직접 가보고 돌아와서 알려주겠네."

맥데빗은 약속을 지켰다. 텔러는 사업을 크게 벌이고 있었다. 긁어모을 수 있는 건 다 긁어모을 셈인 듯했다. 때는 금요일이었다. 주식시장이 한 주 내내 상승했으므로(무려 20여 년 전 일임을 감안하기 바란다) 토요일에 은행 잔고 내역서를 보면 잉여 준비금이 크게 줄어들었게 불 보듯 뻔한 상황이었다. 거래소 큰손인 장내 거래원들은 으레 이걸 빌미로 주식시장에 뛰어들어 자금력이 달리는 개미 고객들의 계좌를 털어갔다. 이처럼 큰손들이 뛰어들면 거래 마감 30분 전부터 주가가 조정에 들어가곤 했는데, 특히 개미들이 가장 활발하게 거래하는 주식이 크게 흔들렸다. 물론 이처럼 조정에 들어가면 텔러 고객들은 이런 종목을 제일 많이 사들였다. 이런 종목을 공매도하는 사람들이 있어도 텔러 사설 중개소는 반겼다. 주가가 상승해도 하락해도 양쪽에서 다 벗겨먹을 수 있었기 때문이다. 증거금이 1포인트밖에 안 되니 조금만 주가가 요동쳐도 고객은 쪽박을 찰 수밖에 없어 사설 중개소로선 그야말로 식은 죽 먹기였다.

토요일 아침, 나는 호보켄에 있는 텔러 지점으로 갔다. 널찍한 객장에는 말끔한 호가판이 구비돼 있었다. 직원들은 모두 출근했고, 회색 제복을 입은 청원경찰이 한 명 있었다. 손님은 25명쯤 있었다. 매니저가 도와줄까 묻기에 필요 없다고 대꾸하고는 은근슬쩍 떠봤다. 경마는 승률도 높고 밑천을 전부 걸 수 있으니 몇 분 만에 수천 달러

도 벌 수 있다, 그러니 며칠씩 기다렸다가 푼돈이나 벌 수 있는 주식
보다 훨씬 나은 게 아니냐. 그러자 매니저는 주식시장에서 노는 게
안전하다는 둥, 고객 중 몇 사람은 대박을 쳤다는 둥 누가 보면 정식
거래소에서 실제로 주식을 사고파는 중개인으로 착각할 정도로 열
을 올렸다. 이런 얘기도 했다. 대량 매매하기만 하면 누구나 입이 떡
벌어질 만큼 왕창 벌 수도 있다고. 내가 마권 판매장에 가려는 줄 알
았던 모양이다. 경마장 말들이 내 돈을 뜯어먹기 전에 먼저 등쳐먹고
싶었는지 토요일에는 12시에 장이 마감하니 서두르라고 재촉했다.
그래야 오후 내내 딴 볼일을 볼 수 있다며 말이다. 게다가 제대로 된
주식을 제대로 고르면 경마장에서 쓸 밑천을 두둑하게 챙길 수 있다
는 말도 했다.

내가 못 믿겠다는 얼굴을 하자 매니저는 계속 쏘삭거렸다. 나는
계속 흘끔흘끔 시계를 봤다. 11시 15분이 되자 "좋아요"라고 하고는
다양한 종목에 공매도 주문을 넣기 시작했다. 현금 2000달러를 건네
니 매니저가 신이 나서 받았다. 아무래도 큰돈을 벌 것 같으니 자주
왔으면 좋겠다는 말도 했다.

딱 내 예상대로 돌아갔다. 장내 거래원들은 사람들이 제일 많이
손절매할 만한 주식을 골라 주가를 떨어뜨렸는데, 아니나 다를까 주
가는 쭉 미끄러졌다. 장 마감 5분 전부터는 장내 거래원들이 환매에
나서면서 주가가 반등하므로 나는 그 직전에 공매도한 주식을 청산
하고 빠져나왔다. 5100달러를 번 나는 돈을 받으러 갔다.

"여기 오길 잘했어요." 나는 이렇게 말하면서 매니저에게 전표를 건넸다.

매니저가 하소연했다. "전부 다는 못 주겠어요. 이렇게 돈이 많이 나갈 줄 몰랐어요. 월요일 아침에 줄게요, 꼭."

"좋아요. 우선 중개소에 있는 돈이라도 전부 가져갈게요." 내가 응수했다.

"금액이 적은 사람들 돈부터 좀 줄게요." 매니저가 중얼거렸다. "판돈에다 남은 돈을 모두 돌려줄게요. 다른 전표부터 현금으로 바꿀 테니 잠시 기다려요."

매니저가 돈을 딴 사람들에게 현금을 나눠주는 것을 바라보며 기다리고 있었다. 물론, 내 돈이 안전하다는 건 알았다. 장사가 이렇게 잘되는데 돈을 떼먹진 않을 테니까. 설사 떼먹는다 해도 지금 여기 있는 돈을 다 가져가는 것 말고는 달리 뾰족한 수가 없지 않은가? 내가 건 판돈 2000달러에다 800달러 정도를 더 받았다. 중개소에 남은 돈이 그것뿐이었다. 월요일 아침에 다시 오겠다고 말하니 매니저는 돈을 꼭 마련해놓겠다고 약속했다.

월요일 12시가 조금 안 됐을 때 호보켄에 도착했다. 그런데 텔러 세인트루이스 지점에서 돌란으로 돌아가라는 소리를 들었던 날, 그곳에서 본 사내가 매니저와 이야기하고 있었다. 매니저가 본사로 전보를 쳐서 본사에서 직원을 보냈다는 걸 단박에 눈치챘다. 사기꾼은 아무도 믿지 않는 법이다.

"남은 돈 받으러 왔어요." 나는 매니저에게 돈을 요구했다.

"이자야?" 세인트루이스에서 온 사내가 물었다.

"네." 매니저는 이렇게 대답하고는 주머니에서 누런 지폐 다발을 꺼냈다.

"잠깐!" 세인트루이스 사내가 매니저를 제지하더니 내 쪽으로 돌아섰다. "이봐 리빙스턴, 자네랑은 거래하기 싫다고 했을 텐데."

"내 돈부터 내놔요."

그러자 지배인은 1000달러 뭉치 2개, 500달러 뭉치 4개와 300달러를 내밀었다.

"뭐라고 하셨죠?" 내가 세인트루이스 사내에게 물었다.

"우리 회사선 매매하지 말라고 했잖아."

"그랬죠. 그래서 여기 왔잖아요." 내가 맞받아쳤다.

"글쎄, 다신 오지 마. 꺼지라고!" 사내가 고함치자 회색 제복을 입은 청원경찰이 건들거리며 다가왔다. 세인트루이스 사내가 매니저에게 종주먹을 들이대며 다그쳤다. "이 바보 멍청아, 이놈한테 당하면 어떻게 해. 이놈이 리빙스턴이야. 지시했잖아."

"잘 들어." 나는 세인트루이스 사내에게 말했다. "여긴 세인트루이스가 아냐. 자네 두목이 순진한 시골뜨기들한테 써먹던 속임수, 여기선 안 통해."

"이 중개소에서 꺼져! 여기선 매매 못 해!" 세인트루이스 사내가 소리쳤다.

"만약 내가 여기서 매매하지 못한다면 아무도 여기서 거래하려 들지 않을 거야." 내가 맞받아쳤다. "여기서 그런 짓 하다간 국물도 없을 거라고."

세인트루이스 사내가 바로 어조를 바꿨다. "이봐." 사내가 애걸했다. "좀 봐줘. 생각해보라고! 알잖아. 매일 이런 식이면 우리가 배겨낼 재간이 없다는 거. 누가 돈을 이만큼이나 땄는지 알면 사장이 길길이 뛸 거야. 인심 좀 쓰라고, 리빙스턴!"

"앞으론 살살 하죠." 내가 약속했다.

"이성적으로 생각해. 제발 오지 마! 우리가 여기서 자리 잡도록 기회를 줘. 우린 여기서 이제 막 시작했다고, 응?"

"다음엔 이런 식으로 으름장 놓지 마세요." 나는 이렇게 말하고 자리를 떴다.

사내가 매니저에게 속사포처럼 퍼부어대는 게 들렸다. 이렇게 돈을 좀 뜯어내는 것으로 세인트루이스에서 쫓겨났던 수모를 앙갚음했다. 열을 내봤자 쓸데없는 짓이다. 나는 풀러턴 사무실로 돌아가서 맥데빗에게 자초지종을 얘기했다. 그리고 맥데빗만 괜찮다면 텔러 지점에 가라고 했다. 처음에 20~30주 정도 매매해서 중개소 녀석들을 안심시킨 다음, 대박 칠 기회가 보이면 내가 맥데빗에게 전화로 알려 판돈을 크게 걸 계획이었다.

나는 맥데빗에게 1000달러를 쥐어줬다. 맥데빗은 그 돈을 들고 호보켄으로 가서 내가 시키는 대로 했다. 맥데빗은 곧 단골이 됐다. 그러던 어느 날 주가가 곧 붕괴할 것 같다는 판단이 서자 그에게 슬쩍 흘렸고, 맥데빗은 중개소에서 받아주는 만큼 모두 팔아치웠다. 맥데빗의 몫을 떼어주고 비용을 제한 뒤에도 2800달러나 남았다. 맥데빗이 자기 돈도 조금 투자한 것 같았다.

한 달도 채 되지 않아 텔러는 호보켄 지점을 닫아버렸다. 경찰의 단속이 심해진 탓도 있지만 어쨌든 장사가 안 됐기 때문이었다. 난 거기서 두 번밖에 매매하지 않았지만 말이다. 주가가 미친 듯이 치고 오르기만 할 뿐 대폭 조정이 없어서 사설 중개소는 1포인트의 증거금조차 벗겨 먹기 어려웠다. 물론 고객들은 죄다 상승에 걸어 돈을 땄고, 계속 주식을 사서 쟁였다. 텔러뿐만 아니라 많은 사설 중개소들이 전국 각지에서 줄줄이 파산했다.

사설 중개소는 게임 방식을 계속 바꿨다. 예전에는 사설 중개소에서 매매하면 정식 증권사에서 투기하는 것에 비해 몇 가지 확실한 이점이 있었다. 우선 증거금이 전부 없어질 정도로 주가 포인트가 움직이면 자동으로 거래가 마감되므로 그만한 손절 주문이 없었다. 판돈보다 더 많이 잃으려야 잃을 수도 없었고, 주문 체결이 지연될 위험도 없었다. 듣자 하니 서부에 있는 사설 중개소들은 그렇지 않다고 하는데, 뉴욕에 있는 사설 중개소들은 고객들의 거래에 이런저런 제한을 두었다. 뉴욕에선 11개 대형주*에서 올릴 수 있는 수익을 2포인트로 제한하곤 했다. 다시 말해, 제당과 테네시 석탄철강은 주가

* 1884년 찰스 다우는 철도 회사 9개와 2개 회사의 주가로 주가 평균을 산출했다.

가 10분 만에 10포인트 움직여도 전표 한 장당 2포인트밖에 벌 수 없었다. 이렇게 제한을 두지 않으면 고객이 가져가는 몫이 너무 커진다고 사설 중개소는 생각했다. 그도 그럴 것이 잃을 때는 고작 증거금 1달러만 날리지만 딸 때는 10달러씩 가져가기 때문이다. 게다가 초대형 사설 중개소는 물론이고 대부분의 중개소가 특정 종목은 주문을 받지 않기도 했다. 1900년 대통령 선거 전날, 일찌감치 맥킨리 William McKinley*의 승리가 점쳐지자 미국의 어떤 사설 중개소도 고객의 매수 주문을 받지 않았다. 당선 가능성은 3 대 1로 맥킨리가 앞섰다. 선거 전날인 월요일에 주식을 샀으면 3~6포인트, 아니 그 이상도 먹을 수 있었다. 브라이언이 이긴다는 쪽에 걸고 주식을 샀어도 돈을 버는 건 기정사실이었다. 그러자 사설 중개소들은 그날 하루 종일 주문을 받지 않았다.

만약 사설 중개소에서 쫓겨나지 않았더라면 나는 끝까지 그 바닥에서 놀았을 것이고, 그랬더라면 결코 그 무엇도 배우지 못했을 것이다. 주식 투기라는 게임은 단순히 몇 포인트 등락하는 데 돈을 거는 게임이 아니라 훨씬 더 많은 요소가 있다는 사실을 말이다.

---

* 공화당 후보 윌리엄 맥킨리(1843~1901)를 가리킨다. 맥킨리는 민주당 후보 윌리엄 제닝스 브라이언 (William Jennings Bryan)과 대선에서 두 번 맞붙어 두 번 모두 승리했다. 농민, 노동자를 대변한 브라이언을 공화당 후보 맥킨리가 누를 것이 유력하자 주식시장은 상승세를 보였다.

주식시장엔 '옳은' 쪽만 존재한다

사람은 다양한 실수를 저지르며, 실수를 통해 얻은 교훈을 낱낱이 다 배우려면 오랜 시간이 필요한 법이다. 세상만사엔 양면성이 있다고들 한다. 그러나 주식시장에는 오로지 한쪽만 존재한다. 그건 상승론도 하락론도 아닌 '옳은' 쪽이다. 주식 투기의 기술을 차근차근 배워 나가는 데 걸린 시간보다 이 보편적인 원리를 마음속에 단단히 새기는 데 더 오랜 시간이 걸린 것 같다.

가상으로 주식에 투자해서 가상의 돈을 벌어들이고는 시장을 정확히 예측했다고 우쭐대는 사람들이 있다. 이런 허깨비 도박꾼들은 수백만 달러를 벌었다고 떠벌리기도 한다. 그런데 이런 식으로 타짜가 되는 건 누워서 떡 먹기다. 옛날이야기에 나오는 이 사내와 다를 바 있을까. 이야기 속 사내는 다음 날 결투에 나갈 참이다.

결투 입회인이 사내에게 물었다. 자네, "총은 좀 쏘나?"

결투에 나서려는 사내가 대답했다. "스무 걸음 밖에서 와인 잔 손잡이를 맞힐 수 있죠." 표정으로는 제법 겸손한 척했다.

"제법이군." 입회인이 시큰둥하게 대꾸했다. "하지만 총알이 장전된 권총을 자네 심장에 똑바로 겨누고 있을 때도 와인 잔 손잡이를 맞힐 수 있겠나?"

내 경우, 돈으로 내 판단이 옳았음을 증명해야 했다. 나는 돈을 날리면서 배웠다. 물러서지 않아도 된다는 확신이 들 때, 그때 비로소 전진해야 한다는 것을. 전진할 수 없다면 꿈쩍도 하지 않았다. 그렇다고 판단이 빗나갔는데도 손절하지 말라는 뜻은 아니다. 손실은 끊어내는 게 맞다. 확신이 들 때까지 움직이지 않는다는 원칙이 우유부단으로 이어지면 안 된다. 나는 평생 많은 실수를 저질렀지만, 돈을 날리면서 경험을 쌓았고 하지 말아야 할 것을 많이 알게 됐다. 하지 말아야 하는 것이 무엇인지 아는 건 소중한 지식이다. 여러 번 알거지 신세가 됐지만, 돈을 날렸다고 해서 빈손이 된 건 아니었다. 무일푼이 돼도 얻는 것이 있었는데, 그렇지 않았다면 지금 위치까지 올 수 없었을 것이다. 나는 기회는 또 온다는 것을 믿었고, 나 자신이 다시는 같은 실수를 되풀이하지 않을 것을 믿었다.

주식 투기로 먹고살려면 자신을, 자신의 판단을 믿을 수 있어야 한다. 이런 이유로 난 비밀 정보를 믿지 않는다. 만약 스미스가 주는 정보를 듣고 주식을 산다면 팔 때도 스미스가 주는 정보가 있어야 한다. 그 사람에게 의지하는 신세가 되는 것이다. 매도해야 할 것 같은데 스미스가 휴가로 자리를 비운다면 어떻게 할 것인가. 다른 사람이 시키는 대로 해선 큰돈을 벌 수 없다. 어림 반 푼어치도 없다. 이건 내가 직접 경험한 바를 바탕으로 깨우친 것인데, 비밀 정보로는 나 자신의 판단을 따랐을 때보다 더 많은 돈을 벌 수 없었다. 수익이 날 게 분명한 비밀 정보는 그 누구도 주지 못한다. 내 판단으로 큰돈을 벌 정도로 똑똑하게 게임을 할 수 있게 되기까지 꼬박 5년이 걸렸다.

다들 내가 흥미진진한 일을 많이 겪었을 거라고 생각하지만, 그렇진 않다. 세월이 지나 되돌아보니 투기를 배우는 과정이 막 엄청나게 짜릿짜릿하진 않았다. 오히려 그 과정에서 여러 번 쪽박을 찼는데, 기분이 참 더러웠다. 월가에서 돈을 날린 사람들은 누구나 비슷한 과정을 거친다. 나 역시 마찬가지였다. 투기라는 사업은 어렵기도 하지만 고되기도 하다. 그러므로 투기꾼은 늘 정신을 바짝 차리고 있어야 한다. 그렇지 않으면 곧 신경 쓸 일거리조차 없어지기 쉽다.

내가 해야 할 일은 아주 간단했다. 바로 투기 게임을 다른 관점에서 봐야 했다. 내가 사설 중개소에서 배운 게 무엇이든, 주식판은 그런 것들로만 돌아가지 않는다는 걸 미처 몰랐다. 풀러턴에서 쓴맛을 본 뒤 바로 깨달았어야 했는데, 그러지 못했다. 사설 중개소에서 돈을 딴 것이 내가 이 게임에서 승리한 증거라고 착각했다. 내가 이긴 상대는 사설 중개소일 뿐인데 말이다. 그래도 사설 중개소에서 매매하면서 얻은 시세 테이프 판독 능력과 기억력 훈련은 더할 나위 없이 소중한 자산이었다. 게다가 다행스럽게도 나는 이 두 가지를 모두 어렵지 않게 얻었다. 사고가 단련되지 않은 데다 무지하기 짝이 없었던 내가 일찌감치 트레이더로 성공할 수 있었던 건 뛰어난 두뇌나 지식 덕분이 아니라, 이 두 가지 수완 덕분이었다. 게임을 하면서 게임을 배운 셈이다. 그런데 게임은 나를 가르치는 동안 매를 아끼지 않았다.

뉴욕에서 보낸 첫날이 기억난다. 앞서 얘기했지만 사설 중개소에서 문전박대당한 터라 거래소 정식 회원사를 찾아가야 했다. 내 첫 직장에서 일했던 사환 하나가 뉴욕증권거래소 회원인 하딩 브러더스에서 일하고 있었다. 뉴욕에는 아침 무렵에 도착했는데 그날 오후 1시도 안 돼 하딩 브러더스에 계좌를 개설하고 매매할 채비를 갖췄다.

그곳에서 나는 사설 중개소에서 하던 그대로 매매했다. 나로선 더 없이 당연한 일이었다. 사설 중개소에서 내가 한 일이라고는 확실한 가격 변동을 포착하고 주가가 어느 쪽으로 변동할지에 돈을 거는 것 뿐이었다. 아무도 사설 중개소와 실제 시장이 근본적으로 어떻게 다른지 지적하거나 내 방식이 얼마나 잘못됐는지 바로잡아주지 않았다. 만약 누군가가 내 방식이 통하지 않을 거라고 귀띔해줬더라도 정말 그런지 확인해보려고 일단은 내 방법대로 해봤을 것이다. 내 방식이 틀렸다면 확증하는 방법은 오직 하나, 바로 돈을 날리는 것이기 때문이다. 그리고 내가 옳다는 사실은 오로지 돈을 벌 때만 증명된다. 이게 투기다.

당시는 활기 넘치던 시절로, 시장은 북적북적하고 거래는 활발히 이뤄졌다. 이런 분위기에선 누구든 기운이 나게 마련이다. 나는 새로 발을 들여놓은 증권사에 금세 익숙해졌다. 눈앞에 익숙한 호가판이 보였다. 호가판이 전달하는 내용은 내가 열다섯 살이 되기도 전에 배운 것들이었다. 꼬마 사환은 내가 첫 직장에서 하던 그대로 일하고 있었다. 사람들은 늘 보던 대로 무리 지어 호가판을 쳐다보거나, 시세 표시기 옆에 서서 주가를 외치며 시장에 관해 이야기하고 있었다. 시세 표시기를 비롯한 장비들도 어느 모로 보나 내가 익히 알던 그대로였다. 객장 분위기 역시 벌링턴철도에 투자해서 처음으로 3.12달러를 벌었을 때부터 쭉 느꼈던 그 분위기였다. 시세 표시기도 트레이더도 똑같고, 게임 종류도 같았다. 잊지 말기 바란다. 나는 당시 겨우 스물두 살, 치기 넘치는 청년이었으니 이 판을 속속들이 안다고 생각하는 것도 무리가 아니었다. 왜 아니겠는가?

호가판에서 꽤 괜찮아 보이는 종목이 눈에 띄었다. 주가 움직임이 좋아 보였다. 84달러에 100주를 샀다. 그리고 30분도 안 돼 85달러에 팔고 나왔다. 마음에 드는 다른 주식이 보이면 똑같이 했다. 아주 짧은 시간에 0.75포인트를 먹었다. 이 정도면 시작치고 괜찮지 않은가?

자, 명심하기 바란다. 처음으로 정식 회원사의 고객이 된 그날, 나는 겨우 두 시간 동안 시장을 들락날락하며 1100주를 매매했다. 그리고 그날 실적을 계산해보니 정확히 1100달러를 날렸다. 다시 말하면 첫 시도에 밑천의 절반 정도가 연기처럼 날아갔다. 수익을 올린 매매도 있긴 했다. 하지만 그날 하루 총 1100달러 손실을 봤다.

그래도 걱정하진 않았다. 아무리 생각해도 나한텐 문제가 없어 보였기 때문이다. 그냥 이렇게 생각했다. 주가 방향은 그럭저럭 제대로 예측한 것 같으니 예전처럼 코스모폴리탄 중개소에서 매매했더라면 본전을 지키는 데다 수익까지 챙겼을 테지. 그런데 사라진 1100달러는 똑똑히 말해주었다. 여기선 시세 표시기가 예전처럼 역할하지 않는다는 사실을. 사설 중개소에서 이뤄지는 거래는 실제 주식이 오가는 거래가 아니어서 시세 표시기에 찍히는 가격을 기준으로 돈을 걸 수 있다. 하지만 거래소에서는 실제 주식의 매매 주문을 넣은 뒤 체결가가 전신으로 송신되는 데 시간이 걸려 시세 표시기에 찍힌 주가와 거래가가 다른 경우가 빈번하게 발생한다. 다시 말해 체결 지연 문제가 발생한다. 그런데 나는 시세 테이프를 읽는 데 뛰어나니 괜스레 속을 끓일 필요가 없다고 생각했다. 스물두 살짜리가 알면 얼마나 알고 생각이 깊으면 얼마나 깊겠는가. 그러니 좀 모르거나 중대한 결함이 있다고 해서 골치 썩일 필요는 없다고 편하게 생각해버린 것도 충분히 이해할 수 있을 것이다.

그러나 며칠 후 나는 혼잣말로 이렇게 중얼거렸다. "여기선 이런 식으로 매매하면 안 되겠어. 시세 표시기가 도움이 안 돼, 이럴 리 없는데!" 나는 내가 생각한 대로 일이 돌아가지 않는 이유를 알아내려고 철저히 분석하기는커녕 그냥 그러려니 하고 말았다. 어쨌든 나는 계속 매매했다. 잘 풀리는 날도 꼬이는 날도 있었지만, 그러다가 결국 밑천이 바닥나고 말았다. 풀러턴에게 가서 판돈 500달러를 빌렸다. 그러곤 앞서 말했듯 세인트루이스에 있는 사설 중개소에서 가서 돈을 벌어 돌아왔다. 알다시피 사설 중개소에서는 백전백승이었다.

뉴욕에 돌아온 뒤 좀 더 신중하게 매매했더니 한동안 결과가 좋았다. 하지만 형편이 좀 피자마자 나는 흥청망청 써대기 시작했다. 친구도 사귀고 재미도 좀 봤다. 다시 한번 강조하지만, 당시 내가 스물셋도 안 된 청년이었다는 점을 기억하기 바란다. 걸리적거리는 사람 없이 뉴욕에서 혼자 살고 있었고, 주머니엔 쉽게 번 돈이 두둑했다. 나는 시세 표시기를 어떻게 활용해야 할지 완전히 감을 잡았다고 생각했다.

거래소에서 주문이 실제로 체결되기까지는 시간이 걸리고 그동안 주가가 변할 수 있다는 점을 감안해 좀 더 신중하게 움직였어야 했다. 하지만 나는 여전히 시세 테이프에 집착했다. 다시 말해, 여전히 시장의 보편적인 원리를 무시하고 있었다. 이처럼 보편적인 원리를 무시하다 보니 당연히 내 게임 방식의 문제가 뭔지 정확하게 짚어낼 수 없었다.

1901년 경기가 대호황기에 접어들자 나는 큰돈, 그러니까 내 또래 가운데 꽤 큰돈을 벌었다. 그 시절을 기억하는가? 당시 미국은 유례없는 번영을 구가하고 있었다. 한 번도 경험해보지 못한 업계 합병과 자본 결합의 시대로 치달았을 뿐 아니라, 주식판으로 대중이 몰려들어 시장은 불이 붙은 듯 들끓었다. 듣기로 과거 호황기에 월가에선 하루에 25만 주, 액면가로 2500만 달러어치의 유가증권이 거래됐다고 한다. 1901년에는 하루에 300만 주가 거래됐다. 장삼이사 누구나 돈을 벌었다. 특히나 철강업계에선 백만장자가 속속 등장했다. 곤드

62

레가 된 뱃사람만큼이나 돈 걱정 따위 하지 않는 이들을 만족시키는 게임은 오직 주식뿐이었다.

월가에는 역대급 꾼들이 몰려들었다. '백만 달러를 건 사나이'로 명성이 자자했던 존 W. 게이츠와 그의 친구들인 존 A. 드레이크, 로열 스미스도 있었고 철강 회사 지분 일부를 매각한 돈으로 공개 시장에서 록아일랜드 시스템 주식을 사들여 대주주가 된 레이드-리즈-무어 일당, 그리고 슈와프, 프릭, 핍스, 피츠버그 패거리도 있었다. 그리고 당시라서 묻혔지만 다른 때 같았으면 희대의 도박사 소리를 들었을 법한 굵직굵직한 인사들도 말할 것도 없이 수십 명씩 몰려왔다. 누구나 어떤 주식이든 사고팔 수 있었다. 제임스 킨은 US철강 주식을 매도하기 위해 시장을 조성했다. 중개인 한 사람이 몇 분 만에 10만 주를 팔기도 했다. 참으로 멋진 시절이었다! 돈방석에 앉는 사람들이 줄줄이 생겨났다. 게다가 주식을 매도해도 세금을 내지 않았다! 심판의 날은 아직 다가올 기미조차 보이지 않았다.

물론 얼마 지나지 않아 큰일날 수도 있다고 경고하는 목소리가 여기저기서 들려왔다. 원로들은 다들 실성했다고 일갈했다. 자기들만 빼고 말이다. 하지만 이런 원로들만 빼고 전부 돈을 벌었다. 아무 주식이나 마구 사재기하는 데도 끝이 있고 주가 상승에도 한계가 있다고 생각한 나는 약세에 돈을 걸었다. 그런데 팔 때마다 돈을 날렸다. 재빨리 줄행랑치지 않았더라면 더 많이 날렸을 것이다. 주가가 붕괴될 것이라고 예상했지만 안전 제일주의에 따라 종목별로 매수와 공매도를 병행했다. 따라서 매수로 돈을 벌어도 공매도하면 수익을 깎아먹었다. 꼬맹이 시절부터 매매에는 이골이 났다는 점을 감안하면 호황기에 생각만큼 많이 벌지 못한 것이다.

내가 공매도하지 않은 주식이 딱 하나 있었는데, 바로 노던퍼시픽 철도 회사였다. 시세 테이프 읽는 능력은 여전히 요긴했다. 대다수의 주식들은 매수해도 주가가 제자리걸음인데 노던퍼시픽은 여전히 더 오를 것처럼 움직였다. 지금이야 다 아는 사실이지만 보통주와 우선주 모두 쿤-로브-해리먼이 손을 잡고 꾸준히 사들였다. 어쨌든 나는 노던퍼시픽 보통주를 1000주 매수했고, 중개소 사람들이 죄다 말리는 데도 주식을 보유하고 있었다. 주가가 110달러 언저리까지 오르자 30포인트 차익을 실현했다. 그러자 중개소 계좌에 5만 달러 가까이 쌓였다. 여태까지 내가 모은 액수 중 가장 컸다. 몇 달 전 같은 중개소에서 동전 한 닢까지 몽땅 날렸던 터라 꽤 짭짤하게 느껴졌다.

기억할지 모르겠지만, 해리먼 측은 자신들이 나서서 벌링턴-그레이트 노던-노던 퍼시픽을 아울러 합병 회사를 만들겠다는 의사를 모건과 힐에게 전달했다. 그러자 모건 측은 지배권을 유지할 목적으로 처음에는 킨에게 노던퍼시픽 5만 주를 매수하라고 지시했다. 듣기로, 킨이 로버트 베이컨에게 15만 주를 주문하라고 했고, 그대로 했다고 한다. 킨은 또 중개인인 에디 노튼을 노던퍼시픽 관계자들에게 보내 10만 주를 매수했다. 이후 추가로 5만 주 주문이 있었고, 결국 유명한 매점 사건이 벌어졌다. 1901년 5월 8일 시장이 문을 닫은 후,

금융계의 거물들이 전투를 벌이고 있다는 사실을 온 세상이 알게 됐다. 이 나라에서 그토록 굵직한 자본가 연합체끼리 서로 대치한 적은 한 번도 없었다. 해리먼과 모건이 맞붙었다. 난공불락이 요지부동을 만난 셈이었다.

5월 9일 아침, 내 수중에는 현금이 5만 달러쯤 있었고 주식은 하나도 없었다. 앞서 얘기했듯, 나는 약세를 점치고 있었는데 마침내 기회가 온 것 같았다. 나는 무슨 일이 일어날지 알 수 있었다. 주가가 폭락하고 나면 헐값에 주식이 쏟아질 테고, 그 뒤 주가가 빨리 회복하면 헐값에 주식을 주운 사람은 크게 먹을 수 있을 게 분명했다. 셜록 홈즈 같은 탐정이 아니더라도 이 정도는 누구나 짐작할 수 있는 사실이었다. 이렇게 주가가 오르락내리락하는 시점을 포착해 큰돈, 아니 확실한 수익을 챙길 수 있는 기회가 눈앞에 어른거렸다.

만사가 내 예상대로 돌아갔다. 내 예측이 그대로 맞아떨어졌다. 그런데 한 푼도 남김없이 다 날렸다! 유별난 일이 생기는 바람에 훅 나가떨어지고 말았다. 만약 그런 유별난 일이 없다면, 사람들 사이에는 아무런 차이도 생겨나지 않을 것이고, 인생은 재미라곤 없이 따분하기만 할 것이다. 그리고 투기 게임은 단순한 덧셈과 뺄셈으로 전락할 것이다. 우린 그냥 지겹도록 장부나 기록할 테고 말이다. 사람의 지능을 발달시키는 것은 추측이다. 추측해서 맞히려면 머리를 굴려야 하지 않는가.

시장은 내 예상대로 북새통이었다. 거래량은 어마어마했고, 변동폭 역시 전례 없이 컸다. 나는 시가에 대량으로 공매도 주문을 냈다. 시가가 얼마나 형편없이 폭락했는지 놀라 자빠질 뻔했다. 일을 맡긴 중개인들은 빈틈이 없었다. 누구보다 유능하고 양심적이었다. 그러나 중개인들이 내 주문을 체결할 무렵, 주가는 20포인트 더 폭락했다. 시세 테이프상의 주가는 시장보다 한참 뒤처져 있었고, 주문이 엄청나게 몰리는 바람에 체결 내역서도 더디게 들어왔다. 예를 들어, 시세 테이프 가격이 100일 때 주식을 공매도하면 중개인들이 주식을 팔 때 가격은 80이었다. 전날 종가보다 30~40포인트나 가격이 하락한 셈이었다. 내가 공매도한 후 환매하려고 했던 수준까지 주가가 떨어진 것이다. 시장이 더 폭락할 것 같지는 않았다. 그래서 나는 즉시 환매하고 매수로 돌아서기로 결정했다.

중개인들이 매수에 나섰지만 내가 매수로 돌아서게 된 그 주가 수준에 주문이 체결되지는 않았다. 중개인이 내 주문을 받았을 때 증권 거래소에서 가장 많이 거래되던 시세에 주문이 체결됐는데, 내가 계산한 것보다 평균 15포인트를 더 지불해야만 했다. 하루 만에 35포인트 손실이라니. 그 누구도 배겨낼 수 없었을 것이다.

나는 시장보다 한참 굼뜨게 움직이는 시세 표시기 때문에 망하고 말았다. 당연하지만 시세 표시기에 찍히는 주가는 실제 시장에서 거래되는 주가와 차이가 있게 마련이다. 나는 늘 시세 테이프에 찍힌 대로 돈을 걸었기 때문에 이 바닥에선 시세 테이프가 내 최고의 단짝이라고 생각했다. 그러나 이번엔 시세 테이프가 나를 배신했다. 시세 테이프에 인쇄된 주가와 실제 주가의 격차 때문에 골탕을 먹고 말았다. 전에도 이렇게 무너졌는데 또 당하다니. 이전에 했던 실패를 한 술 더 떠 되풀이한 셈이었다. 중개인의 체결과 상관없이, 시세 테이프를 판독하는 것만으로는 충분하지 않다는 게 명명백백해졌다. 지금 와서 생각해보면 그때 왜 내가 해결책과 문제를 한눈에 보지 못했는지 의아할 뿐이다.

해결책과 문제를 제대로 보지 못한 정도가 아니었다. 더 미련한 짓은 따로 있었다. 나는 체결이야 어떻게 되든 계속 시장을 들락날락하며 매매했다. 절대 주가를 정해놓고 거래하지 말고, 운을 걸고 시장과 한판 승부를 벌여야 했다. 말하자면 내가 이기려고 하는 대상은 시장이지 특정한 가격이 아니었다. 팔아야 할 것 같으면 팔고, 오를 것 같으면 사야 했다. 이런 투기의 보편 원칙을 고수한 덕분에 살아남을 수 있었다. 주가를 정해놓고 거래하는 것은 사설 중개소에서 쓰던 낡은 수법을 정식 회원사에서 그대로 써먹으려는 꼴로, 그런 방법이 통할 리 없었다. 만약 그런 방식이 통했더라면 나는 주식 투기가 무엇인지 결코 배우지 못했을 것이고, 사설 중개소라는 우물 안 개구리 시절 확실히 돈을 벌 수 있을 거라고 생각하고 익힌 방식대로 계속 돈을 걸었을 것이다.

시세 표시기에 찍히는 주가가 실제 체결가를 뒤늦게 반영한다는 것을 기억하며, 시장가에 매매해서 생기는 불이익을 최대한 줄이기 위해 주가를 정해놓고 거래하려고도 시도해봤다. 하지만 그럴 때마다 시장은 더 멀어질 뿐이었다. 걸핏하면 이런 일이 벌어지자 나는 결국 두 손 들고 말았다. 이 판에서 내가 해야 할 일은 다음 호가 몇 개가 어떻게 될지 예측해 허둥지둥 돈을 거는 게 아니라, 시장이 큰 틀에서 어떻게 움직일지 가늠하는 것이라는 사실을 깨달아야 했다. 그런데 이 사실을 깨닫는데 왜 그렇게 오래 걸렸는지 모르겠다.

5월 9일 그런 불운을 겪고도 나는 악착같이 계속 매매했다. 손해를 좀 보긴 했지만 여전히 결함이 있는 방식을 적용해가면서 말이다. 이따금 반짝 돈을 벌기도 했는데, 차라리 돈을 벌지 못했더라면 시장의 지혜를 더 빨리 깨달았을 것이다. 그래도 여유 부릴 정도의 수익은 내고 있었다. 나는 친구들과 어울려 노는 게 좋았다. 돈 많은 월가 남자들이 대개 그렇듯, 나도 그해 여름 내내 저지코스트에 머물렀다. 급기야 수익이 손실과 생활비를 감당할 수 없는 지경이 됐다.

고집불통이라 매매 방식을 계속 고수했던 건 아니다. 문제가 뭔지 딱 짚어내지 못했을 뿐이다. 그러니 문제를 해결하려고 애써봤자 아무런 소용도 없었다. 이런 얘기를 계속 되풀이하는 건 정말 돈을 벌 수 있는 경지에 오르기까지 내가 어떤 고초를 겪었는지 밝히기 위해서다. 덩치 큰 사냥감을 잡으려면 고성능 자동소총이 있어야 했다. 낡은 산탄총과 BB탄으로는 역부족이었다.

그해 초가을, 나는 또다시 무일푼이 됐다. 이기지도 못하는 게임에 계속 뛰어드는 데 넌더리가 난 나는 뉴욕을 떠나 다른 일을 해보기로 마음먹었다. 나는 열네 살 이후 쭉 주식을 매매했다. 열다섯 살

꼬마 때 처음으로 1000달러를 모았고, 스물한 살이 못 되어서 1만 달러를 만졌다. 1만 달러나 되는 판돈을 날리기도 여러 번. 뉴욕에선 수천 달러를 벌었다가 이내 수천 달러를 날렸다. 5만 달러를 거머쥐었다가 이틀 뒤에 홀랑 날린 적도 있다. 다른 일은 해본 적도 없고, 할 줄도 몰랐다. 이렇게 몇 년간 지내다가 다시 빈손으로 출발점에 선 것이다. 아니, 형편은 더 나빠졌다. 돈을 펑펑 쓰는 습관과 생활방식이 이미 몸에 밴 터였기 때문이다. 돈을 맘껏 못 쓰는 게 힘들기는 했지만, 그래도 예상이 계속 빗나가는 것만큼 괴롭진 않았다.

사기꾼, 그리고 더 큰 사기꾼

이런 이유로 나는 고향으로 돌아갔다. 고향에 발을 딛은 순간, 내가 할 일은 단 하나뿐이라는 걸 깨달았다. 종잣돈을 마련해 월가로 돌아가야 했다. 내가 미국에서 대규모로 주식을 매매할 수 있는 곳은 딱 한 곳, 뉴욕밖에 없었다. 언젠가 매매가 궤도로 오르면 대량 매매할 수 있는 곳에 있어야 했다. 인간이라면 자기 예측이 옳았을 때 그 보상으로 움켜쥘 수 있는 만큼 최대한 움켜쥐어야 만족하는 법이다.

큰 기대는 하지 않았지만, 어쨌든 사설 중개소에 다시 비집고 들어가야겠다는 생각이 들었다. 하지만 사설 중개소는 대폭 줄어들었고, 몇 군데는 모르는 사람이 운영하고 있었다. 나를 기억하는 사람들은 내가 진짜 트레이더가 되어서 돌아왔다는 걸 입증할 기회조차 주려고 하지 않았다. 나는 사실대로 실토할 수밖에 없었다. 고향에서 번 돈은 뉴욕에서 몽땅 날렸고, 한때 시장을 좀 안다고 까불었지만 실은 그럴 깜냥도 못 된다고. 나는 거래만 하게 해주면 중개소에 이롭지 않을 이유가 없을 거라고 설득했다. 하지만 다들 결사적으로 나를 밀어냈다. 새로 생긴 곳들은 도무지 믿을 수 없었다. 게다가 거기 주인들은 고객이 매수할 수 있는 최대치를 20주로 제한했다.

어떡하든 돈을 융통해야 했다. 그런데 큰 사설 중개소들이 단골들에게 돈을 뭉텅 뜯어내는 게 눈에 띄었다. 나는 사설 중개소에 친구하나를 보내 매매하라고 하고는 주변을 어슬렁거리다가 들어가 쓱둘러봤다. 그러곤 주문 담당 직원에게 50주 정도 소량 주문을 넣을테니 받아달라고 슬쩍 말해보았다. 물론 직원은 거절했다. 나는 급조한 암호로 언제 어떤 주식을 사고팔지 친구에게 신호를 보내기로 했다. 하지만 그렇게 해서는 푼돈밖에 만질 수 없었다. 게다가 중개소에선 내 친구가 주문을 내기만 해도 투덜거리기 시작했다. 급기야 어느 날 친구가 세인트폴 100주를 팔려고 하자 중개소에서 거부했다. 나중에 알게 된 사실이지만 그곳의 고객 한 사람이 우리가 밖에서 이야기하는 모습을 보고 중개소에 일러바친 모양이었다. 친구가 세인트폴 100주를 팔려고 하자 직원이 말했다.

"세인트폴 매도라, 자네한테는 주문 안 받아."

"왜 그래, 조?" 친구가 물었다.

"어림없어. 얘기 끝났다고." 조가 대답했다.

"돈이 있는데? 잘 봐. 다 있다고." 친구는 내가 준 10달러짜리 지폐열 장을 건넸다. 친구는 분개한 척하려고 애썼고, 나는 짐짓 태연한척하려고 애썼다. 중개소에 있던 고객들이 옥신각신하는 두 사람에게 슬슬 다가왔다. 중개소에서 큰소리가 나거나 직원과 손님이 실랑이를 벌일 때면 고객들이 다가와 어깨너머로 구경했는데, 사건의 시비곡직에 따라 중개소의 지급 능력이 어떤지 정보를 얻으려는 것이었다.

부매니저 격인 조가 창구에서 나오더니 친구에게 다가갔다. 조는 친구와 나를 번갈아 쳐다봤다.

"재미있군." 조가 구시렁거렸다. "정말 웃기지 않아? 자네 친구 리빙스턴이 없을 땐 손끝도 까딱 안 했잖아. 가만히 앉아서 몇 시간이고 호가판만 쳐다보며 곁눈질 한 번 안 했거든. 한데 녀석이 오면 갑자기 바빠져. 뭐 자네 뜻대로 거래한 거라고 치자고. 하지만 이 중개소에선 끝이야. 리빙스턴이 자네한테 귀띔해주는 거 알아. 절대 안 속는다고."

이리하여 돈벌이는 끝나고 말았다. 그동안 쓴 돈보다 벌어놓은 돈이 몇백 달러 더 많았지만 그 돈은 도저히 쓸 수 없었다. 어떡하든 뉴욕으로 돌아갈 자금을 만들어야 했기 때문이다. 다음에는 더 잘할 수 있을 것 같았다. 원래 좀 떨어져서 보면 전체적인 그림이 더 잘 보이는 법이다. 나는 내가 저지른 멍청한 짓을 차분하게 되돌아봤다. 시급한 문제는 종잣돈을 만드는 것이었다.

어느 날 호텔 로비에서 지인 몇 명과 이야기를 나누었다. 꽤나 꾸준히 매매하는 사람들이었는데, 역시나 주식시장이 화제였다. 나는 중개인이 체결할 때는 체결 지연으로 이미 주가가 움직여버려서 누구도 시장가로 거래하면 돈을 딸 수 없다고, 내가 바로 그런 일을 겪었다고 말했다. 누군가 구체적으로 어느 증권사를 말하는 거냐고 물었다.

"이 나라 최고의 증권사였죠."

그러자 거기가 어디냐고 물었다. 내가 초일류 증권사에서 놀았다는 걸 못 믿는 게 분명했다. 그래서 대답해줬다.

"뉴욕증권거래소 회원사들이요. 증권사에서 사기를 치거나 주문을 무성의하게 처리하는 건 아니지만, 시장가에 매수 주문을 내면 증권사에서 내역서를 받기 전까지 비용이 얼마나 들지 알 길이 없어요. 드물지만 10포인트, 15포인트 움직일 때도 있고 대부분 한두 포인트 정도는 움직이죠. 어쨌든 얼마에 체결될지 외부 트레이더는 모르기 때문에 소폭 상승이나 하락을 포착해서 돈을 먹을 수 없어요. 그래서 대량 매매할 수만 있다면 차라리 사설 중개소에서 매매하고 싶답니다."

그때 일면식도 없는 어떤 남자가 말을 걸었다. 그의 이름은 로버츠였는데, 싹싹해 보이는 인상이었다. 그는 날 한쪽으로 데려가더니 다른 거래소에서 매매해봤느냐고 물었다. 안 해봤다고 대답했더니 사내는 면화거래소와 농산물거래소, 소규모 증권거래소 회원인 중개소를 몇 군데 안다고 했다. 이 회사들은 일 처리가 아주 꼼꼼하고 주문이 체결되는 데 각별히 신경 쓴다고 덧붙였다. 게다가 뉴욕증권거래소에서 규모가 크고 일도 잘하기로 소문난 증권사들과 은밀하게 연줄이 닿아 있어서 이런 증권사에서 밀어주는 데다 한 달에 수십만 주의 거래를 보장하므로 개인 고객은 다른 어떤 곳보다 좋은 대우를 받을 수 있다고 말했다.

"개미 고객에게 정말 잘해준다니까요." 로버츠가 말했다. "시외에도 지점망이 있을 정도로 전문적인 데다 10주를 주문해도 1만 주 주문과 똑같이 공들여 처리합니다. 아주 유능하고 정직한 곳이죠."

"그렇군요. 하지만 증권거래소 소속 증권사에 표준 수수료 0.125를 지불하면 거긴 뭐가 남는답니까?"

"0.125를 내야죠. 하지만…… 알잖아요!" 사내가 익살맞게 한쪽 눈을 찡긋했다.

"그래요." 내가 대꾸했다. "그런데 증권거래소 소속 증권사는 절대 수수료를 나눠 먹으려고 하지 않을 텐데요. 증권사 이사장들은 소속 회원이 외부 비회원과 거래하느라 적정 수수료인 0.125보다 적게 받는 꼴을 보느니 차라리 살인, 방화, 중혼죄를 저지르라고 할 겁니다. 그 단 한 가지 규칙을 어기지 않아야 증권거래소의 생명줄이 유지될 테니까요."

사내는 내가 증권거래소 사람들과 얘기해본 적이 있다고 짐작한 게 틀림없었다. 왜냐하면 이렇게 말했으니까.

"들어보세요! 번듯한 증권거래소 회원사들도 이따금 그 규칙을 위반해서 1년간 영업정지 처분을 받아요. 그렇죠? 아무도 밀고하지 못하게 뒷돈을 찔러줄 방법은 널리고 널렸다고요." 의심쩍어하는 속마음이 표정에 보였는지 사내가 재빨리 말했다. "게다가 특정 거래에는

우리, 아니 제 말은 통신 설비를 갖춘 중개소(와이어하우스wirehouse)* 말
입니다. 게다가 특정 거래에는 0.125의 수수료에 0.03125를 추가로
부과합니다. 수수료 문제는 아주 후하게 처리하지요. 특별한 경우나
거래가 아주 뜸한 계좌를 제외하면 고객에게 절대로 추가 수수료를
청구하지 않아요. 물론 기본적인 수수료조차 받지 않으면 수지가 안
맞죠. 취미로 하는 사업은 아니니까요."

이때쯤 눈치챌 수 있었다. 사내는 내게 유사 중개소를 권하고 있
었다.

"그런 곳 중에 믿을 만한 중개소를 알고 있나요?" 내가 물었다.

"미국에서 가장 큰 중개소를 알고 있답니다." 그가 대답했다. "저
도 바로 거기서 매매하고 있지요. 미국과 캐나다 78개 도시에 지점이
있으니 사업 규모가 엄청나죠. 정직하게 영업하지 않았으면 해마다
사업이 이렇게 번창할 순 없었을 겁니다. 안 그래요?"

"그럼요." 내가 맞장구쳤다. "거기서도 뉴욕증권거래소에서 거래
되는 주식과 같은 주식을 거래하나요?"

"물론이죠. 게다가 장외 거래 주식, 미국이나 유럽의 다른 거래소
에서 취급하는 주식도요. 밀, 면화, 식품도 취급하죠. 원하는 건 뭐든
다 취급합니다. 어디에나 주재원이 있고, 업체 명의나 은밀한 루트로
모든 중개소에 회원으로 가입돼 있죠."

---

* 본점과 각 지점이 전화·전신·텔레타이프 따위의 통신 설비로 연결된 증권사를 가리킨다.

그의 속셈을 분명히 알 수 있었지만, 나는 그를 좀 더 놀리고 싶었다.

"그렇군요." 내가 말했다. "하지만 누군가가 주문을 체결해야 한다는 사실은 달라지지 않죠. 그리고 아무도 시장이 어떻게 될지, 시세표시기의 주가가 거래소의 실제 주가에 얼마나 가까울지 장담할 순 없어요. 여기서 주가를 보고 주문서를 제출하면 뉴욕으로 주문을 전송하는 사이에 귀한 시간이 흐르죠. 돈을 날리더라도 뉴욕으로 돌아가 정식 중개소에서 날리는 게 낫지 않을까요?"

"돈을 날리다니요. 전 그런 거 일절 모릅니다. 우리 고객은 그런 습관 같은 거 안 키우거든요. 돈을 버니까요. 우리가 다 관리해줍니다."

"우리 고객이라뇨?"

"어, 제가 그 회사에 관심이 있거든요. 좋은 건수가 있으면 그쪽으로 돌려주기도 하고요. 그쪽에서 항상 정직하게 대해주는 데다 제가 거기서 돈을 많이 벌었거든요. 원하시면 매니저를 소개해드리죠."

"회사 이름이 어떻게 돼죠?" 내가 물었다.

나도 들어본 적 있는 회사였다. 그 회사는 온갖 신문에 광고를 냈는데, 회사에서 알려주는 내부 정보를 듣고 인기주를 매매한 고객들이 대박을 터뜨렸다며 관심을 끌었다. 대단히 전문적인 분야로, 그냥 평범한 사설 중개소가 아니라 유사 중개소였다. 유사 중개소는 온갖 수법으로 고객들을 등쳐먹는 불법 영업을 하면서도 교묘하게 위장해서 합법적인 사업에 종사하는 증권사인 것처럼 행세했다. 그 회사는 이런 유사 중개소 중에서도 제법 오래된 축에 속했다.

이 해에 그런 중개소 수십 곳이 파산했는데, 그 회사는 원조격이었다. 해묵은 속임수가 들통나면 세세한 부분을 바꾸어 나갔기 때문에 사람들을 등쳐먹는 구체적인 수법에는 조금씩 차이가 있었지만 원칙과 방식은 대충 같았다. 이들은 특정 주식을 사거나 팔라는 정보를 흘리곤 했는데, 전보를 수백 통 보내 일부 고객에게 특정 주식을 당장 사라고 부추기고 다른 고객들에게 또 전보를 수백 통 보내 똑같은 주식을 팔라고 부추겼다. 경마장 정보원들이 오랫동안 써먹던 수법이다. 아무튼 이렇게 양쪽을 부추겨놓으면 매수 주문과 매도 주문이 한꺼번에 들어온다. 이 와중에 회사는 정식 증권거래소를 통해 해당 주식을 1000주 매매하고 정식 내역서를 받아둔다. 의심 많은 사람들이 고객을 속였다고 항의하면 이 내역서를 들이밀 속셈인 것이다.

또한 투자조합을 만들어 고객의 돈을 마음대로 주물렀다. 즉 명의는 고객으로 하되, 투자 판단을 내리는 데 있어서는 자신들이 최고라면서 선심 쓰는 척 고객이 자신의 권한을 회사에 맡기도록 위임장을 쓰게 했다. 이렇게 하면 아무리 고약한 고객이라도 돈을 잃고 나서 법적 보상을 받을 수 없다. 또 서류상으로만 주가를 끌어올려 고객을 유인한 다음, 사설 중개소의 케케묵은 방식을 써서 증거금이 얼마 없는 수많은 사람들을 벗겨먹었다. 이 패거리는 누구도 봐주지 않았다. 특히 여자, 학교 선생님, 노인들이 손쉬운 먹잇감이었다.

"중개소라면 지긋지긋해요." 남을 등쳐먹는 게 일인 그 인간에게 내가 말했다. "생각 좀 해봐야겠어요." 그러곤 그가 더 이상 말을 붙이지 못하게 자리를 떴다.

　나는 그 회사가 어떤 곳인지 수소문했다. 고객이 수백 명에 이르는 규모의 회사라면 으레 나도는 소문은 있었지만, 그래도 고객이 번 돈을 떼먹었다는 얘기는 없었다. 막상 거기서 돈을 땄다는 사람을 찾기가 어려워서 그렇지. 아무튼 나중에 얘기하겠지만 나는 거기서 돈을 땄다. 당시 회사 뜻대로 일이 풀렸기에 설사 거래가 회사에 불리하게 돌아갔어도 십중팔구 돈을 떼먹히진 않았을 것이다. 물론 이런 회사들은 결국엔 대부분 파산한다. 은행 하나가 파산하면 여러 은행에서 예금 인출 사태가 벌어지듯, 유사 중개소도 마치 전염병이 돌듯 줄도산할 때가 있다. 한 곳이 파산하면 다른 업소 손님들까지 지레 겁을 먹고 허둥지둥 돈을 인출하러 달려가기 때문이다. 그래도 이 나라에는 은퇴하고 사설 중개소에서 죽치고 있는 사람들이 여전히 수두룩했다.

　나를 꾀던 그 친구의 회사는 시종일관 돈벌이에 혈안이었으나, 이따금 고객을 속인다는 소문 말고는 별달리 걱정스러운 얘기는 들리지 않았다. 그 업소의 특기는 벼락부자가 되려는 호구들을 등쳐먹는 것이었다. 그들은 고객에게 언제나 자금을 가져가도 좋다는 서면 허가서를 요구했다.

　내가 만난 어떤 사내는 이런 이야기를 해주었다. 이 회사가 한번은 특정 주식을 어서 사라고 부추기는 전보를 600통이나 고객들에게 보내고 동시에 다른 고객들한테는 같은 주식을 팔라고 마구 등을 떠밀었다고 했다.

"맞아요. 저도 그 수법을 알아요." 내가 사내에게 말했다.

"당연히 그러시겠죠." 사내가 말을 이었다. "그런데 다음 날 같은 사람들에게 전보를 쳐서 전부 청산하고 다른 주식을 매수하거나 매도하라고 하더라고요. 제가 고참에게 물었죠. '왜 그렇게 하는 거죠? 첫날 일은 이해해요. 일부 고객은 평가수익이긴 해도 당분간 돈을 벌겠죠. 결국엔 산 쪽이나 판 쪽이나 다 같이 손해를 보겠지만 말이에요. 하지만 이런 전보를 보내면 그냥 다 같이 죽자는 거잖아요. 대관절 어쩔 셈이에요?' 고참이 이렇게 대꾸하더군요. '손님들은 무얼 사든, 언제 어떻게 어디서 사든 돈을 잃게 마련이야. 돈을 잃으면 여길 떠나겠지. 그러니까 그전에 최대한 돈을 많이 뜯어내야지. 그런 다음에 또 새로운 손님을 찾으면 되고.' 정말 웃기지 않아요?"

솔직히 그 회사의 영업 윤리 따위에는 관심 없었다. 텔러 사설 중개소의 행태에 분개해 복수에 성공한 다음 내가 얼마나 통쾌했는지 앞서 얘기했다. 하지만 이 회사에는 악감정이 없었다. 물론 사기꾼 집단일 수도 있고, 어쩌면 사람들의 말처럼 악질이 아닐 수도 있었다. 하지만 나는 이들에게 매매를 맡기지도 않았고, 이들의 비밀 정보를 따르지도 않았고, 이들의 거짓말을 믿지도 않았다. 내 관심사는 오로지 밑천을 모아 뉴욕으로 돌아가 큰 규모로 매매하는 것뿐이었다. 사설 중개소처럼 경찰이 덮치는 일도 없고, 체신청이 급습해서 자금을 동결하는 바람에 1년 반 후에 달러당 8센트 정도의 이자나마 건지면 다행인 그런 지경이 될까 봐 걱정하지 않아도 되는 그런 중개소 말이다.

어쨌든 나는 소위 합법적인 증권사 말고 이런 회사에서 매매하면 어떤 이점이 있는지 알아보기로 했다. 그런데 증거금으로 넣을 수 있는 돈이 많지 않았다. 그래도 이런 유사 중개소는 증거금에 훨씬 더 관대했으므로 수백 달러 정도면 정식 증권사보다 훨씬 많이 매매할 수 있었다.

나는 그 회사로 가서 매니저와 직접 이야기를 나눴다. 오랫동안 주식 매매를 했다는 얘기며, 뉴욕에 있는 증권거래소 회원사에서 계좌를 굴리다가 돈을 전부 날렸다는 얘기도 했다. 매니저는 돈을 맡기면 투자해서 1분에 100만 달러를 벌게 해주겠다는 약속 따위는 하지 않았다. 매니저는 내가 영원한 봉, 그러니까 시세 표시기만 쳐다보며 주가 등락에 쉴 새 없이 돈을 걸어 늘 손실을 보는 그런 부류라고 지레짐작했다. 이 바닥에선 그런 사람을 '티커 사냥개'라고 부른다. 아무튼 고객을 등쳐먹는 사설 중개소든, 수수료에 적당히 만족하는 증권사든 어쨌든 중개업자의 호주머니를 꾸준히 채워주는 호구는 이런 사람들이다. 나는 그냥 이렇게 말했다. 나는 늘 시장가에 거래하므로 시세 테이프에 찍히는 주가보다 1포인트, 아니 0.5포인트 차이 나는 내역서는 받고 싶지 않다고, 체결이 제대로 되는 곳을 찾는다고.

그는 내가 요구하는 건 뭐든지 들어주겠다며 자신의 명예를 걸고 장담했다. 나와 거래하면서 일류 중개소가 뭔지 보여주고 싶다고 했다. 업계 최고의 인재들을 보유하고 있다고도 했다. 사실 이 회사는 체결로 유명했다. 시세 표시기상의 가격과 내역서 사이에 차이가 있어도 항상 고객에게 유리한 쪽을 적용했다. 물론 그렇게 한다고 보증해주지는 않았지만. 그리고 그는 회사가 중개인들의 능력을 믿는다며, 만약 내가 계좌를 개설하면 전신을 통해 시세 표시기에 전달되는 가격에 사고팔 수 있을 거라고 호언장담했다.

사실상 사설 중개소에서 하듯 매매할 수 있다는 말이었다. 즉, 시세 표시기에 찍히는 체결가에 거래할 수 있다는 의미였다. 나는 너무 몸이 단 것처럼 보이고 싶지 않아서 잠시 생각해보는 척하다가 오늘 당장 계좌를 개설하지는 않겠지만 곧 연락하겠다고 말했다. 매니저는 돈 벌기 좋은 시장이니 바로 시작하라고 부추겼다. 돈 벌기 좋은 시장이 맞긴 했다. 중개소가 돈을 벌기 좋은 시장이어서 그렇지. 수법은 이렇다. 시장이 침체되어서 가격이 조금씩 등락할 때 고객에게 비밀 정보를 흘려 매수하게 만든 다음 해당 주식을 투매해 주가를 떨어뜨리곤 고객의 돈을 쓸어 담는다. 어쨌든 나는 겨우 매니저를 뿌리치고 나왔다.

매니저에게 이름과 주소를 알려줬는데, 바로 그날 발신자 부담 전보와 편지가 쏟아지기 시작했다. 내부자로 구성된 투자조합에서 주가를 50포인트 끌어올리는 작전을 펼칠 거라며 빨리 그 주식을 사라고 재촉하는 내용이었다.

나는 부지런히 돌아다니면서 비슷한 유사 중개소를 몇 군데 찾아내 샅샅이 뒷조사했다. 돈을 모으려면 이런 유사 중개소에서 매매할 수밖에 없었다. 벌어들인 돈을 놈들의 손아귀에서 확실히 빼낼 수만 있다면 말이다. 뒷조사를 마친 뒤 나는 유사 중개소 세 곳에 계좌를 개설했다. 그리고 조그만 사무실을 차린 뒤 중개소 세 곳과 직통전화를 연결했다.

중개소에서 화들짝 놀라면 안 되니까 처음엔 조금씩만 매매했다. 내가 계속 수익을 올리자 얼마 지나지 않아 중개소에서 직통전화로 연결된 고객들과 진짜 거래를 하고 싶다고 연락해왔다. 그들은 조심성 많은 노름꾼은 원치 않았다. 내가 매매를 많이 할수록 더 많이 잃을 것이고, 내가 더 빨리 깡통을 찰수록 자기들이 더 많이 벌 거라는 계산이었다. 그럴듯한 논리였다. 이런 중개소들은 평범한 사람들과 거래할 수밖에 없는데, 재정 상태를 따져보면 평범한 고객은 결코 오래 살아남을 수 없다는 계산이 나온다. 어쨌든 파산한 손님은 매매할 수 없다. 밑천을 절반쯤 날린 패잔병들이 징징대기도 하고 이러쿵저러쿵 쑥덕대는 통에 중개소는 이런저런 피해를 입기도 했다.

나는 뉴욕증권거래소 회원인 지역 증권사와도 연줄을 만들었는데, 이 증권사는 뉴욕 주재원과 직통전화로 연결되어 있었다. 주재원 역시 뉴욕증권거래소 회원이었다. 나는 시세 표시기를 들여놓고 보수적으로 매매하기 시작했다. 앞서 얘기했지만 시세 표시기에 조금 느리게 찍힐 뿐, 사설 중개소에서 거래할 때와 거의 흡사했다.

이길 수 있는 게임이었고, 실제로도 이겼다. 열 번이면 열 번 모두 따지는 못했지만 일주일 단위로 따져보면 계속 수익을 올렸다. 살림은 다시 넉넉해졌지만 월가로 돌아갈 밑천을 마련하기 위해 계속 돈을 모았다. 유사 중개소 두 군데에 또 전화 회선을 연결해서 총 다섯 개 중개소와 거래하게 됐다.

때로는 계획이 틀어져서 주가가 예상대로 움직이지 않는 경우도 있었다. 주가가 과거와 달리 정반대로 움직이기도 했다. 하지만 타격이 심하지는 않았다. 그도 그럴 것이 증거금이 아주 적었기 때문이다. 내 일을 처리해주는 중개인들과는 그럭저럭 잘 지냈다. 그들이 갖고 있는 계좌 잔고와 내역서가 내 기록과 일치하지 않을 때도 있었는데, 차이가 있을 때는 한결같이 나한테 불리했다. 우연치고는 참 희한했다. 아무튼 나는 내 권리를 위해 싸웠고, 결국엔 관철시켰다. 회사는 내가 가져간 돈을 뺏고 싶어 했다. 아마 내가 딴 돈을 잠깐 빌려줬다고 생각하는 모양이었다.

중개 수수료에 만족하지 않고 무슨 짓을 해서라도 돈을 벌려고 하는 게 이런 사업이다. 어차피 공명정대함과는 담을 쌓은 사람들이었다. 호구들은 결코 주식 투기를 하지 않는다. 호구들은 주식으로 노름을 하기 때문에 늘 돈을 날리는 것이다. 이런 회사가 불법이긴 해도 영업은 '정당하게' 이루어진다고 생각할지도 모른다. 하지만 아니다. 이런 속담이 있다. "부자가 되려면 고객의 돈을 야금야금 갉아 먹어야 한다." 만고의 진리다. 그런데 이런 말은 들어본 적도 없다는 듯, 부당 이득을 취하는 데서 멈추지 않았다.

그들은 낡은 수법으로 몇 번이나 나를 속이려 했다. 내가 제대로 살피지 못하는 바람에 두어 번 함정에 빠지기도 했다. 평소 물량보다 적게 매매하면 아무래도 신경을 덜 쓰게 되는데, 이럴 때면 꼭 속이려 들었다. 졸렬한 수작이라고 욕했지만 딱 잡아뗐다. 불평불만을 늘어놓았지만 결국 나는 평소처럼 다시 매매할 수밖에 없었다. 사기꾼과 거래할 때 좋은 점이 있다면 내가 사기꾼을 엿 먹여도 내 쪽에서 먼저 거래를 끊지 않으면 그냥 덮고 넘어간다는 점이다. 사기꾼으로선 거래를 끊지만 않으면 된다. 녀석은 기꺼이 양보해준다. 아량도 넓으셔라!

사기꾼들이 속임수를 쓰는 바람에 밑천이 불어나는 속도는 생각보다 더뎠다. 이대로는 안 되겠다 싶어 본때를 보여주기로 결심했다. 한때 인기가 많았다가 시들해진 주식을 몇 개 골랐다. 한마디로 맥없이 푹 가라앉은 주식들이었다. 한 번도 거래가 활발하지 않았던 주식을 택하면 의심을 살까 봐 일부러 이런 종목을 택했다. 아무튼 주식을 고른 다음 유사 중개소 다섯 곳에 총 500주의 매수 주문을 냈다. 주문이 접수되고 중개소에서 다음 호가가 시세 테이프에 찍히길 기다리는 사이, 증권거래소 회원사에서 같은 주식 100주를 시장가로 공매도하는 주문을 냈다. 그것도 급하게 팔아달라고 부탁했다. 뭐, 짐작하겠지만 거래소에 공매도 주문이 도달하면 일이 이렇게 돌아간다. 찾는 사람도 없는 비인기 종목을 연줄 있는 시외 증권사에서 서둘러 팔려고 하면 이참에 싼값에 주식을 사려는 사람이 생긴다. 아무튼 공매도로 해당 종목의 주가가 하락하면 시세 테이프에는 하락한 가격이 찍히고 매수 주문을 낸 다섯 곳은 이 가격에 주식을 매수한다. 전체로 따지면 주식 400주를 헐값에 매수한 셈이다. 유사 중개소에서 무슨 얘기를 들은 거냐고 물어서 그냥 비밀 정보를 입수했다고 둘러댔다. 그리고 장 마감 직전 증권거래소 회원사에 당장 100주를 환매하라고 주문했다. 무슨 일이 있어도 공매도하고 싶지 않다, 얼마에 되사도 상관없다고 말했다. 증권거래소 회원사에서 뉴욕으로 100주 환매 주문을 내자 주가는 급등했다. 물론 유사 중개소에는 500주를 매도하겠다는 주문을 미리 넣어두었다. 아귀가 딱딱 맞았다.

이렇게 당하고서도 버릇을 고치지 않아서 나는 여러 번 같은 수법을 썼다. 놈들이 한 짓을 생각하면 마땅히 더 따끔한 벌을 주고 싶었지만 차마 엄두가 안 나서 100주 거래에 주당 1~2포인트 정도만 먹었다. 어쨌든 월가로 모험을 떠나기 위해 자금을 불리는 데는 도움이 됐다. 같은 수법을 너무 자주 쓰지 않고 가끔씩은 주식을 공매도해 변화를 주기도 했다. 물론 한 번에 600~800달러 정도 챙기면 만족하는 정도로 적당히 조절하기도 했다.

어느 날 일이 너무 잘 풀리는 바람에 총 10포인트 넘게 수익이 났다. 그 정도까지 기대한 건 아니었는데 말이다. 마침 평소처럼 한 중개소에는 100주가 아니라 200주를 주문했고, 나머지 네 군데에선 100주를 주문했다. 그들 입장에서는 내가 선을 넘어버린 것이다. 중개인들은 머리끝까지 화가 나서 전화로 퍼붓기 시작했다. 나는 매니저를 찾아갔다. 날 고객으로 끌어들이려고 무척이나 애썼고, 내가 그쪽 속임수를 눈치챌 때마다 너그럽게 넘어가준 그 친구였다. 사내는 자기 처지는 생각도 못 하고 큰소리를 땅땅 쳤다.

"그 종목은 시장이 날조됐어. 그러니 네놈한텐 땡전 한 닢 못 줘!" 사내는 욕까지 했다.

"그쪽에서 내 매수 주문을 받았을 때는 날조된 시장이 아니었잖아요. 주문을 받았으니 이젠 계산을 끝내야죠. 설마 공평 운운하면서 빠져나갈 생각은 아니겠죠?"

"아니, 왜 못 해!" 사내가 소리를 질렀다. "서로 짜고 한 짓이라는 거 내가 증명하고 말 거야."

"누가 짰나요?" 내가 물었다.

"어떤 놈이겠지!"

"누굴 속였다는 거죠?" 내가 또 물었다.

"네놈 친구들이 개입한 게 확실해." 사내가 말했다.

"나 혼자 하는 거 잘 알잖아요. 이 동네 사람들은 다 알죠. 내가 주식 매매를 시작한 이후로 쭉 혼자 한다는 거. 자, 좋은 말로 할 때 들어요. 사람을 보내서 나한테 줄 돈을 갖고 와요. 얼굴 붉히기 싫으니까 닥치고 시키는 대로 해요."

"안 줄 거야. 짜고 친 거래라고." 사내가 고함쳤다.

사내와 더 얘기하고 싶지 않았다. 그래서 이렇게 말했다. "돈 내 놔요. 지금 당장, 여기서."

사내는 몇 마디 더 엄포를 놓더니 나한테 사기꾼이라며 대놓고 욕을 퍼부었다. 그래도 결국엔 돈을 내놓았다. 다른 중개소는 그렇게 길길이 날뛰진 않았다. 한 중개소에선 매니저가 거래가 부진한 주식을 이용하는 내 방식을 연구한 모양이었다. 내 주문을 받고는 실제로 주식을 사고 장외시장에서 자기 돈으로 같은 주식을 사서 돈을 벌었다고 했다. 이 친구들은 고객에게 사기 혐의로 고소당하는 건 개의치 않았다. 왜냐하면 대체로 소송까지 갈 때를 대비해 방어 수단을 잘 갖추고 있었기 때문이다. 하지만 내가 돈을 못 받았다며 집기를 압류할까 봐 두려워했다. 뭐, 은행에 있는 그쪽 자금을 압류할 순 없었다. 회사에서 자금이 압류되는 일이 없도록 철저히 신경 써서 자금을 압류하는 것은 불가능했다. 아무튼 약아빠졌다는 소문은 해될 것 없었지만, 돈을 떼먹는다는 소문은 이런 중개소에 치명타였다. 고객이 중개소에서 돈을 잃는 건 드문 일이 아니다. 그러나 투기꾼에게 육법전서가 있다면 돈을 땄는데 돈을 안 내주는 건 최악의 범죄다.

나는 한 군데도 빠짐없이 중개소에서 돈을 받았다. 하지만 주가가 10포인트 껑충 뛴 사건 때문에 홀랑 벗겨먹는 즐거운 여가 활동은 끝장나고 말았다. 놈들은 이 깜찍한 수법을 잔뜩 경계하더니 이젠 자신들이 그 수법을 이용해 불쌍한 고객 수백 명을 등쳐먹기 시작했다. 나는 다시 평범한 트레이딩으로 돌아갔다. 하지만 시장의 상황이 언제나 내 시스템에 맞는 건 아니었다. 게다가 중개소에서 받아주는 주문량에 한도가 있어서 큰돈을 벌 수 없었다.

1년 넘게 유사 중개소에서 거래하는 동안 돈을 벌기 위해 생각해 낼 수 있는 수단이라는 수단은 죄다 써먹었다. 결과적으로, 생활은 윤택해졌다. 차를 새로 사는 등 쓰고 싶은 돈은 망설이지 않고 썼다. 밑천을 마련해야 했지만, 그사이 생활도 해야 했다. 물론 시장의 방향을 제대로 맞히더라도 버는 족족 다 쓰지 않고 항상 조금씩은 저축했다. 예측이 틀리면 돈을 벌지 못했으니 당연히 쓸 수도 없었다. 앞서 말했지만 꽤 큰돈이 모였다. 게다가 이젠 유사 중개소 다섯 곳에서는 더 이상 큰돈을 벌기가 힘들었다. 뉴욕으로 돌아갈 때였다.

차가 있어서 트레이더인 친구에게 뉴욕까지 함께 가자고 했다. 친구가 그러자고 해서 같이 뉴욕으로 떠났다. 뉴헤이븐에 들러 저녁을 먹었다. 호텔에서 오래 알고 지내던 사람을 만났는데, 이 사람도 주식을 매매한다고 했다. 이런저런 얘기 끝에 그가 마을에 사설 중개소가 있는데 전화 회선도 있고 꽤 장사가 잘된다고 했다.

호텔에서 나와 뉴욕으로 가다가 지인이 말한 사설 중개소가 있는 거리로 갔다. 어떤 곳인지 겉모습만 한번 보려고 갔지만, 막상 중개소가 보이자 안을 둘러보고 싶어 견딜 수 없었다. 들어가보니 그다지 호화롭지 않았다. 낡은 칠판이 있고, 사람들이 모여서 한창 거래를 하고 있었다.

매니저는 마치 배우나 가두 연설가 같았다. 아주 대단한 친구였다. "굿모닝"이라고 인사하는데, 마치 현미경으로 10년 동안 연구한 끝에 아침의 정수를 발견하고 하늘, 태양, 회사의 지폐 뭉치와 함께 아침의 정수를 선물로 주는 듯했다. 우리가 날렵한 자동차를 타고 온데다, 둘 다 젊고 행동거지도 가벼워 보였기에 이 친구는 우리가 예일대 학생이라고 넘겨짚었다. 내가 스무 살로는 안 보였을 텐데 말이다. 그런데 아니라고 말하지 못했다. 그 친구가 부인할 기회도 주지않고 장광설을 늘어놓았기 때문이다.

"만나서 반갑습니다. 편한 자리에 앉으실까요? 오늘 아침에는 시장의 인심이 후하네요. 대학생들한테 용돈을 벌어가라고 시장이 아우성을 치는 것 같군요. 유사 이래 영리한 학부생에겐 늘 용돈이 부족했지요. 하지만 지금 여기서 조금만 투자하면 시세 표시기가 은혜를 베풀어 수천 달러를 돌려받을 수 있을 겁니다. 용돈 좀 푹푹 집어주고 싶어서 주식시장이 환장한 것 같네요."

사설 중개소의 호인이 이렇게까지 간절하게 권하는데 그냥 가면 섭섭하겠다 싶어 주식으로 한몫 잡는 사람이 많다고 하니 나도 해보겠다고 말했다. 아주 신중하게 거래를 시작해서 돈을 따자 규모를 늘렸다. 친구는 나를 따라 매매했다.

그날은 뉴헤이븐에서 묵기로 하고 이튿날 아침 10시가 되기 전, 대접이 융숭했던 전날의 그 중개소에 갔다. 달변가 친구는 그날은 자기가 벌 차례라고 생각했는지 우릴 반겼다. 하지만 그날도 내가 1500달러 가까이 왕창 벌었다. 다음 날 아침 달변가에게 가서 제당 주식 500주를 공매도하겠다는 주문을 냈다. 그 친구는 망설이긴 했지만 결국엔 주문을 받았다. 이번엔 아무 말도 없었다! 가격이 1포인트 넘게 폭락하자 나는 청산하고 전표를 줬다. 수익은 정확히 500달러였고, 증거금 역시 500달러였다. 그 친구는 금고에서 50달러짜리 지폐 스무 장을 꺼내 세 번이나 찬찬히 세더니 내 앞에서 다시 한번 셌다. 손가락에서 끈적거리는 땀이 나와 지폐가 손에 쩍쩍 달라붙는 것처럼 보였다. 그는 마침내 내게 돈을 건넸다. 그 친구는 팔짱을 끼고 아랫입술을 깨물더니 내 뒤에 있는 창문 꼭대기를 응시했다.

내가 철강 200주를 공매도하고 싶다고 말했지만, 그 친구는 꿈쩍도 하지 않았다. 내 말을 듣지 못한 듯했다. 이번에는 300주로 늘려 다시 주문했다. 그 친구가 고개를 돌렸다. 일장연설을 듣겠거니 하고 기다렸다. 그런데 그저 나를 쳐다보기만 했다. 그러더니 침을 꿀꺽 삼켰다. 마치 반백 년에 걸친 실정을 견디다 못해 입에 담지 못할 정도로 부패한 반대당 정치인들을 성토하려는 듯한 본새였다. 내 손에는 금화로 바꿀 수 있는 누런 지폐가 들려 있었다. 그 친구가 지폐를 향해 손을 휘저으며 말했다.

"그딴 물건 치워!"

"치우라니, 뭘요?" 내가 물었다. 무슨 말을 하고 싶은 건지 알 수 없었다.

"학생, 어디로 가나?" 사내가 우렁차게 말했다.

"뉴욕요."

"그래야지." 사내가 스무 번쯤 고개를 끄덕이더니 말했다. "암, 그래야 하고말고. 여길 떠나는 게 좋을 거야. 이제 내가 두 가지를 알았거든. 두 가지라고, 학생! 네 녀석들이 뭐로 위장했는지 알아냈고, 실제 정체가 뭔지도 알아냈어. 암! 그렇지! 그거야!"

"그래요?" 내가 정중하게 말했다.

"그래. 너희 둘……." 사내는 잠시 말을 끊더니 의회에서 발언하는 정치인 같은 태도를 걷어치우고 으르렁거렸다. "네놈들, 미국에서 제일 악랄한 사기꾼들이잖아! 학생? 퍽이나! 아주 신입생 납셨구먼!"

우린 사내가 혼자 지껄이게 내버려뒀다. 그 친구는 돈을 얼마나 잃었는지는 그다지 개의치 않았다. 노름꾼은 원래 그렇다. 게임은 다 그런 거고, 운은 돌고 돌기 마련이니까. 그 친구가 자존심이 상한 건 우리한테 속았기 때문이었다.

이런 일들을 거쳐 나는 세 번째 도전을 위해 월가로 돌아왔다. 물론 내 시스템에 어떤 문제가 있어 A. R. 풀러턴에서 돈을 잃었는지 원인을 알아내려고 노력했다. 스무 살 때 처음 1만 달러를 벌었다가 날렸다. 그래도 이유와 경위는 알고 있었다. 이후 연구와 경험을 바탕으로 시스템을 만들었는데, 이 시스템에 따라 게임을 할 수 없는 시기에 시장에 들어가 도박을 감행했기 때문이었다. 즉, 항상 적절한 때가 아닐 때 트레이딩을 했기 때문이었다. 지금까지 사례로 봐서 이길 수밖에 없다는 예측만으로는 돈을 벌 수 없었다. 이제는 실제로 이기고 싶었다. 스물두 살 무렵, 밑천이 5만 달러까지 불어났지만 5월 9일 다 까먹고 말았다. 이때도 이유와 경위를 정확히 알고 있었다. 시세 테이프는 느려터지고, 끔찍했던 그날 시장은 전례 없이 요란하게 출렁댔기 때문이었다. 하지만 세인트루이스에서 당하고, 5월 9일 공항장에 당하고 돌아온 뒤에 돈을 날린 이유는 알 수 없었다. 나름 게임에서 잘못된 부분들을 발견해냈고 해결책도 찾았다. 하지만 모든 건 가설일 뿐이었다. 이제는 실전에 나서야 할 순간이었다.

하지 말아야 할 일이 무엇인지 배우는 지름길은 가진 걸 전부 잃는 것뿐이다. 돈을 잃지 않으려면 무엇을 하지 말아야 하는지 알았다면, 이젠 돈을 벌려면 어떻게 해야 하는지 배울 채비가 된 셈이다. 알아들었는가? 배움은 시작됐다!

티커 사냥개, 호구
그리고 투자의 고수

마치 책벌레처럼 시세 테이프만 주야장천 들여다보는 사람을 보통 '티커 사냥개', 또는 '테이프 벌레'라고 부른다. 그런데 다른 분야도 마찬가지이지만 지나치게 하나만 파고들면 잘못되기 십상이다. 무슨 말인고 하니 융통성이 없으면 큰코다친다. 큰 줄기가 되는 법칙이 아무리 엄정해도 투기 게임은 수학이나 정해진 규칙만으로는 돌아가지 않기 때문이다. 내 경우, 시세 테이프를 읽을 때조차 단순한 산술을 넘어서는 요소들이 개입됐다. 주식이 과거에 어떻게 움직였는지를 쭉 관찰한다. 이를 토대로 주가 '행보'를 보면 앞으로 주식이 그동안 관찰한 대로 움직일지 여부를 판단할 수 있다. 주가가 과거의 전례대로 움직이지 않으면, 즉 주가 행보가 올바르지 않으면 그 주식에는 손대면 안 된다. 정확히 어디가 잘못됐는지 모르면 어디로 튈지 알 수 없기 때문이다. 진단이 안 되면 예측이 불가능하고, 예측이 불가능하면 수익을 올릴 수 없다.

주식의 움직임을 눈여겨보고 과거 실적을 연구하는 건 아주 오래된 투자 기법이다. 내가 처음 뉴욕에 왔을 때였다. 어떤 프랑스인이 중개소에서 걸핏하면 자기 차트에 대해 이야기했다. 처음엔 회사 사람들이 마음씨가 좋아서 이 괴짜를 계속 회사에 둔다고 생각했다. 그런데 알고 보니 언변이 대단한 데다 설득력도 있었다. 괴짜는 세상에 거짓말을 안 하는 게 딱 하나 있는데, 그게 수학이라고 했다. 이유는 간단한데, 거짓말을 할 수 없기 때문이다.

괴짜는 그래프를 그려서 시장의 움직임을 예측했다. 또한 그래프를 분석해 유명한 사건들이 성공하거나 실패한 이유를 규명했다. 예를 들어, 킨이 애치슨 우선주의 주가를 끌어올린 유명한 주가조작 사건에 성공한 이유, 그런데 나중에 서던퍼시픽 투자조합 건에서는 실패한 이유 등등을 분석했다. 전업 투자자 한두 명이 여러 차례 이 프랑스인의 시스템을 시도했지만, 결국 오랫동안 써온 비과학적인 방식으로 돌아갔다. 자신들이 쓰는 '복불복' 방식이 싸게 먹힌다는 이유에서였다. 프랑스인의 말에 따르면 킨은 차트가 100퍼센트 옳다는 걸 인정했지만, 이 방식은 너무 느려서 거래가 활발한 시장에서는 쓸모가 없다고 주장했다.

어떤 회사는 일일 주가 등락을 그린 차트를 모두 보관하고 있다. 차트를 보면 몇 달에 걸친 주가 흐름을 한눈에 알 수 있다. 고객이 과학적 근거가 없는 비밀 정보로 특정 종목을 매수하라는 추천을 받았다고 하자. 그러면 특정 규칙들을 명심하면서 차트에서 해당 종목의 곡선을 전체 시장 곡선과 비교해보면 해당 종목이 오를 가능성이 있는지 가늠할 수 있다. 이 회사는 차트를 일종의 보조 정보원쯤으로 활용했다. 요즘에는 수많은 증권 회사가 매매 차트를 비치하고 있는데, 통계 전문가들의 손을 거쳐 미리 만들어져 나오며, 주식뿐만 아니라 상품선물 차트도 있다.

차트는 읽을 수 있는 사람, 아니 차트에서 읽은 내용을 자기 것으로 소화할 수 있는 사람에게는 도움이 된다. 차트 판독 실력이 그저 그런 사람은 천장과 바닥, 주 추세에 따른 등락, 부차 추세에 따른 등락이 전부라는 관념에 사로잡히기 쉽다. 이런 사람이 의기양양하게 끝까지 밀어붙이면 파산하게 돼 있다.

아주 유능한 사람이 있었다. 한때 유명한 증권거래소 직원이었고, 수리라면 날고 기는 사람이었다. 명문 공과대학교를 졸업한 그는 주식, 채권, 곡물, 면화, 통화 등 다양한 시장에서 가격 동향을 꼼꼼하고 치밀하게 연구한 다음 그 결과를 토대로 차트를 고안해냈다. 그는 호랑이 담배 피우던 시절까지 거슬러 올라가 각종 상관관계와 계절에 따른 움직임까지 전부 샅샅이 살펴봤다. 이 사람은 오랫동안 차트를 활용해서 주식을 매매했는데 한마디로 평균값을 지능적으로 활용하는 작업이었다. 사람들 말로는 자주 돈을 땄다고 한다. 하지만 세계대전으로 과거의 선례가 전부 박살 나자 호시절은 끝나고 말았다. 그 사람도, 그를 따르던 수많은 추종자도 수백만 달러를 잃고서야 그런 방법이 더 이상 통하지 않는다는 사실을 받아들였다. 주식시장은 여

95

건이 좋으면 상승하고 여건이 나쁘면 하락하기 마련인데, 이는 세계 대전도 막을 수 없다. 따라서 돈을 벌려면 시장을 둘러싼 여건이 어떤지 제대로 진단할 줄 알아야 한다.

곁길로 새려던 건 아니지만, 월가에 처음 와서 보낸 몇 년이 생각나 어쩔 수 없이 몇 마디 했다. 지금이야 알지만 예전에는 무지했던 탓에 계속 같은 실수를 저질러댔는데, 주식 투기 거래자들 역시 해를 거듭하며 계속 똑같은 실수를 저지르고 있다.

시장을 이겨보겠다고 마음먹고 뉴욕에 세 번째 와서는 증권거래소에서 꽤 활발하게 매매했다. 사설 중개소에서 했던 것만큼 잘될 거라고 기대하지는 않았지만, 조금 있으면 밑천이 불어나고 그러면 매매 규모를 늘릴 수 있을 테니 훨씬 나아지리라 생각했다. 지금에야 깨달았지만 당시 가장 큰 문제는 주식 도박과 주식 투기의 결정적인 차이를 이해하지 못했다는 것이었다. 그래도 7년 동안 시세 테이프를 읽었고 이런 게임에 소질을 타고난 덕에 한몫 잡은 것까지는 아니지만 수익률이 꽤 쏠쏠했다. 땄다가 날리다가 하는 건 마찬가지였지만, 전체 수익률을 따지면 돈을 벌었다. 그런데 벌면 벌수록 더 많이 썼다. 대부분의 사람이 이렇게 된다. 꼭 돈을 쉽게 버는 사람만 이러는 건 아니다. 돈을 모으기만 하는 본능에 사로잡힌 수전노가 아니라면 누구나 벌면 쓰게 돼 있다. 돈을 버는 본능과 돈을 모으는 본능이 모두 발달된 러셀 세이지 같은 사람들은 진저리 날 정도로 돈을 쌓아놓고 죽었지만 말이다.

매일 오전 10시부터 오후 3시까지는 시장을 이기는 게임에 몰두하고, 오후 3시 이후에는 인생을 즐기는 게임에 몰두했다. 오해하지 말기 바란다. 노느라 일에 지장받지는 않았다. 돈을 날린 것은 내 판단이 틀렸기 때문이지 방탕하거나 무절제하기 때문은 아니었다. 게임을 망칠 정도로 신경이 불안하거나 술 때문에 사지를 가누지 못하는 일은 없었다. 육체적, 정신적 건강을 해치는 건 어떤 것도 허용하지 않았다. 지금도 나는 보통 밤 10시쯤이면 잠자리에 든다. 젊었을 땐 잠을 제대로 못 자면 다음 날 일이 제대로 되지 않아서 늦게 잠들지 않으려고 했다. 본전치기보단 잘하고 있었으므로 속세의 즐거움을 굳이 멀리할 필요는 없었다. 언제나 시장에서 속세를 즐길 돈을 공급하고 있지 않은가. 냉철한 프로가 자신의 밥벌이 방식을 배짱 있게 밀어붙이듯 나 역시 자신감을 키워 나가고 있었다.

내가 처음으로 바꾼 게임 방식은 시간이었다. 어서 빨리 사설 중개소에서 했던 것처럼 확실한 기회를 기다리다가 주가 변동을 포착해서 한두 포인트 먹고 싶었다. 이런 움직임을 포착하려면 풀러턴 사무실에서는 훨씬 일찍 일을 시작해야 했다. 무슨 말인고 하니 주가 움직임을 예측하려면 무슨 일이 일어날지 미리 연구해야 했다. 너무 당연한 말이라 어처구니없겠지만 무슨 뜻인지 충분히 이해할 것이다. 나한테 가장 중요한 건 게임을 대하는 태도를 바꾸는 것이었다. 그러면서 주가 등락에 돈을 거는 것과 필연적으로 올 수밖에 없는 상승과 하락을 예측해 돈을 거는 것의 차이, 즉 도박과 투기의 본질적인 차이를 차츰 깨닫게 됐다.

그러려면 한 시간 이상 시장을 연구해야 했다. 사설 중개소였다면 아무리 큰 곳이었어도 절대 이런 연구 습관을 익히지 못했을 것이다. 나는 업계 보고서와 철도 수익, 재무 통계와 상거래 통계에 관심을 기울였다. 물론 여전히 판돈을 크게 거는 걸 좋아해서 사람들은 나를 '꼬마 도박사'라고 불렀다. 하지만 주가 움직임을 연구하는 것도 좋았다. 좀 더 현명하게 매매하는 데 보탬이 된다면 어떤 것도 귀찮을 리 없었다. 문제를 해결하려면 먼저 문제가 무엇인지 분명하게 알아야 한다. 해결책을 찾았다 싶으면 내가 옳다는 걸 증명해야 한다. 증명할 방법은 단 한 가지, 바로 돈이다.

느리긴 했지만 그래도 잃은 돈보단 버는 돈이 많았으니, 내 깜냥에는 최대한 빨리 배웠던 것 같다. 만약 돈을 더 자주 날렸다면 더 꾸준히 공부하도록 자극하는 계기가 됐을지도 모르고, 그랬다면 실수를 더 많이 찾아냈을 수도 있다. 그러나 돈을 잃는 게 정확하게 어느 정도 값어치가 있는지는 잘 모르겠다. 만약 더 자주 돈을 날렸다면 개선한 매매 방법을 시험해볼 돈이 부족했을 것이다. 풀러턴에서 내가 어떨 때 수익을 올렸는지 연구하다 보니 뭔가 좀 이상했다. 시장을 100퍼센트 정확하게 예측했는데도, 즉 시장 여건과 전반적인 동향을 바르게 진단했는데도 정확도에 걸맞을 정도로 돈을 벌지 못했다. 어째서 그랬을까?

패배를 통해서도 배우지만 어설픈 승리에서도 배울 게 많다. 예를 들어보겠다. 강세장이 막 움틀 무렵부터 강세를 예측해 주식을 매수했다. 내가 분명히 예견한 것처럼 장은 상승했다. 여기까진 좋다. 그런데 내가 또 무슨 짓을 했을까? 원로들의 말을 귀담아듣고 젊은 혈기를 억눌렀다. 현명하고 신중하게, 보수적으로 움직이기로 결심한 것이다. 누구나 알겠지만 그렇게 하려면 차익을 실현하고 주가가 조정받을 때 다시 매수해야 한다. 나는 정확히 이렇게 했다. 아니, 이렇게 하려고 애썼다. 왜냐하면 수익을 챙긴 다음 주가가 조정받기를 기다려봤자 뜻대로 안 되기 십상이기 때문이다.

보수적인 내 호주머니에는 4포인트 정도 먹고 챙긴 수익이 안전하게 들어 있었다. 하지만 주식은 10포인트 더 날아올랐고, 나는 가만히 앉아서 속수무책으로 지켜볼 수밖에 없었다. 수익을 챙기면 절대 가난해지지 않는다고들 한다. 맞는 말이다. 하지만 상승장에서 4포인트씩 먹어서는 결코 부자가 될 수 없다. 간단히 말해 2만 달러를 먹어야 할 판에서 2000달러밖에 먹지 못했다. 몸을 사린 탓이었다. 벌 수 있는 돈보다 적게 벌었다는 걸 깨달을 무렵, 다른 것도 깨닫게 됐다. 호구도 경험의 정도에 따라 급이 있다는 것이다.

초짜는 아무것도 모른다. 이 사실은 초짜도 알고 남들도 다 안다. 하지만 다음 단계, 즉 막 초짜 수준을 벗어난 2급 호구는 스스로 좀 안다고 생각하고 남들도 그렇게 생각하게 만든다. 경험이 좀 있는 호구로, 연구를 하긴 하지만 시장이 아니라 더 급이 높은 호구들이 하는 말 몇 마디를 연구한다. 생 초짜는 몇 가지 방식으로 돈을 날리는

데, 2등급 호구는 생 초짜들처럼 무작정 당하지는 않는다. 실제로 1년 내내 중개소를 먹여살리는 건 100퍼센트 생 초짜들이 아니라 이런 어중치기 호구들이다. 초짜들은 월가에서 대개 3주에서 30주 정도 버티지만 어중치기 호구들은 보통 3년 반 정도 버틴다. 유명한 트레이딩 격언과 게임의 다양한 규칙을 읊어대는 것도 이런 어중치기 호구들이다. 어중치기 호구는 노련한 베테랑들이 계명으로 내려준 '해서는 안 되는 일'을 모두 알고 있다. 그런데 딱 제1계명만 모른다. 제1계명은 이것이다. "호구 잡히지 마라!"

이런 어중치기 호구들은 주가가 떨어질 때 사는 걸 좋아하니 이제 제법 능숙한 투자자가 됐다고 뿌듯하게 여기는 그런 부류다. 이들은 주가가 하락할 때를 기다린다. 그리고 고점 대비 몇 포인트나 아래에서 샀느냐로 얼마나 싸게 샀는지를 계산한다. 대세 상승장이 도래하면 규칙과 전례 따위는 까맣게 모르는 순진무구한 호구들은 덮어놓고 매수한다. 덮어놓고 잘될 거라고 생각하기 때문이다. 그러다 보니 돈 좀 버나 싶다가도 주가가 대폭 조정되면 한방에 수익을 몽땅 도로 빼앗긴다.

다음으로 '신중한' 호구가 있다. 한때 영리하게 매매한다고 스스로 생각하던 때가 있었는데, 신중한 호구들은 이 시절 내가 하던 대로 한다. 바로 다른 사람의 지혜를 따라가는 것이다. 나는 사설 중개소 고객들 중 노련한 트레이더들이 금이야 옥이야 하는 방식대로 변화를 주면 문제가 해결될 것이라고 생각했다.

대다수의 투자자는 처지가 고만고만하다. 솔직히 주식 투자 좀 했다는 사람치고 월가에서 받아낼 돈이 없다고 말할 수 있는 사람이 얼마나 되겠는가. 풀러턴에 있는 사람들이라고 별수 없었다. 급이 제각각인 온갖 호구들이 다 있었다! 그런데 범상치 않은 노인이 한 명 있었다. 우선, 나이가 아주 지긋했다. 그리고 결코 자진해서 훈수를 두지 않았고, 돈을 따도 절대 자랑하지 않았다. 다른 사람의 말에 귀를 기울였지만 비밀 정보를 얻으려고 안달하지 않았다. 수다쟁이들에게 혹시나 들은 말은 없는지, 아는 건 없는지 묻지도 않았다. 하지만 누가 비밀 정보를 알려주면 항상 매우 공손하게 고맙다고 인사했다. 때때로 비밀 정보로 잘 되면 정보를 알려준 사람에게 다시 한번 고맙다고 말했다. 하지만 일이 잘못돼도 툴툴거리는 법이 없었기 때문에 노인이 정보대로 했는지 아니면 그냥 한 귀로 듣고 한 귀로 흘려버렸는지 아무도 알 수 없었다.

이 노신사가 부자여서 꽤 큰돈을 움직인다는 소문이 중개소에 돌았다. 하지만 회사에 수수료를 많이 내지는 않았다. 적어도 남들이 볼 땐 그랬다. 패트리지라는 이름이 있었지만, 뒤에선 다들 '칠면조'라는 별명으로 불렀다. 가슴팍이 두꺼운 데다 턱을 가슴팍에 딱 붙이고 점잔 떨면서 이 방 저 방 어슬렁거리는 버릇이 있었기 때문이다.

사람들은 남이 등을 떠밀고 강요하길 바란다. 그래야 실패해도 남 탓으로 돌릴 수 있기 때문이다. 아무튼 이런 이들은 패트리지에게 가서 내부자의 친구의 친구가 어떤 주식에 투자하라고 조언했다고 말하곤 했다. 그러곤 비밀 정보를 아직 적용해보지 않았다며 패트리지에게 어떻게 하면 좋을지 조언해달라고 했다.

　그들이 가진 비밀 정보가 매수든 매도든, 노인의 대답은 항상 같았다. 사람들은 도무지 어찌할지 모르겠다며 이렇게 물었다. "어떻게 하는 게 좋을까요?" 칠면조 어르신은 고개를 갸웃하고 인자하게 웃으며 동료들을 응시하다가 마침내 엄숙하게 입을 열었다. "알다시피 상승장이잖나!" 몇 번이고 말했다. "상승장이잖나!" 마치 귀한 부적을 백만 달러짜리 상해보험증서에 싸서 주는 듯했다. 물론 나는 무슨 뜻으로 하는 말인지 도통 알 수 없었다.

　하루는 엘머 하우드라는 친구가 중개소로 뛰어오더니, 주문서를 써서 사환에게 줬다. 그러곤 서둘러 패트리지에게 달려갔는데 패트리지는 존 패닝의 얘기를 찬찬히 듣고 있었다. 패닝이 하는 얘기는 이랬다. 킨이 중개인에게 주문하는 소리를 엿듣고 자기도 따라 했는데 모두 합쳐 겨우 3포인트 먹고 100주를 팔았다. 그런데 자기가 팔자마자 사흘 동안 주가가 24포인트나 올랐다. 존은 패트리지에게 이 원통하기 짝이 없는 얘기를 적게 잡아도 벌써 네 번째 하고 있건만, 칠면조 어르신은 마치 처음 듣는다는 듯 안됐다는 표정으로 난처하게 웃기만 했다.

　엘머는 존에게 안됐다는 말 한마디 하지 않고 어르신에게 다가가더니 이렇게 말했다. "어르신, 방금 클라이맥스 모터스를 팔았어요. 시장이 곧 조정을 받으면 더 싼값에 살 수 있을 거라고들 하네요. 그

102

러니까 아직 갖고 있는 게 있으면 파세요."

애초에 패트리지에게 이 주식을 사라고 정보를 준 사람이 엘머였다. 패트리지는 엘머를 쳐다봤다. 아마추어 소식통, 그러니까 공짜로 정보를 주는 사람은 결과가 나오기도 전에 정보를 받은 사람의 심신을 지배하고 있다고 생각하기 일쑤다.

"하우드 군, 아직 갖고 있다네." 칠면조는 고마워하며 말했다. 늙은이를 생각해준 마음 씀씀이가 고마웠던 것이다.

"글쎄, 지금이 기회라니까요. 수익을 챙기고 다음 하락에 다시 들어가자고요." 엘머는 마치 패트리지의 통장에 방금 돈이라도 넣은 듯 말했다. 정보를 받은 사람이 호들갑스레 고마워하지 않자 엘머는 또 다그쳤다. "전 갖고 있던 주식을 전부 팔았어요!"

엘머의 목소리와 태도만 보면 어림잡아도 1만 주는 처분한 것 같았다. 그러나 패트리지는 애석하다는 듯 고개를 저으며 하소연하듯 말했다. "안 돼! 안 돼! 그럴 순 없어!"

"뭐라고요?" 엘머가 소리쳤다.

"못 하겠어!" 패트리지가 말했다. 몹시 난처한 기색이었다.

"그 주식을 사라고 제가 정보를 드리지 않았던가요?"

"그랬지, 하우드 군. 정말 고마워. 진심이야. 하지만……."

"잠깐만요! 저부터 말할게요! 그런데 그 주식이 열흘 만에 7포인트 오르지 않았나요? 맞죠?"

"맞아. 아주 고맙게 생각한다네, 젊은이. 하지만 지금 주식을 팔 생각은 전혀 없어.”

“팔 생각이 없다고요?” 이제 엘머는 미심쩍다는 표정이었다. 비밀 정보를 제공한 쪽이 정보를 받는 처지가 되면 으레 보이는 그런 표정이었다.

“그래, 팔 생각 없다네.”

“왜요?” 엘머가 가까이 다가갔다.

“상승장이니까!” 어르신은 마치 장황하고 자세하게 설명한 것처럼 말했다.

“알겠어요.” 실망한 엘머가 부루퉁해서는 대꾸했다. “저도 상승장이라는 건 알아요. 하지만 주식을 슬쩍 내주고 조정 때 다시 사야 해요. 매수단가를 낮추는 편이 좋죠.”

“이보게.” 어르신이 몹시 난처해하며 말했다. “이봐, 젊은이. 지금 그 주식을 팔면 나는 포지션position*이 없어지잖아. 그러면 나는 그냥 붕 뜨는 거야.”

엘머는 포기했다는 듯 두 손을 들고 고개를 저었다. 그가 내게 다가와 동의를 구했다. “어때, 놀랍지 않아?” 엘머가 혼잣말로 중얼거렸다. 물론 들으라고 하는 말이었다. “자네한테 묻는 거야!”

---

* 포지션이란 주식 거래에서 시장에 진입해 수익을 낼 수 있는 위치에 자리 잡는 것을 말한다. 주가 상승을 예상하고 매수해 시장에 진입하는 것을 매수 포지션에 진입한다고 하고, 주가 하락을 예상하고 공매도하는 것을 매도 포지션에 진입한다고 한다. 여기서 패트리지는 주가 상승을 예견하고 매수 포지션에 진입했으므로 지금 보유 주식을 매도하면 주가 상승 시 수익을 취할 포지션이 사라질까 봐 걱정한 것이다.

내가 대답이 없자 엘머는 말을 이었다. "클라이맥스 모터스를 사라고 내가 비밀 정보를 줬어. 어르신은 500주를 사서 7포인트 수익을 냈지. 그래서 팔고 조정받으면 다시 사라고 권했어. 조정받을 시기가 이미 지났거든. 그랬더니 뭐라고 했는지 알아? 주식을 팔면 실직할 거라네.* 놀랠 노자야."

"미안하네만 하우드 군, 실직한다고는 안 했어." 칠면조 어르신이 끼어들었다. "내 포지션이 없어진다고 말했지. 그리고 나만큼 나이 먹고 나만큼 호황과 공황을 많이 겪으면 알게 된다네. 포지션이 없어지는 건 누구도 감당할 수 없는 일이라는 걸. 존 D. 록펠러라도 못 견디지. 주식이 조정받아 자네가 꽤 싼값에 다시 매수했으면 좋겠네. 그렇더라도 난 오로지 내가 오랫동안 경험한 바에 따라 매매할 수밖에 없어. 이미 비싼 값을 치렀는데 또 수업료를 내고 싶진 않거든. 여하튼 은행 계좌에 돈이 들어온 거나 마찬가지로 아주 고맙게 생각한다네. 알다시피 상승장이잖나." 엘머는 어안이 벙벙해서 서 있었고, 어르신은 엘머를 뒤로한 채 당당하게 걸어 나갔다.

처음엔 패트리지의 말이 썩 중요하게 와닿지 않았다. 하지만 시장에 대해 아주 정확하게 예측하는데도 번번이 마땅히 벌어야 할 만큼 벌지 못하자 비로소 그의 말이 중요하게 느껴지기 시작했다. 주식시장을 연구하면 할수록 칠면조 어르신이 얼마나 현명한지 깨닫게 됐

---

* 엘머는 패트리지가 말한 포지션(position)을 일자리로 알아들은 것이다.

다. 그 역시 젊은 시절 분명 나와 같은 문제로 고생했고, 덕분에 자신의 인간적인 약점을 깨닫게 된 것이리라. 차익을 얼른 주머니에 챙기고 싶은 유혹, 그리고 조정이 오면 또 싼값에 살 수 있을 거라는 유혹. 노인은 이런 유혹들에 저항하기 어렵다는 걸 경험을 통해 알고 있었다. 그리고 이런 유혹에 넘어가면 값비싼 대가를 치러야 한다는 것도 알고 있었다. 따라서 그런 유혹에 넘어가지 않으려고 애쓴 것이다.

나는 마침내 깨달았다. 패트리지가 객장 사람들에게 "알다시피 상승장이잖나"라고 할 때 정말로 하려고 했던 말이 뭔지. 큰돈을 벌려면 그때그때 개별 등락이 아니라 '대세'를 잡아야 한다는 것, 그러니까 시세 테이프를 판독하는 게 아니라 전체 시장의 추세를 판단해야 한다는 얘기였다. 이 깨달음으로 나는 한 발짝 크게 내디딜 수 있었다.

그리고 지금 또 하나 이야기하고 싶은 게 있다. 오랫동안 월가에서 수백만 달러를 벌기도 하고 날리기도 한 끝에 하는 말이다. 나는 머리로 큰돈을 벌지 않았다. 진득하게 기다렸기 때문에 돈을 벌었다. 알아들었는가? 경거망동하지 않고 딱 버텼기 때문에 돈을 벌었다! 시장의 방향을 맞히는 건 결코 대단한 기술이 아니다. 상승장 초기에는 수많은 주식이 오르고 하락장 초기에는 수많은 주식이 하락한다. 내가 아는 사람 중에도 적시에 정확히 맞힌 사람이 많은데, 주가가 수익이 정점에 도달하면 주식을 매매하기 시작했다. 그런데 이들 역시 결과는 나와 다를 바 없었다. 즉, 제대로 큰돈을 만지지 못했다. 시장의 흐름을 맞힐 능력이 있다는 생각이 들면 가만히 있지 못하기 때문이다. 이 점은 가장 깨우치기 어려운 교훈 가운데 하나다. 그러나 주식으로 투기하는 사람이라면 이 점을 확실히 이해해야 비로소 큰돈을 벌 수 있다. 무지몽매한 시절에는 수백 달러도 벌기 힘들지만, 매매하는 법을 터득하고 나면 수백만 달러는 우습게 번다는 말은 말 그대로 사실이다.

시장의 행보를 제대로 명확하게 전망하더라도 시장이 예상보다 꾸물거리면 초조해지면서 의심을 품게 된다. 호구와는 거리가 먼 수많은 월가의 사람들, 심지어 3급 호구도 아닌 사람들이 돈을 날리는 것은 바로 이 때문이다. 시장에 진 게 아니라 스스로에게 패한 것이다. 똑똑하지만 뚝심 있게 버티지 못하기 때문이다. 칠면조 어르신이 한번 정한 길을 뚝심 있게 밀고 나간 건 전적으로 옳은 태도다. 어르신은 배짱 있게 신념을 고수했을 뿐 아니라 차분하게 인내하는 현명함도 갖추고 있었다.

내 경우를 이야기하자면, 큰 추세를 무시하고 뻔질나게 시장을 들락날락한 게 치명타였다. 어느 누구도 잠깐잠깐 오르내리는 주가 등락을 모두 포착할 수는 없다. 상승장에선 매수한 후 상승장이 거의 끝나갈 때까지 보유하는 전략을 써야 한다. 이 전략을 쓰려면 개별 주식에 영향을 미치는 특이한 요인이나 비밀 정보가 아니라 큰 그림, 그러니까 전반적인 시장 여건을 살필 줄 알아야 한다. 그러다가 적절한 시기가 오면 보유한 주식을 전부 처분해야 한다. 깨끗이 손을 떼야 한다! 시장이 방향을 바꿀 때, 그러니까 전반적인 여건이 반전될 조짐이 보일 때까지 기다려야 한다. 그러려면 머리를 쓰고 통찰력을 발휘해야 한다. 그렇지 않으면 내가 지금 하는 이런 충고도 싸게 사서 비싸게 팔라는 얘기만큼이나 멍청한 조언에 지나지 않게 된다. 누구나 배울 수 있는 가장 유용한 교훈 하나가 있다면 마지막 0.125달러까지 먹으려고 빠져나와야 할 때 미적거리거나, 0.125달러까지 놓치지 않으려고 성급하게 들어가지 말라는 것이다. 미련을 버려야 한다. 이 양 극단은 세상에서 가장 비싼 0.125달러다. 이 0.125달러 때문에 트레이더들이 날린 돈을 합치면 미 대륙을 가로지르는 고속도로를 건설하고도 남을 것이다.

조금은 어리숙한 티를 벗게 되자 나는 풀러턴에서 내가 매매하던 방식을 연구하기 시작했다. 그 결과, 한 가지를 더 알게 됐는데 매매 초기에는 거의 손해를 보지 않았다는 것이다. 그래서 당연히 크게 시작하기로 마음먹게 되었던 것이다. 내 판단은 옳았지만 다른 사람들의 충고 때문에, 혹은 나 스스로 조급하게 구는 바람에 종종 흔들리고 말았다. 주식판에서는 자신의 판단을 믿지 못하면 누구도 대성할 수 없다. 내가 터득한 교훈은 한마디로 전반적인 여건을 연구하고 포지션을 취했다면 계속 고수해야 한다는 것이다. 이제 나는 조바심 내지 않고 기다릴 수 있다. 수익이 뒷걸음질 치더라도 일시적 현상임을 알기에 흔들리지 않는다. 주식을 10만 주 공매도했는데 대폭 반등이 다가오고 있다. 나는 이런 반등은 필연적이고, 심지어 유익하다고 판단해서 평가수익에 100만 달러 차이가 생기리라 계산했는데, 계산은 정확했다. 그럼에도 불구하고 난 굽히지 않았고, 평가수익의 절반이 날아갔다. 공매도한 주식을 환매하고 반등하면 다시 파는 게 상책이라고 생각할 법한데도 그런 생각은 단 한 번도 하지 않았다. 만약 그렇게 한다면 나는 포지션을 잃게 될 것이고, 그러면 확실한 대박 역시 날아간다는 것을 알았기 때문이다. 큰 추세를 타야 큰돈을 벌 수 있는 법이다.

이런 걸 모두 배우는 데 시간이 많이 걸린 건 이런 사실들을 실수를 통해 깨달았기 때문이다. 실수하면 실수했다는 사실을 깨달을 때까지 시간이 걸리고, 깨닫고 나서도 정확히 진단하기까지 더 많은 시간이 필요한 법이다. 그래도 큰 어려움 없이 지냈고 아직 젊었기에 손실을 다른 방식으로 메워 나갈 수 있었다. 당시 장세에선 시세 테이프를 판독하는 게 꽤 먹혔기 때문에 여전히 수익의 일부는 시세 테이프를 판독해서 올리고 있었다. 뉴욕에서 처음 시작했을 때처럼 신물이 날 정도로 자주 돈을 날리지는 않았다. 2년도 안 돼 세 번이나 쪽박을 차봤으니 별로 자랑할 일은 못 되지만 말이다. 아까도 얘기했지만 알거지가 되는 것만큼 훌륭한 스승은 없다.

버는 만큼 쓰고 살아서 그런지 밑천이 팍팍 늘지 않았다. 취향이 비슷한 또래 젊은이들이 즐기는 걸 나도 멀리하지 않았기 때문이다. 시장에서 계속 돈을 벌고 있는데, 궁색하게 살 이유가 없었다. 당연히 일요일과 공휴일에는 시세 표시기가 멈췄다. 손실을 본 이유, 실수한 이유와 경위를 알아낼 때마다 '자산 목록'의 '금지!' 항목에 하나를 새로 추가했다. '자산 목록'이 늘어나서 제일 근사한 건 생활비를 줄이지 않아도 된다는 점이었다. 물론 유쾌한 일도 있었고 씁쓸한 일도 있었지만, 자세히 얘기하자면 끝이 없다. 별로 힘들이지 않아도 기억나는 게 있긴 하다. 매매에서 무엇이 소중한지 깨우쳐준 사건들, 이 게임과 나 자신에 대해 더 알게 해준 사건들이다.

샌프란시스코 지진,
육감을 시험하다

1906년 봄 잠시 휴가를 보내느라 애틀랜틱시티에 머물렀다. 보유하고 있는 주식도 없어서 기분 전환도 할 겸 쉴 생각이었다. 그건 그렇고, 내가 처음 계좌를 튼 정식 회원사는 하딩 브러더스였는데 다시 이곳과 거래하면서 그동안 꽤 부지런하게 매매해온 터였다. 3000~4000주 정도 굴렸는데, 겨우 스무 살도 안 됐을 때 사설 중개소인 코스모폴리탄에서 운용하던 규모에 못 미치는 정도였다. 사설 중개소에선 증거금이 1포인트만 있으면 됐지만 뉴욕증권거래소, 그러니까 내 계좌로 실제로 주식을 사고팔 때는 증거금이 더 많아야 했기 때문이다.

코스모폴리탄에서 제당 주식 3500주를 공매도했을 때의 이야기, 기억할 것이다. 갑자기 불길한 예감이 들어 청산해야겠다 싶었다. 한 번씩 이렇게 묘한 기분에 휩싸일 때가 있는데 그럴 때면 나는 대체로 직감대로 했다. 하지만 가끔은 그런 기분이 들어도 콧방귀를 뀌고, 난데없이 불쑥 솟구친 충동에 이끌려 무턱대고 포지션을 바꾸는 건 말도 안 된다고 중얼거리기도 했다. 그런 예감이 드는 건 담배를 너무 많이 피웠거나, 잠을 설쳤거나, 아니면 간이 피로해서 신경이 쇠약해진 탓이라고 생각했다. 그런데 온갖 핑계를 대고 이런 충동을 무시한 채 행동을 취하지 않았을 땐 언제나 후회할 일이 생겼다.

한번은 공매도하고 싶은 예감이 들었는데 공매도하지 않았다. 이 튿날 시내에 가보니 시장이 강세를 보이며 상승하고 있었다. 나는 맹목적 충동에 굴복해 공매도했으면 바보가 될 뻔했다고 혼자 중얼거렸다. 그런데 그다음 날 시장이 형편없이 폭락하는 게 아닌가. 이런 일이 열 번도 넘게 일어났다. 그렇게 신중하고 이성적이지 않았더라면 돈을 벌었을 텐데 말이다. 아무튼 이유는 알 수 없지만 이런 충동이 튀어나올 때가 있는데, 이런 충동이 튀어나오는 이유는 분명 생체 작용이 아니라 일종의 정신 현상 같았다.

이에 관한 일화 중 나한테 크게 영향을 미친 사건을 하나만 얘기하겠다. 1906년 봄 애틀랜틱시티에서 짧은 휴가를 보내고 있을 때였다. 친구와 함께 시간을 보내고 있었는데, 마침 친구도 하딩 브러더스 고객이었다. 난 이래저래 시장엔 관심이 없었다. 쉬는 게 좋았다. 시장이 어질어질해질 정도로 활기차고 내가 대량으로 거래하는 경우가 아니라면 언제든 트레이딩을 포기하고 쉴 수 있었다. 내 기억에 당시는 강세장이었다. 산업계 전반의 경기 전망이 밝았고, 주식시장이 살짝 주춤하긴 했지만 강세 기조가 탄탄해서 모든 지표가 주가 상승을 예고하고 있었다.

어느 날 아침이었다. 아침을 먹고 뉴욕의 소식을 전하는 조간신문까지 다 읽고 나서 갈매기들이 아침 먹는 광경을 구경했다. 녀석들은 조개를 물고 6미터 상공으로 날아올라 물을 머금은 딴딴한 모래밭 위에 조개를 떨구어 깨뜨렸다. 갈매기 구경하는 게 싫증 나자 판자를 이어 만든 산책로로 나갔다. 낮에 하는 일 중 가장 재미있는 일이었다.

아직 정오도 되지 않은 때였다. 소금기 도는 짭짤한 공기를 마시며 천천히 걸었다. 산책로 끝에는 하딩 브러더스 지점이 있었는데, 우린 매일 아침 그곳에 들러 분위기가 어떤지 살피곤 했다. 거기서 뭘 하려는 건 아니고 그저 습관이었다.

그날, 시장은 오름세를 보였고 거래도 활발했다. 시장이 크게 상승할 것으로 본 친구는 주식을 조금 사뒀는데 몇 포인트 오른 상태였다. 친구는 훨씬 더 오를 테니 주식을 보유하고 있는 게 현명한 처사라고 말했다. 나는 맞장구치기는커녕 듣는 둥 마는 둥 했다. 호가판을 훑어보며 변화가 있나 살펴보니 죄다 오르고 있었다. 그런데 유니언 퍼시픽Union Pacific Railroad Company*을 보자마자 팔아야겠다는 생각이 들었다. 더 이상 설명할 수 없다. 그냥 팔고 싶은 마음이 들었다. 왜 그런 마음이 드는 건지 스스로 질문도 해봤지만, 매도 포지션을 취할 만한 어떤 근거도 찾을 수 없었다.

---

* 북미 최대 철도 회사인 유니언 퍼시픽 철도 회사. 1862년 설립돼 대륙 횡단 철도를 구축했다.

나는 호가판에 뜬 유니언 퍼시픽의 마지막 주가를 뚫어져라 쳐다봤다. 급기야 다른 숫자, 아니 호가판, 아니 그 어떤 것도 눈에 들어오지 않았다. 머릿속에는 유니언 퍼시픽을 팔아야겠다는 생각뿐이었다. 여전히 왜 그런 생각이 드는지 이유를 전혀 알 수 없었다. 내가 이상해 보였는지 옆에 서 있던 친구가 슬쩍 밀치며 물었다.

"이봐, 왜 그래?"

"모르겠어." 내가 대답했다.

"한숨 잘래?" 친구가 말했다.

"아니, 안 잘 거야. 내가 할 일은 저 주식을 파는 거야." 나는 이렇게 대답했다.

그동안 육감을 따르면 항상 돈을 벌었다. 주문서가 있는 탁자로 걸어가자 친구도 따라나섰다. 유니언 퍼시픽 1000주를 시장가에 파는 주문서를 작성해서 매니저에게 건넸다. 주문서를 써서 건넬 때까지 내내 웃고 있던 매니저가 주문서를 보더니 정색하고 날 쳐다봤다.

"맞게 쓴 건가요?" 매니저가 물었다.

내가 아무 대답 없이 멀뚱히 쳐다보자 매니저가 주문 담당자에게 주문서를 넘겼다.

"무슨 짓이야?" 친구가 물었다.

"팔려고!"

"뭘 판다고?" 친구가 소리쳤다.

친구는 속으로 이렇게 생각했을 것이다. 내가 상승에 돈을 걸었는데 네가 하락에 걸다니, 이럴 순 없어. 틀림없이 뭔가 잘못된 거야.

"유니언 퍼시픽 1000주야." 내가 설명했다.

"왜?" 친구가 흥분해서 물었다.

나는 고개를 가로저었다. 나도 이유를 모른다는 의미였다. 하지만 친구는 내가 비밀 정보를 입수했다고 생각했는지 팔을 잡고 복도로 데리고 나갔다. 복도라면 다른 고객들이 듣거나 볼 수 없고, 의자에 앉아서 뭐 건질 것 없나 목을 빼고 있는 사람들도 없을 테니까.

"무슨 정보라도 들었어?" 친구가 물었다.

친구는 펄펄 뛰었다. 유니언 퍼시픽은 친구가 애지중지하는 주식이었다. 회사 수익과 전망이 좋아서 친구는 이 주식을 꽤 매수해두고 있었다. 그래도 하락을 예견하는 정보가 있다면 한 다리 건넌 정보라도 기꺼이 들으려고 했다.

"그런 거 없어!" 내가 대답했다.

"들은 게 없다고?" 친구는 못 믿겠다는 표정을 숨기지 않았다.

"아무 얘기도 못 들었어."

"그럼 도대체 왜 파는 건데?"

"몰라." 내가 대답했다. 한 점 거짓 없는 진실이었다.

"그러지 말고 얘기해줘, 래리." 친구가 애원했다.

친구는 내가 매매할 때 버릇처럼 이유를 따진다는 사실을 알고 있었다. 유니언 퍼시픽 주식을 1000주나 팔았다. 시장이 호조를 보이는 상황에서 그렇게 많은 주식을 팔 때는 다 이유가 있는 법이라고 생각한 것이다.

"몰라." 나는 같은 말을 되풀이했다. "그냥 무슨 일이 일어날 것 같아. 예감이 그래."

"무슨 일이 일어날 것 같은데?"

"모르겠어. 이유는 못 대겠어. 그냥 그 주식을 팔고 싶다는 생각만 들어. 그리고 미리 말해두는데 1000주 더 던질 거야."

나는 사무실로 돌아와 또 1000주 공매도 주문을 냈다. 아까 1000주를 판 게 옳은 판단이라면 더 파는 게 맞을 테니까.

"도대체 일이 터질 게 뭐 있어?" 친구가 끈질기게 물었다. 차마 나를 따라 공매도하지는 못하고 말이다. 만약 내가 유니언 퍼시픽 주가가 떨어진다는 말을 들었다고 했으면 친구는 누구한테 들었는지, 떨어진다고 생각한 이유가 뭔지 묻지도 않고 팔았을 것이다. "도대체 무슨 일이 있다고 그래?" 친구가 재차 다그쳤다.

"수만 가지 일이 일어날 수 있지. 하지만 무슨 일이 일어날 거라고는 장담 못 해. 이유도 못 대겠어. 내가 뭐 점쟁이도 아니고." 내가 대답했다.

"그럼 돌았나 보네." 친구가 말했다. "완전히 미쳐버린 거지. 이유없이 주식을 팔다니. 왜 팔고 싶은지 모른다고?"

"왜 팔고 싶은지 모르겠어. 그냥 팔고 싶어 미치겠어." 내가 털어놓았다. "정말이지 너무 팔고 싶어." 어찌나 팔고 싶은 생각이 드는지 나는 1000주를 더 팔았다.

친구가 더 이상 못 보겠는지 내 팔을 잡고 말했다. "이리 와! 밑천 다 까먹기 전에 여기서 나가자."

성에 찰 만큼 팔았기 때문에, 먼저 판 2000주가 어떻게 체결됐는지 내역서를 받아보지도 않고 친구를 따라 나왔다. 아주 그럴싸한 이유가 있어서 팔았더라도 2000주면 꽤 많은 양이었다. 아무런 이유도 없이 공매도했으니 그 정도면 차고도 넘쳤다. 더구나 시장이 전반적으로 워낙 강세를 보이고 있어서 하락할 만한 건더기조차 없는 상황 아닌가. 하지만 예전에 팔고 싶은 충동이 들었는데 팔지 않았다가 번번이 후회했던 일이 떠올랐다.

이런 사연을 친구들에게 들려주니 친구 몇은 그건 육감이 아니라 잠재의식이라고 했다. 예술가에게는 자신도 모르게 작품을 창조하게 되는 창의력이 있는데, 이 창의력의 근원이 잠재의식이다. 내 경우는 하나하나 보면 보잘것없지만 사소한 것들이 쌓이고 쌓여서 큰 힘을 발휘한 듯하다. 친구가 생각 없이 강세장에 돈을 거는 것을 보고 반발심에 당시 너도 나도 사라고 권하던 유니언 퍼시픽을 택했는지도 모른다. 왜 그런 예감이 들었는지, 원인이나 동기가 뭔지 도통 알 수 없었다. 아무튼 상승장에서 유니언 퍼시픽 3000주를 공매도하고 하딩 브러더스 애틀랜틱시티 지점을 나왔지만 눈곱만큼도 걱정되지 않았다.

나는 마지막으로 공매도한 2000주가 얼마에 체결됐는지 알고 싶었다. 그래서 점심을 먹고는 중개소까지 걸어갔다. 시장은 여전히 전체적으로 상승세를 보이고 있었고, 유니언 퍼시픽 주가는 더 뛰어오른 상태였다.

"자네 말로가 훤히 보이는구먼." 친구가 중얼거렸다. 친구 녀석은 안 팔길 잘했다고 속으로 쾌재를 부르고 있는 게 뻔했다.

다음 날 시장 지수가 더 오르자 친구는 신나서 떠들었다. 하지만 나는 여전히 유니언 퍼시픽을 팔기 잘했다고 확신했다. 나는 옳다고 생각하면 절대 안달복달하지 않는다. 사실 그래 봐야 소용없지 않은가? 그날 오후 유니언 퍼시픽의 오름세는 멈췄고, 장이 끝날 무렵에는 주가가 빠지기 시작했다. 곧 내가 3000주를 매도한 평균 단가보다 한 포인트 낮은 수준까지 내려갔다. 내가 옳다고 어느 때보다 강하게 확신했기에 다음 수순은 당연히 공매도였다. 장 마감 즈음에 2000주를 추가로 공매도했다.

육감을 믿고 5000주나 되는 유니언 퍼시픽 주식을 공매도한 것이다. 내가 가진 증거금으로 하딩 브러더스에서 팔 수 있는 만큼 최대한 팔았다. 휴가를 즐기며 공매도하기엔 너무 많은 물량이라 휴가를 포기하고 바로 그날 밤 뉴욕으로 돌아왔다. 무슨 일이 일어날지 알 수 없으니 여차하면 언제든 대처할 수 있도록 준비하는 게 좋을 것 같았다. 뉴욕에 있으면 필요할 때 잽싸게 움직일 수 있었다.

다음 날 샌프란시스코에 지진*이 났다는 소식이 들렸다. 지진의

---

* 1906년 4월 18일 오전 5시 12분 미국 캘리포니아 주 북부에서 일어난 강도 7.9의 지진. 이 지진으로 샌프란시스코 업무 지구가 파괴됐고 여러 도시에서 700여 명이 사망했다.

피해는 참혹했다. 그러나 시장은 개장과 함께 불과 2포인트 하락하는 데 그쳤다. 여전히 매수세가 살아 있는 데다, 군중은 시장의 분위기에 끌려가지 결코 독자적으로 뉴스에 반응하지 않기 때문이다. 이런 현상은 쉽게 찾아볼 수 있다. 예를 들어 하락장에서는 사소한 악재에도 시장이 크게 타격을 받지만 상승장에서는 매수세가 견고하면 악재가 터져도 하락장일 때만큼 타격을 주지 않는다. 하락장이면 그렇잖아도 위축된 상태이므로 손톱만 한 악재가 터져도 시장이 크게 출렁인다. 하지만 상승장에선 모두 장밋빛 전망에 들떠 있으므로 웬만한 악재가 터져도 장세가 쉽사리 바뀌지 않는다. 가령 신문에서 주가를 부풀리는 조작 세력이 있다고 보도해도 시장에는 크게 불똥이 튀지 않는다. 시장 분위기라는 게 그만큼 중요하다. 이 경우, 월가는 재난이 미칠 파장이 크지 않을 거라고 평가했다. 왜냐하면 그렇게 되길 원하지 않았기 때문이다. 그날 주가는 또 상승 마감했다.

나는 5000주를 공매도해둔 상태였다. 지진이라는 날벼락을 맞았지만 내가 공매도한 주식은 하락하지 않았다. 어느 때보다 강력한 예감이 들었건만, 잔고는 늘어나지 않았다. 평가 잔고조차. 애틀랜틱시티에서 같이 휴가를 즐기다가 내가 공매도하는 모습을 지켜봤던 친구는 웃어야 할지 울어야 할지 알 수 없는 얼굴이었다.

친구가 이야기했다. "이봐, 자네 예감 한번 대단하네. 사람들이고 돈이고 죄다 상승에 몰리는데 혼자 발버둥쳐본들 별수 있겠어? 그쪽이 이기게 돼 있어."

"두고 봐." 내가 응수했다. 시간을 두고 주가를 지켜보라는 의미였다. 환매할 생각은 없었다. 왜냐하면 지진의 피해는 막대했고 유니언 퍼시픽이 최대 피해주에 속할 게 뻔했기 때문이다. 아무튼 눈이 멀어버린 듯한 월가의 모습을 지켜보자니 분통이 터졌다.

"두고 봐봤자 하락에 돈을 건 사람들의 가죽이 햇볕에 말라갈 거야. 자네 가죽도 거기 있을 테고." 친구가 장담했다.

"자네라면 어떻게 할 텐가?" 내가 친구에게 물었다. "서던 퍼시픽을 비롯해 다른 철도 노선들이 수백만 달러 손해를 입었으니 유니언 퍼시픽을 사야 할까? 지진으로 입은 피해를 전부 메우고 나면 배당금을 줄 수익은 어디서 나올까? 아무리 좋게 얘기해도 문제가 보기만큼 심각하진 않을 수도 있다는 것 정도야. 설사 그렇더라도 큰 피해를 입은 철도 회사 주식을 살 이유가 될까? 대답해봐."

하지만 친구는 이렇게 말했을 뿐이다. "그래, 자네 이야기는 그럴듯해. 그런데 시장은 자네 말에 동의하지 않아. 시세 테이프는 거짓말 안 하잖아?"

"즉각 진실을 말하지 않을 때도 있지." 내가 응수했다.

"잘 들어. 어떤 사내가 블랙프라이데이 얼마 전에 짐 피스크와 얘기했는데, 금값이 계속 하락하는 이유를 열 가지나 대더라고. 사내는 기세등등하게 몇백만 달러어치를 팔겠다고 피스크에게 말했어. 피스크가 그 친구를 쳐다보더니 '어서 팔아! 어서! 공매도한 다음 자네 장례식에 초대하게.' 이렇게 말하더군."

120

"만약 그 친구가 공매도했다면, 한몫 잡았겠지! 자네도 빨리 유니언 퍼시픽 팔아."

"안 팔 거야! 난 대세를 거스르는 짓을 안 해야 잘되거든."

이튿날 상세한 보도가 나오자 시장은 하락세를 타기 시작했다. 하지만 이때조차도 응당 하락해야 할 만큼 폭락하지는 않았다. 태양 아래 그 어떤 것도 대폭 하락을 막을 순 없다고 판단하자 나는 물량을 두 배로 늘려 5000주를 또 팔았다. 이때쯤 되자 다른 사람들의 눈에도 장세가 똑똑히 보였기에 중개인들은 군소리 없이 주문을 받았다. 중개인들도 나도 무모하지 않았고, 내가 시장을 가늠하는 방식도 무모하지 않았다. 다음 날 시장은 본격적으로 움직이기 시작했다. 대가를 치를 때가 온 것이다. 물론 나는 운때를 제대로 잡았구나 싶어 끝까지 양껏 밀어붙였다. 내친김에 1만 주를 더 팔았다. 공매도 물량은 두 배로 늘어났다. 그 상황에선 그 길밖에 없었다.

내가 옳다는 것, 100퍼센트 옳다는 것, 이건 하늘이 준 기회라는 생각뿐이었다. 이 기회를 이용하는 건 내 몫이었다. 나는 더 팔았다. 이렇게 대량 공매도하면 주가가 조금만 반등해도 평가수익이 날아가는 건 물론이고, 어쩌면 밑천까지 다 날릴 수도 있었다. 그런 생각을 했는지 기억나지는 않지만, 그런 생각을 했어도 큰 의미는 없었을 것이다. 나는 덮어놓고 큰돈을 건 게 아니었다. 정말 보수적으로 임했다. 지진이 일어났는데 마치 없었던 일처럼 만들 수 있는 사람은 없다. 그렇지 않은가? 하룻밤 사이에 무너진 건물들을 공짜로, 무료로,

거저 복구할 순 없는 노릇이다, 안 그런가? 세상 돈을 다 끌어모은다 해도 몇 시간 뒤에 뭐가 달라지겠는가?

나는 무턱대고 돈을 걸지 않았다. 나는 약세론에 열광하는 그런 부류가 아니다. 성공에 취하지도 않았고, 샌프란시스코가 지도에서 사라지고 나라 전체가 잿더미가 되리라 생각하지도 않았다. 정말이다! 공황장이 닥치리라 기대하지도 않았다. 그래서 다음 날 몽땅 털고 시장에서 나왔다. 이 일로 나는 총 25만 달러를 벌었다. 그렇게 큰 돈을 번 건 처음이었다. 전부 며칠 사이에 해낸 일이다. 월가는 처음 하루이틀 동안은 지진에 전혀 신경 쓰지 않았다. 처음 지진 소식이 전해졌을 때는 그다지 위급해 보이지 않았나 보다 생각하겠지만 나는 생각이 다르다. 주식시장을 바라보는 군중의 시각이 바뀌는 데 시간이 너무 걸렸기 때문이라는 게 내 생각이다. 대다수 전업 투자자들조차도 느렸다. 다들 당장 눈앞밖에 보지 못했다.

뭐라고 설명할 순 없다. 과학적 근거도, 유치한 설명도 불가능하다. 그저 내가 뭘 했는지, 왜 그랬는지, 결과가 어땠는지 이야기할 수 있을 뿐이다. 수수께끼 같은 예감 따위는 별로 중요하지 않다. 25만 달러를 벌었다는 사실이 훨씬 중요하다. 무슨 말인고 하니, 이젠 때가 오면 어느 때보다 판을 더 크게 벌일 수 있게 됐다.

그해 여름 나는 새러토가 스프링스에 갔다. 원래는 거기서 휴가를 보낼 계획이었지만, 나는 계속 시장을 주시하고 있었다. 우선 시장에 대해 생각하는 게 귀찮을 정도로 피곤하지 않았다. 게다가 새러토

122

가에 사는 지인들은 모두 시장에 관심이 있거나 한때 관심이 있던 사람들이었다. 자연스레 시장에 대한 얘기가 오갔다. 보아하니 말과 행동, 그러니까 시장에 대한 이야기와 실제 매매 사이에는 상당한 괴리가 있었다. 일부는 시장에 대해 이야기하는 본새가 마치 성미 고약한 사장 앞에서 동네 개한테 하듯 얘기하는 겁 없는 사환 같았다.

새러토가에도 하딩 브러더스 지점이 있었다. 새러토가에 고객이 많기도 했지만 진짜 이유는 광고 효과 때문이었다. 휴양지에 지점을 두는 것은 그야말로 고급 광고판을 거는 셈이다. 나는 이따금 지점에 들러서 사람들 사이에 끼어 앉아 있곤 했다. 매니저는 뉴욕 사무소에서 왔다고 했는데, 익숙한 단골이든 낯선 사람이든 반갑게 맞으면서 가능하면 거래를 텄다. 이곳에선 경마, 주식시장을 비롯해 별의별 비밀 정보가 다 돌았는데, 식당이나 호텔 종업원들도 정보를 물고 왔다. 이곳 사람들은 내가 비밀 정보에 귀기울이지 않는다는 걸 알고 있었다. 따라서 매니저가 와서 뉴욕 사무소에서 방금 비밀리에 얻은 정보라며 내 귀에 대고 속삭이는 일은 없었다. 전보가 오면 그냥 쓱 건네면서 이렇게 우물거렸다. "이런 걸 보냈네요."

물론 나도 시장을 지켜보고 있었다. 호가판을 보고 시장이 보내는 신호를 읽는 건 내가 매일 공들여 하는 일이었다. 그런데 정다운 친구, 유니언 퍼시픽이 오를 것 같았다. 주가가 비싼데도 움직임을 보니 누가 대량 사들이는 것 같았다. 이틀 동안 거래하지 않고 지켜봤는데, 볼수록 그런 확신이 들었다. 확실히 시시한 소액 투기꾼은 아니었다. 자금력이 받쳐주는 큰손일 뿐 아니라 뭐 좀 아는 사람이 사들이고 있는 게 틀림없었다. 아주 영리하게 매집하고 있다는 생각이 들었다. 이런 확신이 들자마자 160달러 정도에 매수하기 시작했다. 주가가 계속 기세를 올리자 한 번에 500주씩 사들였다. 주가가 급등하지는 않았지만 내가 살수록 계속 올랐기 때문에 마음이 편안했다. 주가가 더 크게 뛰지 않을 이유가 없었다. 내가 시세 테이프를 분석한 결과는 그랬다.

갑자기 매니저가 오더니 뉴욕에서 전갈이 왔다고 했다. 물론 이 지점은 뉴욕과 직통전화가 연결돼 있었다. 뉴욕에서 내가 지점에 있는지 묻길래 있다고 했더니 이렇게 당부했다고 했다. "그 친구 좀 붙잡아두게. 그리고 하딩 씨가 통화하고 싶어 한다고 전하게."

나는 기다리겠다고 답하고 유니언 퍼시픽 500주를 더 샀다. 하딩이 나한테 무슨 말을 할지 짐작되지 않았다. 증거금은 충분했으니 주식 거래 때문일 것 같지는 않았다. 곧 매니저가 와서 하딩이 장거리 통화를 원한다고 전했다.

"여보세요, 에드?"

그러자 하딩이 대뜸 몰아세웠다. "도대체 왜 그래? 제정신이야?"

"예?"

"뭐하는 짓이냐고!" 그는 소리를 질렀다.

"무슨 소리예요?"

"그 주식을 아주 긁어 모으고 있잖아."

"왜요, 증거금은 문제없을 텐데요?"

"증거금이 문제가 아니라 자네 지금 호구 짓 하고 있다고."

"무슨 말인지 모르겠어요."

"유니언 퍼시픽을 왜 그렇게 많이 사?"

"오르고 있잖아요." 내가 대꾸했다.

"오르긴, 개뿔! 내부자들이 자네한테 떠넘기고 있는 거 몰라? 자넨 지금 제일 손쉬운 표적일 뿐이라고. 경마하다 돈 날리면 재밌기나 하지. 그놈들한테 속지 말게."

"아무도 속이는 사람 없어요." 내가 말했다. "주식을 살 거라고 아무한테도 얘기 안 했어요."

하지만 이런 대답만 돌아왔다. "그 주식에 큰돈을 걸 때마다 매번 기적을 바랄 순 없어. 아직 기회가 있을 때 빠져나와. 이 정도 수준에서 그 주식을 매수하는 건 멍청한 짓이야. 게다가 사기꾼들이 대량 주식을 던지고 있다고."

"시세 테이프를 보면 그쪽에서도 사들이고 있어요." 나는 굽히지 않았다.

"래리, 자네 주문을 보고 심장이 내려앉는 줄 알았어. 제발, 호구 짓 하지 마. 나와, 당장! 언제 폭락할지 모른다고. 난 할 만큼 했네. 끊어!" 하딩은 전화를 끊었다.

에드 하딩은 영리한 사람이고, 아는 것도 많았으며, 사심 없고 정 많은 친구였다. 더군다나 그는 여러 가지 정보를 들을 수 있는 위치

125

에 있었다. 내가 유니언 퍼시픽을 매수한 건 다년간 익히고 갈고닦은 실력을 믿고 따른 결과였다. 내가 의지한 것은 오랫동안 주가 동향을 관찰하면서 배운 것과 경험뿐이었다. 이 두 가지를 통해 주가가 상당폭 오를 때 나타나는 징후를 포착했기에 유니언 퍼시픽을 매수했다. 아무튼 그때 나는 잠깐 정신이 나갔는지 이렇게 결론을 내렸다. '내부자들이 교묘하게 주가를 조작하는 바람에 시세 테이프에 사실과 반대되는 움직임이 나타났고, 이걸 보고 나는 주식이 대량 매수되고 있다고 착각한 게 틀림없어.' 내가 엄청난 실수를 하고 있다고 확신한 하딩이 날 막으려고 적극 나선 것도 영향을 미쳤다. 하딩의 영민함은 물론 의심할 필요도 없었고, 그에게 무슨 다른 속내가 있을 리도 없었다. 하딩의 충고를 따르기로 결심한 이유가 뭔지 콕 집어 설명할 순 없지만 어쨌든 나는 그의 조언을 따르기로 했다.

나는 유니언 퍼시픽 주식을 몽땅 팔았다. 물론 매수한 게 현명하지 않다면 공매도하지 않는 것도 마찬가지로 현명한 처사가 아니었으므로 매수한 물량을 모두 처분한 후 4000주를 공매도했다. 대부분 162달러 언저리에 내놨다.

이튿날 유니언 퍼시픽 이사진이 배당금을 10퍼센트 지급하겠다고 발표했다. 궁지에 몰린 노름꾼들의 필사적인 몸부림과 너무나 흡사했기에 처음엔 월가 사람들 누구도 그 발표를 믿지 않았다. 신문들은 일제히 이사진을 비난하고 나섰다. 그러나 월가 사람들이 머뭇거리는 사이 시장은 달아올랐다. 유니언 퍼시픽이 앞장서서 시장을 이끌었는데, 엄청난 거래량을 기록하며 신고가를 경신했다. 장내 거래원 중 몇몇은 한 시간 만에 거액을 벌었다. 나중에 들은 얘기인데, 어리보기 전업 트레이더 한 명이 실수로 유니언 퍼시픽을 매수했다가 35만 달러를 벌었다고 한다. 이 트레이더는 그다음 주에 거래소 회원권을 팔았고 그다음 달에는 큰 농장을 사서 농장주가 됐다.

물론 전례 없는 배당금 발표 소식을 듣는 순간, 나는 이로 인한 이익을 누릴 자격이 없다는 사실을 깨달았다. 경험의 목소리를 무시하고 정보원의 목소리에 귀를 기울였으니 말이다. 친구가 사심 없고 제정신이라는 이유만으로 나 자신의 신념을 팽개친 대가였다.

유니언 퍼시픽이 신고가를 경신하자마자 나는 속으로 이렇게 읊조렸다. '공매도하면 안 되는 주식이야.'

내가 가진 돈은 전부 하딩 브러더스에 증거금으로 들어가 있었다. 특별히 기운이 나지도, 포지션을 밀어붙여야겠다는 고집이 생기지도 않았다. 분명한 건 내가 시세 테이프를 정확하게 읽고도 멍청하게 하딩이 내 결심을 흔들게 내버려두었다는 것이다. 미적거릴 시간이 없었다. 남 탓이나 하고 있을 때가 아니었다. 게다가 이미 엎질러진 물 아닌가. 나는 환매 주문을 냈다. 유니언 퍼시픽 4000주를 환매할 때 주가는 165달러였다. 165달러에 환매하더라도 3포인트 손해였다. 일부 주식은 중개인들이 172, 174달러에 환매했다. 내역서를 받아보니 하딩의 친절한 간섭 덕분에 4만 달러가 날아가고 말았다. 소신을 지킬 배짱이 없는 자가 치른 대가치고는 헐값이었다! 얼마 안 되는 수업료를 내고 교훈을 얻은 셈이다.

　그래도 걱정되진 않았다. 시세 테이프상의 주가가 계속 뛰고 있었기 때문이다. 이례적인 움직임이었고, 이사진의 조치도 선례가 없었다. 아무튼 이번에는 해야 된다고 생각한 대로 했다. 공매도한 주식을 환매하기 위해 4000주 매수 주문을 내자마자 시세 테이프가 가리키는 대로 수익을 얻기로 결심했다. 즉, 4000주를 매수해서 다음 날 아침까지 보유하다가 청산하고 나왔다. 날린 돈 4만 달러를 만회하고도 1만 5000달러를 더 벌었다. 하딩이 애써 내 돈을 지켜주려고 하지 않았다면 돈방석에 앉았을 텐데. 그래도 하딩은 크게 도움이 됐다. 그 사건으로 내가 트레이더로서 배워야 할 걸 다 배웠다고 생각하기 때문이다.

　내가 배운 건 비밀 정보에 귀 기울이지 말라는 게 아니라 자기 의지를 따르라는 것이다. 이 사건으로 나는 자신감을 얻었고, 마침내 케케묵은 매매 방식에서 벗어날 수 있었다. 새러토가의 경험을 마지막으로 나는 아니면 말고 식 복불복 작전을 그만뒀다. 그때부터 개별 주식이 아니라 시장의 기저에 깔려 있는 여건을 생각하게 됐다. 투기라는 혹독한 학교에서 고학년에 진학한 셈이다. 길고 험난한 여정이었다.

주식 거래의 기본,
한꺼번에 몽땅 걸지 마라

나는 시장을 상승세로 보는지 하락세로 보는지 서슴없이 남에게 얘기한다. 하지만 특정 주식을 사거나 팔라고 권하지는 않는다. 약세 장에서는 모든 주식이 내리고, 강세장에서는 모든 주식이 오른다. 물론 전쟁 때문에 형성된 약세장에선 무기 관련 업체의 주가가 오르는 등 예외는 있다. 하지만 사람들은 강세장인지 약세장인지 듣고 싶어 하지 않는다. 사람들은 어떤 주식을 사거나 팔아야 하는지 종목을 콕 짚어주기 바란다. 한마디로 날로 먹으려는 심보다. 공부하려고도 하지 않는다. 심지어 생각하는 것조차 싫어한다. 땅바닥에 돈이 널려 있어서 줍기만 하면 되는데도, 얼마인지 세야 한다면 귀찮아한다.

글쎄, 난 그 정도로 게으르진 않았지만, 시장을 종합적으로 판단하기보단 개별 주식을 판단하는 게 더 쉬웠다. 말하자면 전반적인 시장 동향보다는 개별 주식의 등락을 판단하는 게 더 쉬웠다. 하지만 이런 태도는 바뀌야 했고, 결국 바꾸게 됐다.

가만히 보면 많은 사람들이 주식 매매의 기본이 뭔지 알지 못하는 것 같다. 누누이 말하지만 주식을 사는 가장 쉬운 방법은 상승장에서 사는 것이다. 핵심은 최대한 싸게 사거나 최고가에 공매도하는 게 아니라 적시에 사고파는 것이다. 나는 약세라는 판단이 들면 주식을 공매도하는데, 당연히 팔 때마다 이전보다 주가 수준이 낮아야 한다. 강세로 판단하면 반대로 살 때마다 이전보다 주가 수준이 높아야 한다. 나는 주가가 내릴 때 매수하지 않고 주가가 오르면 매수한다.

예를 들어, 주식을 산다고 가정해보자. 110달러에 2000주를 살 계획이다. 주식을 산 후 111달러까지 오르면 1포인트 올랐으므로 일단은 방향을 옳게 잡은 것이다. 즉, 수익이 났다는 말이다. 내 판단이 옳으므로 다시 들어가서 2000주를 더 산다. 만약 시장이 여전히 오름세를 보인다면 세 번째로 2000주를 또 산다. 주가가 114달러까지 오르면 당분간은 충분하다고 생각한다. 이제 본격적으로 물량을 굴릴 수 있는 기반을 다진 셈이다. 평균 매수단가 111.75달러에 6000주를 샀고, 현재 주가는 114달러다. 당장은 더 이상 사지 않고 관망할 참이다. 어느 단계에 이르면 조정이 올 것이기 때문이다. 조정 이후 시장이 어떻게 흘러가는지 살펴봐야 한다. 아마 내가 세 번째 매수한 수준까지 조정될 가능성이 높다. 더 오르다가 112.25달러로 떨어진 뒤 반등한다고 하자. 주가가 다시 113.75달러까지 반등하면, 4000주 매수 주문을 낸다. 물론 시장가 주문이다. 만약 매수가 113.75달러에 4000주가 체결되면, 뭔가 잘못됐다는 얘기다. 그렇다면 시험 삼아 주문을 낸다. 무슨 말인고 하니, 1000주를 시장에 내놓아서 시장이 어떻게 반응하는지 떠본다. 그런데 주가가 113.75달러일 때 4000주 매수 주문을 넣었는데, 114달러에 2000주, 114.50달러에 500주를 손에 넣고 주가가 계속 뛰어 나머지 500주는 115.50달러에 체결됐다고 하자. 그렇다면 내 판단이 옳다는 얘기다. 이처럼 4000주가 어떻게 체결되는지 보면 특정 시점에 특정 주식을 매수한 행위가 옳았는지 여부를 알 수 있다. 물론 전반적인 동향을 잘 확인한 결과, 강세라고 판단될 때 이렇게 움직인다. 다시 말해, 나는 주식을 너무 싸게 사거나 너무 쉽게 사려고 애쓰지 않는다.

한때 큰손으로 월가를 주름잡았던 '집사' S. V. 화이트가 떠오른다. 화이트는 품위 있는 노신사로, 아주 꾀가 많고 대담했다. 내가 들은 바로 한창때는 입이 떡 벌어질 만한 큰 건수도 올렸다고 한다.

한때 제당 주식이 시장에서 끊임없이 소동을 일으키던 시절 이야기다. 아메리칸 제당American Sugar Refining Company* 회장인 H. O. 해브마이어Henry Osborne Havemeyer**는 전성기를 누리며 자신이 가진 힘을 휘둘렀다. 원로들에게 들은 얘기로 해브마이어와 조력자들은 막강한 자금력과 빈틈없는 솜씨로 회사 주식을 마음대로 쥐락펴락했다. 해브마이어는 자금력이 달리는 전업 투자자들을 벗겨먹었는데, 그 정도가

---

* 아메리칸 제당은 1891년 해브마이어가 설립했으며 19세기 후반 미국 제당업계를 휘어잡았다.
** H. O. 해브마이어(1847~1907). 뉴욕 출신의 거부 제당업자로 1887년 '슈거 트러스트'를 만들고 미국의 여러 제당 회사를 인수했다. 미술품 애호가로 인상주의 작품을 소장하기도 했다.

다른 어떤 내부자보다 심했다. 그래서인지 장내 거래원은 대체로 내부자들의 놀음에 협조하지 않고 훼방을 놓기 일쑤였다.

어느 날 화이트와 알고 지내는 사내가 흥분해서 헐레벌떡 다가오더니 이렇게 말했다. "집사님, 혹시 좋은 정보를 얻으면 즉시 달려오라고 하셨죠? 집사님에게 그 정보가 쓸모 있으면 저한테도 몇백 주 주신다고 하셨잖아요." 사내는 잠시 숨을 고르면서 대답을 기다렸다.

화이트는 곰곰이 생각하는 표정으로 쳐다보며 이렇게 말했다. "내가 자네한테 정확히 그렇게 말했는지는 모르겠지만, 쓸 만한 정보라면 기꺼이 대가를 지불하겠네."

"집사님께 드리려고 갖고 왔습니다."

"잘했어." 집사가 나긋나긋하게 말하자, 사내가 의기양양해서 말했다. "정말입니다, 집사님." 그러고는 아무도 엿듣지 못하게 바짝 다가와서 말했다. "해브마이어가 제당 주식을 사고 있어요."

"그래?" 집사가 침착하게 물었다.

정보원은 몸이 달아서 말했다. "그렇다니까요, 어르신. 쓸어 담을 수 있는 주식은 죄다 사고 있어요, 집사님."

"이봐, 확실한가?" 화이트가 물었다.

"예, 집사님. 확실해요. 내부자 패거리가 손에 넣을 수 있는 건 닥치는 대로 사들이고 있어요. 관세와 관련 있는 것 같은데, 보통주를 사면 한몫 크게 잡을 수 있을 겁니다. 보통주가 우선주를 뛰어넘을 거예요. 30포인트는 바로 확실히 먹고 들어갈 거란 말이죠."

"정말 그렇게 생각하나?" 노인은 시세 테이프를 볼 때 쓰는 낡은 은테 안경 너머로 사내를 바라보았다.

"그렇게 생각하냐고요? 아니, 그렇게 생각하는 게 아니라 분명히 그렇게 될 겁니다. 무조건이에요! 자, 집사님, 해브마이어 일당이 지금처럼 제당 주식을 산다면 순수익 40포인트 이하론 절대 만족하지 않을 겁니다. 일당이 원하는 만큼 전부 사들이기 전에 시장이 일당의 손에서 벗어나 주가가 치솟아도 이상하지 않을 정도예요. 한 달 전처럼 객장에 제당 주식 물량이 발에 차일 정도로 나도는 일도 없겠죠."

"그 사람이 제당 주식을 사들이고 있다고?" 집사가 심드렁하게 다시 물었다.

"산다고요? 사는 정도가 아니고 주가를 올리지 않는 선에서 최대한 빨리 쓸어 담고 있다니까요."

"정말인가?" 집사는 딱 이렇게만 대꾸했다.

정보원은 안달이 나서 말했다. "여부가 있겠습니까, 어르신! 기가 막힌 정보라고 생각합니다만. 절대 확실한 정보예요."

"그래?"

"예, 게다가 엄청난 가치가 있을 겁니다. 쓰실 거지요?"

"그러지. 쓰겠네."

"언제요?" 미심쩍은지 정보를 물어온 사내가 물었다.

"지금 바로." 집사가 외쳤다. "프랭크!" 프랭크는 당시 옆방에 있었는데, 아주 총명한 중개인이었다.

"예, 어르신." 프랭크가 대답했다.

"거래소에 가서 제당 1만 주 팔게."

"팔아요?" 정보원이 소리쳤다. 정보원이 어찌나 앓는 소리를 하는지 한달음에 뛰쳐나가려던 프랭크가 그만 발길을 멈출 정도였다.

"그래." 집사가 온화하게 대답했다.

"하지만 해브마이어가 사고 있다고 했잖아요!"

"알아, 친구." 노인은 침착하게 응수하고는 몸을 돌려 중개인에게 말했다. "서두르게, 프랭크!"

프랭크는 주문을 넣으러 서둘러 나갔고, 정보원은 얼굴이 붉으락 푸르락 달아올랐다. 정보원은 흥분해서 소리쳤다.

"여태껏 제가 얻은 정보 중 최고급 정보를 갖고 왔어요. 어르신을 친구로, 또 정직한 분으로 생각했기 때문이죠. 제가 정보를 드리면 정보에 맞춰서 움직이실 줄 알았어요."

"정보에 따라 행동하고 있다네." 집사가 침착한 목소리로 끼어들었다.

"해브마이어 패거리가 사고 있다고 말씀드렸잖아요!"

"그래, 들었어."

"사고 있다고요! 산다고요! 사고 있다고요!" 정보원이 울부짖었다.

"그래, 사고 있다면서! 충분히 이해했어." 노인이 다독였다. 노인은 시세 표시기 옆에 서서 시세 테이프를 바라봤다.

"그런데 지금 팔 거라면서요."

134

"맞아, 1만 주지." 노인이 고개를 끄덕거렸다. "팔 거라네. 암, 그렇고말고."

집사는 시세 테이프에 집중하느라 말을 멈췄다. 정보원은 집사가 뭘 보고 있는지 궁금해서 다가갔다. 왜냐하면 노인은 여간 꾀바른 사람이 아니었기 때문이다. 정보원이 집사의 어깨너머로 힐끗거리고 있는데, 사환이 전표를 들고 들어왔다. 프랭크가 보낸 내역서가 틀림없었다. 노인은 보는 둥 마는 둥했다. 시세 테이프에서 주문이 어떻게 체결됐는지 이미 봤기 때문이다.

노인이 사환에게 이렇게 말했다. "제당 1만 주 더 팔라고 해."

"집사님, 다시 한번 말씀드리지만 해브마이어 일당이 주식을 사고 있어요!"

"해브마이어가 자네한테 그렇게 말하던가?" 집사가 나직하게 물었다.

"그건 아니에요! 그 사람은 누구한테 무슨 얘길 할 사람이 절대 아니지요. 눈 한 번 깜박하면 단짝 친구가 돈을 벌 수 있어도 꿈쩍도 안 할 사람이죠. 동전 한 닢 안 보태줄 거라고요. 하지만 제 말은 사실이에요."

"이봐, 흥분하지 말게." 노인이 손을 들어 시세 테이프를 살폈다.

정보를 물어온 사내가 씁쓸하게 말했다. "집사님이 제 기대와 반대로 행동하실 줄 알았더라면 집사님의 시간도, 제 시간도 낭비하지 않았을 겁니다. 그래도 집사님이 끔찍한 손해를 보고 주식을 환매하시면 마음이 아플 것 같아요. 집사님이 참 안됐어요. 진심이에요! 전

제 정보대로 움직여야 하니 이만 자리를 떠도 괜찮다면 나가볼게요."

"나도 자네가 준 정보에 맞춰 움직이는 거라네. 난 내가 시장을 조금은 안다고 생각해. 자네나 자네 친구 해브마이어만큼은 아니지만 말이야. 자네가 가지고 온 정보에 따르면 이렇게 행동하는 게 맞아. 내가 경험을 통해 배운 바로는 그렇다네. 나는 배운 대로 행동하고 있는 거야. 나처럼 월가에서 오래 풍파에 시달리다 보면 자기 처지를 딱하게 여겨주는 사람이 그렇게 고마울 수 없어. 그나저나 이봐, 서운해하지 말라고."

사내는 식견과 담력에 반해 노인을 존경해왔지만 이번에는 그저 노인을 빤히 쳐다보기만 할 뿐이었다. 사환이 다시 와서 집사에게 내역서를 건넸다. 내역서를 본 집사는 이렇게 말했다.

"이제 제당 3만 주를 사라고 하게. 3만일세!"

사환은 서둘러 가버렸다. 정보원은 늙은 여우를 바라보며 툴툴거렸다. 집사가 상냥하게 설명했다.

"여보게. 자네가 들은 대로 말했다는 것을 의심하는 건 아니야. 하지만 자네가 해브마이어에게 직접 들은 이야기라 해도 난 그렇게 행동했을 걸세. 자네는 해브마이어 일당이 주식을 쓸어 담는다고 했지. 누군가 주식을 매집하는지 알아낼 수 있는 방법은 단 하나뿐이야. 바로 내가 했던 대로 하면 된다네. 처음에 내놓은 1만 주는 술술 팔려나갔지. 그래도 그것만으론 판단할 수 없어. 그런데 두 번째로 1만 주를 공매도하자 시장의 오름세가 유지되면서 몽땅 사들였지. 누군가가 2만 주를 가져갔는데, 팔려 나가는 모양새를 보면 내놓은 주식을 모조리 사 모은다는 걸 알 수 있지. 이 시점에 그 사람이 누군지는 그다지 중요하지 않아. 그래서 공매도한 2만 주를 환매하고 1만 주를 더 매수했다네. 자네 정보가 어느 정도는 훌륭했다고 생각해."

"어느 정도 값어치가 있을까요?" 정보원이 물었다.

"내가 1만 주 매수한 평균 단가로 500주를 주겠네." 노인이 말했다. "수고했어. 그리고 다음엔 좀 침착하게나."

정보원이 말했다. "저, 집사님, 파실 때 제 것도 같이 팔아주실래요? 전 헛똑똑이였어요."

이런 원리다. 이런 이유로 나는 절대 싸다고 해서 주식을 사지 않는다. 물론 시장에서 내가 처한 상황에 도움이 되게 항상 효율적으로 사려고 노력한다. 주식을 파는 문제는 단순하다. 내 주식을 원하는 사람이 없으면 누구도 팔 수 없다.

대규모로 매매한다면 항상 이런 점을 염두에 두어야 한다. 예를 들어, 어떤 사람이 시장 여건을 연구하고 신중하게 매매 계획을 짠 다음에 행동을 시작한다. 그는 제법 많은 주식을 굴리고 수익도 꽤 냈다. 물론 장부상 수익이다. 하지만 팔고 싶다고 해도 마음대로 팔 수는 없다. 같은 종목이라도 물량이 5만 주나 되면 시장이 100주처럼 쉽게 사들이지 않는다. 주식을 가져갈 시장이 생길 때까지 기다려야 한다. 그러다 필요한 만큼 구매력이 생겨났다고 판단되는 순간이 온다. 기회가 오면 붙잡아야 한다. 그런 순간이 올 때까지 기다려야 한다. 주식은 팔고 싶을 때 팔 수 있는 상품이 아니라 팔 수 있을 때 파는 상품이다. 그때가 언제인지 알려면 지켜보고 시험해야 한다.

내가 던진 걸 시장이 언제 가져갈지 어떻게 알 수 있을까? 대단한 기술은 아니다. 처음 움직일 때, 시장의 조건이 딱 떨어진다는 확신이 없는데 판돈을 전부 거는 건 현명하지 않다. 이 점을 명심하라. 매수를 시작하기에 너무 비싼 주식도, 매도를 시작하기에 너무 싼 주식도 없다. 하지만 최초 거래에서 수익이 나지 않으면 두 번째 거래는 하지 마라. 두고 봐야 한다. 이런 경우에는 시세 테이프를 다시 살펴봐야 한다. 행동에 착수할 적절한 시점을 판단하려면 시세 테이프 판독 능력이 있어야 한다. 적절한 시점을 정확히 짚어내는 역량에 따라 많은 것이 좌우된다. 내 경우, 착수 시점의 중요성을 깨닫기까지 몇 년이 걸렸다. 수십만 달러를 날리고서야 이를 깨달았다.

물량을 차곡차곡 늘려 나가는 피라미딩 기법*을 고집하라는 말이 아니다. 물론 피라미딩 기법으로 물량을 점차 늘리면 수익이 늘어날 수도 있다. 그렇긴 하지만 핵심은 500주를 살 자금력이 있다고 가정할 때 한꺼번에 몽땅 걸지 말라는 것이다. 만약 투기하고 있다면 말이다. 만약 도박하고 있다면, 내가 줄 수 있는 충고는 이것밖에 없다. 노름판에서 손 씻어라!

---

* 제시 리버모어의 매매 기법으로, 밑천의 일부분만 매매한 뒤 첫 거래로 수익이 나면 조금 더 매매해서 물량을 축적한다. 분할매수와 비슷해 보이지만 첫 거래에서 수익이 나야 계속 같은 방향으로 매매한다는 점이 핵심이다.

처음에 100주를 샀는데 손해를 봤다고 하자. 왜 수고스럽게 주식을 더 산단 말인가? 자신이 틀렸다는 걸 즉시 알아차려야 한다. 잠시 일지언정 틀렸다는 사실을 말이다.

게임에서 이기는 법

1906년 여름 새러토가에서 유니언 퍼시픽 때문에 홍역을 치른 후로는 남들이 하는 말이나 비밀 정보에 흔들리지 않게 되었다. 아무리 유능하고 친한 사람이라도 남이 어떻다고 하는 의견이나 추측, 감에 휘둘리지 않게 됐다. 이런저런 우여곡절을 거치면서 주변에 나만큼 정확하게 시세 테이프를 읽는 사람이 없다는 사실을 깨달았다. 결코 자만에 빠진 게 아니다. 또한 편견에서 완전히 자유롭다는 점에서 하딩 브러더스에 드나드는 그저 그런 고객들보다는 제대로 대비된 셈이었다.

이제는 강세론에 약세론보다 더 끌리지도, 약세론에 강세론보다 더 끌리지도 않는다. 확고부동한 신념이 하나 있다면 틀리면 안 된다는 것뿐이다. 어렸을 때도 나는 언제나 내가 관찰한 사실을 통해 나만의 의미를 도출해내려고 애썼다. 내 눈으로 사실을 관찰한 다음 스스로 의미를 파악했다. 남이 어떤 의미라고 일러준다고 해서 거기 부화뇌동하지 않았다. 내가 관찰한 사실인가 여부가 가장 중요했다.

단언할 수 있다. 만약 내가 뭔가를 믿는다면 누가 믿으라고 해서가 아니라 그냥 믿어야 하기 때문이다. 내가 주식을 매수한다면 상황을 살펴보니 상승세에 돈을 걸 수밖에 없기 때문이다. 그런데 똑똑하다는 말을 듣거나 스스로 똑똑하다고 자부하는 많은 사람들이 오로지 자기들이 주식을 보유하고 있다는 이유로 강세론을 고수한다. 나는 어떤 주식을 보유하고 있다고 해서, 혹은 어떤 주식을 유달리 좋아한다고 해서 해당 종목이 강세를 보일 거라 주장하지 않는다. 나는 결코 시세 테이프에 반기를 들지 않는다. 시장이 예상치 못하게 혹은 심지어 합당한 이유도 없이 불리하게 돌아간다고 해서 시장에 대고 화를 낼 순 없는 법이다. 그건 폐렴에 걸렸다고 폐에다 화를 내는 것과 진배없다.

주식에 투자하려면 시세 테이프를 판독하는 것 외에 다른 요소들도 많이 고려해야 한다. 패트리지는 상승장에서는 강세론을 고수하는 게 중요하다고 고집했는데, 내가 다른 요인보다 시장 상황이 어떤지 먼저 심사숙고해봐야 한다고 뇌리에 새기게 된 건 분명 이 노인 덕분이다. 그리고 큰돈을 벌려면 반드시 대세를 타야 한다는 것도 알게 됐다. 애초에 대세를 촉발한 원동력이 무엇이든, 대세가 쭉 계속된다는 건 투자조합의 주가조작이나 금융업자들의 농간 때문이 아니라 시장의 기저 여건들 때문이다. 추세를 거스르려는 세력이 누구든, 밀어붙이는 힘이 남아 있는 한 추세는 최대한 멀리, 최대한 빨리, 최대한 길게 뻗어간다. 이건 피할 수 없다.

새러토가 사건 이후 나는 전체 종목이 대세에 따라 움직이므로 이런저런 개별 주식의 움직임이나 행동을 연구할 필요가 생각만큼 크지 않다는 걸 더 분명히 이해하게 됐다. 아니, 생각이 더 무르익었다고 하는 게 나을 것이다. 게다가 추세를 파악하면 매매 물량에 제한을 받지 않는다. 그러니까 상장된 종목을 몽땅 사거나 팔 수도 있다. 어떤 종목은 전체 발행 주식의 일정 비율 이상을 공매도하면 위태롭기 때문에 그 주식을 누가 어디에서 얼마나 보유하고 있느냐에 따라 물량을 결정해야 한다. 하지만 전체 종목에서 골고루 골라 100만 주를 공매도할 수는 있다. 물론 그럴 돈이 있다면 말이다.

아무튼 이렇게 공매도하면 주가가 상승할 때 심각한 자금난에 시달리지 않아도 된다. 공매도 물량을 보유한 사람들은 주식 매점 사태나 주가 상승으로 인해 자금난을 겪게 될까 봐 두려워하는데, 예전엔 내부자들이 걸핏하면 교묘하게 이런 두려움을 조장해서 공매도 세력을 벗겨 먹으면서 떼돈을 벌곤 했다.

우리가 할 일은 상승장이면 상승론을 견지하고, 하락장이면 하락론을 견지하는 것이다. 뻔한 소리, 하나 마나 한 소리 아닌가? 하지만 이 대전제를 확실히 알고 있어야 이 원리를 실행에 옮기려면 어떻게 해야 할지 이해할 수 있다. 이 원리를 실행에 옮기려면 시장이 어떻게 흘러갈 개연성이 높은지 예측할 수 있어야 한다.

나 역시 이처럼 대세에 따라 매매하는 법을 배우기까지 오랜 시간이 걸렸다. 변명하자면 예전에는 그런 식으로 투기할 만큼 밑천이 많지 않았다. 시장의 큰 흐름에 따라 돈을 걸면 큰돈을 벌 수 있는데, 단 보유 물량이 많아야 한다. 그리고 큰 물량을 굴리려면 증권사에 잔고가 두둑해야 한다.

나는 주식으로 하루하루 벌어먹었다. 아니, 그래야 한다고 생각했다. 그런데 대세를 따라 매매하면 수익은 높지만 진척이 더디다. 판돈이 넉넉해야 하는데 밥벌이에 골몰하느라 큰 밑천을 마련하기가 힘들었다. 하지만 자신감도 생겼고 증권사도 이제는 나를 어쩌다 한 번씩 '땡 잡는' 꼬마 도박사라고 생각하지 않았다. 증권사는 나 덕분에 수수료를 많이 벌었고, 이제 난 특급 고객으로 꼽힐 만큼 실제 거래량을 넘어서는 값어치가 있었다. 돈을 벌어주는 고객은 어떤 증권사에서나 귀하신 몸인 법이다.

시세 테이프를 연구하는 것만으로 만족할 수 없게 되자 특정 종목의 하루하루 등락에 골몰하지 않고 다른 각도에서 주식판을 연구하기 시작했다. 가격 등락만 보다가 이제는 시세를 형성하는 제1원칙들, 즉 주식시장의 밑바탕에 깔려 있는 조건들을 살피게 된 것이다.

물론 그동안에도 매일같이 주식 정보지를 분석하긴 했다. 트레이더라면 누구나 하는 일이다. 그런데 정보지에 실린 내용은 대부분 항간에 떠도는 소문에 불과하다. 일부는 일부러 지어낸 거짓말이고, 나머지는 그저 사견일 뿐이다. 평판이 괜찮은 주간 평론지에서 시장 기저의 조건들을 다룰 때도 있었지만 흡족하진 않았다. 금융 담당 편집자들의 관점은 대체로 내 관점과 달랐다. 편집자들이야 사실을 수집하고 사실에서 결론을 도출하는 과정이 절박하지 않겠지만, 나한테는 그런 과정이 정말 중요했다. 또한 시간이라는 요소에 대한 평가에도 엄청난 괴리가 있었다. 편집자들한테는 지나간 한 주에 대한 분석이 중요하지만 나한테는 앞으로 다가올 날들에 대한 예측이 더 중요했다.

나이는 어리지, 경험은 일천하지, 돈은 얼마 없지, 이런 악조건을 다 가지고 있었기에 나는 오랫동안 시장의 제물이 될 수밖에 없었다. 하지만 이제는 뭔가를 최초로 발견한 사람처럼 기세등등했다. 판을 읽는 눈이 달라지자 뉴욕에서 한몫 잡으려다 거듭 실패한 이유를 알 수 있었다. 자금도 경험도 충분하고 자신감도 얻었으니 새 열쇠로 얼른 성공이라는 문을 따고 싶어 마음이 급해졌다. 그런데 너무 서두르느라 문에 자물쇠가 또 있다는 걸 알아차리지 못했다. 자물쇠의 정체는 시간이었다. 지극히 자연스러운 실수였다. 그리고 늘 그렇듯 수업료를 내야 했다. 한 걸음씩 전진할 때마다 톡톡히 치러야 하는 수업료 말이다.

1906년 경제 상황을 연구해보니 자금 시장의 사정이 유달리 심각했다. 전 세계에서 어마어마한 실질자산이 공중으로 날아갔다. 조만간 누구 할 것 없이 위기감을 느낄 것이고, 따라서 그 누구도 남을 도울 처지가 되지 못할 것이 분명했다. 1만 달러짜리 집을 8000달러짜리 경주마 몇 마리와 맞바꾼다면 고생은 좀 하겠지만, 앞으로 닥칠

고난은 거기에 비할 바가 아니다 싶었다. 화재로 집이 홀랑 타버리고 철도 사고로 경주마들이 죽어 나가거나 다치는 그런 고난이리라. 보어전쟁Boer War*으로 인해 포연과 함께 엄청난 현금이 사라졌고, 남아프리카에 주둔한 군인들에게 식량을 조달하기 위해 수백만 달러를 써야만 했다. 생산 활동을 하는 것도 아닌 군인들에게 거금이 들어갔으므로 예전처럼 영국 투자자들의 도움을 기대할 수도 없었다. 게다가 샌프란시스코 지진, 화재 등 각종 재난으로 제조업자, 농부, 상인, 노동자, 백만장자 할 것 없이 다 피해를 입었다. 철도 회사들도 직격탄을 맞았다. 어떤 것도 파멸을 피해갈 수 없었다. 이런 상황에서 할 수 있는 건 하나뿐이다. 주식을 팔아야 했다!

아까도 얘기했지만 어느 쪽으로 매매할지 결정한 뒤 첫 거래는 대체로 수익이 났다. 그래서 이제는 큰돈을 걸고 공매도에 나섰다. 약세장에 접어들 것임은 의심할 여지가 없었으므로 여태까지 만져보지 못한 큰돈을 만질 수 있게 될 거라고 확신했다.

그런데 시장이 폭락하는가 싶더니 다시 회복했다. 그러다 서서히 상승분을 반납하더니 다시 꾸준히 오르기 시작했다. 평가수익은 날아가고 평가손실은 불어났다. 시장이 엄중한 약세장이라고 말할 사람이 조만간 한 명도 남지 않을 것 같았다. 더 이상 버틸 수 없어서 환매했다. 만약 환매하지 않았더라면 피죽 한 그릇 살 돈도 남지 않았

---

* 보어전쟁(1899~1902). 네덜란드인이 세운 남아프리카 트란스발공화국에서 발견된 금광을 두고 네덜란드군과 영국군이 2년 8개월여에 걸쳐 벌인 전쟁이다.

을 테니 잘한 일이었다. 그래도 아주 끝장나버리는 것보단 어떻게든 살아서 권토중래를 다짐하는 게 나으니 말이다.

실수였다. 도대체 어디서 실수한 걸까? 약세장에서 하락에 베팅한 건 현명했다. 주식을 공매도한 것도 적절했다. 그런데 너무 빨리 공매도했다. 조급하게 행동한 대가는 컸다. 매매 방향은 맞았지만 게임하는 방식이 잘못됐던 것이다. 시장은 나날이 뛰기만 했다. 계속 이런 움직임을 보인다면 나로선 파국을 맞을 수밖에 없기에 기다렸다가 상승세가 주춤하기 시작하자 쪼그라든 증거금으로 가능한 한 많은 물량을 공매도했다. 증거금이 얼마 없는 게 안타까울 뿐이었다. 이번에는 제대로 맞혔다. 하지만 정확히 딱 하루 동안이었다. 이튿날 시장은 또 반등했다. 또 왕창 뜯겼다! 나는 시세 테이프를 읽고 그에 따라 환매했다. 그리고 기다렸다가 적당하다 싶을 때 다시 공매도했다. 시장은 쭉쭉 빠지는가 싶더니 역시나 또 불쑥 반등했다.

마치 예전에 사설 중개소에서 거래하던 단순한 방식으로 돌아가게 하려고 시장이 기를 쓰는 것 같았다. 한두 종목만 살피지 않고 시장 전반을 아우르면서 앞으로 시장이 나아갈 방향에 따라 계획을 확실히 세워서 매매한 건 그때가 처음이었다. 끝까지 버티면 반드시 성공할 것이라 생각했다. 물론 당시엔 제대로 된 매매 시스템을 갖추지 못한 상태였다. 만약 시스템이 있었더라면 앞서 설명한 것처럼 시장이 하락할 때 시험 매매를 통해 공매도 물량을 차츰 늘렸을 것이다. 그랬더라면 증거금을 그렇게 많이 날리지 않았을 것이다. 더구나 예측이 틀렸더라도 타격이 크지 않았을 것이다. 짐작하다시피, 구체적인 사실을 하나하나 관찰하긴 했지만 사실들을 아우르는 법을 배우진 못했다. 이처럼 어설픈 관찰은 도움은커녕 방해가 된다.

내가 저지른 실수를 연구하는 것은 언제나 유익하다. 연구 끝에 얻은 결론은 어쨌든 약세장에서는 공매도 포지션을 유지하는 게 좋지만 항상 시세 테이프를 읽고 최적의 타이밍을 찾아내야 한다는 것이었다. 첫 타이밍을 제대로 잡으면 수익 포지션이 심각하게 타격받는 일이 없고, 진득하게 버티는 데도 문제가 없다. 물론 요즘엔 관찰할 때 내 개인적인 희망이나 취향이 전혀 개입되지 않으므로 관찰의 정확성을 더욱 확신할 수 있다. 사실을 검증하는 솜씨뿐만 아니라 내 견해가 정확한지 요모조모 시험하는 역량도 늘었다. 하여튼 1906년에 주가가 연달아 상승하면서 증거금이 간당간당한 지경이 됐다.

나는 스물일곱 살이 됐다. 이 게임에 손을 댄 지는 12년째가 됐다. 아직 위기가 닥치지도 않았는데 앞질러 공매도한 건 그때가 처음이었는데, 내가 그동안 망원경으로 당겨 보듯 시장을 봐왔다는 것을 비로소 깨닫게 됐다. 먹구름이 몰려오는 걸 처음 얼핏 봤을 때와 시세가 폭락해서 현찰로 바꾸는 시점 사이의 시차가 생각보다 너무 길었다. 그렇다 보니 분명히 먹구름을 봤다고 생각했지만 혹시 헛것을 본 건 아닌지 미심쩍어지기도 했다. 경고 신호가 쏟아졌고 콜금리는 유례없이 치솟았다. 하지만 금융업계 거물들은 신문기자 앞이긴 해도 아직 낙관론을 피력했고, 주식시장도 이에 호응하듯 뒤이어 상승했다. 시장은 폭락을 예상하는 사람들을 틀렸다고 꾸짖었다. 그렇다면 하락에 돈을 건 게 근본적으로 잘못된 것일까, 아니면 너무 빨리 공매도한 걸까? 그러니까 일정 기간에 대해서만 잘못된 걸까? 나는 내가 너무 일찍 공매도한 거라고 결론을 내렸다. 하지만 어쩔수 없었다. 갑자기 시장이 하락하기에 기회를 놓칠 수 없어서 최대한 공매도했다. 그런데 주가가 다시 큰 폭으로 반등하고 말았다. 주가가 반등하자 계좌는 깡통이 되고 말았다. 제대로 예측하고도 알거지가 되다니! 정말 놀라웠다.

자초지종은 이렇다. 앞을 내다보니 달러가 무더기로 쌓여 있었다. 무더기 위로 팻말이 솟아 있는데 커다란 글씨로 이렇게 적혀 있었다. '마음껏 가져가세요.' 그 옆에는 페인트로 '로렌스 리빙스턴 트럭 운송'이라고 칠해진 수레가 있었다. 내 손에는 한 번도 쓰지 않은 새 삽이 들려 있었다. 주위에 아무도 보이지 않는 것을 보니 당연히 경쟁자도 없는 듯했다. 남들보다 먼저 "심봤다"고 외치는 묘미가 이런 것 아닌가. 다른 사람들도 멈춰 서서 둘러봤다면 돈 무더기를 봤겠지만 다들 야구 보고, 운전하고, 집 사느라 안 보이는 모양이었다. 그렇게 큰돈을 눈앞에서 본 건 처음이니 당연히 나는 돈더미를 향해 내달렸다. 그런데 돈더미까지 가기도 전에 역풍이 불어 땅에 나동그라졌다. 돈더미는 그대로 있었지만, 삽은 잃어버렸고 수레는 온데간데없었다. 허겁지겁 내달린 대가치고는 너무 혹독했다! 내가 본 게 신기루가 아니라 진짜 돈이라는 걸 증명하고 싶어서 조급증을 낸 탓이었다. 분명

똑똑히 봤고 제정신이었다. 탁월한 시력으로 돈더미를 봤으니 꼭 보상을 받고야 말겠다는 마음에 돈더미까지의 거리를 미처 생각하지 못하고 덤볐다. 냅다 달릴 게 아니라 뚜벅뚜벅 걸어갔어야 했다.

어쨌든 여차여차 그렇게 됐다. 잠시 기다리면서 하락에 크게 베팅하기에 적절한 타이밍인지 판단했어야 하는데 그러지 못했다. 시세 테이프를 판독해서 도움을 얻어야 했지만, 그것도 하지 않았다. 이 일을 계기로 깨달았다. 비록 약세장의 초입에서 판세를 제대로 보고 하락에 돈을 걸었더라도 상승 화력이 완전히 꺼질 때까지는 대량 공매도를 시작하지 않는 게 좋다.

하딩 브러더스에서 몇 년 동안 수많은 주식을 거래했고 증권사도 나를 신뢰했기 때문에 나와 하딩 브러더스는 더할 나위 없이 좋은 관계를 유지하고 있었다. 증권사 사람들은 내가 곧 다시 시장을 제대로 예측할 테고, 기회를 잡으면 밀어붙이는 성격이니 시작만 하면 손실을 만회하고도 남으리라고 생각했다. 증권사에선 그동안 나와 거래해서 돈을 꽤 벌었고 앞으로 더 많은 돈을 벌 거라고 생각했다. 따라서 내 신용이 떨어지지 않는 한 거기서 다시 거래하는 건 문제가 없었다.

하지만 연거푸 얻어맞자 다시 자신만만하게 덤빌 엄두가 안 났다. 덤볐다가 박살 날 수 있다는 걸 알았으니 그전만큼 덤벙대지 않았다는 게 맞겠다. 내가 할 수 있는 건 정신을 바짝 차리고 기다리는 일뿐이었다. 무턱대고 큰돈을 걸기 전에 이렇게 했어야만 했다. 다행히

소 잃고 외양간 고치는 그런 경우는 아니었다. 그냥 다음에 매매할 때 더 야무지게 하면 됐다. 실수하지 않는 사람이 있다면 한 달 만에 천하를 손아귀에 넣을 수도 있을 것이다. 그러나 실수에서 배우는 게 없다면 이런 행운을 누릴 자격이 없다.

그건 그렇고, 어느 화창한 아침 나는 다시 한번 의기양양하게 시내로 나갔다. 이번에는 미심쩍은 구석이 눈곱만큼도 없었다. 신문 경제면마다 어떤 광고가 실렸는데, 마치 계시를 받은 것만 같았다. 큰 돈을 걸기 전에는 이런 느낌을 받은 적이 없었다. 다름 아니라 노던 퍼시픽과 그레이트 노던 로드가 신주를 발행한다는 광고였다. 주주들의 편의를 위해 돈은 분할해 납부하도록 되어 있었다. 이런 배려는 월가에선 처음이었다. 여간 불길하지 않다는 생각이 퍼뜩 들었다. 그레이트 노던 우선주에 특별 배당금을 지급한다는 발표가 있을 때면 주가는 어김없이 뛰었다. 말하자면 상승에 돈을 걸 검증된 기회였다. 특별 배당이란 주주들에게 액면가에 그레이트 노던 신주를 청약할 권리를 주는 것이다. 주주들로선 놓칠 수 없는 행운이었다. 시세가 언제나 액면가를 훨씬 웃돌았기 때문에 신주 청약 권리는 충분히 값어치가 있었다. 그러나 금융 시장의 사정을 보면 시세보다 싸더라도 주주들에게 청약할 돈이 있을지 미국 굴지의 은행들조차 장담하기 어려운 상태였다. 게다가 그레이트 노던 우선주는 330달러 언저리에 팔리고 있었다!

나는 사무실에 도착하자마자 에드 하딩에게 말했다.

"지금이 팔 때예요. 공매도를 시작했어야 해요. 저 광고 좀 보세요, 네?"

하딩은 벌써 봤다고 했다. 나는 은행 관계자들이 광고를 통해 제 속사정을 실토한 것이나 다름없으니 지금이 팔 때라고 했지만, 하딩은 코앞까지 닥친 시세 폭락 조짐을 알아채지 못했다. 하딩은 시장이 걸핏하면 큰 폭으로 상승한다면서 대량 공매도하기 전에 기다리는 게 좋겠다고 했다. 기다리면 주가가 더 떨어질 수도 있지만, 그 편이 더 안전하다고도 했다. 내 대답은 이랬다.

"에드, 주가 하락이 시작되는 시점이 늦어질수록 일단 시작되면 하락폭은 커질 겁니다. 이 광고는 은행 측이 자백하고 도장을 쾅 찍은 거나 다름없어요. 은행은 주가 하락을 두려워하고 있어요. 그게 제가 바라는 거죠. 이건 매도세에 합류하라는 신호예요. 행동에 나서기엔 이것만으로도 충분합니다. 나한테 1000만 달러가 있다면 지금 당장 한 푼도 안 남기고 몽땅 걸겠어요."

하딩을 붙잡고 한동안 더 실랑이를 벌였다. 제정신이라면 흥미로운 그 광고에서 끌어낼 수 있는 결론은 하나밖에 없었지만 하딩에게는 광고만으로는 부족한 모양이었다. 난 그것으로 충분했지만, 증권사 사람들은 대부분 의견이 달랐다. 결국 아주 조금만 공매도했다. 간에 기별도 가지 않았다.

며칠 후 세인트폴에서 황송하게도 유가증권을 발행하겠다고 발표했다. 주식인지 채권인지는 정확히 기억나지 않지만 그건 중요하지 않다. 중요한 건 따로 있다. 그 기사를 읽는 순간 퍼뜩 눈에 띈 게 있었다. 바로 대금 납기일이었다. 앞서 신주 발행 광고를 낸 그레이트 노던, 노던 퍼시픽보다 빨랐다. 이건 마치 확성기에 대고 외치는 거나 다름없었다. 거목 세인트폴이 월가에 돌아다니는 얼마 안 되는 돈을 두 철도 회사를 제치고 먼저 채가겠다고 나선 것이다. 세인트폴의 거래 은행들은 시중에 세 회사 모두에 돌아갈 자금이 없다는 걸 알았기에 형님 먼저! 아우 먼저! 양보할 계제가 아니었다. 시중에 벌써 그 정도로 돈줄이 말랐다면 은행에서도 알고 있을 게 분명했다.

그렇다면 다음 수순은? 철도 회사들은 돈이 절실히 필요했다. 그런데 시중에는 돈이 없다. 정답은? 주식을 팔아야 한다! 두말하면 잔소리! 주식시장에 시선이 고정돼 있는 어중이떠중이들은 일주일 앞밖에 보지 못했다. 하지만 현명한 주식 투자자들은 한 해 전체를 조망하면서 훨씬 많은 것들을 살폈다. 바로 이게 다른 점이다. 이것으로 의심도, 망설임도 싹 가셨다. 나는 즉시 최종 결단을 내렸다. 그리고 그날 아침 처음으로 새로 정한 노선에 따라 작전에 돌입했다. 이후 쭉 이 노선을 견지했다. 아무튼 하딩에게는 내가 무슨 생각인지 어떤 의견인지 말했다. 그레이트 노던 우선주를 330달러 정도에 공매도하고 다른 주식들도 비싼 가격에 공매도하겠다고 말하자 하딩도 반대하지 않았다. 이전에 실수하면서 돈을 많이 날린 덕분에 이번에는 좀 더 지혜롭게 거래할 수 있었다.

결과적으로, 나는 명성과 신용을 한 방에 회복했다. 우연이든 실력이든 예측이 적중하면 증권사의 대접이 달라진다. 맞히는 재미가 쏠쏠했다. 게다가 이번에는 냉정하게 판단해서 맞혔다. 육감이나 시세 테이프 판독에 따른 게 아니라 주식시장 전반에 영향을 미치는 여건들을 분석한 결과였다. 추측으로 알아맞힌 게 아니라 어차피 일어날 수밖에 없는 일이 뭔지 내다보고 맞힌 것이다. 주식을 파는 데 용기를 낼 필요는 없었다. 그저 주가가 떨어질 게 뻔히 보이니 거기에 따라 행동할 수밖에 없었을 뿐이다. 그렇지 않은가? 달리 어쩌겠는가?

시장은 곤죽처럼 축 처져선 곧 침체 상태에 돌입했다. 그런데 곧 시장이 반짝 상승하기 시작하자 사람들이 나한테 와서는 하락세는 이제 끝이라고 경고했다. 차주잔고*가 어마어마하다는 사실을 아는 큰손들이 매도세의 고혈을 짜낼 거라는 둥, 그렇게 되면 비관론자들은 수백만 달러를 날릴 거라는 둥, 큰손들은 자비 따위 베풀지 않을 거라는 둥 말이 많았다. 나는 친절하게 충고해주는 사람들에게 고맙다고 했다. 왈가왈부 언쟁조차 하지 않았다. 입씨름이라도 했다간 미리 조언해주는데 고맙게 여기지 않는다고 생각할 테니 말이다.

애틀랜틱시티에서 같이 지냈던 친구는 고뇌에 빠졌다. 친구는 샌프란시스코 지진 후 내 육감을 인정했다. 내가 현명하게도 충동에 굴복해 무작정 유니언 퍼시픽 주식을 팔아 25만 달러를 버는 모습을 보

---

* 공매도 물량 중 환매되지 않은 주식 수량.

며 친구 녀석은 알 수 없는 어떤 힘을 믿지 않을 수 없게 되었다고 했다. 심지어 자기는 오를 줄 알고 주식을 매수했는데 내가 공매도한 건 신비한 섭리가 작용한 결과라고도 얘기했다. 게다가 내가 새러토가에서 또 유니언 퍼시픽을 매매한 것도 친구는 이해할 수 있다고 했다. 왜냐하면 상승이든 하락이든 주가의 동향을 보고 해당 주식을 매매하는 건 충분히 납득할 수 있는 행동이기 때문이다. 그러나 내가 전 종목이 하락할 거라고 예측하자 친구는 분통을 터뜨렸다.

"이런 예측이 누구한테 무슨 도움이 된다는 거야? 도대체 어쩌라는 거야?"

패트리지가 입버릇처럼 했던 말이 떠올랐다. "알다시피 상승장이잖나." 현명한 사람이라면 이것만으로도 충분한 정보라는 듯 패트리지는 이 말만 되풀이했다. 맞는 말이다. 현명한 사람이라면 그걸로 충분하다. 매수했다가 15, 20포인트 하락해서 엄청난 손실을 보면서도 여전히 버티는 사람들이 겨우 3포인트 반등했다고 반색하며 시장이 바닥을 쳤고 이제 완전히 회복되리라고 확신하다니 참으로 모를 노릇이다.

어느 날 친구가 와서 물었다.

"환매했어?"

"내가 왜?"

"세상에서 가장 합당한 이유가 있잖아."

"그게 뭔데?"

"돈 벌어야지. 바닥을 쳤잖아. 내려간 건 반드시 올라오게 돼 있어. 아냐?"

"그거야 그렇지." 내가 대답했다. "그런데 먼저 바닥으로 가라앉아야 올라오지. 그러니까 당장 떠오르진 않을 거야. 이틀 정도 죽은 채 잠잠했으니까 지금은 송장들이 수면 위로 떠오를 때가 아니야. 아직 완전히 죽지도 않았거든."

어떤 노인이 내가 하는 말을 들은 모양이었다. 노인은 무슨 이야기를 듣든 항상 옛날 일을 떠올리는 그런 사람이었다. 노인은 이런 얘기를 들려줬다. 윌리엄 R. 트래버스가 하락에 돈을 걸었는데 어느 날 상승에 돈을 건 친구를 만났다. 시장이 어떻게 될지 의견을 나눈 뒤 친구가 이렇게 말했다. "트래버스, 시장이 이렇게 강세를 보이는데 어떻게 매도할 수 있나?" 트래버스는 이렇게 응수했다. "할 수 있지! 강세가 끝물이라 죽은 듯 뻣뻣하거든!" 트래버스가 어떤 회사 사무실에 가서 회계장부를 보여달라고 요청한 일도 있었다. 사원이 물었다. "이 회사 지분이 있으신가요?" 트래버스는 대답했다. "그렇다고 봐야지! 이 회사 주식 2만 주를 공매도했거든!"

아무튼 상승세는 점점 힘이 빠지고 있었다. 운때가 맞은 만큼 나는 끝까지 밀어붙였다. 그레이트 노던 우선주를 수천 주씩 공매도할 때마다 주가는 몇 포인트씩 하락했다. 다른 주식들에서도 약점을 발견하고 조금씩 공매도했다. 모든 주식이 약세에 굴복했지만 예외가 있었는데, 바로 레딩*이었다.

다른 종목들은 쭉쭉 미끄러지는데 레딩은 우뚝 솟은 채 꿈쩍도 하지 않았다. 모두 레딩 주식이 매집되고 있다고 말했다. 주가 움직임을 보면 확실히 그랬다. 다들 레딩을 공매도하는 건 명백한 자살 행위라고 했다. 이제 증권사엔 나처럼 전 종목이 약세를 보일 거라고 예상하는 사람들이 슬슬 생겨나기 시작했다. 그래도 누가 레딩을 파는 시늉이라도 하면 옆에서 극구 말렸다. 나는 전에 레딩을 조금 공매도해둔 게 있었는데 환매하지 않고 버티고 있었다. 동시에 비교적 보호막이 탄탄한 종목 대신 취약한 종목을 찾아 공략하는 작전도 당연히 선호했다. 이런 식으로 시세 테이프를 판독해서 다른 주식들로도 쉽게 돈을 벌 수 있었다.

투자조합에서 레딩 주가를 부풀리고 있다는 얘기도 많이 들렸다. 막대한 자금력을 갖춘 투자조합이라고 했다. 친구들 말에 따르면 무엇보다 투자조합은 싼값에 대량 사들이기 때문에 투자조합의 매수 평균 단가가 현재 시세보다 낮다고 했다. 투자조합의 핵심 인사들은 은행들과 끈끈한 관계를 유지하고 있었기 때문에 은행 돈을 끌어다 막대한 규모의 레딩 지분을 확보했다. 주가가 무너지지 않고 버티는 한, 투자조합과 금융업자들의 유대는 흔들리지 않았다. 한 인사는 평가수익만 300만 달러를 넘어섰다. 이 정도면 주가가 조금 하락해도

---

* 레딩 철도 회사(Philadelphia and Reading Railway)를 가리킨다.

치명상을 입을 리 없기 때문에 레딩은 매도세에도 굳건히 버텼다. 장내 거래원들이 주가를 보다가 입맛을 다시며 이따금씩 1000주, 2000주를 공매도해서 떠봤다. 그래도 투자조합에서 물량을 꽉 쥐고 한 주도 내놓지 않자 장내 거래원들은 환매하고 더 쉽게 돈을 딸 수 있는 다른 주식을 찾아 나섰다.

　나도 주가를 확인할 때마다 조금씩 더 팔았는데 새로운 매매 원칙에 충실하고 있다는 걸 스스로 납득할 수 있을 만큼만 팔았다. 레딩 주식을 특별히 편애해서 그런 건 아니다. 예전 같았으면 레딩의 위세에 속았을지도 모른다. 시세 테이프는 계속 "손대지 마!"라고 말했다. 하지만 이성이 하는 말은 달랐다. 시장 전반적으로 주가는 하락할 것이고, 투자조합이 붙은 주식이든 아니든 예외는 없다는 게 내 전망이었다.

　나는 언제나 단독으로 행동했다. 사설 중개소에서 매매할 때부터 쭉 그랬고, 늘 그런 마음가짐을 가지고 있었다. 보는 것도, 생각하는 것도 스스로 했다. 하지만 시장이 내 뜻대로 움직이기 시작하자 태어나서 처음으로 세상에서 가장 든든하고 충성스러운 동맹군이 생긴 기분이었다. 내 동맹군은 바로 기저 조건이었다. 시장의 밑바탕을 이루는 이 여건이 있는 힘껏 나를 돕고 있었다. 가끔은 예비군을 소집하느라 늦긴 했지만, 내가 너무 조급해하지만 않으면 충분히 믿을 만했다. 시세 테이프를 판독하는 솜씨나 육감보다는 승산을 믿었다. 일이 돌아가는 필연적인 논리가 나한테는 돈벌이가 됐다. 중요한 건 시장의 방향을 제대로 맞히고 그에 따라 행동하는 것이었다.

진정한 우방인 시장 상황이 내려가라고 했건만 레딩은 명령을 무시했다. 우롱당하는 느낌이었다. 레딩이 세상 평온하게 떡 버티고 있는 모습을 보니 슬슬 짜증이 났다. 전체 종목 중에 레딩이 공매도하기 가장 좋은 종목인 것은 틀림없었다. 왜냐하면 주가가 아직 떨어지지 않았고 투자조합이 물량을 많이 보유하고 있는데 자금 경색이 심해지면 더 이상 물량을 안고 갈 수 없기 때문이었다. 결국 언젠가 은행과 손잡은 세력도 아군 없는 군중보다 나을 게 없는 처지가 될 터. 그러면 레딩 주식도 다른 주식들을 따라 동반 하락할 게 분명했다. 만약 레딩 주가가 떨어지지 않는다면, 내 이론이 틀린 것이다. 나도, 내가 본 사실도, 논리도 전부 틀렸다는 얘기다.

내 짐작으로는 월가에서 레딩 주식을 공매도하는 것을 겁내기 때문에 주가가 버티는 듯했다. 그래서 어느 날 증권사 두 곳에서 동시에 4000주 매도 주문을 냈다. 매점 상태인 주식, 그래서 공매도하면 자살 행위라고들 하던 주식이었지만 팔자 주문이 쏟아지자 주가는 곤두박질쳤다. 혼자 보기 아까운 광경이었다. 나는 몇천 주를 더 시장에 던졌다. 내가 공매도를 시작할 때 주가는 111달러였는데, 몇 분 만에 주가는 또 떨어져 평균 92달러에 전체 물량을 공매도했다. 그다음은 순풍에 돛 단 듯했다. 1907년 2월이 되자 전부 환매하고 손을 털었다.

그레이트 노던 우선주는 60~70포인트 하락했고, 다른 종목들도 비슷한 비율로 하락했다. 나는 꽤 큰돈을 벌었지만 물량을 전부 청산했는데, 이유는 주가에 곧 다가올 장래의 하락분까지 이미 반영돼 있다고 판단했기 때문이다. 주가가 상당폭 회복되지 않을까 살폈지만 매수로 돌아서 수익을 볼 만한 상승세는 아닌 것으로 보였다. 약세로 판단한 입장을 완전히 철회하지 않을 심산이었다.

당분간 시장은 내가 거래하기에 적합하지 않을 듯했다. 사설 중개소에서 처음으로 1만 달러를 손에 넣었지만 시장 여건을 고려하지 않고 매일 시도 때도 없이 매매하다가 돈을 날렸는데 다시는 그런 실수를 하지 않을 작정이었다. 이것도 잊으면 안 된다. 얼마 전에는 너무 일찍 가격이 하락할 것으로 예측해 때가 무르익기도 전에 공매도하는 바람에 쪽박을 찼다. 이제 수익이 크게 났으니 현찰로 바꿔서 내가 옳았음을 만끽하고 싶었다. 저번에는 주가가 상승하는 바람에 깡통을 찼지만 이번에는 결코 똑같이 당하지 않으리라. 나는 훌훌 털고 플로리다로 갔다. 낚시를 좋아하기도 하지만 휴식이 필요했다. 플로리다로 가면 쉬면서 낚시도 즐길 수 있었다. 게다가 월가와 팜비치 사이에는 직통전화가 연결돼 있었다.

하루 동안 월가의 왕이 되다

배를 타고 플로리다 연안을 이리저리 누볐다. 낚시는 잘됐다. 이젠 가진 주식도 없겠다, 마음이 홀가분해서 즐겁게 지냈다. 어느 날 친구들이 모터보트를 타고 팜비치에 왔는데 한 친구가 신문을 가져왔다. 나는 한동안 신문을 보지 않았고 보고 싶지도 않았기에 어떤 뉴스가 있다고 해도 관심을 보이지 않았다. 그런데 친구가 요트로 가져온 신문을 어깨너머로 슬쩍 봤더니 시장이 10포인트 넘게 상승했다는 게 아닌가.

나는 친구들이 돌아갈 때 같이 가겠다고 말했다. 이따금 조금씩 오르는 건 그렇게 이상한 일이 아니다. 그런데 약세장이 아직 끝나지도 않았는데 월가, 어리숙한 군중, 매수하고 싶어 안달이 난 사람들이 자금 사정을 무시하고 주가를 터무니없이 끌어올리고, 또 남들도 그렇게 하도록 부추기고 있었다. 도저히 가만히 있을 수 없어서 시장을 살펴봤다. 어떻게 할지 아직 알 수 없었지만, 호가판을 꼭 보고 싶었다.

내가 거래를 튼 하딩 브러더스는 팜비치에도 지점이 있었다. 걸어 들어가자 아는 얼굴들이 많이 있었는데 대다수가 시장이 오를 거라 예상하고 있었다. 이들은 시세 테이프를 보고 단타로 매매했으므로 멀리까지 내다보려고 하지 않았다. 그럴 필요가 없기 때문이다. 내가 뉴욕 중개소에서 꼬마 도박사라는 별명을 얻게 된 이유를 알 것이다. 물론 사람들은 누가 돈을 땄다, 얼마를 굴렸다, 이런 얘기를 할 때 늘 부풀려서 말한다. 중개소 사람들은 내가 약세에 돈을 걸어서 한몫 챙겼다는 소식을 들은 터라 내가 다시 약세에 큰돈을 걸 거라고 예상했다. 앞으로 상승세에 거는 게 유리하다고 내심 생각하면서도 상승세와 맞서 싸우는 게 내 의무라도 되는 것처럼 생각했다.

내가 플로리다에 온 것은 낚시가 하고 싶었기 때문이었다. 그동안 스트레스가 쌓여서 이참에 좀 쉬는 게 좋을 것 같기도 했다. 그런데 주가 회복세가 어느 정도인지 보는 순간, 더 이상 휴가고 뭐고 생각할 수 없었다. 어떻게 하겠다고 미리 작정하고 뭍으로 올라온 건 아니었다. 하지만 뭍으로 올라오자마자 깨달았다. 주식을 팔아야 했다. 내가 옳다는 것을 예전 방식대로 증명해야 했다. 바로 돈으로 입증하는 것이다. 나는 전 종목을 공매도하는 것이 적절하고 신중한 행위이며 남는 장사라고 판단했고, 심지어 애국적인 행위라고 생각했다.

호가판에서 제일 먼저 눈에 띈 건 아나콘다였다. 아나콘다 주가는 막 300달러를 돌파하고 있었다. 그동안 착착 급등하고 있었으므로 주가를 끌어올리려는 세력이 매수 공세를 펴고 있는 게 틀림없었다.

주가가 처음으로 100달러나 200달러, 300달러를 돌파하면 여기서 멈추지 않고 상당폭 더 오른다는 게 내 지론이다. 그 선을 돌파하자마자 매수하면 십중팔구 수익이 난다. 소심한 사람들은 신고가에 주식을 사려고 하지 않는다. 하지만 나는 이런 움직임에 따라 매매해본 전력이 있었다.

아나콘다는 달랑 4분의 1짜리 주식이었다. 즉, 주식은 대체로 액면가가 100달러인데 아나콘다는 25달러밖에 되지 않았다. 액면가가 100달러인 다른 주식 100주와 맞먹으려면 아나콘다 주식 400주가 있어야 했다. 나는 아나콘다가 300달러를 돌파하면 계속 올라 삽시간에 340달러에 도달하리라 예상했다.

물론 시장을 약세로 보고 있었지만 내가 시세 테이프를 보면서 매매하는 사람이라는 점을 기억하기 바란다. 내 예상대로 된다면 아나콘다가 아주 빨리 움직일 게 분명했다. 어떤 주식이든 빨리 움직이면 항상 마음이 끌린다. 인내심을 갖고 진득하게 버티는 법을 배웠지만, 성격상 나는 민첩하게 움직이는 주식을 선호했다. 아나콘다는 확실히 굼뜨지 않았다. 아나콘다가 300달러를 돌파하자 나는 즉시 매수에 나섰다. 언제나 내 마음속에서 불타는 열망, 즉 내 예측이 맞는지 확인하고 싶었기 때문이다.

당시 시세 테이프는 매수세가 매도세보다 강하므로 전체 시장의 상승세가 조금 더 이어질 것이라 말하고 있었다. 따라서 조금 기다렸다가 공매도하는 게 현명할 듯했다. 그래도 기다리는 대가는 있어야 하니 아나콘다에서 30포인트만 먹고 잽싸게 빠지기로 했다. 전체 시장은 약세를 보일 것으로 전망하면서 그 한 종목만 상승세를 보인다는 데 돈을 걸었다! 이리하여 아나콘다 주식 3만 2000주를 사들였다. 다른 주식이라면 8000주를 산 셈이었다. 소소한 모험이지만 내 가설을 확신했고 여기서 수익을 얻으면 나중에 약세장에서 움직일 증거금을 불리는 데 도움이 되겠지 하는 심산이었다.

이튿날, 폭풍우가 북상해서 그랬는지 아니면 다른 이유가 있었는지 아무튼 전신이 불통이 되고 말았다. 나는 하딩 브러더스에서 소식을 기다리고 있었다. 매매가 막히면 으레 그렇듯이 사람들은 툴툴대면서 이러쿵저러쿵 온갖 상상을 하고 있었다. 드디어 주가가 하나 들어왔다. 그날 들어온 주가는 이것 하나뿐이었다. 아나콘다, 292달러.

내 옆에는 중개인이 있었는데, 뉴욕에서 만난 적 있는 사람이었다. 이 사람은 내가 액면가 100달러짜리 주식으로 치면 8000주나 매수했다는 걸 알고 있었다. 내 짐작으로는 이 사람도 아나콘다 주식을 갖고 있는 것 같았다. 주가를 받자마자 새파랗게 질렸기 때문이다. 그는 주가가 바로 10포인트 더 떨어질지도 모른다며 애를 태웠다. 아나콘다가 그동안 오른 양상을 보면 20포인트 정도 조정받는 것은 전혀 이상하지 않은 일이었다. 나는 중개인을 달랬다.

"걱정하지 마, 존. 내일이면 괜찮을 걸세."

진심이었다. 하지만 존은 날 보며 고개를 저었다. 존은 바보가 아니었다. 그는 세상 물정을 잘 알았다. 나는 그냥 웃으며 혹시 주가가 또 들어올까 싶어 기다렸다. 하지만 주가는 다시 들어오지 않았다. 아나콘다 292달러가 전부였다. 평가손실이 10만 달러에 가깝다는 의미였다. 주가가 기민하게 움직이길 바랐는데, 쩝. 빠르긴 빨랐다. 방향이 달라서 그렇지.

다음 날 전신이 복구되자 평상시처럼 주가가 들어왔다. 아나콘다는 시가 298달러로 출발해 302.75달러까지 올랐지만 금세 빠지기 시작했다. 다른 종목들도 제대로 된 상승세를 보이지 않았다. 아나콘다가 301달러로 돌아간다면 지금까지의 움직임은 전부 속임수로 간주하리라 마음먹었다. 본격적인 상승세라면 주가가 멈추지 않고 310달러까지 쭉 올라야 했다. 주가가 반락한다면 선례를 믿은 내가 믿는 도끼에 발등을 찍혔다는 의미였다. 한 사람이 틀렸을 때 할 수 있는 유일한 일은 잘못된 행동을 멈추고 옳은 길로 들어서는 것이다. 30, 40포인트 오르리라 예상하고 액면가 100달러 주식으로 환산하면 8000주를 사들였다. 물론 이런 실수가 처음도 아니고, 당연히 마지막 실수도 아닐 것이다.

아니나 다를까 아나콘다는 다시 301달러로 떨어졌다. 아나콘다가 301달러를 건드리자마자 나는 뉴욕 중개소와 직통회선으로 연결된 전신 담당자에게 슬금슬금 가서 이렇게 말했다.

"아나콘다 전부 팔아주세요." 나는 남들이 눈치채지 못하게 나지막하게 말했다.

담당자가 소스라치게 놀라 나를 올려다봤지만 나는 고개를 끄덕이며 다시 말했다. "내가 가진 주식 몽땅!"

"리빙스턴 씨, 시장가에 팔라는 말씀은 물론 아니겠죠?" 담당자의 표정을 보니 중개인이 덜렁대다가 잘못 체결해서 자기가 200만 달러를 날리기라도 한 것 같은 얼굴이었다.

하지만 나는 그냥 이렇게 말했다. "군소리 말고 팔아요!"

중개소에는 흑인 청년이 둘 있었는데 전신 담당자와 내 말이 들리지 않을 만한 거리에 있었다. 두 사람은 시카고 출신인 짐과 올리버로, 밀 시장에 거액을 걸어서 유명해졌고 지금은 뉴욕증권거래소에서 판을 크게 벌이고 있었다. 엄청난 부자로, 진짜 큰손들이었다.

전신 담당자에게서 돌아서 호가판 앞에 있는 내 자리로 오자 올리버가 고개를 끄덕이며 히죽거렸다.

"후회할 걸세, 래리." 올리버가 말했다.

내가 가던 길을 멈추고 물었다. "무슨 뜻이죠?"

"내일이면 되살걸."

"되사다뇨, 뭘요?" 전신 담당자 외에는 아무한테도 말하지 않았는데 무슨 말인지 궁금했다.

"아나콘다 말일세." 올리버가 말했다. "되사려면 320달러를 내야 할 거야. 이번엔 헛다리 짚었어, 래리." 올리버가 다시 웃었다.

"뭐가요?" 내가 도무지 모르겠다는 얼굴로 물었다.

"시장가에 아나콘다를 팔았잖나. 정확히 말하면 팔겠다고 고집을 피웠지." 올리버가 대답했다.

올리버가 무척 영리하다는 것, 또 항상 내부 정보로 매매한다는 건 알았지만 내 거래 내역을 어쩌면 그렇게 정확하게 알고 있는지 알 길이 없었다. 중개소에서 나 몰래 흘렸을 리는 없었다.

"올리버, 어떻게 알았어요?" 내가 물었다.

올리버가 웃으며 대답했다. "찰리 크라처를 보고 알았지." 바로 전신 담당자였다.

"그 사람은 자리에서 꿈쩍도 하지 않았는데."

"자네와 둘이서 속삭이는 소리는 안 들렸어." 올리버가 낄낄 웃었다. "전신 담당자가 자네를 위해 뉴욕 중개소로 보내는 전갈을 토씨 하나 빠트리지 않고 들었다네. 몇 년 전에 전신을 잘못 보내는 바람에 대판 싸운 뒤로 전신 보내는 법을 배웠지. 그때부터 방금 자네가 한 것처럼 전신 담당자에게 말로 지시한 뒤, 교환원이 내가 전달한 메시지를 제대로 전하는지 꼭 확인해. 그러니까 내 이름으로 무슨 전갈을 보내는지 알 수 있지. 여하튼 아나콘다를 판 건 후회할 거야. 500달러까지 오를 테니까."

"이번엔 아니에요, 올리버." 내가 응수했다.

올리버가 빤히 쳐다보며 말했다. "자네 너무 자신만만하군."

"내가 아니라 시세 테이프죠." 내가 맞받았다. 거기에는 시세 표시기가 없어 시세 테이프가 없었지만 올리버는 무슨 말인지 눈치챘다.

"그런 사람들이 있다고 하더군. 시세 테이프를 보면서 가격을 안 보고도 마치 철도 시간표처럼 주식이 출발하는 시간과 도착하는 시간을 예측한다던데. 자해를 방지하는 정신병동에 그런 사람들이 있다지."

마침 사환이 체결 내역을 가져왔기 때문에 나는 아무런 대꾸도 하지 못했다. 중개소에서 5000주를 299.75달러에 팔았다. 호가판에 찍히는 주가가 시장보다 조금 뒤처진다는 건 알고 있었다. 내가 담당자에게 공매도 주문을 낼 때 팜비치 중개소 호가판에 찍힌 가격은 301달러였다. 바로 그 순간, 실제로 뉴욕증권거래소에서 팔리는 가격은 더 낮다고 확신할 수 있었다. 만약 누가 296달러에 내 주식을 사겠다고 했으면, 쌍수 들고 환영했을 것이다. 절대 지정가로 거래하지 않는다는 게 내 신조인데 체결 결과를 보면 이 신조가 옳다는 걸 알 수 있다. 매도가를 300달러로 지정했으면 어땠을까? 절대 털어내지 못했을 것이다! 빠져나오고 싶을 때는 어떻게든 빠져나와야 한다.

평균 매수단가는 300달러 정도였다. 중개인들은 액면가 100달러로 치면 500주를 299.75달러에 매도했다. 다음으로 1000주를 299.625달러에 팔고 100주를 299.50달러, 200주를 299.375달러, 또 200주를 299.25달러에 팔았다. 마지막 남은 주식들은 298.75달러에 나갔다. 하딩 브러더스에서 가장 총명한 장내 거래원이 마지막 100주까지 터는데 15분이 걸렸다. 중개인들은 물량을 찜찜하게 남겨두지 않고 마지막 한 주까지 깔끔하게 마무리했다.

매수했던 주식이 마지막 한 주까지 매도되었다는 보고를 받자, 내가 뭍으로 올라와서 하려던 일, 즉 주식을 공매도하기 시작했다. 그냥 그렇게 해야만 했다. 시장은 터무니없이 상승한 끝에 매도하라고 애원하고 있었다. 그런데 웬걸. 사람들은 다시 장세를 낙관하기 시작했다. 그러나 시장의 흐름은 상승세가 끝물이라고 말하고 있었다. 파는 게 안전했다. 깊이 생각할 필요도 없었다.

이튿날 아나콘다는 296달러 밑에서 출발했다. 추가 상승을 기다리던 올리버는 주가가 320달러 선을 넘으면 잽싸게 대응하려고 일찌감치 중개소에 와 있었다. 올리버가 아나콘다를 몇 주나 보유하고 있는지, 아니 사기는 했는지 알 순 없었다. 시가를 보자마자 올리버는 표정이 굳었고, 나중에 주가가 더 빠지고 팜비치 객장에 있는 손님들에게 아나콘다는 아예 거래가 없다는 소식이 들리자 올리버의 얼굴에서 웃음기가 싹 가셨다.

물론 이 정도면 이제 누구든 장세를 깨닫기에 충분한 상황이었다. 평가수익이 쭉쭉 늘면서 내가 옳다는 사실을 시시각각 일깨워줬다. 당연히 조금 더 공매도했다. 전 종목 다! 하락장이어서 죄다 떠내려가고 있었다. 다음 날은 금요일로 조지 워싱턴 탄생일이었다. 상당한 물량을 공매도한 터라 플로리다에 머물면서 한가하게 낚시나 하고 있을 순 없었다. 뉴욕에 가야 했다. 오라는 사람은 없어도 가야 했다. 팜비치는 너무 멀고 외진 곳이어서 전신을 주고받느라 귀중한 시간이 허비됐기 때문이다.

나는 팜비치를 떠나 뉴욕으로 향했다. 월요일에는 세인트오거스틴에서 세 시간 동안 기차를 기다렸다. 거기에도 중개소가 있어서 기다리는 사이 시장이 어떻게 돌아가는지 알아봤다. 아나콘다는 마지막 거래일 이후 몇 포인트 더 하락했다. 사실 아나콘다는 계속 하락하다가 그해 가을 급락했다.

뉴욕에 와서는 4개월 정도 하락에 돈을 걸었다. 시장은 예전처럼 툭하면 상승했지만 그럴 때면 환매했다가 다시 공매도했다. 엄밀히 말하면, 진득하니 버티지 않았다. 내가 샌프란시스코 지진으로 벌어들인 30만 달러를 한 푼도 안 남기고 몽땅 날린 사건을 기억하기 바란다. 장세를 맞히고도 알거지가 됐던 사건 말이다. 이제는 안전하게 거래했다. 한번 바닥을 쳐보면 대박을 터뜨려 꼭대기에 오르는 것도 좋지만 소소하게 버는 것도 기분 좋다는 것을 알게 되기 때문이다. 돈을 벌고 싶으면 돈을 벌면 된다. 그러나 큰돈을 벌려면 정확한 시점에 정확히 판단해야 한다. 주식판에선 이론과 실천을 모두 생각해야 한다. 투기자는 단순히 배우기만 해서는 안 된다. 배우는 동시에 실제로 해봐야 한다.

지금 보니 전술적으로 미흡했던 점들이 눈에 띄지만, 그래도 꽤 잘 벌었다. 여름이 되자 시장이 침체되기 시작했다. 가을이 되기 전에는 크게 먹을 일이 없을 게 분명했다. 내 지인들은 죄다 유럽에 갔거나 갈 예정이었다. 나도 유럽으로 가는 게 좋을 것 같았다. 그래서 남은 주식을 다 청산하고 유럽으로 가는 배에 올랐다. 그때 수익이 75만 달러 조금 넘었다. 나한테는 꽤 큰돈이었다.

프랑스 남동부에 있는 엑스레뱅에서 재미있게 지냈다. 열심히 번 돈으로 얻은 휴가였다. 돈도 두둑하고 친구와 지인들 모두 즐기려고 왔기 때문에 분위기도 좋았다. 엑스에선 즐겁게 지내는 게 어렵지 않았다. 월가는 너무 멀어서 생각조차 나지 않았다. 이 점이 미국의 어떤 휴양지보다 나은 점이었다. 주식시장 얘기를 듣지 않아도 되고, 매매할 필요도 없었다. 꽤 오래 버틸 만큼 돈도 넉넉했다. 게다가 뉴욕으로 돌아간 뒤에는 어떻게 하면 여름에 유럽에서 쓴 돈보다 훨씬 더 많이 벌 수 있을지 알고 있었다.

어느 날 파리 〈헤럴드〉에 뉴욕발 속보가 실렸는데, 제련 회사인 스멜터스가 추가 배당을 발표했다는 소식이었다. 이 소식에 스멜터스 주가는 뛰었고, 전체 장세도 강세로 돌아섰다. 물론 엑스에서 유유자적 즐기던 내 생활은 완전히 끝났다. 이 소식은 주가를 끌어올리려는 패거리가 상식과 진실에 맞서 아직도 시장 여건에 필사적으로 맞서고 있다는 의미였다. 이들은 앞으로 닥칠 일을 알고 폭풍이 몰아쳐서 주가가 폭락하기 전에 주가를 끌어올려 한탕하려는 속셈이었다. 어쩌면 나처럼 위험이 심각하거나 가까이 있다고 믿지 않았는지도 모른다. 월가의 거물들도 정치인이나 평범한 호구들만큼이나 부질없는 기대를 품는 경향이 있다. 유가증권 제조업자나 신생 기업의 주식 기획업자* 정도면 희망에 도취할 수도 있으나, 투기 거래자에게 그런

---

* 회사나 회사의 주식을 홍보해 주식을 사도록 유도하는 일종의 판촉기획업자. 때로는 허위 정보를 퍼뜨리거나 뒷돈을 주고 회사의 좋은 면을 부풀리는 기사를 내기도 한다. 또한 기획업자들이 돈을 모아 투자조합을 만들어 직접 주가조작에 나서기도 한다.

태도는 치명적이므로 나는 결코 허황된 꿈 따위는 꾸지 않았다.

아무튼 당시 같은 약세장에선 주가를 부풀리는 조작은 시도해봤자 실패할 게 뻔했다. 속보를 읽는 순간, 편하게 지내려면 해야 할 일이 딱 하나 있다는 걸 알았다. 스멜터스 주식을 공매도하는 것이었다. 금융 공황 직전에 배당금을 늘린다는 건 내부자들이 나한테 공매도하라고 무릎을 꿇고 애원하는 것이나 다름없었다. 어렸을 때 옆에서 어디 한번 해보라고 하면 괜히 욱해서 도전하듯, 내부자들이 나한테 주식을 공매도하라고 떠미는 듯했다.

나는 전보로 스멜터스 주식 공매도 주문을 넣고 뉴욕에 있는 친구들에게도 공매도하라고 일렀다. 중개소에서 내역서를 받아보니 체결 가격이 파리 〈헤럴드〉에서 본 호가보다 6포인트 낮았다. 어떤 상황인지 뻔했다.

월말에 파리로 돌아가 3주 뒤 뉴욕으로 향할 예정이었지만, 중개소에서 전보를 받자마자 파리로 돌아갔다. 파리에 온 그날 증기선 회사에 전화해보니 이튿날 일찍 뉴욕으로 떠나는 배가 있었다. 나는 뉴욕행 배에 올랐다. 원래 계획보다 거의 한 달이나 빨리 뉴욕에 돌아온 것이다. 왜냐하면 공매도하기에 뉴욕만큼 편한 곳은 없었기 때문이다. 증거금으로 쓸 돈은 50만 달러가 훨씬 넘었다. 내가 돌아온 건 시장이 하락세라고 판단했기 때문이 아니라 논리적으로 생각한 결과였다.

주식을 더 팔았다. 자금 시장에서 돈줄이 막히면서 콜금리는 상승하고 주가는 떨어졌다. 내가 예견한 대로였다. 처음에는 선견지명 때문에 쫄딱 망했다. 하지만 지금은 내가 생각한 방향이 옳다는 게 증명되면서 그에 따라 잔고도 쑥쑥 불어나고 있었다. 무엇보다 트레이더로서 마침내 올바른 길을 걷고 있다고 생각하니 진짜 기뻤다.

아직 배울 것이 많았지만 나는 무엇을 해야 할지 알고 있었다. 이제는 허둥대지도 않았고, 어설프게 절반만 맞는 방식을 쓰지도 않았다. 시세 테이프 읽기는 주식판에서 여전히 중요한 부분이었고, 적절한 때 시장에 뛰어드는 것, 포지션을 고수하는 것 역시 중요했다. 하지만 앞으로 일어날 일을 예측하는 데 있어 가장 중요한 건 전반적인 여건을 연구하고 실상을 파헤치는 능력이었다. 간단히 말해, 돈을 벌려면 공부해야 한다는 걸 배웠다. 덮어놓고 돈을 걸거나 게임하는 기법에 통달하려고 애쓰지 않고, 열심히 공부하고 명료하게 사고해 성공을 쟁취하고 싶었다. 또한 아무도 호구가 될 위험에서 자유롭지 않다는 것도 배웠다. 호구 잡히면 대가를 치러야 한다. 주식판의 경리 담당자는 방심하는 법이 없어서 호구에게 보낼 청구서를 꼼꼼하게 챙기기 때문이다.

나와 거래하는 중개소는 떼돈을 벌었다. 내 작전이 크게 성공을 거두자 나는 사람들 입에 오르내리기 시작했다. 물론 크게 부풀려지긴 했지만. 업계에선 여러 종목의 주가가 하락한 걸 모두 내 탓으로 돌렸다. 이름도 모르는 사람들이 와서 축하해주곤 했다. 사람들은 모두 내가 딴 거금에만 정신이 팔려 있었다. 돈이 제일 근사해 보였던 모양이다. 내가 처음 시장이 약세라고 경고했던 시점은 안중에도 없었다. 사람들의 눈에 나는 돈을 날리자 앙심을 품고 기어코 주가를 끌어내린 미치광이처럼 보이는 것 같았다. 내가 자금 경색을 예견한 것은 사람들의 기억에 남아 있지 않았다. 사람들은 내 이름으로 된 중개소 거래대장의 부채란에 적혀 있는 게 거의 없다는 것을 경이롭게 생각했다.

친구들 얘기로는 하딩 브러더스의 꼬마 도박사라고 하면 사람들이 이렇게 얘기한다고 했다. 시장이 더 하락할 수밖에 없다는 게 명확해진 뒤에도 수많은 종목의 주가를 끌어올리려 시도하던 세력에 맞서 온갖 위협을 가한 인물이라고. 지금도 사람들은 내가 매수세를 공습했다며 입방아를 찧는다.

9월 중순부터 자금 시장은 전 세계를 향해 경고의 목소리를 높였다. 그러나 사람들은 기적이 일어나리라는 믿음을 붙잡고 투기 상품 보유 물량을 팔지 못했다. 중개인이 10월 첫째 주에 하는 얘기를 들으니 더 과감하게 공매도하지 못한 게 아까울 지경이었다.

기억하겠지만, 거래소 객장에는 머니포스트라는 곳이 있는데 주로 그 주변에서 대출이 이루어진다. 중개인은 은행에서 콜론* 상환 통보를 받으면 대충 얼마나 더 빌려야 할지 알고 있었다. 그리고 물론 은행들은 대출 받을 수 있는 자금에 관한 한 자신들의 처지를 잘

---

* 은행이나 증권사 사이에 거래되는 단기 대출 자금.

173

파악하고 있었으므로, 대출할 자금이 있으면 거래소에 돈을 보냈다. 이 은행 자금은 정기 대출이 주요 업무인 소수의 중개인들이 담당했다. 정오쯤 그날의 새로운 금리가 개시됐는데, 대체로 그 시간까지 이루어진 대출의 평균 공정 금리가 반영됐다. 거래는 대개 공개입찰로 성사됐기 때문에 누구든 돌아가는 상황을 알 수 있었다. 정오에서 2시 사이는 보통 자금 거래가 많지 않았지만, 인도 기한 후에는 거래가 많았다. 인도 기한인 오후 2시 15분이 지나면 중개인은 그날 현금 사정이 어떤지 정확히 알 수 있었으므로, 머니포스트에 가서 여윳돈을 빌려주거나 필요한 돈을 빌릴 수 있었다. 이 거래 역시 공개적으로 이루어졌다.

10월 초 내가 얘기했던 중개인이 찾아와서 말했다. 빌려줄 돈이 있어도 중개인들이 머니포스트에 가지 않는다고 했다. 유명한 회원사 두어 군데에서 망을 보고 있다가 자금이 나오는 족족 채가기 때문이었다. 회원사는 상환 능력이 있는 데다 담보물도 충분하므로 공개적으로 자금을 내놓은 대출자는 대출을 거부할 수 없다. 그런데 문제는 일단 회원사들이 콜자금을 빌려 가면 대출자가 언제 돌려받을지 기약이 없다는 것이었다. 회원사에서 그냥 못 갚는다고 하면 대출자는 싫든 좋든 대출을 갱신해줘야 했다. 따라서 거래소 회원은 동료 회원에게 빌려줄 돈이 있으면 머니포스트에 가지 않고 사람을 장내에 보내곤 했다. 그리고 친구들에게 이렇게 속삭였다. "100 빌릴래요?" 10만 달러를 빌리고 싶은지 묻는 말이었다. 은행들도 자금 거간꾼을 보내 같은 작전을 쓰다 보니 머니포스트는 휑했다. 상상이 되는가!

중개인은 이런 얘기도 했다. 10월 무렵 증권거래소에선 자금을 빌리는 쪽이 직접 금리를 결정하는 게 상도덕이었다. 당시 금리는 연 100~150퍼센트를 넘나들었다. 대출 받는 사람이 대출 금리를 결정하게 만들어 빌려주는 쪽에서 고리대금업자가 된 듯한 기분을 피하겠다는 심리였는지도 모르겠다. 그래도 증권거래소 역시 다른 데만큼 금리를 받아 챙겼다. 대출 받는 쪽은 당연히 낮은 금리는 꿈도 꾸지 않았다. 대출 받는 쪽은 시장에 상응하는 적정 금리를 지불했다. 돈만 빌릴 수 있다면 감지덕지였다.

상황은 점점 더 나빠졌다. 마침내 매수세, 낙관론자, 어떻게든 잘될 거라는 희망을 품은 사람들, 그리고 처음에 작은 손실을 두려워하다가 이제는 마취도 없이 사지가 절단될 신세에 놓인 무리에게 끔찍한 심판의 날이 왔다. 나는 절대 잊을 수 없다. 1907년 10월 24일을.

업계에서 들리는 소식에 따르면 차입자는 대출자가 요구하는 대로 금리를 지불해야 할 형편이었다. 필요한 사람들에게 다 돌아갈 만큼 시중 자금은 넉넉하지 않았다. 그날은 돈이 필요한 사람이 평소보다 훨씬 더 많았다. 그날 오후 인도 기한이 되자 회사에서 필요한 급전을 빌릴까 해서 중개인 100여 명이 머니포스트 주변을 서성이고 있었다. 돈이 없으면 중개인은 신용 매입한 주식을 어떤 값에든 울며 겨자 먹기로 팔아야 한다. 시중에 돈도 말라버렸지만 매수자 역시 가물에 콩 나듯 드물었기 때문이다. 그런데 머니포스트에선 단돈 1달러도 구경할 수 없었다.

내 친구의 동업자는 나만큼이나 약세론자였다. 따라서 그쪽 회사는 돈을 융통할 필요가 없었지만 내 친구, 그러니까 아까 내가 얘기한 중개인은 머니포스트 주변을 서성대는 초췌한 얼굴들을 보고는 바로 날 찾아왔다. 친구는 내가 전 종목을 대량 공매도했다는 사실을 알고 있었다.

친구가 한탄했다. "세상에, 래리! 무슨 일이 벌어질지 모르겠어. 이런 건 처음 봐. 언제까지 이럴 순 없어. 사태가 너무 급박해. 모두들 지금 파산 직전인 것 같아. 주식을 팔 수 없어. 시중에 자금이 완전히 씨가 말랐어."

"무슨 말이야?" 내가 물었다.

친구는 이렇게 대답했다. "교실에서 쥐를 유리 종 안에 넣고 공기를 빼내는 실험, 들어본 적 있어? 불쌍한 생쥐는 호흡이 점점 가빠지고, 줄어드는 산소를 마시려고 옆구리가 낡은 풀무처럼 펄떡이지. 눈알은 튀어나올 지경이 되고 숨을 헐떡이다가 결국 질식해서 죽는다고. 지금 머니포스트에 모인 사람들을 보면 이 불쌍한 생쥐가 생각나! 어디에도 돈은 없고, 주식을 살 사람이 없으니 자금을 마련할 수도 없어. 지금 이 순간, 월가 전체가 무일푼이라고!"

시장이 폭락하리라 예상은 했지만 역사상 최악의 공황장이 벌어질 것이라고까지는 생각하지 못했다. 이런 상황이 더 이어지면 누구에게도 득이 안 되겠다 싶었다. 마침내 머니포스트에서 돈을 기다려

176

봤자 쓸데없다는 게 명백해졌다. 정말 아무짝에도 쓸모가 없었다. 그리고 지옥문이 열렸다.

나중에 들은 얘기로는 증권거래소 이사장인 R. H. 토머스가 월가 회원들이 전부 파멸로 향하고 있다는 것을 알고 도와줄 곳을 찾아 나섰다고 한다. 이사장은 미국에서 가장 부유한 은행인 내셔널시티은행 회장인 제임스 스틸먼을 찾아갔다. 금리를 6퍼센트 이상 받지 않는 게 이 은행의 자랑이었다. 스틸먼은 뉴욕증권거래소 이사장이 하는 말을 듣고는 이렇게 대답했다.

"이 문제를 해결하려면 같이 모건 씨를 만나러 가야겠군요."

두 사람은 미국 금융 역사상 가장 끔찍한 공황을 피하고자 함께 J. P. 모건의 사무실로 갔다. 토머스는 모건 앞에서 사정을 말했다. 토머스가 말을 끝내자마자 모건이 말했다.

"거래소로 돌아가서 자금이 돌 거라고 말씀하세요."

"자금이 어디 있다는 말씀인가요?"

"은행이요!"

아주 중요한 시점이었고 누구나 모건을 철저히 신뢰했기에 토머스는 더 이상 상세한 설명을 기다리지 않고 거래소로 달려갔다. 사형선고를 받고 죽을 날만 기다리는 동료 회원들에게 집행유예를 선언하려고 뛰쳐나간 것이다.

그리고 오후 2시 30분이 되기 전에 J. P. 모건은 긴밀한 관계인 밴 엠버&애터베리의 존. T. 애터베리를 자금난에 허덕이는 무리에게 보냈다. 애터베리는 종종걸음으로 머니포스트를 향해 가더니 부흥회 강사처럼 손을 들었다. 토머스 이사장의 발표로 다소 진정됐던 군중은 구제안이 무산돼 최악의 사태가 오는 건 아닌지 벌벌 떨었다. 애터베리가 나타나 손을 들자 군중은 식겁해서 얼어붙었다. 찬물을 끼얹은 듯 주위가 고요해지자 애터베리가 말했다.

"저는 1000만 달러를 빌려줄 권한을 위임받았습니다. 진정하세요! 모두 쓰기에 충분할 겁니다!"

그런 다음 애터베리는 일을 시작했다. 그런데 차입자들에게 대여자의 이름을 알려주지 않고 차입자 이름과 대출 금액만 적고는 이렇게 말했다. "돈이 어디 있는지는 이따 알려주겠습니다." 차입자가 어디서 돈을 받을지 은행 이름을 나중에 알려주겠다는 의미였다.

이틀쯤 뒤에 이런 얘기가 들렸다. 모건이 뉴욕 은행들에 연락해 증권거래소에 필요한 돈을 주라는 전갈을 보냈다는 소식이었다. 은행 관계자들은 깜짝 놀랐다.

"우리한텐 아무것도 없어요. 닥닥 긁어서 대출해줬다고요." 은행들은 항의했다.

"준비금이 있잖나." 모건이 매섭게 몰아붙였다.

"하지만 벌써 법정비율 밑으로 떨어졌어요." 은행 관계자들은 울부짖었다.

"그 돈을 쓰게! 준비금은 이럴 때 쓰라고 있는 거야!"

결국 은행 관계자들은 모건의 지시대로 준비금을 2000만 달러 가까이 풀었다. 이 돈이 주식시장을 살렸다. 금융 공황 사태는 다음 주가 돼서야 찾아왔다. J. P. 모건은 그런 사내였다. 모건만한 거물은 지금도 찾아보기 어렵다.

주식판에 뛰어든 이래 이날만큼 생생하게 기억나는 날이 없다. 수익이 100만 달러를 돌파했다. 내가 처음으로 신중하게 계획한 작전은 성공을 거뒀다. 시장은 내가 예견한 대로 돌아갔다. 하지만 더 중요한 게 있었다. 꿈같은 일이 현실이 되었다는 사실이다. 하루 동안 나는 뉴욕의 왕이었다!

좀 더 자세히 설명하겠다. 2년 동안 뉴욕에서 지내면서 나는 걸핏하면 머리를 쥐어짰다. 보스턴 사설 중개소에선 겨우 열다섯 살 때 돈을 벌기 시작했는데, 뉴욕증권거래소에선 돈을 벌지 못하는 정확한 이유가 알고 싶었다. 내 머릿속에는 이런 생각이 들어 있었다. 언젠가 뭐가 잘못됐는지 알게 되면 그땐 빗나가지 않겠지. 그렇게 되면 바르게 판단하겠다는 의지뿐만 아니라 바르게 판단할 수 있는 지식도 생길 거야. 그게 힘이야.

오해 없기 바란다. 그건 신중한 기획 끝에 탄생한 웅대한 꿈도, 거들먹거리고 싶은 허영에서 나온 헛된 욕망도 아니었다. 풀러턴과 하딩 중개소에서 나를 물 먹였던 주식시장이 언젠가는 내 손바닥 위에서 놀 것 같은 그런 느낌이었다. 그냥 언젠가는 그런 날이 올 것 같았다. 그리고 그날이 왔다. 1907년 10월 24일이었다.

내가 이런 얘기를 하는 덴 이유가 있다. 그날 아침, 중개인 하나가 월가 굴지의 투자은행 사장과 함께 차를 타고 왔다. 이 친구는 내 중개인들과도 일을 많이 해서 내가 약세에 거금을 걸었다는 것을 알고 있었다. 내가 한번 잡은 기회는 끝까지 밀어붙여 대량 거래한다는 얘기를 친구가 은행가에게 말했다. 글쎄, 기회를 잡고도 최대한 이용하지 않는다면 장세를 맞혀봤자 무슨 소용인가. 십중팔구 중요한 얘기처럼 보이려고 친구가 부풀렸을 것이다. 어쩌면 나를 추앙하는 사람이 내 생각보다 많을 수도 있지만. 은행가는 상황이 얼마나 위급한지 나보다 훨씬 잘 알고 있었다. 아무튼 친구가 나한테 이렇게 말했다.

"자네가 나한테 얘기했잖아. 한두 번 매도세가 밀어붙인 다음 진짜 매도 물량이 쏟아지면 시장이 어떻게 될지. 내가 자네가 한 얘기를 이분께 해드렸더니 관심을 보이시더라고. 얘기를 마치자 이분이 이따가 나한테 부탁할 일이 있을 거라고 하셨어."

회원사들은 주가가 얼마든 주식을 살 돈이 한 푼도 없었다. 나는 때가 왔다고 생각하고 여러 중개소로 중개인들을 보냈다. 여러 중개소를 다 훑어봐도 유니언 퍼시픽 매수 주문이 단 한 건도 없었다! 얼마에 주식을 내놔도 가져간다는 사람이 없었다! 상상이 되는가! 다른 종목들도 마찬가지였다. 주식을 보유할 돈도, 사겠다는 사람도 없었다.

내 평가수익은 어마하게 불어났다. 주가를 더 끌어내리려면 주식을 더 공매도하기만 하면 됐다. 나는 유니언 퍼시픽과 배당금이 괜찮은 다른 주식 6개 종목을 1만 주씩 공매도하기로 했다. 그렇게 되면 시장은 그야말로 지옥의 불구덩이에 떨어질 게 분명했다. 공황 장세는 더 악화되고 심각해져서 증권거래소 이사회에서 거래소 폐쇄를 권고할 지경까지 갈 것 같았다. 1914년 8월 세계대전이 발발했을 때처럼 말이다.

그렇게 되면 평가수익은 산더미처럼 불어날 테지만 수익을 현찰로 바꿀 수 없게 된다. 고려해야 할 요소는 또 있었다. 이렇게 유혈이 낭자한 뒤에는 주가가 회복돼야 투자자들에게 그나마 보상이 되는데 주가가 더 추락하면 주가 회복이 더뎌진다. 공황 장세가 이 정도까지 가면 나라 전체가 타격을 입고 비틀거릴 게 분명했다. 이 모든 것을 감안할 때 적극적으로 매도 공세를 펴는 건 현명하지도, 유쾌하지도 않은 방법이어서 계속 공매도 포지션을 고수하는 건 좀 아니라는 생각이 들었다. 그래서 포지션을 바꿔 매수하기 시작했다.

거래하는 중개소에서 주문을 받아 매수하기 시작했는데 바닥에서 살 수 있었다. 그런데 얼마 지나지 않아 그 굴지의 은행가가 내 친구를 불렀다. 은행가는 이렇게 얘기했다.

"자넬 부른 건 자네 친구 리빙스턴에게 전할 말이 있어서라네. 리빙스턴에게 가서 오늘은 더 이상 주식을 팔지 말라고 하게. 더 이상 시장에 부담을 주면 시장이 버티지 못할 걸세. 사실 지금도 공황에 따른 파멸을 피하려면 안간힘을 써야 할 거야. 친구의 애국심에 호소하게나. 이럴 때야말로 만인의 이익을 위해 일해야 되는 거 아니겠나. 친구가 뭐라고 대답했는지 즉시 알려주게."

친구는 바로 나한테 와서 조심조심 요령껏 나를 설득했다. 친구는 내가 이렇게 반응하리라 지레짐작한 것 같았다. '시장을 더 끌어내릴 참인데 더 이상 주식을 팔지 말라고 하면 1000만 달러를 벌 기회를 날리라는 말이냐.' 게다가 친구는 내가 거물들을 마뜩잖게 생각한다는 것도 알고 있었다. 거물들은 나만큼이나 무슨 일이 일어날지 뻔히 알면서 군중에게 주식을 대량 떠넘기는 인사들 아닌가. 그러니 내가 싫어할 수밖에.

그런데 사실 거물들은 큰손인 만큼 피해도 컸고, 내가 바닥에서 사들인 주식들은 유명한 금융주들이었다. 그때는 이 사실을 몰랐지만 아무튼 그건 중요하지 않았다. 나는 사실상 공매도한 주식을 전부 환매했는데, 이는 주식을 싸게 살 기회일 뿐 아니라 주가가 회복되는데 보탬이 될 기회 같았다. 누군가 일부러 주가를 끌어내려 시장을 강타하지 않는다면 말이다. 그래서 나는 친구에게 이렇게 말했다.

"돌아가서 그분께 전해줘. 내가 그분의 말에 공감한다고. 그리고 그분이 널 보내기 전에도 상황의 심각성을 충분히 알고 있었다고. 나는 오늘 주식을 더 이상 팔지 않을 거고, 할 수 있는 만큼 살 거야."

나는 약속을 지켰다. 그날 10만 주를 매수했고 그 후 9개월 동안 주식을 공매도하지 않았다.

꿈을 이루었고 잠시나마 왕 노릇을 했다고 말한 이유를 이제 이해할 것이다. 그날 한때 주식시장을 망치기로 마음만 먹으면 누구든 주무를 수 있었다. 난 과대망상증 환자가 아니다. 시장을 공격했다며 사람들의 입방아에 오르고, 월가에서 과장된 소문이 돌아서 내가 얼마나 괴로워했을지 짐작할 수 있을 것 아닌가.

　나는 무사히 시장에서 빠져나왔다. 신문에선 꼬마 도박사 래리 리빙스턴이 수백만 달러를 벌었다고 떠들어댔다. 글쎄, 그날 거래가 끝난 후 100만 달러 넘게 거머쥐긴 했다. 그러나 가장 큰 수확은 돈이 아니라 만질 수 없는 것이었다. 제대로 예측했다는 것, 앞을 내다보고 명확한 계획에 따랐다는 것이었다. 나는 큰돈을 벌려면 어떻게 해야 하는지 터득했다. 이제는 노름꾼 수준에서 영원히 벗어나 마침내 큰 틀에서 현명하게 거래하는 법을 배웠다. 그날은 내 인생에서 가장 값진 것을 얻은 날이었다.

그 누구도 시장을 이길 순 없다

자신이 어떤 실수를 했는지 되돌아보는 것도 도움이 되고 성공한 이유가 뭔지 살펴보는 것도 도움이 되지만, 실수가 성공보다 특별히 더 도움이 되는 건 아니다. 인간은 누구나 본능적으로 처벌을 피하려는 경향이 있다. 실수해서 호되게 매를 맞았다고 생각하면서 그런 쓰라린 경험을 두 번 다시 하고 싶어 하는 사람은 없다. 그런데 주식시장에선 자칫 삐끗하면 가장 약한 부분을 다치게 된다. 바로 주머니 사정과 자존심이다. 주식으로 투기 거래를 하는 사람은 가끔 실수를 하고, 실수가 없을 수 없다는 것도 안다. 그리고 실수한 다음 처벌이 끝나고 한참 지나면 언제 어떻게 어떤 지점에서 실수했는지 냉정하게 생각하고 배운다. 그런데 어찌된 영문인지 왜 그랬는지 그 이유는 학습하지 않는다. 실컷 자책하고는 그냥 그걸로 끝이다.

물론 현명하고 운 좋은 사람이라면 같은 실수를 두 번 하지 않을 것이다. 그러나 자신이 저지른 실수와 비슷한 사촌뻘, 형제뻘 실수들

184

이 수두룩하므로 언젠가 또다시 실수를 저지르게 된다. 실수네 집은 워낙 대가족이라 바보짓을 할 것 같으면 언제든 주변을 얼쩡거리던 녀석 중 하나 정도는 신나서 달려들게 마련이다.

내가 저지른 100만 달러짜리 실수에 대해 얘기하고 싶다. 그러자면 1907년 10월 폭락장으로 돌아가야 한다. 그때 태어나서 처음 백만장자가 됐으니까. 100만 달러가 손에 들어왔지만 나한테는 그냥 밑천이 늘었다는 의미일 뿐이었다. 트레이더는 돈이 많다고 해서 더 편해지는 것은 아니다. 돈이 있든 없든 실수하는 건 마찬가지고, 틀리면 속이 쓰리기 때문이다. 게다가 판을 제대로 예측한다면 백만장자에게도 돈은 단지 도움되는 여러 수단 중 하나일 뿐이다. 나한테 돈을 잃는 건 제일 대수롭지 않은 일이었다. 손해는 받아들이고 나면 그만이다. 하룻밤 지나면 잊어버릴 수 있으니까. 하지만 잘못된 판단을 하고도 손실을 감내하지 않으면 주머니는 물론이고 영혼까지 좀먹고 만다. 딕슨 G. 와츠의 이야기를 기억하는가. 와츠가 안절부절못하자 친구가 무슨 일인지 물었다.

"잠이 안 와." 신경이 곤두선 와츠가 대답했다.

"왜?" 친구가 물었다.

"면화 선물을 너무 많이 보유하고 있거든. 그 생각만 하면 잠이 안 와. 지금 초주검이라고. 어쩌지?"

"곤히 잠들 수 있는 만큼 팔아."

인간은 상황에 적응하는 속도가 너무 빨라서 균형감각을 잃어버리기 쉽다. 백만장자가 돼도 이전과 별 차이를 느끼지 못한다. 즉, 백만장자가 아니었을 때 심정이 어땠는지 생생하게 기억하지 못한다. 지금은 할 수 있는 일을 당시엔 하지 못했다는 정도만 기억할 뿐이다. 평범한 젊은이라면 가난했을 때 몸에 밴 습관 따위는 금방 떨쳐 버린다. 한때 부자였던 사람이 그 시절을 잊으려면 시간이 조금 더 걸린다. 돈이 많으면 사고 싶은 게 늘어나는 법이라 이것저것 사던 습관이 몸에 배기 때문이다. 무슨 말인고 하니 주식시장에서 돈을 벌고 나면 아껴 쓰던 습관은 금방 없어지지만, 돈을 날리고 나서 펑펑 쓰던 습관을 버리려면 시간이 걸린다.

1907년 10월, 나는 공매도한 물량을 전부 청산하고 매수 포지션에 진입한 뒤 잠시 쉬기로 했다. 남쪽 바다로 유람을 떠날 요량으로 보트도 샀다. 당시 낚시에 미쳐 있던 터라 제대로 즐길 참이었다. 언제든 떠날 날만 학수고대했다. 그런데 떠나지 못했다. 시장이 발목을 잡았기 때문이다.

나는 늘 주식뿐 아니라 상품 선물도 거래했다. 어린 시절 사설 중개소에서 거래를 시작했고, 주식시장만큼 열심히는 아니지만 그래도 오랫동안 선물 시장을 연구했다. 사실, 주식과 상품 선물 중에 하나만 고르라면 상품 선물을 거래하고 싶다. 어느 쪽이 더 정통성을 담보하고 있느냐고 따진다면 당연히 상품 선물 시장이다. 주식 매매보다 상품 선물 거래가 영리 목적의 장사 성격이 더 강하다. 상품 시장은 여느 상거래 문제에 접근할 때와 같은 논리로 접근할 수 있다. 가짜 논리를 지어내고 퍼뜨려서 상품 시장의 특정 추세를 더 밀어붙이거나 추세를 역전시킬 수도 있지만, 성공한다고 해도 잠시뿐이고 결국은 '사실'이 이기게 돼 있다. 따라서 그냥 사업도 연구하고 관찰하면 소득이 있듯, 상품 시장도 연구하고 관찰하면 그만큼 자신의 몫을 챙길 수 있다. 누구든 상황을 지켜보고 저울질하면 다른 사람들만큼 알 수 있다. 말하자면 내부자 일당이 무슨 일을 벌일지 촉각을 곤두세울 필요가 없다. 면화나 밀, 옥수수 시장은 하룻밤 사이에 느닷없이 배당금을 건너뛰는 일도 없고, 또 하룻밤 사이에 배당금이 늘어나는 일도 없다. 장기적으로 상품 가격은 딱 한 가지 법칙, 즉 수요와 공급이라는 경제 법칙에 의해 결정된다. 상품 거래자는 현재와 장래의 수요와 공급에 관한 사실만 알면 된다. 주식시장처럼 수십 가지를 추측하느라 골머리를 앓지 않아도 된다. 이래서 상품 거래는 언제나 매력 있다.

물론 어떤 투기 시장에나 동일한 요소가 있는데, 바로 시세 테이프가 보내는 메시지다. 누구나 조금만 생각해보면 메시지는 명백하다. 스스로 질문을 던지고 여러 여건들을 고려해보면 답은 바로 나온다. 하지만 사람들은 질문하는 것조차 귀찮아서 답 찾기를 포기한다. 보통 미국인은 언제 어디서나 의심이 많은 편인데 예외가 있다. 바로 주식이든 상품이든 중개소에서 시세 테이프를 들여다볼 때다. 온갖 게임이 많지만 뛰어들기 전에 공부해야 하는 게임이 하나 있다면 바로 주식과 상품이다. 그런데 평소에는 미리 조심하고 의심하면서 똑똑하게 굴다가도 막상 주식시장이나 상품 시장에 들어갈 때는 무장이 해제돼버린다. 중저가 자동차 하나 살 때는 요모조모 다 따지면서 주식시장에서 재산의 절반을 걸 때는 별 생각이 없다.

시세 테이프를 판독하는 것은 보기처럼 그렇게 복잡하지 않다. 물론 어느 정도 경험이 필요하긴 하다. 그러나 경험보다 훨씬 더 중요한 게 있으니, 기저에서 시장을 형성하는 여건을 염두에 두어야 한다는 것이다. 시세 테이프는 운수를 점치는 점쟁이가 아니다. 다음 주 목요일 오후 1시 35분에 내 자산이 얼마나 될지 시세 테이프는 점괘를 알려주지 않는다. 시세 테이프를 읽는 목적은 첫째 어떻게 매매할지, 둘째 언제 매매할지 판단하려는 것이다. 이를테면 매도보다 매수가 현명한지 여부를 판단하려는 것이다. 시세 테이프를 보는 원리는 면화, 밀, 옥수수, 귀리나 주식이나 똑같다.

시세 테이프에 기록된 가격 추이를 통해 시장을 관찰하는 데 있어 목표는 단 하나, 매매 방향, 즉 주가 동향을 결정하는 것이다. 알다시피 가격은 저항에 부딪히면 올라가거나 내려간다. 쉽게 설명하자면 가격 역시 다른 현상과 마찬가지로 최소 저항선, 즉 저항이 가장 적은 곳을 따라 움직인다. 가격은 움직이기 수월한 쪽으로 움직인다. 따라서 내려가는 쪽보다 올라가는 쪽이 저항이 적으면 가격은 올라가고, 올라가는 쪽보다 내려가는 쪽이 저항이 적으면 가격은 내려간다.

강세나 약세가 어지간히 진행된 뒤에는 강세장인지 약세장인지 누구도 헷갈려하지 않는다. 투기 거래자가 자신의 논리에 사실들을 끼워 맞추는 건 결코 현명하지 않은 행동이다. 자신의 논리를 배제한 채 편견 없는 마음과 어느 정도 명확한 시각만 갖추면 추세는 뚜렷이 보인다. 이런 사람은 시장을 보며 강세장인 약세장인지 판단하게 되고, 아니 판단할 수밖에 없고, 그에 따라 매수해야 할지 매도해야 할지 알 수 있다. 즉, 추세가 한참 진행된 뒤에는 누구나 시장의 추이를 예측할 수 있다. 그러므로 매수, 매도를 판단해야 하는 시기는 시장이 막 추세를 형성해서 움직이기 시작하는 출발점이다.

예를 들어, 시장이 대세 상승도 대세 하락도 없이 10포인트 이내에서 등락한다고 하자. 최고 130포인트에서 최저 120포인트 사이를 오르내리면 바닥에선 약세장인가 싶다가도 또 8~10포인트 오르면 상승장 같기도 하다. 이런 낌새만 보고 거래하면 안 된다. 때가 무르익었다고 시세 테이프가 알려줄 때까지 기다려야 한다. 그저 싸 보여서 주식을 사거나 비싸 보여서 주식을 파는 바람에 시장에서 날아가는 돈이 수백만 달러에 이른다. 투기꾼은 투자자가 아니다. 투자자의 목적은 투자한 돈에서 괜찮은 이율로 꾸준히 수익을 확보하는 것이지만 투기 거래자의 목적은 투기 대상의 가격 등락을 이용해 수익을 얻는 것이다. 그러므로 투기 거래를 하는 사람은 매매 시점에 투기하는 데 가장 적합한 최소 저항선이 어딘지 판단해야 한다. 그 선이 모습을 드러낼 때까지 기다렸다가 모습을 드러내는 순간, 빠릿빠릿하게 움직여야 한다.

시세 테이프를 읽는데 130선에 이르면 매도세가 매수세보다 강해지며, 따라서 130선을 지나면 조정을 받을 게 뻔히 보인다고 가정해보자. 시세 테이프를 피상적으로 읽는 초짜들은 120에서 130까지 오르는 모습을 보면서 150까지 쭉 오르리라 생각하고 매수한다. 그러나 130은 매도세가 매수세를 누르는 지점이다. 조정 장세가 시작돼 어느 정도 지속되면 초짜들은 약간 손실을 보고 매도하거나 공매도하고는 시장이 약세라고 떠들어댄다. 120이 되면 하락에 맞서는 저항이 강하게 나타난다. 그러다가 매수세가 매도세를 누르면 주가는 오르고 공매도했던 사람들은 손해를 보고 환매한다. 걸핏하면 이렇게 속임수 신호에 당하면서도 끝까지 깨우치지 못하니 혀를 내두를 수밖에.

그런데 급기야 상승세나 하락세가 증폭되는 어떤 사건이 벌어지면 이 사건을 도화선으로 삼아 저항이 최대치인 지점이 상승하거나 하락한다. 즉, 130에서 처음으로 매수세가 매도세보다 강해지거나 120에서 처음으로 매도세가 매수세보다 강해진다. 그렇게 되면 가격은 오래된 장벽이나 이동한계선을 뚫고 계속 나아간다.

가격이 120일 때 시장이 약세로 보여서 공매도하거나 가격이 130일 때 시장이 강세로 보여서 매수하는 사람들은 부지기수다. 그러다가 장세가 불리해지면 얼마 지나 마음을 고쳐먹고 반대로 매매하거나 울며 겨자 먹기로 손을 털고 나온다. 두 경우 모두 이런 사람들 덕분에 최소 저항선은 훨씬 더 뚜렷하게 드러난다. 인내심을 갖고 이 선을 판단하려는 현명한 트레이더에게는 시장 기저에 깔린 여건도 도움이 되지만, 오판했다가 실수를 바로잡으려고 하는 어중이떠중이들의 매매 역시 도움이 된다. 이처럼 바로잡기 위한 매매 때문에 가격이 최소 저항선을 따라 움직이는 경향은 더 뚜렷해진다.

바로 지금 이 점을 강조하고 싶다. 내 경험상 최소 저항선을 판단해 포지션을 정해두면 예기치 못한 일이나 뜻밖의 사건이 터질 때 포지션에 언제나 도움이 됐다. 물론 어디까지나 내 경험으로 그렇다는 말이지 틀림없이 그렇다든가, 이것이 투기 철칙이라고 우기는 건 아니다. 새러토가에서 내가 유니언 퍼시픽 주식을 매매했던 얘기 기억하는가? 최소 저항선이 상승하고 있었기에 나는 유니언 퍼시픽을 매수했다. 내부자들이 주식을 팔고 있다고 증권사에서 얘기해도 매수 포지션을 고수했어야 했다. 임원들이 무슨 생각을 하든 달라질 게 없었다. 게다가 어차피 나야 임원들의 머릿속을 알 길이 없다. 분명한 건 시세 테이프가 "상승 중!"이라고 말하고 있었다는 것이다. 그런데 느닷없이 배당률을 인상하겠다는 소식이 들리자 주가가 30포인트 뛰었다. 164달러는 엄청나게 비싸 보였지만, 전에 얘기했듯이 매수하기에 너무 비싼 주가, 매도하기에 너무 싼 주가는 없다. 너무 비싸서 못 산다는 둥, 너무 싸서 못 판다는 둥 하는 말은 의미가 없다. 주가 그 자체는 최소 저항선과 아무런 관계가 없다.

실제로 내 말대로 매매해보면 알겠지만, 장 마감 이후부터 다음 날 개장 전까지 나오는 중요한 뉴스는 대체로 최소 저항선에 부합하는 소식이다. 뉴스가 발표되기 전에 추세가 자리 잡으므로, 강세장이면 내린다는 소식은 무시되고 오른다는 소문은 과장된다. 반대로 약세장이면 오른다는 소식은 무시되고 내린다는 소문은 과장된다. 제1차 세계대전이 일어나기 전부터 시장은 매우 취약한 상태였다. 그런데 독일이 무제한 잠수함 정책을 선포했다. 나는 15만 주를 공매도해둔 상태였는데, 이런 소식이 있을 줄 알아서 그런 게 아니라 그냥 최소 저항선을 따라 매매했을 뿐이다. 정말 까맣게 몰랐다. 물론 상황을 활용해서 그날 공매도 물량을 환매했다.

시세 테이프를 보고 저항 지점을 설정하고 최소 저항선이 결정되면 거기에 따라 매매하면 된다니 말은 쉽다. 그러나 실제로는 조심해야 할 게 많다. 무엇보다 자신을 경계해야 한다. 즉, 인간의 본성을 경계해야 한다. 제대로 판단한 사람에게는 언제나 두 가지 힘이 유리하게 작용한다. 바로 시장의 기저 조건과 그릇 판단한 사람들이다. 강세장에선 약세 인자가 무시된다. 그게 인간의 본성인데도 인간은 매번 놀랐다며 호들갑을 떤다. 날씨가 좋지 않아서 한두 지역에서 밀 농사를 망쳤고 농민이 상당수 파산했다고 사람들이 떠든다. 이런 사람들은 밀 수확량이 적어서 밀 가격이 상승할 것이라고 예측한다. 즉, 강세장을 예견한다. 그런데 수확이 다 끝나고 전체 밀 경작지에서 밀이 곡물 창고에 쌓이기 시작하면서 실제 피해가 미미한 것으로 밝혀진다. 그러면 가격 상승을 예측했던 자들은 화들짝 놀라며 그제야 자신들이 하락론자를 거든 꼴이라는 사실을 깨닫게 된다.

상품 시장에서 매매할 때는 어떤 의견을 고집하는 경직된 자세를 피하고 열린 마음으로 융통성을 발휘해야 한다. 작황이나 수요를 어떻게 예측하든 시세 테이프의 메시지를 무시하는 건 현명한 처사가 아니다. 나는 언제 뛰어들면 될지 출발 신호를 예측하다가 한몫 잡을 기회를 수없이 놓쳤다. 시장 여건이 확실하니 최소 저항선이 드러날 때까지 기다릴 필요가 없다고 생각했다. 심지어 최소 저항선이 도래하도록 내가 거들 수 있다고 생각했다. 조금만 거들면 최소 저항선이 보일 것 같았기 때문이다.

한번은 면화 선물 가격이 크게 오를 것이라고 예측한 적이 있었다. 면화 선물 가격은 12센트 언저리에 머물며 소폭 오르내리고 있었다. 면화 가격이 박스권에 있는 게 눈에 보였다. 기다려야 한다는 걸 알았지만 내가 조금만 밀어붙이면 상단 저항선을 돌파할 것 같았다. 5만 베일*을 매수했다. 아니나 다를까 가격이 상승했다. 그런데 내가 매수하기를 그만두자마자 가격도 상승을 멈추더니 내가 매수를 시작한 시점의 가격으로 후퇴하기 시작했다. 내가 포지션을 다 정리하자 그제야 하락세가 멈췄다. 이제 출발 신호가 훨씬 가까워졌다고 생각해 곧 다시 시작해야겠다고 마음먹었다. 그래서 다시 시작했는데 똑같은 일이 일어났다. 내가 매수하면 가격이 올랐지만 매수를 멈추면 상승세도 멈췄다. 이러기를 네댓 번 반복하자 넌덜머리가 나서 그만뒀다. 20만 달러를 날리고서야 끝냈다. 그런데 얼마 지나지 않아 면

---

* 면화 포장 단위, 1베일은 약 217kg이다.

화 가격이 오르는가 싶더니 쭉 오르기 시작했다. 그렇게 서둘러 출발하지 않았다면 한몫 크게 잡았을 것이다.

너무나 많은 트레이더들이 이런 일을 겪기 때문에 이건 법칙으로 정리해도 될 정도다. 주가가 방향을 확실히 정하지 않고 좁은 박스권에서 오르내릴 때는 다음에 크게 상승할지 하락할지 예측하려고 애쓰는 게 무의미하다. 이럴 때는 시장을 주시하고 시세 테이프를 읽으면서 박스권 상단과 하단을 판단하고 가격이 상한선이나 하한선을 돌파할 때까지는 관심을 갖지 않겠다고 마음을 굳게 먹어야 한다. 투기꾼은 시장에서 돈을 버는 데 신경 써야지 시세 테이프가 자기 의견에 맞춰 움직여야 한다고 고집을 부리면 안 된다. 절대로 시세 테이프에 시비를 걸지 마라. 이유나 설명을 요구하지도 마라. 주식시장에선 지나간 뒤에 왈가왈부해봐야 돈이 안 된다.

얼마 전에 친구들 모임이 있었는데 밀 선물 얘기가 나왔다. 일부는 강세, 일부는 약세를 점쳤다. 그러다 친구들이 내 생각을 물었다. 마침 나는 한동안 밀 시장을 공부하고 있었다. 하지만 친구들이 원하는 건 통계나 시장 여건에 대한 분석이 아니었다. 그래서 난 이렇게 말했다. "만약 밀로 돈을 벌고 싶으면 내가 방법을 알려줄게."

친구들은 이구동성으로 돈을 벌고 싶다고 했다. 나는 이렇게 말했다. "만약 밀로 돈을 벌고 싶으면, 그냥 지켜보기만 하면 돼. 기다리는 거지. 1.20달러를 돌파하는 순간에 사면 금방 짭짤하게 벌 수 있을 거야!"

"지금 1.14달러인데 왜 지금 안 사고?" 한 친구가 물었다.

"아직은 가격이 오를지 내릴지 전혀 알 수 없거든."

"그럼 어째서 1.20달러에 사는 거야? 꽤 비싼 값인 것 같은데."

"대박을 바라고 무턱대고 도박을 할 거야, 아니면 영리하게 투기해서 작지만 훨씬 확실한 수익을 챙길 거야?"

친구들은 작지만 확실한 수익이 좋다고 대답했다. 그래서 내가 말했다. "그럼 내가 시키는 대로 해. 1.20달러를 돌파하면 사라고."

앞서 말했지만 나는 밀 시장을 오랫동안 지켜봤다. 몇 달 동안 밀은 1.10달러에서 1.20달러 사이에 팔렸다. 더 이상 오르지도 내리지도 않았다. 그런데 어느 날 1.19달러를 넘기며 마감했다. 나는 준비 태세에 돌입했다. 아니나 다를까 다음 날 시가 1.205달러에 출발하자 매수했다. 가격은 1.21달러, 1.22달러, 1.23달러, 1.25달러까지 올랐다. 나는 쭉 흐름을 타면서 매수했다.

그때는 무슨 일이 일어나고 있는지 설명할 수 없었다. 제한된 박스권에서 가격이 오르내릴 때도 가격이 그렇게 움직이는 이유를 알 수 없었다. 가격이 폭락하기에는 전 세계 밀 공급량이 충분하지 않았기 때문에 밀 가격이 상승할 것이라고 어렴풋이 예상했지만, 가격이 상한선인 1.20달러를 돌파해서 오를지, 아니면 하한선인 1.10달러를 이탈해서 더 내려갈지 알 수 없었다.

사실, 유럽은 그전부터 조용히 밀을 사들이고 있었고, 많은 트레이더들이 1.19달러 언저리에서 공매도해둔 상태였다. 유럽에서 밀을 매입하는 등 여러 가지 원인 때문에 밀이 시장에 대량 반출되자 마침내 밀 가격이 크게 움직이기 시작했다. 가격이 1.20달러 선을 돌파했다. 이것이 내가 아는 전부였지만 이걸로 충분했다. 나는 1.20달러를 돌파하는 순간, 가격이 오르리라 예상했다. 상승세가 그동안 축적한 힘으로 마침내 상단선인 1.20달러 위로 가격을 밀어올렸으므로 박스권을 벗어나리라 판단했다. 1.20달러를 넘어서면서 밀 가격의 최소 저항선이 구축됐고, 그 후로는 장세가 달라졌다.

그날은 휴일이어서 미국 시장은 모두 문을 닫은 상태였다. 그런데 캐나다 위니펙 상품거래소에서 밀 시가가 부셀*당 6센트 상승하며 출발했다. 다음 날 미국 시장이 개장하자 역시 부셀당 6센트 올랐다. 밀 가격이 최소 저항선을 따라 움직였다.

지금까지 시세 테이프 연구를 바탕으로 하는 내 매매 시스템의 핵심을 설명했다. 시세 테이프를 통해 알 수 있는 건 간단하다. 바로 가격이 움직일 확률이다. 즉, 시세 테이프를 보면 가격이 어느 방향으로 움직일 확률이 높은지 알 수 있다. 추가 검증을 통해 매매 방향이 옳은지 점검하고 '심리적인 순간**'을 판단한다. 이를 검증하는 방식은 간단하다. 매매하기로 결정한 물량 중 일부를 시험 매매해 가격이 어떻게 움직이는지 지켜보면 된다.

---

* 무게 단위. 주로 밀의 무게를 나타내는 데 쓰이며 영국에선 62파운드(28.123kg)를, 미국에선 60파운드(27.216kg)를 1부셀로 한다.
** 리버모어의 투자 원칙들 중 하나로, 매수세 또는 매도세가 힘을 받아 주가가 조정이나 반등 없이 계속 상승 또는 하락하리라 판단되는 출발점을 가리킨다.

나는 상승을 바라고 주식을 살 때는 기꺼이 최고가에 사고, 공매도 할 때는 싼값이라야 공매도하거나 아니면 아예 거래를 하지 않는다. 그런데 이런 말을 노련한 트레이더들 앞에서 하면 놀랍게도 많은 사람들이 믿을 수 없다는 표정을 짓는다. 만약 트레이더에게 출발 신호를 알리는 종이 있어서 그대로만 따른다면, 즉 최소 저항선이 드러나기를 기다렸다가 시세 테이프가 상승을 예고할 때 사고 하락을 예고할 때 판다면 돈 벌기가 어렵지 않을 것이다. 그리고 거래하면서 물량을 차츰 늘려야 한다. 처음에는 판돈의 5분의 1만 매수한다. 만약 수익이 안 나면 시작이 잘못된 것이므로 물량을 늘리면 안 된다. 잠시 잘못 짚었다 해도 때를 막론하고 틀리면 수익을 볼 수 없다. 오른다고 말하던 시세 테이프가 이제는 '아직 아니야'라고 한다고 해서 반드시 거짓말을 했다고는 볼 수 없다.

나는 오랫동안 면화를 거래해서 꽤 짭짤하게 벌었다. 면화 시장에 나름 지론을 갖고 있었으므로 철두철미하게 나의 지론에 따라 매매했다. 4만~5만 베일을 거래하기로 결정했다고 하자. 내가 얘기한 대로 시세 테이프를 연구해서 매수나 공매도 기회를 노린다. 최소 저항선이 가격 상승을 예고한다고 가정하자. 1만 베일을 매수한 뒤 시세가 최초 구매가보다 10포인트 상승하면 1만 베일을 추가로 매수한다. 가격이 또 10포인트 상승해 20포인트 수익이 발생하면 2만 베일을 더 산다. 이렇게 되면 거래를 통해 수익을 낼 수 있는 물량이 확보된다. 그런데 처음 1만 베일이나 2만 베일을 매수했을 때 손실이 나면 시장에서 빠져나온다. 내 판단이 틀렸으니까. 물론 잠시만 어긋난 것이고 앞으로는 수익이 날 수도 있지만, 앞서 말했듯 시작이 잘못되면 잘되는 경우가 별로 없다.

이런 매매 시스템을 고수하면서 가격이 박스권을 벗어나 추세를 형성하면서 움직일 때마다 면화 선물 물량을 확보했다. 차곡차곡 전체 목표 물량을 채우는 과정에서 시장을 타진하기 위해 매매하는 데 5만~6만 달러를 쓰기도 했다. 시장을 타진해보는 대가치고는 비싼 것 같지만, 절대로 그렇지 않다. 내가 정확한 시점에 물량을 축적하기 시작했는지 확인하느라 쓴 돈이기 때문이다. 박스권의 속임수 등락에서 벗어나 가격이 추세를 형성해서 움직이기 시작하면 5만 달러를 회수하는 데 얼마나 걸릴까? 금방이다! 제때 제대로 판단하면 언제나 보상이 따른다.

이것이 판돈을 거는 나만의 매매 방식이다. 수익이 날 때만 크게 걸고, 손실이 난다고 해도 시장을 타진하는 데 든 소액만 날리게 되니 이편이 현명하다. 간단한 계산 아닌가. 내가 설명한 대로 매매하면, 크게 걸 때는 언제나 돈을 벌 수 있는 포지션에 있을 것이다.

전업 트레이더라면 경험에서 얻은 지식, 투기에 대한 태도나 욕망에 따라 나름의 시스템을 갖고 있을 것이다. 팜비치에서 만난 어떤 노신사가 생각난다. 이름은 제대로 듣지 못했는데, 남북전쟁 때부터 월가에서 잔뼈가 굵은 노인이었다. 듣기로는 워낙 별의별 공황과 호황을 많이 겪어봐서 여우 뺨치는 노인이라고 했다. 노인은 태양 아래 새로운 건 없고 주식시장에는 더더욱 없다고 입버릇처럼 말했다. 노인은 내게 질문을 퍼부었다. 내가 매매할 때 늘 쓰는 방식을 설명하자 노인은 고개를 끄덕이며 말했다.

"그렇지! 암! 자네 말이 맞아. 자기가 살아온 방식에 맞고, 자기 마음에 끌리는 방식이 좋은 시스템이지. 자네 정도면 판돈은 대수롭지 않을 테니 말대로 하기 쉽겠지. 팻 허언이 생각나는군. 그에 대해 들어본 적 있나? 꽤 유명한 도박사였는데 우리와도 거래를 했지. 영리하고 대담한 사내였어. 그 친구가 주식으로 돈을 버는 것을 본 사람들이 조언을 구했지. 그런데 한마디도 안 했어. 사람들이 매매 요령이 뭐냐고 단도직입적으로 물어볼 때마다 그는 자기가 가장 좋아하는 경마판 격언을 꺼냈지. '돈을 걸기 전엔 모르는 법'이라고 말이야.

그는 우리 중개소에서 매매했다네. 인기주를 100주 정도 샀는데 주가가 1퍼센트 오르면 100주 더 샀지. 또 1포인트 오르면 또 100주를 샀어. 계속 이런 식으로 했어. 그는 툭하면 이런 얘길 했지. 자기는 남의 주머니나 채우려고 주식을 하는 게 아니니까 마지막 매수가보다 1포인트 낮은 가격에 손절매 주문을 걸어놓는다고. 주가가 계속 오르면 손절매 지점도 계속 올렸어. 주가가 1퍼센트만 조정 받아도 손절매에 걸려서 청산됐지. 그 친구는 본전이든 평가수익이든 1포인트 이상 잃는 건 말이 안 된다고 하더군.

알다시피, 진짜 도박꾼은 승산 없는 모험보다는 확실히 딸 수 있는 건수를 찾는단 말이야. 물론 승산이 희박해도 돈이 된다면야 괜찮지.

팻은 주식시장에서 비밀 정보를 듣고 매매하지도 않았고, 일주일에 20포인트씩 먹으려고 하지도 않았어. 그냥 확실한 건수를 잡으면 물량을 넉넉하게 확보해서 윤택하게 생활할 수 있을 만큼만 노렸어. 월가에서 내부자가 아닌 투기꾼을 수없이 만났지만, 주식 투기를 타로 카드나 룰렛처럼 단순한 확률 게임으로 보면서도 비교적 건실한 베팅 방식을 고수한 사람은 팻 허언 딱 하나뿐이었어."

노인은 생각보다 달변이었다.

"팻이 죽자 항상 그와 함께 거래하던 고객 하나가 그의 매매 방식을 답습한 결과, 래커와나로 10만 달러 넘게 벌었지. 그런데 다른 주식으로 바꿔 타더니 이제 밑천도 두둑하겠다, 팻의 방식을 고수할 필요가 없다고 생각한 모양이지. 상승하던 주가가 반락하자 손절매하지 않고 곧 수익이라도 날 것인 양 그냥 내버려뒀어. 물론 동전 한 닢 남지 않고 깡그리 날렸지. 빚만 수천 달러 떠안고서야 끝냈다네.

사내는 2~3년 동안 증권가를 서성거렸어. 돈을 날리고 오랜 시간이 흘렀지만 분을 삭이지 못했지. 그래도 사고는 안 치니 사람들이 싫어하진 않았다네. 기억이 생생해. 그 친구는 팻 허언의 매매 방식을 고수하지 않은 건 천하의 바보짓이었다고 흔쾌히 인정했지. 그런데 어느 날 잔뜩 신이 나선 우리 중개소에서 공매도 좀 하게 해달라고 부탁하더군. 한창 잘나갈 때는 훌륭한 고객이었고 괜찮은 친구여서 100주 매매를 보증하겠다고 했지.

그 친구는 레이크쇼어를 100주 공매도하더군. 1875년, 빌 트래버스가 시장에서 매도 공세를 나선 때였지. 이 친구 이름이 로버츠야. 하여튼 로버츠는 레이크쇼어를 적시에 공매도했고, 주가가 빠지는 동안 계속 팔았지. 그 친구가 한창 잘나갈 때 하던 방식이지. 그러다가 '희망'이라는 놈의 쏘삭임에 넘어가 팻 허언의 방식을 버렸지만 말이야.

글쎄, 나흘간 피라미딩 기법으로 공매도했는데, 로버츠의 계좌에 수익이 1만 5000달러 쌓였지 뭔가. 그 친구가 손절매 주문을 안 걸어놓은 걸 보고 내가 얘기했지. 그랬더니 본격적인 하락장은 시작도 안 했고 1포인트 반등에는 꿈쩍도 안 할 거라고 하더군. 그게 8월이야. 그런데 9월 중순도 못 돼서 넷째 아이 유모차를 사야 된다며 나한테 10달러 빌려갔어. 검증된 자기 시스템이 있는데도 고수하지 않았던 거야. 그게 문제였어. 다들 그러다가 망해버리지."

노인이 나를 보며 도리머리를 절레절레 흔들었다.

노인의 말이 옳다. 투기라는 사업은 자연법칙에 어긋난다는 생각이 종종 들곤 한다. 왜냐하면 평범한 투기자라면 본성에 맞서 싸울 각오를 해야 하기 때문이다. 누구나 갖고 있는 약점이 투기에는 치명적이다. 보통 이런 약점들 때문에 주위 사람들에게 호감을 사기도 한다. 주식이나 상품 거래보다 훨씬 위험하지 않은 다른 사업에선 이런 약점 때문에 망치지 않도록 단단히 대비하는데 유독 주식시장에선 크게 문제가 되곤 한다.

투기꾼의 큰 적은 항상 자신의 내부에서 튀어나온다. 이 적들은 희망과 두려움이라는 인간의 본성과 불가분의 관계에 있다. 투기하다가 시장이 불리하게 돌아가면 매일 이게 마지막 날이기를 바란다. 희망의 속삭임을 듣지 않았더라면 그나마 나았겠지만 희망이 쏘삭이는 소리를 듣는 바람에 손실은 더 불어난다. 크든 작든 제국을 건설하는 자들과 개척자들에게는 희망이 성공으로 이끄는 강력한 동맹군이지만 투기판에선 그렇지 않다. 그리고 시장이 내 뜻대로 움직여도 다음 날이 되면 수익을 빼앗길까 봐 두려워서 허겁지겁 빠져나온다. 더 벌 수도 있고 마땅히 더 벌어야 하건만 두려움이 발목을 잡는 것이다.

시장에서 성공하려면 뼛속 깊이 새겨진 이 두 가지 본능과 싸워야 한다. 타고난 충동을 뒤집어야 한다. 기대에 부풀 때 두려워해야 하며, 두려운 마음이 들 때 희망을 가져야 한다. 손실이 나면 손실이 왕창 커지지 않을까 두려워해야 하며, 수익이 나면 크게 불어나기를 바라야 한다. 어중이떠중이들이 하는 대로 주식판에서 도박을 한다? 어림 반푼어치도 없는 짓이다.

나는 열다섯 살부터 투기 거래를 해왔다. 다른 일에는 손도 대지 않았다. 지금 대충 아무렇게나 지껄이는 게 아니라는 말이다. 30여 년 동안 끊임없이 매매한 끝에 내린 내가 결론은 이렇다. 몇 푼 안 되는 밑천으로 매매할 때나 수백만 달러를 주무를 때나 결론은 마찬가지다. 특정 시점에 한두 종목에서 돈을 딸 수는 있지만, 누구도 주식시장을 무찌를 순 없다! 쉽게 말해 매번 돈을 딸 순 없다! 면화나 곡물을 거래해서 돈을 벌 수 있지만, 누구도 면화 시장이나 곡물 시장을 이겨먹을 순 없다. 경마나 마찬가지다. 경마 경주에서 몇 번 돈을 딸 수 있지만, 돈을 거는 족족 다 딸 수는 없다.

더 단호하고 강하게 얘기하고 싶은데 적당한 말이 생각나지 않아서 이 정도로 줄이겠다. 누가 정반대로 얘기하더라도 달라질 건 없다. 내 말은 논란의 여지없는 진리니까.

기회의 여신은 뒷머리가 없다

자, 1907년 10월로 돌아가보자. 요트 한 척을 장만해 뉴욕을 떠나 남쪽 바다에서 항해를 즐길 만반의 준비를 갖췄다. 낚시라면 원래 사족을 못 썼는데, 드디어 요트가 생겨서 내가 하고 싶을 때 어디든 가서 마음껏 낚시를 할 수 있게 됐다. 주식으로 한몫 잡았겠다, 준비는 완벽했다. 그런데 막판에 옥수수가 발목을 잡을 줄이야.

이 점부터 설명해야겠다. 자금 시장에 돈줄이 마르는 금융 공황으로 처음으로 100만 달러라는 큰돈을 벌었는데, 실은 그전부터 시카고 선물 시장에서 곡물도 거래하고 있었다. 당시 밀 1000만 부셸과 옥수수 1000만 부셸을 공매도한 상태였다. 오랫동안 곡물 시장을 연구해왔고, 주식처럼 옥수수와 밀 가격도 하락할 것으로 봤기 때문이다.

옥수수와 밀 둘 다 하락하기 시작했지만, 시카고에서 으뜸가는 큰손 ― 그를 스트래튼이라고 부르겠다 ― 은 옥수수를 매집하려고 작심했다. 주식을 정리하고 남쪽으로 출발할 무렵, 밀은 평가수익이 컸지만, 옥수수는 스트래튼이 가격을 올려놓는 바람에 평가손실이 꽤 큰 상태였다.

국내에 옥수수가 모자라서 가격이 오른 건 아니었다. 오히려 옥수수 물량은 충분했다. 수요와 공급의 법칙은 언제나 작동한다. 그런데 수요는 주로 스트래튼에서 나왔고 공급은 전혀 되지 않았다. 왜냐하면 도로가 꽉 막혀서 옥수수를 운송하는 데 차질이 빚어졌기 때문이다. 나는 차라리 한파가 닥쳐 도로가 얼어붙게 해달라고 기도했다. 도로가 꽁꽁 얼어 다른 차들이 못 나오면 혹시나 농부들이 옥수수를 시장에 출하할 수 있을까 해서였다. 물론 내 소원대로 될 리 없었다.

신나서 낚시 여행을 계획하고 떠날 날만 기다리고 있었는데, 옥수수에서 손실이 생기는 바람에 제동이 걸렸다. 시장 상황이 이런데 무작정 떠날 순 없었다. 물론 스트래튼은 차주잔고를 예의주시하고 있었다. 스트래튼은 내가 독 안에 든 쥐 신세가 됐다는 걸 알고 있었고, 나도 스트래튼만큼이나 내 처지를 잘 알고 있었다. 그래도 열심히 기도하면 날씨가 도와주지 않을까 막연히 기대했다. 하지만 날씨도, 기적을 일으키는 존재도 내 처지 따위는 신경 쓰지 않았다. 나는 노력해서 나 자신의 힘으로 위기에서 빠져나올 묘안을 강구해야만 했다.

밀 선물은 막대한 수익을 챙기고 전부 청산됐다. 그런데 옥수수 문제는 좀처럼 풀리지 않았다. 만약 시장가로 1000만 부셸을 환매할 수만 있다면, 손실이 크더라도 당장 그러고 싶었다. 하지만 내가 공매도 포지션을 정리하기 위해 옥수수 매수에 나서면 옥수수 선물을 틀어쥐고 있는 스트래튼이 팔짱만 끼고 있을 리 없었다. 누구보다 앞장서서 가격을 올리며 나를 조여 올 게 뻔했다. 게다가 내가 옥수수를 사들이면 사자 주문 때문에 당연히 가격이 오를 텐데, 그것은 내가 내 손으로 가격을 올리는 꼴이었다. 그건 죽기보다 싫었다.

옥수수 가격이 강세를 보였지만 낚시를 가고 싶은 마음이 더 간절했기에 당장 빠져나올 방법을 찾았다. 할 수 없이 전략상 후퇴를 감행했다. 공매도한 1000만 부셸을 환매하되 가능한 한 손실을 줄여야 했다.

당시 스트래튼은 귀리도 거래하면서 귀리 시장 역시 휘어잡고 있었다. 나는 작황 소식, 곡물 거래소 공판장에 떠도는 풍문 등등 곡물 시장에 관한 소식이라면 무엇이든 놓치지 않으려고 계속 귀를 쫑긋 세우고 있었는데, 또 다른 큰손인 아머가 스트래튼과 시장에서 맞서고 있다는 소문이 들렸다. 말할 필요도 없는 이야기이지만 스트래튼은 자신이 제시한 가격이 아니면 나한테 옥수수를 넘기지 않을 게 뻔했다. 아머가 스트래튼과 팽팽하게 대치하고 있다는 소문을 듣자마자 시카고 트레이더들에게 도움을 받을 수 있겠다 싶었다. 그들이 날 도울 길은 하나밖에 없었다. 바로 스트래튼이 꽉 잡고 내놓지 않는 옥수수를 나한테 파는 것이었다. 그러면 나머지는 다 쉽게 풀릴 것이 분명했다.

우선, 나는 옥수수 선물이 0.125센트 하락할 때마다 50만 부셸을 매수하라는 주문을 넣었다. 매수 주문이 접수되자 동시에 귀리 5만 부셸을 시장가에 매도한다는 주문을 중개소 네 군데에 넣었다. 이렇게 하면 귀리 가격이 급락하리라 계산했다. 트레이더들은 아머가 스트래튼에게 총을 갈기고 있다고 생각할 게 뻔했다. 나는 트레이더들의 이런 심리를 꿰뚫고 있었다. 귀리로 공격의 포문을 열면 트레이더들은 자연히 다음은 옥수수가 하락할 차례라고 짐작하고 옥수수를 팔기 시작할 것이다. 만약 이 작전이 통해 옥수수 매점 세력이 한 방 먹어준다면, 나는 그야말로 횡재하게 될 터였다.

시카고 트레이더들의 심리에 대한 내 예측은 맞아 떨어졌다. 여기저기서 매도 주문이 들어와 귀리 가격이 하락하자 트레이더들은 앞다퉈 옥수수를 열심히 팔아대기 시작했다. 나는 10분도 지나지 않아 옥수수 600만 부셸을 환매할 수 있었다. 옥수수 보유 세력이 매도를 중단하자, 나는 그냥 시장가에 400만 부셸을 환매했다. 물론 내가 매수하는 바람에 옥수수 가격은 다시 올라갔다. 그래도 트레이더들이 매도하는 물량을 받아서 환매하기 시작할 당시 가격에서 0.5센트 이내에 1000만 부셸을 모두 처리할 수 있었다. 트레이더들이 옥수수를 팔게 만들려고 공매도한 귀리 20만 부셸은 3000달러 정도 손해를 보고 환매했다. 옥수수를 내놓게 만들려고 쓴 미끼치고는 싸게 먹힌 셈이다. 옥수수로 손해를 봤지만 밀로 벌어들인 수익이 적자를 크게 상쇄해 당시 곡물 거래에서 입은 총손실은 2만 5000달러밖에 되지 않았다. 그 후 옥수수는 부셸당 25센트 올랐다. 스트래튼이 나를 마음대로 주무를 수 있는 위치에 있었다는 건 분명하다. 만약 내가 가격을 고려하지 않고 옥수수 1000만 부셸을 매수하기로 결정했다면, 어떤 대가를 치렀을지 생각만 해도 아찔하다.

초보자와 달리 오랫동안 한 가지 일을 하다 보면 일하는 품새가 몸에 밴다. 여기서 프로와 아마추어가 갈린다. 투기 시장에서 돈을 벌거나 날리게 만드는 건 일을 바라보는 관점일 뿐이다. 사람들은 자신이 하는 일을 속속들이 파헤치거나 따지지 않는다. 그저 수박 겉핥기식으로 대충 생각할 뿐, 철저하게 분석하지 않는다. 따지다 보면 자존심이 상할 수밖에 없다. 그 과정에서 자존심이 시도 때도 없이 고개를 내미는 것은 물론이다. 반면 프로는 돈을 벌기보다는 제대로 하는 것에 관심을 갖고 일에 주의를 기울이면 수익이 저절로 따라온다는 것을 알고 있다. 트레이더는 프로 당구 선수처럼 경기에 임한다. 쉽게 말해, 눈앞에 있는 샷 하나에 집착하지 않고 몇 수 앞을 내다보고 유리한 위치에 공이 놓이게끔 친다. 프로는 이런 자세가 본능처럼 몸에 배어 있다.

내가 하고 싶은 이야기를 실감나게 보여주는 일화가 있다. 애디슨 캐먹이라는 트레이더 이야기다. 주워들은 이야기를 종합해보면 캐먹은 소위 월가에서 날고 긴다는 사람 중 하나였다. 캐먹이 늘 약세론을 고집했다고들 하는데, 실은 그렇지 않다. 희망과 두려움이라는 인간의 두 가지 정서를 자신에게 유리하게 활용하면서 약세 쪽에서 매매하는 게 그의 기질에 더 맞았을 뿐이다. "수액이 나무 위로 솟구칠 때는 주식을 팔지 마라!"라는 격언을 만들어낸 것도 캐먹이다. 이 바닥에 오래 몸담은 사람은 캐먹이 돈을 제일 크게 먹은 건 강세에 걸었을 때라면서, 이것만 봐도 캐먹은 편견이 아니라 시장 여건에 따라 매매한 게 분명하다고 지적한다. 아무튼 캐먹은 이 바닥에서 신들린 사나이로 불렸다.

때는 강세장이 막바지로 치달을 무렵으로 거슬러 올라간다. 캐먹은 하락을 예상했는데, 금융 담당 기자이자 재담가인 J. 아서 조셉이 이 사실을 알고 있었다. 그러나 강세 주도 세력의 부추김과 신문들의 낙관적인 보도에 힘입어 시장은 강세를 보이며 계속 오르고 있었다. 캐먹 같은 트레이더가 하락을 암시하는 정보를 어떻게 써먹을지 알고 있었던 조셉은 이 기쁜 소식을 전하러 캐먹의 사무실로 달려갔다.

"세인트폴 중개소에 주식 양도를 담당하는 친구가 있는데, 꽤 괜찮은 사람이에요. 그 친구한테 방금 들은 말이 있는데 아서야 할 것 같아서요."

"뭔가?" 캐먹은 심드렁하게 대꾸했다.

"이제 돌아서신 거 맞죠? 지금은 약세로 전망하시나요?" 조셉은 확실히 하고 싶었다. 캐먹이 관심 없다면 귀한 정보를 허투루 발설하면 안 되니까.

"그렇네만. 끝내주는 정보란 게 뭔가?"

"일주일에 두세 번 취재차 세인트폴 중개소를 둘러보는데, 오늘 갔더니 친구가 이런 얘기를 하더라고요. '대장이 주식을 팔고 있어.' 윌리엄 록펠러 말이에요. 정말이냐고 물으니 이렇게 대답하더라고요.

'그렇다니까. 주가가 0.375포인트 오를 때마다 1500주씩 팔고 있어. 내가 2~3일째 주식을 양도하고 있거든.' 그 말을 듣고 지체 없이 바로 와서 말씀드리는 겁니다."

캐먹은 좀처럼 흥분하지 않았다. 온갖 사람들이 뉴스니 소문이니 비밀 정보니 하면서 들이닥치고, 시답잖은 한담이나 거짓말까지 별의별 소리를 다 듣고 오는 통에 캐먹은 이런 정보를 쉽게 믿지 않았다. 캐먹은 그저 이렇게 응수했다.

"제대로 들은 거 맞나, 조셉?"

"확실하냐고요? 확실하고말고요! 제가 귀 먹은 줄 아세요?"

"자네 친구라는 사람 믿어도 돼?"

"그럼요!" 조셉이 말했다. "오랫동안 알고 지냈어요. 저한테 한 번도 거짓말한 적 없어요. 거짓말 같은 거 안 하는 친구예요! 정말이에요! 절대 신뢰할 수 있는 친구고, 그 친구 말이라면 제 목숨도 걸 수 있어요. 세상 사람 중에서 제가 그 친구만큼 잘 아는 사람도 없을걸요. 영감님도 저를 오랜 세월 아셨지만 그 정도가 아니에요."

"그 친구 확실하지?" 캐먹은 다시 조셉을 바라보고는 이렇게 말했다. "아, 자네도 알아야지." 캐먹은 중개인인 W. B. 휠러를 불렀다. 조셉은 캐먹이 세인트폴을 최소한 5만 주는 매도하리라 예상했다. 록펠러가 오름세를 틈 타 세인트폴 지분을 처분하고 있지 않은가. 투자 지분이든 투기 목적 주식이든 상관없었다. 중요한 건 스탠더드 오일 대주주들 중에서 첫손 꼽히는 트레이더가 세인트폴 주식을 정리하고 있다는 사실이었다. 믿을 만한 소식통에게 이런 정보를 받으면 보통 어떻게 할까? 두말하면 잔소리다. 그런데 전성기 시절 최고의 약세론자이자 당시 시장을 약세로 보고 있던 캐먹은 중개인에게 이렇게 말했다.

"빌리, 거래소에 가서 세인트폴이 0.375포인트 오를 때마다 1500주씩 매수하게."

당시 세인트폴은 90달러 언저리에 거래되고 있었다.

"파는 게 아니고요?" 조셉이 황급히 끼어들었다. 조셉도 월가에서 꽤 구를 만큼 구른 사람이었지만, 신문기자의 눈으로 시장을 봤고 이는 일반 대중의 관점과 비슷했다. 내부자가 판다는 소식이 들리면 주가는 내려가게 돼 있다. 게다가 록펠러가 판다는데 이만한 내부자가 또 어디 있겠는가. 스탠더드 오일이 세인트폴을 정리하는데 캐먹이 산다고? 말도 안 된다!

"아니." 캐먹이 대답했다. "사는 거야!"

"제 말이 못 미더우세요?"

"아냐, 믿어!"

"제 정보가 미덥지 않으신가요?"

"아냐, 믿어."

"시장을 약세로 예측하시는 거 아닌가요?"

"말이라고."

"그런데요?"

"그래서 사는 거라네. 잘 듣게. 자네가 믿는다는 그 친구와 계속 연락하다가 일정량 매도가 멈추는 순간, 알려주게. 즉시! 알겠나?"

"알겠어요." 조셉은 이렇게 대답하고는 자리를 떴다. 록펠러가 내놓은 주식을 사들이려는 이유가 뭔지 짐작조차 할 수 없었다. 더구나 캐먹이 전체 장세를 약세로 보는 터라 도무지 무슨 꿍꿍이인지 알 수 없었다. 하지만 조셉은 주식 양도 일을 하는 친구에게 '대장'이 매도를 끝내면 귀뜸해달라고 일러뒀다. 조셉은 하루에 두 번씩 꼬박꼬박 친구에게 확인했다. 어느 날 친구가 말했다. "대장이 이제 주식을 안 내놓는군." 조셉은 고맙다고 하고 소식을 전하러 캐먹의 사무실로 달려갔다.

캐먹은 그의 말에 귀를 기울이다가 고개를 돌려 휠러에게 세인트폴 주식이 얼마나 있는지 물었다. 휠러는 찾아보더니 6만 주 정도 사 모았다고 보고했다. 캐먹은 시장을 약세로 보고 있었기 때문에 세인트폴을 매수하기 전부터 그레인저스를 비롯해 여러 종목을 공매도하고 있었고, 공매도해둔 물량도 어마어마했다. 캐먹은 즉시 휠러에게 보유하고 있던 세인트폴 주식 6만 주를 팔고, 더 팔라고 주문했다. 보유하고 있던 세인트폴을 지렛대 삼아 전체 시장을 떨어뜨리면 주가를 떨어뜨리는 작전에 크게 유리할 것이기 분명했기 때문이다.

세인트폴은 44달러까지 쭉 미끄러졌고 캐먹은 돈방석에 앉았다. 캐먹은 신들린 듯한 손재주로 수익을 챙겼다. 이 일화를 통해 내가 말하려는 요점은 몸에 밴 품새다. 캐먹은 심사숙고할 필요가 없었다.

캐먹은 세인트폴 한 종목에서 얻을 수 있는 수익보다 훨씬 더 중요한 게 뭔지 잘 알았다. 캐먹은 천우신조로 적절한 시기에 공매도로 크게 움직일 수 있는 기회를 잡았다고 판단했다. 시기도 시기이지만 세인트폴을 잘만 이용하면 공매도 공세를 펼칠 추진력으로 이용할 수 있었다. 이런 이유로 록펠러가 세인트폴을 판다는 정보를 듣고도 매도하지 않고 매수했다. 왜냐하면 세인트폴을 매수해두면 공매도 작전을 펼칠 때 가장 훌륭하게 쓸 수 있는 무기가 무더기로 쌓일 것임을 즉시 알아챘기 때문이다.

다시 내 얘기로 돌아가겠다. 밀과 옥수수 매매를 끝낸 후, 플로리다 연안을 요트로 유유자적 누볐다. 낚시가 어찌나 재밌는지 기분이 날아갈 것 같았다. 걱정거리라곤 없었고, 앞으로도 생길 것 같지 않았다. 어느 날 요트를 타고 팜비치에 내렸다. 거기서 월가 친구들을 비롯해 여러 사람을 만났는데, 다들 면화 투기꾼 이야기를 하고 있었다. 당대에서 가장 걸출한 면화 투기꾼 퍼시 토머스 얘기였다. 뉴욕발 보도에 따르면 토머스가 전 재산을 잃고 알거지 신세가 됐다고 했다. 그래도 세계적으로 유명한 투기꾼이 면화 시장에서 두 번째로 참패했다는 소문일 뿐, 토머스가 시장에서 아예 퇴출된 건 아니었다.

나는 늘 토머스를 흠모했다. 내가 토머스를 처음 알게 된 건 셸든앤토머스가 파산했다는 신문기사를 통해서였다. 당시 토머스는 면화를 매집하려고 했다. 그런데 동업자인 토머스만큼 비전도 배짱도 없었던 셸든이 성공을 눈앞에 두고 겁을 먹었다. 적어도 당시 월가에 떠도는 얘기론 그랬다. 여하튼 두 사람은 한몫 크게 잡기는커녕 상당한 파문이 일 정도로 희대의 참패를 맛봤다. 몇백만 달러나 날렸는지 정확히 기억나진 않지만, 회사는 문을 닫고 토머스는 혼자 일하는 신세가 됐다. 이후 토머스는 오로지 면화 시장에만 몰두한 덕분에 얼마 되지 않아 재기할 수 있었다. 그리고 채권자들에게 진 빚을 전부 갚았다. 법적으로 갚을 의무가 없었는데도 이자까지 갚았다. 그러고도 수중에 100만 달러가 남았다. 면화 시장에서 토머스가 재기한 일화는 '집사' S. V. 화이트가 주식시장을 공략해 1년 만에 100만 달러를 갚은 일화만큼이나 놀라웠다. 이 같은 토머스의 담력과 두뇌에 나는 늘 탄복했다.

팜비치에 모인 사람은 누구나 할 것 없이 토머스가 3월물 면화 거래에 실패했다며 수군거렸다. 사람들의 입에 오르내리다 보면 이야기가 어떻게 변질되는지 다들 잘 알 것이다. 원래 이야기에 잘못된 정보나 과장이 점점 덧붙고, 심지어 어떤 부분은 왜곡된다. 나에 대한 소문도 그랬다. 어찌나 과장하고 뜯어고쳤는지 소문이 돌고 돌아 24시간도 안 돼 맨 처음 발설한 사람 귀에 다시 들어갔는데, 이 사람이 자기가 처음 퍼뜨린 소문인지 알아채지 못할 정도였다. 새로운 이야기가 들어가고 선정적인 소소한 내용까지 덕지덕지 붙어 부풀려진 탓이었다.

토머스가 얼마 전 비참한 신세가 됐다는 소식에 나는 낚시를 잠깐 접고 면화 시장으로 시선을 돌렸다. 시장의 여건이 어떤지 보려고 업계 신문들을 훑어봤다. 뉴욕에 돌아와서는 시장을 연구하는 데 몰두했다. 모두들 약세장을 예상하고 7월물 면화 선물을 매도하고 있었다. 인간이 어떤 동물인지 말하지 않아도 알겠지만, 주변 사람들이 다 하면 따라서 부화뇌동하는 '전염성'을 보여주는 예시라고 생각한다. 군중심리의 한 국면, 또는 군중심리의 변종이라고 할 수 있다. 어쨌든 수많은 트레이더들이 7월물 면화 선물을 파는 게 현명하고 적절하며 매우 안전하다고 판단했다! 이렇게 남들 따라 우르르 매도하는 현상을 표현하기에는 무모하다는 말도 아깝다. 무모하다는 단어도 너무 약하다. 각설하고, 트레이더들은 시장의 한 부분만 보고 큰돈을 기대했으며, 반드시 가격이 붕괴하리라 예상했다.

시장이 돌아가는 상황을 지켜보니 공매도 세력이 물량을 환매할 수 있는 시간이 많지 않아 보였다. 상황을 자세히 볼수록 더더욱 분명해졌다. 결국 나는 7월물 면화 선물을 사기로 결심하고 얼른 가서 10만 베일을 샀다. 매도자가 넘쳐나서 수월하게 살 수 있었다. 죽었든 살았든 7월물 면화를 팔지 않는 트레이더를 한 명이라도 데려오면 현상금 100만 달러를 주겠다고 해도 괜찮을 것 같았다. 그런 트레이더를 잡아서 현상금을 요구할 사람이 없을 테니까 말이다.

5월 말쯤이었다. 다른 사람들이 계속 파는데도 나는 시중에 나온 선물 계약들을 모조리 사들였다. 보유 물량이 12만 베일에 달했다. 시중에 남은 마지막 물량까지 모조리 사들이고 나서 이틀 정도 지나자 면화 가격이 오르기 시작했다. 시장은 일단 상승세를 타기 시작하자 황송하게도 거침없이 쭉쭉 올랐는데, 하루 만에 40~50포인트 오르기도 했다.

어느 토요일, 작업에 착수한 지 열흘쯤 지났을 때였다. 가격이 슬금슬금 오르기 시작했다. 시장에 나올 7월물 면화 물량이 더 있는지는 알 수 없었다. 직접 알아봐야 했기에 장 마감 10분 전까지 기다렸다. 대체로 그 시간이면 트레이더들이 공매도에 나서므로 시장이 오름세로 마감하면 안전하게 물량을 낚아챌 수 있었다. 그래서 나는 5000베일을 시장가에 매수하는 주문 네 건을 동시에 넣었다. 이 주문으로 가격이 30포인트 올랐고, 공매도 세력은 조금이라도 비싸게 팔려고 몸부림을 쳤다. 결국 시장은 최고가에 마감했다. 내가 한 일은 마지막 남은 2만 베일을 산 것뿐이었다.

이튿날인 일요일이었다. 뉴욕의 상승세와 보조를 맞추려면 월요일 리버풀 선물시장이 개장과 함께 20포인트 상승해야 했다. 그런데 50포인트나 올랐다. 리버풀의 오름폭이 뉴욕 시장보다 두 배 이상 크다는 의미였다. 리버풀 시장이 상승하는 건 나하고는 아무 상관이 없었다. 리버풀 시장에서 가격이 올랐다는 건 내 추론이 옳았고, 내가 최소 저항선을 따라 매매하고 있다는 증거였다. 동시에 내가 털어야 할 물량이 어마어마하게 많다는 사실 역시 망각하지 않았다. 시장이 급격히 오르건, 서서히 오르건, 가격이 오른다고 해서 언제나 일정량 이상의 매도 물량을 소화할 여력이 있는 건 아니기 때문이다.

물론 리버풀에서 이런 소식이 들리자 뉴욕 시장이 들썩거렸다. 하지만 가격이 오를수록 시중에 7월물 면화가 점점 귀해지는 게 보였다. 나 역시 보유 물량을 하나도 내놓지 않을 참이었다. 월요일은 짜릿하긴 했지만 공매도 세력에겐 썩 달갑지 않은 날이었다. 그래도 공매도 세력이 공황에 빠진 낌새는 전혀 없었다. 너도나도 서로 청산하겠다고 아우성치는 조짐도 없었다. 14만 베일을 보유하고 있었던 나는 팔 사람을 찾아야 했다.

화요일 아침 사무실로 걸어가는데 건물 입구에서 친구를 만났다.

"오늘 아침 〈월드〉에 재밌는 기사가 났더라고." 친구가 웃으며 말했다.

"무슨 기산데?"

"뭐? 설마 그쪽이랑 안 만났다는 거야?"

"〈월드〉랑은 아예 접촉한 적도 없어. 대체 무슨 기산데 그래?"

"온통 자네 얘기야. 자네가 7월물 면화를 매집했다고 하더군."

"분명히 말하지만, 그쪽하고 만난 적 없어."

나는 이렇게 말하고 자리를 떴다. 친구가 내 말을 믿었는지는 알 수 없지만 사실 여부를 떠나 내가 미리 말하지 않아서 못내 서운한 모양이었다. 사무실에 도착하자마자 신문을 한 부 가져오라고 했다. 웬걸, 1면에 대문짝만 하게 이런 제목이 보였다.

래리 리빙스턴, 7월물 면화 선물 매집하다.

이 기사가 시장에 파문을 일으킬 게 뻔했다. 14만 베일을 어떻게 처리하면 가장 좋은 값에 처분할 수 있을지 갖은 수단과 방법을 아무리 꼼꼼하게 연구했더라도 이보다 더 좋은 작전을 짜낼 순 없었을 것이다. 이런 작전은 생각지도 못했을 테니 말이다. 여러 신문에서 〈월드〉를 인용하자 기사는 삽시간에 미국 전역에 퍼져 나갔고, 전보로 유럽에까지 타전됐다. 리버풀 시장의 면화 가격을 보면 유럽에까지 소식이 들어간 게 틀림없었다. 유럽 시장은 그야말로 날뛰기 시작했다. 이런 기사가 났으니 그럴 만도 했다.

물론 나는 뉴욕 시장이 어떻게 반응할지, 내가 뭘 해야 할지 알고 있었다. 뉴욕 시장은 10시에 개장했는데 10시 10분쯤 내 수중에는 면화가 하나도 없었다. 14만 베일을 남김없이 다 팔았다. 대부분의 물량을 일중 고가에 팔았다. 트레이더들이 나를 위해 시장을 조성해준 셈이었다. 나는 면화를 처분하라고 하늘이 내려준 기회를 포착했을 뿐이다. 나는 만부득이하여 기회를 움켜쥐었다. 달리 어쩌겠는가?

해결하려면 꽤나 골치 아팠을 문제가 이처럼 뜻하지 않은 방법으로 해결됐다. 만약 〈월드〉가 그 기사를 내지 않았더라면 평가수익의 상당 부분을 포기하지 않고는 결코 물량을 처분할 수 없었을 것이다. 가격을 끌어내리지 않고 14만 베일을 매도하려면 힘든 상황이었는데 〈월드〉가 시원하게 해결해줬다.

〈월드〉가 왜 그런 기사를 냈는지는 알 수 없다. 정말 모른다. 어쩌면 면화 시장에서 거래하는 이들에게 제보를 받고 특종을 건졌다고 생각한 건지도 모른다. 분명히 말하지만, 나는 〈월드〉 기자는 단 한 사람도 만나지 않았다. 그날 아침 9시가 넘도록 그런 기사가 난 줄도 몰랐다. 친구가 귀띔해주지 않았다면 9시에도 까맣게 몰랐을 것이다.

그 기사가 없었더라면 내가 가진 물량을 다 받아줄 시장이 만들어지지 않았을 것이다. 대규모로 매매하면 이 점이 문제다. 서둘러 몰래 빠져나갈 수 없다. 빠져나오고 싶다고 해서, 빠져나오는 게 현명하다고 해서 언제나 다 팔아치울 수 있는 것은 아니다. 할 수 있을 때 빠져나와야 한다. 즉, 가진 물량을 다 소화해줄 만한 시장이 있을 때 빠져나와야 한다. 빠져나올 기회를 잡지 못하면 수백만 달러가 날아갈 수도 있다. 우물쭈물하다가는 나중에 갈팡질팡 헤매게 된다. 공매도 세력이 경쟁적으로 환매하게 만들어서 가격을 끌어올리면 어떨까? 그런 묘기는 부리지 않는 게 좋다. 값이 올라가면 그만큼 사기가 어려워져 시장이 물량을 흡수할 여력이 줄어들기 때문이다. 기회를 탐색하는 게 말처럼 쉽지 않다는 점을 꼭 지적하고 싶다. 정신을 바짝 차리고 있다가 기회가 문틈으로 머리를 빼꼼 내밀자마자 확 낚아채야 한다.

물론 내가 잡은 이 우연한 행운에 대해 모르는 사람도 있었다. 다른 곳도 마찬가지이지만 월가에서도 누가 우연히 큰돈을 벌었다고 하면 도끼눈을 뜨고 의심부터 한다. 우연히 벌어진 사건 때문에 돈을 못 벌면 사건 탓이라고 생각하지 않고 욕심 부리더니, 혹은 거만 떨더니 망한 거라며 손가락질한다. 그런데 우연한 사건으로 수익을 내면 갈취했다고 하면서 사람이 염치없고 악랄해야 잘되고, 체면 차리면 돈을 못 번다고 나불거린다.

공매도 세력은 악에 받쳐서 자기들이 무모하게 덤벼서 혼쭐났다고는 생각하지 않고 내가 한탕하려고 일부러 꾸민 것에 넘어갔을 뿐이라고 비난했다. 그런데 다른 사람들도 그렇게 생각했다. 하루이틀쯤 뒤에 세계 면화 선물업계에서 둘째가라면 서러울 큰손을 만났는데 이렇게 말했다.

"확실히 자네가 한 거래 중에 제일 교묘했네, 리빙스턴. 자네가 물량을 시장에 내놓을 때 얼마나 손해가 막심할지 궁금했네. 싸게 팔아치우지 않으면 5만~6만 베일 이상 받아줄 만큼 수요가 많지 않다는 건 알고 있을 테니 자네가 평가수익을 잃지 않으면서 어떻게 나머지를 처분할지 궁금했다네. 그런 꾀를 생각해낼 줄은 몰랐네. 아주 재치 있었어."

"제가 손쓴 게 아니에요." 나는 최대한 진지하게 딱 잘라 말했다.

그래도 그 사람은 같은 말만 되풀이했다.

"정말 신통방통했어. 대단해! 그렇게 겸손할 필요 없다네!"

이 일 이후로 몇몇 신문에서 나를 '면화 제왕'이라고 불렀다. 하지만 나는 정말로 그런 왕관을 차지할 만한 자격이 없다. 말할 필요도 없지만 미국에선 아무리 돈이 많아도, 아무리 연줄이 탄탄해도 〈월드〉에 그런 기사를 실을 수 없다. 당시 나는 아무 일도 하지 않았으면서 그런 평판을 얻었다.

이런 얘기를 하는 건 트레이더들이 자격도 없으면서 과분한 왕관을 쓴다고 훈계하려는 것도 아니고, 어디서 어떻게 오든 기회를 잡아야 한다고 역설하기 위한 것도 아니다. 7월물 면화 거래로 신문에서 나를 향해 악평을 쏟아낸 이유를 설명하고 싶어서다. 신문에서 그렇게 나를 맹렬히 물어뜯지 않았더라면 퍼시 토머스라는 대단한 사내를 결코 만나지 못했을 테니 말이다.

월가에서 빈털터리가 되는 이유

7월물 면화 선물 매매는 생각보다 좋은 결과를 얻었다. 얼마 지나지 않아 우편으로 만나자는 요청을 받았다. 퍼시 토머스가 서명한 편지였다. 물론 언제든지 내 사무실로 오면 만나겠다고 대답했다. 다음날 토머스가 찾아왔다.

나는 오래전부터 토머스를 흠모해왔다. 면화 농사를 짓거나 면화 거래에 관심이 있는 곳이라면 어디든 그는 사람들의 입에 오르내렸다. 미국 전역뿐만 아니라 유럽에서도 퍼시 토머스의 의견은 이러저러하다며 사람들이 나한테 얘기했다. 하루는 스위스에 있는 리조트에서 이집트 카이로 출신 금융업자와 이야기를 나눴다. 이 사람은 지금은 고인이 된 어니스트 카셀 경과 함께 이집트에서 면화를 재배할까 생각하던 참이었다. 금융업자는 내가 뉴욕에서 왔다는 소식을 듣고는 대뜸 토머스에 대해 이것저것 묻더니 그가 작성한 시장 보고서를 꼬박꼬박 읽고 있다고 했다.

내 생각에 토머스는 과학적 논리에 따라 치밀하게 움직이는 사람이다. 그는 진정한 투기꾼이고 머리를 잘 쓰는 사람이지만, 몽상가의 상상력과 투사의 배짱을 겸비하고 있으며 아는 것도 많아서 면화 거래의 이론과 실천을 두루 섭렵하고 있었다. 그는 다른 사람들이 말하는 개념이나 이론, 추론을 듣는 것을 좋아했고, 자기 의견을 거침없이 표현했으며, 동시에 면화 시장의 현실이나 면화 트레이더들의 심리에 대해서도 모르는 게 없었다. 그도 그럴 것이 오랜 세월 면화를 거래하면서 엄청난 돈을 벌기도 하고 날리기도 했기 때문이다.

자신이 차린 증권거래소 회원사인 셀든앤토머스가 파산하자 토머스는 혼자 일하게 됐는데, 2년 만에 화려하게 재기했다. 〈선〉에서 읽은 바로는, 돈을 벌어 다시 일어서자마자 제일 먼저 빚부터 전부 갚았고, 그다음에는 전문가를 고용해 100만 달러를 어떻게 투자할지 연구하고 판단해달라고 의뢰했다고 한다. 이 전문가는 여러 회사의 자산을 검토하고 보고서를 분석한 후 델라웨어&허드슨 주식을 사라고 권했다.

수백만 달러를 날렸지만 그때마다 오뚝오뚝 일어나 날린 돈보다 더 많은 돈을 벌었던 토머스는 3월물 면화를 거래하다가 또 쪽박을 찬 터였다. 내가 그를 만난 건 이 무렵이었다. 토머스를 찾아갔더니 대뜸 같이 손잡고 일하자고 했다. 토머스는 어떤 정보를 얻든 다른 사람들에게 알리기 전에 먼저 나한테 넘겨줄 테니 나는 매매만 하면 된다고 했다. 자기는 트레이딩에 소질이 없고, 그 면에서는 내가 더 낫다고 하면서.

이 제안은 여러 가지 이유로 내키지 않았다. 나는 토머스에게 솔직하게 얘기했다. 다른 사람과 같이 일할 자신도 없고, 동업으로 일하는 방식을 그다지 배우고 싶지도 않다고. 그래도 토머스는 우리 둘이 힘을 합치면 최강의 조합 아니냐며 계속 졸랐다. 급기야 다른 사람의 거래에 영향을 주는 일은 조금도 하고 싶지 않다며 딱 잘라 거절했다.

"어리석어서 속는다면 저 혼자 고생하고 저 하나만 손해 보면 돼요." 나는 토머스에게 말했다. "그러면 오랫동안 빚에 허덕이는 일도, 뜻밖에 성가신 일에 시달릴 일도 없죠. 전 혼자 결정하고 혼자 승부를 봅니다. 그게 가장 현명하고 싸게 먹히는 매매 방식이지요. 다른 트레이더들과 두뇌 싸움을 하면서 짜릿함을 맛볼 수도 있고요. 제가 본 적도 대화를 나눈 적도 없고, 매수하거나 매도하라고 조언한 적도 없고, 앞으로 만날 일도 알고 지낼 일도 없는 사람들이죠. 제 판단이 맞다면 돈을 벌겠죠. 전 제 의견을 팔지도, 돈벌이에 이용하지도 않을 겁니다. 만약 제가 다른 방법으로 돈을 번다면 제 힘으로 벌었다는 생각이 들지 않을 것 같아요. 제안하신 동업은 영 내키지 않네요. 이 게임은 제 방식대로 혼자 할 때 재미있거든요."

토머스는 그렇게 생각한다니 서운하다고 말하면서 이런 제안을 거절하면 손해라고 계속 설득했다. 하지만 나는 굽히지 않았다. 그 주제만 제외하면 다른 이야기들은 즐거웠다. 나는 토머스가 '재기'하리라 믿는다며, 만약 내가 금전 측면에서 도움을 줄 수 있다면 영광일 거라며 기꺼이 돕겠다고 말했다. 하지만 토머스는 내 돈은 빌릴 수 없다고 말했다. 그러다가 7월물 매매에 대해 물었는데, 내가 아는건 낱낱이 다 얘기해줬다. 내가 시장에 어떻게 들어갔고, 면화를 얼마나 많이 샀는지, 그리고 가격은 어떻게 판단했는지 등등 시시콜콜한 것까지 다 얘기했다. 그리고 이런저런 이야기들을 조금 더 하다가 헤어졌다.

저번에도 얘기했지만 투기꾼 주위에는 적들이 우글우글하기 마련인데, 그중 상당수는 내면에서 튀어나온다. 이 말은 내가 저지른 수많은 실수를 염두에 두고 한 말이다. 독창적인 정신과 평생 자주적으로 사고하는 습관을 길렀더라도 입담 좋은 사람이 그럴싸하게 말하면 쉽게 무너져버리기도 한다. 내가 그동안 깨우친 바에 의하면 그렇다. 탐욕과 두려움, 희망 등 투기판에서 흔히 볼 수 있는 질병에는 어지간히 면역이 됐지만 평범한 인간이므로 나 역시 여차하면 실수를 한다.

더구나 당시엔 특히 조심했어야 했다. 불과 얼마 전에 홍역을 치르지 않았던가. 옆에서 쏘삭이면 자신의 판단, 심지어 소망에 어긋나는 일도 쉽게 저지를 수 있다. 하딩 중개소에서 있었던 일이다. 하딩 중개소는 나만 쓸 수 있는 일종의 개인 사무실을 내줬다. 개장 중에는 내 허락이 없으면 아무도 사무실에 들어올 수 없었다. 그렇잖아도 거래할 때는 남들의 방해를 받는 게 싫었는데 내가 거래 규모도 상당하고 돈도 많이 버니 중개소 측에서 배려해준 것이다.

어느 날 장 마감 직후 누가 불렀다.

"안녕하세요, 리빙스턴 씨."

돌아보니 생판 모르는 사람이었다. 서른다섯쯤 돼 보였다. 그가 내 개인 사무실에 어떻게 들어왔는지 알 수 없지만, 아무튼 거기 있었다. 나한테 볼일이 있다고 해서 들여보냈겠거니 생각했다. 내가 말없이 쳐다보자 곧 사내가 운을 뗐다.

"월터 스콧 일로 뵈러 왔습니다." 그러곤 쭉 말을 이어 나갔다.

사내는 책 외판원이었다. 하지만 특별히 싹싹하지도 않고, 언변이 좋지도 않았다. 그렇다고 썩 잘생긴 것도 아니었다. 하지만 확실히 남다른 분위기가 있었다. 무슨 말을 하든 귀를 기울이게 됐다. 사내가 뭐라고 했는지는 기억나지 않는데, 당시에도 제대로 이해하지 못했던 듯하다. 말을 끝낸 사내가 만년필을 건네더니 서류를 주었다. 나는 홀린 듯이 서류에 서명했다. 스콧의 작품 전집을 500달러에 산다는 계약서였다.

서명하는 순간, 제정신이 돌아왔다. 하지만 사내가 계약서를 주머니에 쏙 넣은 뒤였다. 읽고 싶었던 책도 아니고, 마땅히 둘 곳도 없었다. 나한테는 아무짝에도 소용없는 물건이었다. 어디 선물할 데도 없었다. 그런데도 500달러에 사기로 계약했다.

돈을 잃는 건 이골이 난 터였다. 거래를 하다가 실수했을 때 첫 번째 고려 대상은 얼마나 날렸느냐가 아니다. 중요한 건 언제나 게임 방식 그 자체, 그렇게 게임하게 된 이유다. 내가 제일 먼저 알고 싶은 건 나 자신의 한계와 사고 습관이었다. 손해가 중요하지 않은 이유는 또 있다. 같은 실수를 두 번 다시 하고 싶지 않기 때문이다. 실수한 자신을 용서하는 길은 하나뿐인데, 바로 실수를 발판 삼아 다음엔 수익을 얻는 것이다.

500달러짜리 실수를 저질렀는데, 어디서부터 어긋난 것인지 감도 잡히지 않았다. 그래서 사내가 어떤 사람인지 파악하려고 쓱 훑어봤다. 그런데 사내가 날 보고 씩 웃는 게 아닌가! 다 이해한다는 듯 빙긋이! 내 속을 들여다보는 것 같았다. 여하튼 내 마음을 설명할 필요가 없을 것 같았다. 사내는 내가 말하지 않아도 훤히 알고 있는 듯했다. 그래서 설명을 생략하고 곧바로 사내에게 물었다.

"500달러어치 팔면 수수료는 얼마 받나요?"

사내는 재빨리 고개를 저으며 말했다. "그건 안 돼요! 죄송해요!"

"얼마나 받죠?" 내가 집요하게 물었다.

"3분의 1이에요. 하지만 안 돼요!"

"500달러의 3분의 1이니 166달러 66센트군요. 서명한 계약서를 돌려주면 200달러를 현금으로 드리죠." 그러고는 정말이라는 걸 보여주려고 주머니에서 돈을 꺼냈다.

"안 된다고 말씀드렸잖아요." 사내가 거절했다.

"고객들이 다 이런 제안을 하나요?" 궁금해서 물었다.

"아뇨."

"그럼 내가 그런 제안을 할 거라고 어떻게 확신했죠?"

"선생님 같은 분은 그렇거든요. 손해를 봐도 일급이시니 일류 사업가가 되셨죠. 정말 감사하지만 그렇겐 못 해드려요."

"수수료보다 더 주겠다는데 마다하는 이유가 뭔가요?"

"꼭 그런 건 아니에요. 수수료 하나만 보고 일하는 건 아니거든요."

"그럼 무엇 때문에 일하죠?"

"수수료와 실적이죠." 사내가 대답했다.

"무슨 실적이요?"

"제 실적이요."

"목표가 뭐죠?"

"선생님은 오로지 돈만 보고 일하시나요?" 사내가 되물었다.

"그렇죠."

"아닐 겁니다." 사내가 도리머리를 흔들었다. "절대 아닐 겁니다. 그렇다면 일에서 재미를 못 느끼실 테니까요. 은행 계좌에 몇 달러 더 보태려고 일하는 것도 아니고, 편하게 돈 버는 게 좋아서 월가에 계신 것도 아닐 거예요. 확실해요. 다른 방식으로 재미를 느껴서 월가에 계신 거죠. 저도 마찬가지예요."

나는 가타부타하지 않고 물었다. "댁은 어디에서 재미를 느끼죠?"

"어, 인간에겐 누구나 약점이 있어요." 사내가 털어놓았다.

"댁의 약점은?"

"과시욕이요." 사내가 실토했다.

"당신은 내가 서명하도록 만드는 데 성공했어요. 이제 서명을 철회하고 싶군요. 10분 동안 일한 대가로 200달러를 주겠다는데, 그 정도면 자존심은 지켜드린 것 아닌가요?"

"그건 그래요." 사내가 대꾸했다. "아시겠지만, 다른 외판원들은 몇 달 동안 월가를 누비면서 출장비조차 못 벌었어요. 그래 놓고는 제품이 별로라느니, 동네가 안 좋다느니 핑계를 댔죠. 그래서 회사에선 책이나 장소가 문제가 아니라 판매 수완이 문제라는 걸 증명하려고 절 여기 보냈어요. 다른 외판원들은 수수료로 25퍼센트를 받고 일해요. 전 클리블랜드에서 2주 동안 전집 82세트를 팔았습니다. 여기 월가 사람들은 외판원한테 책을 사기는커녕 외판원을 만나주지도 않지요. 그런데 이런 사람들에게 전집을 팔기 위해 제가 온 겁니다. 회사에선 수수료로 33퍼센트를 준다고 했고요."

"내가 어쩌다가 전집을 사게 됐는지 도통 모르겠어요."

"J. P. 모건 씨한테도 한 질 팔았는데요, 뭘." 사내가 다독이듯 말했다.

"에이, 설마요."

사내는 화내지도 않고 그냥 이렇게 말했다. "정말이에요. J. P. 모건 씨에게 월터 스콧 전집 한 질을 팔았어요. 모건 씨 정도면 근사한 판본도 많고 어쩌면 소설 원본도 소장하고 있으실 텐데 말이에요. 보세요. 그분 자필 서명이에요."

사내는 곧바로 J. P. 모건이 직접 서명했다는 계약서를 재빨리 흔들어 보여줬다. 모건의 서명이 아닐 수도 있지만, 당시에는 의심할 생각조차 못 했다. 그런데 그의 주머니 속에 들어 있는 건 내 계약서 아니었나? 그냥 어안이 벙벙했다. 그래서 사내에게 물었다.

"사람들이 있었을 텐데 어떻게 통과했죠?"

"사람들이 안 보이던데요. 그분을 직접 뵀어요, 사무실에서."

"말도 안 돼!"

째깍째깍 초침 소리가 나는 상자를 들고 백악관에 들어가는 것보다 빈손으로 모건의 개인 사무실에 들어가는 게 훨씬 어렵다는 건 삼척동자도 아는 사실이다.

사내가 호기롭게 말했다. "직접 만났다니까요."

"그런데 그분 사무실엔 어떻게 들어갔어요?"

"여기 선생님 사무실엔 어떻게 들어왔을까요?" 사내가 되물었다.

"모르겠네요. 얘기해주시죠."

"어, 모건 씨 사무실에 들어간 방법이나 선생님 사무실에 들어온 방법이나 똑같습니다. 저 같은 사람을 들여보내지 않으려고 있는 사람에게 말을 건넸죠. 모건 씨에게 서명하게 만든 방법과 선생님에게 서명하게 만든 방법도 같습니다. 선생님은 전집 한 질을 사는 계약서에 서명하신 게 아니라 제가 드린 만년필을 받아서 제가 부탁한 대로 하신 겁니다. 다를 게 없습니다. 선생님이나 모건 씨나 똑같아요."

"그런데 그게 정말 모건 씨 서명인가요?" 3분이나 지난 뒤에야 뒤늦게 의심하며 물었다.

"그럼요! 모건 씨도 어렸을 때 이름 쓰는 법을 배우셨겠죠."

"그게 단가요?"

"다예요." 사내가 대답했다. "전 제가 무슨 일을 해야 하는지 똑똑히 알고 있습니다. 비결은 그것뿐이에요. 감사합니다. 즐거운 하루 보내세요, 리빙스턴 씨." 사내는 나갈 채비를 했다.

"잠깐만요." 내가 붙잡았다. "꼭 200달러를 벌게 해드리고 싶군요." 나는 이렇게 말하고 사내에게 35달러를 건넸다.

사내가 도리머리를 흔들며 말했다. "아뇨. 돈은 받을 수 없어요. 대신 이렇게 해드릴게요!" 사내가 주머니에서 계약서를 꺼내더니 쫙 찢어서 나한테 줬다.

200달러를 세서 손에 쥐고 있었지만, 사내는 다시 고개를 저었다.

"바라는 게 이거 아니었나요?" 내가 말했다.

"아뇨."

"그럼 계약서는 왜 찢었죠?"

"선생님은 넋두리를 늘어놓지 않으셨으니까요. 제가 선생님이었다면 방금 선생님이 하셨던 것처럼 받아들였을 겁니다. 그래서 계약서를 찢었지요."

"자진해서 200달러를 주겠다고 하는데도?"

"압니다. 하지만 돈이 전부가 아니에요."

사내의 목소리에 이끌려서 내 입에서 이런 소리가 튀어나왔다. "당신이 옳아요. 돈이 전부는 아니죠. 정말 제가 어떻게 해드리면 될까요?"

"눈치가 빠르시네요?" 사내가 대답했다. "정말 제 부탁을 들어주실 건가요?"

"그럼요. 물론이죠. 하지만 부탁을 들어줄지 여부는 어떤 부탁이냐에 따라 다를 겁니다."

"저를 데리고 에드 하딩 씨 사무실로 가서 딱 3분만 얘기하게 해주세요. 그런 다음 자리를 비켜주세요."

내가 고개를 저으며 대답했다. "하딩 씨는 제 친구예요."

"쉰 살 먹은 주식 중개인이죠." 책 외판원이 말했다.

사내 말도 틀림없는 사실이었기에 나는 사내를 에드의 사무실로 데려갔다. 그 뒤로 사내에 대한 소식은 못 들었다. 그런데 몇 주 뒤 어느 날 저녁, 시 외곽 6번가 L 열차에서 우연히 사내를 만났다. 사내는 공손하게 모자를 들었고, 나도 고개를 끄덕여 인사했다. 사내가 다가와서 물었다.

"어떻게 지내세요, 리빙스턴 씨? 하딩 씨도 잘 계시죠?"

"잘 지내죠. 근데 그 친구 소식은 왜 묻죠?" 사내가 뭔가 숨기는 것 같았다.

"선생님이 하딩 씨를 소개해준 날, 그분께 2000달러어치를 팔았거든요."

"그 친구는 나한테 한마디도 안 하던데."

"그러셨겠죠. 그런 얘기 하실 분이 아니죠."

"어떤 사람인데요?"

"실수는 돈벌이가 되지 않기 때문에 절대 실수하지 않는 그런 부류죠. 이런 사람들은 언제나 자신이 원하는 것에 집중하고 있어서 옆에서 누가 뭐라고 해도 곁눈질하지 않아요. 이런 분들 덕분에 제가 자식들을 가르치고 마누라 기분을 맞출 수 있답니다. 선생님이 친절을 베풀어주신 덕분이죠. 선생님이 제게 200달러를 주고 싶어 안달하시는 걸 보고 200달러를 사양했죠. 200달러를 마다하면 다른 방식으로 친절을 베풀어주시리라 예상했거든요."

"하딩 씨가 책을 주문하지 않았다면요?"

"아, 책을 주문하실 줄 알았어요. 어떤 분인지 미리 알고 있었거든요. 땅 짚고 헤엄치기죠."

"그렇군요. 그래도 그 친구가 책을 사지 않았다면요?" 내가 집요하게 물었다.

"다시 선생님께 가서 책을 팔았겠죠. 즐거운 하루 보내세요, 리빙스턴 씨. 전 시장님을 뵈러 갑니다." 열차가 파크 플레이스에 서자 사내가 일어났다.

"시장님한테는 열 세트 파세요." 시장이 태머니파*이기 때문에 한 말이었다.

"저도 공화당원이에요." 사내는 이렇게 말하고 열차가 기다릴 줄 알기라도 하는 것처럼 서두르는 기색 없이 느긋하게 내렸다. 물론 열

---

* 뉴욕시 태머니홀을 거점으로 하는 민주당 내 계파. 당시 부패 정치, 보스 정치를 일삼는다는 비난을 받았다.

차는 사내가 내리고 나서야 출발했다.

이런 얘기를 시시콜콜 늘어놓는 것은 사고 싶지 않은 물건을 사게 만든 사내의 재주에 탄복했기 때문이다. 이렇게 당한 건 그가 처음이었다. 이후로 다시는 안 당해야 마땅하건만 또 당했다. 세상에 이렇게 수완 좋은 세일즈맨이 한 사람만 있는 것도 아니고, 사람을 끄는 독특한 매력이 있는 사람이라면 한 번 당해도 또다시 당할 수 있다.

퍼시 토머스가 사무실에서 나갈 무렵, 그러니까 단호하지만 기분 나쁘지 않게 토머스의 제안을 거절한 뒤 나는 맹세할 수 있었다. 우리 둘이 힘을 합칠 일은 결코 없으리라고. 아니, 다시 얼굴 볼 일이나 있을까 싶었다. 그런데 바로 다음 날, 토머스가 도와줘서 고맙다며 좀 만나자고 편지를 보냈다. 그러자고 답장했는데 또 편지가 와서 토머스를 찾아갔다.

이후 하루가 멀다 하고 토머스를 만났다. 아는 게 많은 데다 입담이 어찌나 좋은지 그의 얘기를 듣고 있으면 늘 즐거웠다. 그동안 만나본 사람 중에 토머스만큼 나를 사로잡은 사람은 없었다. 우리는 온갖 주제를 놓고 대화를 나눴다. 토머스는 독서 범위가 넓고 다양한 분야의 화제를 섭렵하고 있는 데다 여러 화제를 아울러 흥미로운 결론을 이끌어내는 재주가 탁월했다. 게다가 입심이 대단해서 말주변이라면 어깨를 견줄 사람이 없었다. 많은 사람이 실답지 못하다는 둥, 이러쿵저러쿵 그를 비난했지만, 가끔 이런 생각이 들었다. 그가 뛰어난 말주변으로 철두철미하게 자신부터 자신의 논리로 납득시켰기에 남을 구슬릴 수 있었던 건 아닐까 하고 말이다.

물론 시장에 대한 얘기도 많이 나눴다. 나는 면화 가격이 오를 거라고 보지 않았지만, 토머스는 강세를 보일 것으로 예상했다. 면화 가격이 오를 만한 이유가 내 눈에는 전혀 보이지 않았지만 그의 생각은 달랐다. 그가 사실과 수치를 어찌나 자세하게 들먹이는지 까딱하면 넘어갈 뻔했다. 아무튼 내 의견은 바뀌지 않았다. 그가 신빙성 있는 정보를 내놓아서 논리를 깨뜨릴 순 없었지만 내가 시장을 고찰한 끝에 내린 결론은 흔들리지 않았다. 하지만 그가 자세한 사실과 수치를 끈질기게 내세우는 통에 경제지와 일간지에서 내가 수집한 정보가 맞는지 슬슬 의심이 가기 시작했다. 내가 내 눈으로 시장을 보지 못하게 된 것이다. 남의 말을 듣고 자기 신념을 완전히 버리진 않는다 해도 긴가민가하면서 갈피를 못 잡을 순 있다. 차라리 신념을 버리는 게 낫지 이건 더 나쁘다. 긴가민가한 상태에서는 자신감을 갖고 편안하게 매매할 수 없기 때문이다.

머릿속이 뒤죽박죽된 것까지는 아니지만 어쨌든 냉철함을 잃었다. 아니, 스스로 생각하지 못하게 됐다는 표현을 맞을 것이다. 내가 어쩌다가 이 지경이 돼서 나중에 뜨거운 맛을 봤는지 단계별로 일일이 설명하기는 어렵다. 토머스가 제시한 수치는 그만이 갖고 있는 정보라 정확하다고 굳게 믿은 반면, 내 정보는 여러 사람이 알고 있어서 미덥지 못하다고 생각한 듯하다. 토머스는 남부 전역에 깔려 있는 자기 소식통만 1만 명 정도라며 다들 믿어도 되는 검증된 정보원들이라고 입이 아프도록 강조했다. 결국 나는 그의 시각에 기대어 시장 여건을 해석하게 됐다. 그가 눈앞에 펼쳐놓은 책에서 둘 다 같은 페이지를 읽는 셈이었다. 토머스는 논리적으로 사고하는 사람이다. 따라서 일단 그가 제시한 사실을 받아들이면, 내가 이끌어낸 결론이나 그의 결론이나 한 치의 오차도 없이 일치할 수밖에 없었다.

　나는 면화 시장이 하락세를 보일 것으로 예측하고 공매도해두고 있었는데, 그 무렵 토머스와 면화 시장에 대해 이야기를 나누게 됐다. 그가 내놓는 사실과 수치를 차츰 받아들이면서 혹시 내가 잘못된 정보를 토대로 공매도 포지션을 취한 건 아닐까 슬슬 겁이 나기 시작했다. 물론 환매할 생각까진 들지 않아서 환매하지는 않았다. 그런데 그의 말을 듣고 내가 틀렸다는 생각이 들자 결국 환매했는데, 일단 환매한 다음에는 매수해야만 했다. 내 사고방식에 따르면 그래야 했다. 나는 평생 주식과 상품 거래밖에 모르고 살았다. 그래서 만약 약세론이 잘못됐다면 당연히 강세론이 옳다고 생각하게 된다. 그리고 강세론이 옳다면 반드시 매수해야 한다. 팜비치에 사는 친구에게 들은 대로, 팻 허언이 입버릇처럼 말했듯 "돈을 걸기 전엔 모른다!" 내가 시장을 제대로 읽었는지 여부를 증명해야 하는데, 입증할 자료는 오로지 월말에 중개인들이 주는 계좌 내역서뿐이었다.

　면화 선물을 매수하기 시작한 지 얼마 지나지 않아 6만 베일 정도를 보유하게 됐다. 매수할 때는 늘 이 정도 매수한다. 아무튼 내 트레이딩 역사상 이보다 더 아둔한 짓을 해본 적은 없다. 넘어지든 일어나든 내가 관찰하고 추론한 대로 해야 하는데 남의 꼭두각시 노릇이나 하다니. 바보짓이 거기서 끝나지 않은 건 너무도 당연했다. 강세로 볼 만한 건더기가 전혀 없는데도 매수했을 뿐만 아니라 경험이 권고하는 대로 물량을 축적하지도 않았다. 엉망이었다. 남의 말 때문에 갈팡질팡 헤맨 것이다.

시장은 내 뜻대로 움직이지 않았다. 내 포지션에 자신이 있으면 결코 겁내거나 안달복달하지 않는데, 토머스의 말대로 했기 때문에 이번엔 사정이 달랐다. 시장이 그의 예상대로 움직이지 않았다. 첫 단추를 잘못 끼우니 두 번째, 세 번째 단추도 어긋났다. 한마디로 뒤죽박죽 엉망진창이었다. 손절매는 하지 말자고 스스로 마음을 다독이다가 급기야 가격이 더 내려가지 않도록 떠받쳐야겠다고 마음먹었다. 내 성격에도 맞지 않고, 내 거래 원칙과 논리에도 반하는 매매 행태였다. 사설 중개소에서 매매하던 꼬맹이 시절에도 이런 짓은 하지 않았다. 하지만 당시 나는 내가 아니었다. 딴 사람, 그러니까 토머스에게 빙의된 사람이었다.

나는 면화 선물을 매수했고, 밀 선물도 많이 보유하고 있었다. 밀은 잘 풀려서 수익이 쏠쏠했다. 바보같이 면화 가격을 떠받치려다가 면화 물량이 15만 베일까지 늘어났다. 이 무렵 몸이 좀 아팠다. 어처구니없는 짓을 하고 핑계 대려는 게 아니라 당시 정말 몸이 아팠다. 결국 휴양차 베이쇼어에 갔다.

거기 있으면서 생각해보니 아무래도 물량이 너무 많은 듯했다. 원래 소심한 성격은 아니지만, 불안해서 물량을 좀 털어야겠다고 마음 먹었다. 그러려면 면화나 밀 중 하나는 전부 정리해야 했다. 지금 생각해도 어이없다. 이 판이라면 빠삭하고 주식과 상품을 12~14년씩이나 투기해왔는데도 나는 정확히 틀린 길만 골라 다녔다. 면화는 손해가 나는데도 안 팔고, 밀은 수익이 나는데도 팔아버렸다. 어리석기 짝이 없었다. 변명하자면 그건 내가 한 거래라고 할 수 없다. 사실 토머스가 거래한 것이나 마찬가지였다. 투기판에서 저지르는 실수 중 최악은 손실이 난다고 물타기를 하는 것이다. 나중에 면화 선물이 이 사실을 처절하게 입증해줬다. 손해가 나면 팔고 수익이 나면 꼭 쥐고 있어야 한다. 이게 현명한 처사다. 그런데 뻔히 알면서도 정반대로 행동하다니. 지금 생각해봐도 뭐에 씌었던 것 같다.

어쨌든 밀을 팔아서 내 손으로 돈줄을 끊어버렸다. 밀 선물을 정리하자 밀 가격이 계속 오르더니 부셸당 20센트씩 오르기 시작했다. 만약 밀을 계속 쥐고 있었더라면 800만 달러는 챙겼을 것이다. 게다가 나는 손실이 나는 물량을 계속 끌고 가겠다며 면화를 더 샀다!

똑똑히 기억한다. 매일같이 면화를 사고, 또 샀다. 도대체 왜 그랬을까? 가격이 떨어지는 걸 막으려고! 이게 호구 짓이 아니면 뭐가 호구 짓이란 말인가? 판돈을 점점 더 올려서 결국 더 크게 망해버렸다. 당시 중개인들과 친구들은 내 행동을 이해하지 못했는데 지금까지도 이해할 수 없다고들 한다. 물론 거래 결과가 달랐다면 기적을 일으킨 사나이가 됐겠지만 말이다. 토머스의 분석이 눈부시긴 하지만 너무 의지하지 말라는 경고도 여러 차례 받았다. 그런데도 아랑곳하지 않고 면화 가격을 떠받치려고 계속 매수했다. 심지어 리버풀 선물시장에서도 면화를 사들였다. 급기야 보유 물량이 44만 베일에 이르자 그제야 정신이 번쩍 들었다. 보유 물량을 다 팔았지만, 이미 때는 늦은 뒤였다.

주식과 다른 선물로 벌어들인 돈을 몽땅 날리다시피 했다. 무일푼까지는 아니지만 멋진 친구 퍼시 토머스를 만나기 전 수백만 달러에 이르던 잔고가 수십만 달러로 쪼그라들었다. 성공하려면 반드시 지켜야 한다고 경험이 가르쳐준 법칙들을 죄다 어긴 게 하고많은 사람 중에 나라니, 멍청하다는 말도 아까울 지경이다. 하지만 이 일로 소중한 교훈을 얻었으니, 사람은 아무런 이유가 없어도 바보짓을 할 수 있다는 것이다.

트레이더에게 위험한 적은 또 있으니, 바로 머리가 팽팽 돌아가면서 사람 마음을 홀리는 재주가 있는 사람이 그럴듯하게 말할 때다. 이런 사람이 그럴싸한 말로 자꾸 채근하면 혹해서 넘어가기 쉽다. 수백만 달러를 날리고서야 깨달았지만 말이다. 100만 달러만 날렸어도 충분히 깨달을 수 있었을 텐데 하는 생각이 떠나지 않는다. 그러나 운명의 여신은 수업료를 내가 결정하게 놔두지 않는다. 운명의 여신은 매질로 따끔하게 혼낸 뒤 손수 수업료 청구서를 작성해서 보낸다. 그러면 얼마가 되든 수업료를 지불해야 한다. 내가 얼마나 모자란 짓을 할 수 있는지 깨닫고서야 사건은 일단락됐다. 그 뒤로 토머스와는 영영 연을 끊어버렸다.

백만장자가 된 지 1년도 안 됐건만 마치 빗물이 홈통으로 빨려 들어가듯 자산의 90퍼센트가 사라져버렸다. 운이 도와주기도 했지만 머리를 잘 써서 수백만 달러를 벌었는데, 이번에는 거꾸로 요행만 바라고 머리를 쓰지 않아 수백만 달러를 날렸다. 요트 두 척을 팔았고, 손 큰 씀씀이도 줄여야 했다.

그런데 그 한 방만으로는 성에 안 찼던 모양이다. 운이 내게서 등을 돌린 것만 같았다. 처음엔 병마와 싸워야 했고, 병마가 지나가자 급전 20만 달러가 꼭 필요한 일이 생겼다. 몇 달 전만 해도 그 정도 액수는 아무것도 아니었지만 이젠 전 재산이나 마찬가지였다. 속절없이 훨훨 날아가버리고 겨우 손에 남은 전 재산 말이다. 어떡하든 돈을 마련해야 하는데 어디서 구하느냐가 문제였다. 중개소 계좌에서 돈을 빼면 매매할 증거금이 바닥날 테니 그건 안 될 일이었다. 수백만 달러의 손실을 빨리 복구하려면 그 어느 때보다 밑천이 절실한 판국 아닌가. 대안은 딱 하나, 주식시장에서 빼내는 수밖에!

생각해보라! 중개소를 기웃거리는 평범한 고객들을 잘 안다면 수긍할 것이다. 이들이 주식시장에 기웃거리는 건 생활비 때문이다. 월가에서 돈을 날리는 이유는 많지만 단연 몇 손가락 안에 꼽히는 이유가 바로 이처럼 주식시장에서 벌어서 필요한 돈을 융통하겠다는 생각이다. 주식으로 청구서를 해결하려고 하다간 야금야금 전 재산을 까먹게 된다.

어느 겨울, 하딩 증권사에서 수완 좋은 몇 사람이 외투 하나를 사려고 3만~4만 달러를 썼지만 누구도 외투를 걸치지 못했다. 어떤 유명한 장내 거래인이 해달 모피로 안을 댄 외투를 입고 거래소에 나타난 게 사건의 발단이었다. 이 사람은 나중에 '연봉 1달러'로 전 세계에 이름을 떨치게 되는데, 아무튼 당시는 모피 값이 하늘을 찌르기 전이라 그 외투의 값어치는 1만 달러 정도였다. 하딩 증권사에서 일하는 밥 키온이 러시아 담비 털로 안감을 댄 코트를 사기로 마음먹고 값을 알아봤는데, 그 정도라고 했다.

"더럽게 비싸네." 동료가 사지 말라고 말렸다.

"어련하겠나!" 키온이 사람 좋게 인정했다. "일주일 치 급료지. 여러분이 사무실에서 가장 멋진 이 사람을 진심으로 존경한다는 표시로 약소하지만 외투를 증정하지 않으신다면 말이죠. 증정 연설을 들을 수 있을까요? 안 된다고요? 좋아요. 주식시장에 사달라고 하죠, 뭐."

"담비 털 코트는 왜 사려고?" 에드 하딩이 물었다.

"키가 나 정도 되면 잘 어울릴 것 같아서." 키온이 똑바로 서면서 대답했다.

"근데 무슨 돈으로 사려고?" 비밀 정보 사냥꾼으로 날고 기는 짐 머피가 물었다.

"단타로 잘 투자하면 돼, 짐." 머피가 정보나 캘까 해서 묻는 말이라는 걸 눈치챈 키온은 그냥 이렇게만 대답했다.

아나나 다를까 머피가 물었다. "어떤 종목을 살 거야?"

"이번에도 틀렸어, 친구. 지금은 아무것도 사면 안 돼. 철강 회사 주식을 5000주 공매도할 작정이야. 적어도 10포인트는 내려갈걸. 난 순수익으로 2.5포인트만 먹을 거야. 어때 이 정도면 살살 하는 거지?"

"뭐 들은 얘기라도 있어?" 머피가 속이 바짝 타서 물었다. 머피는 까만 머리에 키가 훌쩍 큰 데다 바싹 마른 사내인데, 늘 배고파 보였다. 시세 테이프에서 뭐 하나라도 놓칠까 봐 점심을 먹으러 나가지 못했기 때문이다.

"내가 사려고 했던 것 중에서 그 코트만큼 어울리는 게 없다고들 하던데." 키온이 하딩에게 몸을 돌리더니 이렇게 말했다. "에드, 시장가로 철강 회사 주식 5000주 공매도해줘. 자기, 오늘이야!"

키온은 겁이라곤 없는 투기꾼으로, 우스갯소리를 몹시 즐겼다. 자기가 배짱이 두둑하다는 걸 천하에 알리고 싶어서 실없는 농담을 입에 달고 다녔다. 그가 철강 회사 주식 5000주를 팔자마자 주가가 뛰기 시작했다. 거드름 피우며 큰소리칠 땐 언제고 그는 기가 푹 죽어서 1.5포인트 손해 보고 주식을 정리했다. 그러곤 하는 말이 뉴욕은 날씨가 따뜻해서 모피 코트가 필요 없다나 뭐라나. 모피 코트라니 도덕적으로 옳지 않은 소비이고 허세에 불과하다고 했다. 어쨌든 이 일로 키온은 중개소 동료들에게 놀림감이 됐다. 그런데 오래지 않아 중개소에서 또 한 사람이 외투 값을 벌겠다며 유니언 퍼시픽 주식을 샀다. 이 사람은 1800달러를 날리고는 담비는 여성용 숄로는 괜찮지만 검소하고 똑똑한 남자에게 담비 털 안감을 댄 코트는 좀 아니라고 주절댔다.

그 후로 다른 동료들도 너도나도 모피 코트를 사겠다고 나섰다. 주식시장을 잘 구슬려 그 돈으로 사보겠다는 꿍꿍이였다. 보다 못해 내가 이렇게 선언했다. 이러다가 중개소 직원 전부 파산하게 생겼으니 내가 코트를 사주마고. 하지만 모두들 그러면 무슨 재미냐고 하면서 만약 나도 모피 코트를 사고 싶으면 시장에서 번 돈으로 사라고 했다. 그러나 하딩은 내 말이 맞다면서 모피 코트를 사달라고 했다. 그날 오후 코트를 사려고 모피 상인에게 갔더니 시카고에서 온 어떤 남자가 지난주에 벌써 사갔다고 했다.

이 일화는 한 가지 사례에 불과하다. 월가에는 시장에서 번 돈으로 자동차나 팔찌, 모터보트, 그림 등을 사려다 돈을 날리지 않은 사람이 없다. 주식으로 돈을 벌어서 생일선물을 사려고 했지만 인색한 주식시장이 돈을 내놓지 않아서 월가 사람들이 날린 돈을 모으면 대형 병원도 너끈히 지을 것이다. 사실 월가에서 불행을 부르는 것들 중에 가장 바쁘고 끈질긴 녀석은 주식시장을 구슬려 도깨비방망이로 쓰겠다는 속셈이다.

불운을 자초하는 짓으로 검증된 것들은 다 이유가 있는 법이다. 급할 때 주식시장이 도깨비방망이처럼 도와주겠지 하는 희망 역시 불길한 이유가 있다. 급전을 융통하려고 주식시장을 기웃거리는 건 무슨 짓이라고 해야 할까? 그냥 소망일 뿐이므로 도박이라고 봐야 한다. 이런 경우, 시장의 여건을 냉철하게 살핀 끝에 논리적으로 도달한 의견이나 신념에 따라 현명하게 투기할 때보다 훨씬 더 큰 위험을 무릅쓰게 된다. 무엇보다 기다릴 여유가 없어서 눈앞의 이익만 쫓게 되므로 시장이 당장 고분고분하게 굴어야 한다. 게다가 승률이 반반인 내기를 하고 있다고 내심 뿌듯하게 생각한다. 2포인트 먹을 작정이었는데 2포인트 손실을 보면 당장 손절매하면 되니 승률은 반반이라고 착각한다. 이런 식으로 매매하다가 수천 달러를 날린 사람들을 많이 봤다. 특히 강세장에서 상투 잡았다가 바로 주가가 조정 받는 바람에 돈을 날리기 일쑤다. 절대로 이렇게 하면 안 된다.

아무튼 주식 투기 경력을 통틀어 그 거래만큼 천하의 바보짓은 없었다. 이 사건이 마지막 결정타가 됐다. 나는 패배했고 쓰러졌다. 면화 선물을 거래한 후 남은 얼마 안 되는 돈까지 날려버렸다. 계속 매매하다가 계속 잃는 바람에 손실은 점점 불어났다. 주식시장이 내게 돈을 바쳐야 한다고 끝까지 생떼를 썼지만 눈에 보이는 결말이라곤 바닥난 밑천뿐이었다. 주거래처인 증권사들에 빚을 졌고, 적당한 증거금 없이도 거래하게 해준 다른 증권사들에도 빚을 졌다. 이때 진 빚 때문에 한동안 쭉 빚쟁이 신세를 면하지 못했다.

또다시 무너지다

나는 또 알거지가 됐다. 쫄딱 망한 것도 비참했지만 더 볼썽사나운 건 트레이딩 방식이 완전히 글러먹었다는 점이었다. 몸이 아픈 데다 초조하고 심란해서 냉정하게 판단할 수 없었다. 투기 거래를 하는 사람은 마음 상태가 이러면 절대 안 된다. 모든 게 엉망진창이었다. 잃어버린 균형감각을 되찾을 수 있을 것 같지 않았다. 쭉 10만 주 넘는 물량을 굴리다가 찔끔찔끔 매매하면 제대로 판단이나 할 수 있을지 두려웠다. 고작 100주를 갖고 있으니 시장을 제대로 예측해봐야 딱히 돌아오는 게 있겠나 싶기도 했다. 크게 굴려서 크게 수익을 얻는 게 몸에 뱄는데 소량 가지고 있을 때는 언제 수익을 취하면 될지 감이 안 잡혔다. 무장해제된 기분이었다. 말로 다 설명할 수 없을 정도로 힘들었다.

또 쪽박을 차고 나니 맹렬하게 공세를 펼 수 없었다. 빚도 지고, 트레이딩도 엉망이었다! 오랜 세월 동안 성공을 거뒀고 실수라는 담금

질을 통해 더 큰 성공을 위한 길을 닦아왔는데, 사설 중개소에서 처음 시작했을 때보다 더 궁색한 처지가 되고 말았다. 주식 투기 게임이라면 많은 것을 배웠지만, 인간의 약점이 걸어오는 수작에 대해선 별로 배우지 못했다. 항상 똑같은 성능으로 작동하는 기계처럼 결코 흔들리지 않는 정신을 소유한 사람은 없다. 나는 그제야 깨달았다. 나도 다른 사람들의 말이나 불운에 영향을 받지 않는 무풍지대는 아니라는 것을, 따라서 나 자신을 믿으면 안 된다는 사실을 말이다.

예나 지금이나 금전적으로 손실을 보는 것은 조금도 걱정되지 않았다. 하지만 다른 문제들은 솔직히 걱정스럽기만 했다. 내가 당한 재난을 찬찬히 되돌아보니 어디서 헛다리 짚었는지 훤히 보였다. 정확히 언제 어디에서 삐끗했는지 금방 알 수 있었다. 투기 시장에서 좋은 성적을 거두려면 자신이 어떤 인간인지 속속들이 알아야 한다. 오랫동안 우여곡절을 겪은 끝에 내가 어떤 어리석은 짓을 저지를 수 있는지 알게 됐다. 종종 하는 생각이지만, 투기꾼이 우쭐하는 버릇을 끊을 수만 있다면 아무리 비싼 값을 치러도 아깝지 않을 것이다. 하고많은 내로라하는 사람들이 알거지 신세가 되는 원인을 추적해보면 결국 자만심 때문이다. 어디에 있건, 누구든, 이 병에 걸리면 톡톡히 대가를 치러야 하는데, 월가 투기꾼이야 일러 무엇하겠는가.

아무튼 기분이 좋지 않았다. 뉴욕에선 절대 행복할 수 없을 것 같았다. 매매할 수 있는 정신 상태도 아니었다. 매매하고 싶은 마음도 생기지 않았다. 그래서 이참에 딴 데 가서 밑천을 마련해보기로 결심했다. 환경이 바뀌면 제정신이 돌아올 것 같았다. 투기판에서 쓴맛을 보고 또 뉴욕을 떠나게 된 것이다. 쫄딱 망한 것으로도 모자라 여러 중개소에 진 빚이 10만 달러가 넘었다.

시카고에 갔더니 밑천을 마련할 길이 보였다. 크게 걸 수는 없었지만, 이는 재산을 되찾는데 시간이 조금 더 걸릴 것이라는 의미일 뿐이었다. 한때 거래했던 중개소가 내 트레이딩 능력을 믿고 소액으로 매매할 수 있게 기꺼이 배려해줬다. 처음엔 아주 신중하게 시작했다. 계속 시카고에 머물렀더라면 결과가 어땠을지 모르겠지만 내 트레이딩 경력에서 다시 없을 참으로 희한한 일을 겪고는 시카고에서 서둘러 떠나야 했다. 이것 역시 도무지 믿기 힘든 이야기다.

어느 날 루시어스 터커가 전보를 보냈다. 예전에 가끔 거래하던 증권거래소 회원사가 있었는데, 터커는 그곳 사무장으로 일할 때 알고 지냈다. 그러다가 연락이 끊긴 상태였다. 전보 내용은 이랬다.

당장 뉴욕으로 와.
L. 터커

내 친구들에게 내가 어쩌다 궁지에 몰렸는지 들었을 테니 뭔가 긴히 할 얘기가 있는 게 틀림없었다. 하지만 혹시라도 쓸데없는 일인데 뉴욕까지 가느라 차비만 날릴 순 없었다. 그래서 뉴욕으로 가는 대신 장거리 전화를 걸었다.

"전보 받았어. 무슨 일이야?" 내가 운을 뗐다.

"뉴욕에 있는 거물 은행가가 자네를 만나고 싶어 해."

"그 사람이 누군데?"

누가 날 만나려고 하는지 통 감이 잡히지 않았다.

"뉴욕에 오면 얘기해줄게. 뉴욕에 안 오면 가르쳐줄 수 없어."

"날 보고 싶어 한다고?"

"그렇다니까."

"무슨 일인데 그러지?"

"자네가 기회를 주면 그 사람이 직접 말할 거야." 터커가 대답했다.

"자네가 나한테 편지로 알려주면 안 될까?"

"그건 안 돼."

"그럼 솔직하게 말해줘." 내가 하소연했다.

"안 돼."

"이봐, 루시어스. 이것만 말해줘. 괜히 갔다가 나만 우스운 꼴 되는 건 아니겠지?"

"절대 그럴 일 없어. 오면 자네한테 좋을 거야."

"살짝 힌트라도 주면 안 될까?"

"안 된다니까." 터커가 대답했다. "그분이 믿고 맡겼는데 신의를 저버릴 순 없지. 게다가 그분이 자네한테 얼마나 도움이 될지는 나도 정확히 몰라. 아무튼 내 말대로 해. 그냥 와. 빨리 오라고."

"그 사람이 보고 싶어 하는 사람이 나라는 건 확실해?"

"자네가 아니면 아무도 소용없어. 오는 게 좋을 거야. 몇 시 기차를 탈 건지 전보로 알려줘. 내가 역으로 마중 나갈게."

"알았어." 나는 이렇게 대답하고 전화를 끊었다.

이것저것 다 비밀이라 탐탁지 않았지만, 터커와 친한 데다 이렇게까지 얘기하는 데는 다 그럴 만한 이유가 있겠거니 싶었다. 시카고에서 뭐 대단한 부귀영화를 누리고 있는 것도 아니라서 떠난다고 가슴이 미어질 것 같지도 않았다. 이런 속도로 매매하다가는 예전처럼 크게 굴릴 수 있게 될 정도로 돈을 모으려면 한참 걸릴 게 뻔했다.

나는 무슨 일이 기다리고 있는지도 모른 채 뉴욕으로 돌아왔다. 사실, 뉴욕으로 오는 길에 몇 번이고 이런 생각이 들어서 불안하긴 했다. 별일도 아닌데 괜히 기차 삯과 시간만 버리는 건 아니겠지. 평생 겪어보지 못한 별난 일을 겪으리라곤 꿈에도 생각 못 한 채 말이다.

역으로 마중 나온 터커가 숨 돌릴 틈도 없이 말했다. 유명한 증권거래소 회원사인 윌리엄슨&브라운의 대니얼 윌리엄슨이 급하게 요청해서 불렀다고. 그리고 그가 나한테 사업을 제안할 참인데, 나한테 크게 수지맞는 사업이므로 그는 내가 수락할 것으로 확신한다고도 했다. 그리고 맹세컨대 자기는 어떤 제안인지 모른다고 했다. 또 평판이 좋은 회사인 만큼 나한테 부당한 요구는 하지 않을 거라고 장담했다.

윌리엄슨&브라운은 에그버트 윌리엄슨이 1870년대에 설립한 회사로, 댄 윌리엄슨이 임원으로 있었다. 브라운 집안 사람은 없었는데, 그전부터 한동안 없었다. 윌리엄슨 가문은 댄의 아버지 때 유명세를 떨쳤고, 댄은 막대한 재산을 상속받았지만 사업 말고 딴 일은 별로 벌이지 않았다. 이 회사에는 값어치로 따지면 어지간한 고객 100명과 맞먹는 고객이 있었는데, 다름 아닌 윌리엄슨의 매제 앨빈 마퀀드였다. 마퀀드는 10여 개 은행과 신탁회사의 이사로 재임하고 있었을 뿐만 아니라 대기업인 체서피크&애틀랜틱 철도 회사 회장이기도 했다. 그는 제임스 J. 힐 다음으로 철도업계에서 눈에 띄는 인물로, 영향력 있는 금융 조직인 포트 도슨 일당의 대변인이자 유력 인사였다. 이 사람의 재산을 5000만 달러에서 5억 달러 정도로 추정하는데, 말하는 사람에 따라 달랐다. 마퀀드가 죽자 그의 재산이 총 2억 5000만 달러라는 게 밝혀졌는데, 모두 월가에서 일군 재산이었다. 이러니 거물급 고객이 아닐 수 없었다.

터커는 얼마 전 윌리엄슨&브라운에서 일자리를 제안해 수락했다고 말했다. 그를 위해 마련한 자리인데, 각지를 돌면서 거래처나 일감을 확보하는 일을 한다고 했다. 회사는 종합위탁회사로 확장하려고 시도하고 있었는데, 터커가 윌리엄슨에게 권해서 지점 두 곳을 열었다고 했다. 하나는 시내에 있는 큰 호텔에 있었고, 하나는 시카고에 있었다. 짐작건대 나한테 시카고 지점 사무장 자리를 제안할 것 같았다. 하지만 그런 자리라면 받아들일 마음이 없었다. 그래도 제안하지도 않는데 거절부터 하면 혼자 김칫국 마시는 꼴이라 제안할 때까지 기다려보기로 마음먹고 터커에겐 아무런 내색도 하지 않았다.

터커를 따라 윌리엄슨의 개인 사무실로 갔다. 그는 나를 소개하고는 서둘러 나갔다. 마치 법정에서 피고와 원고 양쪽 다 아는 사이라서 증인으로 소환되는 걸 피하고 싶어 하는 사람 같았다. 나는 윌리엄슨의 얘기를 다 듣고 나면 거절하리라 마음먹고 있었다.

윌리엄슨은 호인이었다. 다정한 미소에 세련된 매너를 지닌, 머리 끝부터 발끝까지 신사인 사람이었다. 쉽게 친구를 사귀고, 오래 관계를 유지하는 그런 사람이었다. 왜 아니겠는가? 건강한 데다 유머 감각도 있었다. 돈도 많으니 혹시라도 야비한 꿍꿍이가 있는 건 아닌가 의심받을 일도 없었다. 이런 요소들에 교육과 사회생활으로 다진 처세술이 더해져 윌리엄슨은 기품 있을 뿐만 아니라 친절했고, 친절할 뿐만 아니라 도움이 됐다. 사실 그에겐 어렵지 않은 일이었다.

나는 잠자코 있었다. 할 말이 없기도 했지만, 나는 언제나 상대방이 속에 있는 말을 다 하게 만들고 그후에 입을 여는 편이다. 누군가한테 들은 말인데, 내셔널시티은행 은행장이었던 제임스 스틸먼은 누군가 무슨 제안을 하러 오면 언제나 무표정한 얼굴로 묵묵히 경청한다고 했다. 그리고 보니 스틸먼은 윌리엄슨의 절친이기도 했다. 스틸먼은 상대가 말을 마쳐도 그에게 할 말이 남아 있을 거라는 듯 상대를 계속 쳐다봤다. 그러면 상대는 뭐라도 더 얘기해야만 할 것 같은 압박감에 말을 더 하게 된다. 단순히 쳐다보고 듣는 것만으로도 스틸먼은 종종 상대가 말을 시작할 때 의도했던 것보다 은행에 훨씬 더 유리한 조건을 제시하게 만들었다.

사실 스틸먼은 더 좋은 조건을 제시하도록 유도하려고 입을 다문 게 아니라, 모든 사실을 낱낱이 알고 싶기 때문에 그랬던 것이다. 상대가 할 말을 다 하게 놔두면 결정하는 데 시간을 많이 아낄 수 있다. 아무 소득도 없는 입씨름과 지루한 논의를 피할 수 있기 때문이다. 나한테 누가 사업을 제안하면서 참여할지 묻는다면 가부간 답을 해주면서 그 내용이 대부분 정리된다. 하지만 어떤 제안인지 속속들이 자세하게 얘기하기 전에는 수락할지 여부를 말할 수 없다.

윌리엄슨은 이야기하고 나는 들었다. 윌리엄슨은 주식시장을 주름 잡은 내 활약상에 대한 소문을 많이 들었다면서 전문 분야인 주식시장을 벗어나 면화 시장에 뛰어들어서 실패했다는 소식을 듣고는 정말 안타까웠다고 말했다. 그래도 내가 불운을 겪는 바람에 날 만날 기회가 생겼으니 다행 아니냐는 가벼운 농담을 건넸다. 또한 그가 보기에 내가 제일 잘하는 건 주식이고 주식시장이 내 체질에 맞는 것 같다면서 주식시장을 벗어나면 절대 안 된다고도 했다.

"그래서 말인데, 자네와 사업을 좀 하고 싶네, 리빙스턴." 윌리엄슨이 기분 좋게 말을 맺었다.

"사업이라니 어떤?" 내가 물었다.

"우리가 중개하겠다는 거지. 우리 회사에서 자네 주식을 중개하겠단 말일세."

"저도 중개를 맡기고 싶지만 그럴 수 없습니다." 내가 대답했다.

"왜?" 윌리엄슨이 물었다.

"돈이 없거든요."

"그 문제라면 걱정하지 말게나." 윌리엄슨이 다정하게 웃으며 말했다. "돈은 내가 주겠네." 윌리엄슨이 주머니에서 수표책을 꺼내더니 2만 5000달러짜리 수표를 써서 주었다.

"이건 무슨 돈이죠?"

"거래하는 은행에 예치하게. 그러면 자네 명의로 수표를 끊을 수 있을 걸세. 우리 중개소에서 거래했으면 하네. 돈을 벌든 날리든 상관없다네. 만약 그 돈을 다 날리면, 자네한테 개인 수표를 또 끊어주겠네. 그러니 이 수표는 너무 신경 쓰지 말게. 알겠나?"

내가 알기로 윌리엄슨 회사에는 돈이 산더미처럼 쌓여 있는 데다 사업도 한창 잘되고 있는 터라 굳이 고객 한 명 한 명에게 매달릴 이유가 없었다. 증거금까지 집어주면서 붙잡을 이유는 더더욱 없었다. 그런데 이다지도 인심이 후하다니! 나한테 회삿돈을 빌려주는 것도 아니고 현금을 그냥 집어줬다. 어디서 난 돈인지는 윌리엄슨만 알 수 있도록 말이다. 유일한 조건은 윌리엄슨의 회사를 통해 주식을 매매해야 한다는 것뿐이었다. 그리고 돈이 없어지면 또 준다는 약속까지! 무슨 곡절이 있는 게 틀림없었다.

"어쩌자는 겁니까?" 내가 물었다.

"간단해. 물량을 크게 굴리면서 활발하게 매매하는 트레이더를 우리 중개소 고객으로 모셨으면 하네. 자네가 공매도에 크게 건다고 하던데 이 점이 특히 마음에 들었어. 자네, 크게 거는 꾼으로 유명하더군."

"무슨 말씀이신지 아직도 모르겠습니다."

"솔직히 얘기하지, 리빙스턴. 우리한테는 주식을 대량으로 사고파는 재력가 고객이 두세 명 있다네. 큰손 고객들이 어떤 주식이든 1만 주나 2만 주를 팔 때마다 우리 고객이 주식을 파는 거라고 월가에서 눈치채지 못했으면 해. 만약 자네가 우리 중개소에서 거래한다는 걸 월가에서 안다면, 큰손들이 주식을 팔 때 자네가 공매도하는 건지 아니면 다른 고객들이 보유 주식을 시장에 내놓는 건지 알 수 없을 거야."

무슨 말인지 금방 이해했다. 큰돈을 걸기로 유명한 내 평판을 이용해 매제의 거래를 감추려는 것이었다! 마침 1년 6개월 전에 내가 공매도로 일확천금을 거머쥐는 바람에 멍청한 월가의 호사가들은 주가가 떨어질 때마다 걸핏하면 나를 탓했다. 지금까지도 시장이 빌빌대면 월가에선 내가 공매도 공세를 펴고 있다는 추측을 내놓는다.

두 번 생각할 필요도 없었다. 단박에 알아챘으니까. 월리엄슨은 내가 재기할 기회, 그것도 빨리 재기할 기회를 제안했다. 나는 수표를 받아서 은행에 예치하고 월리엄슨의 회사에 계좌를 개설한 뒤 거래를 시작했다. 시장은 활황이어서 거래량이 많았기 때문에 특별한 한두 종목만 고집할 필요가 없었다. 하지만 앞서 얘기했듯이, 감을 잃어서 매매를 그르치는 건 아닐까 겁이 났다. 다행히 감을 잃진 않았던 것 같다. 월리엄슨이 빌려준 2만 5000달러를 굴려서 3주 만에 11만 2000달러를 벌었다.

나는 월리엄슨을 찾아가서 말했다.

"2만 5000달러를 갚으러 왔습니다."

"이러지 말게!" 윌리엄슨은 설사를 유발하는 아주까리기름을 본 것처럼 손사래를 쳤다. "괜찮아, 이 사람아. 계좌에 돈이 두둑이 쌓일 때까지 기다리게. 아직은 돈 갚을 생각을 하지 마. 이제 겨우 푼돈 건졌는데, 뭘."

월가에서 일하면서 실수하고 후회한 적이 한두 번 아니지만 이때만큼 뼈저리게 후회한 적은 없다. 이때 저지른 실수로 긴 세월 괴로워하며 우울하게 지내야 했다. 윌리엄슨에게 돈을 받으라고 계속 강권해야 했다. 당시 추세라면 빠른 시일 안에 날린 돈보다 더 많이 벌 수 있었을 것이다. 3주 동안 일주일 평균 수익률이 150퍼센트였으니 거래량도 꾸준히 늘릴 수 있었다. 여하튼 신세를 갚고 자유의 몸이 되었어야 했건만 2만 5000달러를 받으라고 끝까지 밀어붙이지 못하는 바람에 윌리엄슨에게 주도권을 넘겨주고 말았다. 물론 윌리엄슨이 나한테 준 2만 5000달러를 인출해 가지 않았기 때문에 수익을 빼내려니 좀 켕기기도 했다. 무척 고맙긴 했지만, 나는 체질상 신세 지고는 못 사는 성격이다. 돈은 돈으로 갚아야 하는 것처럼, 은혜와 호의는 똑같이 은혜와 호의로 갚아야 한다. 게다가 도리를 지키려면 아주 비싼 값을 치러야 하는 경우도 종종 있다. 더욱이 사람이 마땅히 지켜야 할 도리라는 건 소멸시효도 없는 법이다.

어쨌든 윌리엄슨이 준 돈은 건드리지 않고 고스란히 둔 채 다시 매매에 나섰다. 일이 술술 풀렸고 매매 감각도 회복되고 있어서 자금 사정이 1907년 수준으로 돌아갈 날이 머지않아 보였다. 시장이 버텨 주기만 하면 손실을 메우고도 남겠다 싶었다. 하지만 돈을 벌고 못 벌고는 별로 신경 쓰지 않았다. 툭하면 잘못 판단하는 버릇에서 벗어 났다는 게, 다른 사람에게 의존하는 습관에서 벗어났다는 게 기뻤다. 이런 버릇 때문에 몇 달 사이에 만신창이가 됐지만 거기서 충분히 교훈을 얻은 덕분이었다.

바로 그 무렵, 시장이 하락세로 접어들었다고 판단하고 철도주 몇 종목을 공매도하기 시작했다. 그중엔 체서피크&애틀랜틱 철도 회사도 있었는데 내 기억에 8000주쯤 공매도했던 것 같다. 어느 날 아침 시내에 갔더니 윌리엄슨이 개인 사무실로 오라고 불렀다. 장이 열리기 전이었다.

"래리, 당분간 체서피크&애틀랜틱은 건드리지 말게. 8000주를 공매도한 건 자네가 잘못한 거야. 오늘 아침 런던 시장에서 내가 자네 대신 환매했네."

내가 판단하기에 체서피크&애틀랜틱은 하락세를 보일 게 분명했다. 시세 테이프를 보면 주가가 하락할 것이 불 보듯 뻔했다. 게다가 나는 전반적인 장세도 약세라고 판단했다. 주가가 곤두박질치거나 터무니없이 하락하지는 않겠지만, 적당히 공매도해두는 게 마음 편할 거라는 생각이 들 정도였다. 나는 윌리엄슨에게 말했다.

"왜 그러셨죠? 제가 보기엔 시장 전반이 약세인 데다 모든 종목이 하락세를 보이고 있어요."

윌리엄슨은 고개를 가로저으며 말했다.

"체서피크&애틀랜틱에 대해 마침 들은 얘기가 있다네. 자넨 모르겠지만 말이야. 내가 공매도해도 안전할 거라고 말하기 전까지 그 종목은 공매도하지 않는 게 좋아."

어쩌겠는가? 체서피크&애틀랜틱 회장의 형님이 해준 충고니 영허황된 정보는 아닐 거라고 생각했다. 윌리엄슨은 마퀀드의 절친일 뿐만 아니라 나한테도 다정하고 관대한 사람이었다. 윌리엄슨은 나를 믿어줬고, 내 말을 신뢰해줬다. 그저 황송할 뿐이었다. 이번에도 고마운 마음이 내 판단을 앞서 그가 하라는 대로 했다. 그런데 결과는, 내 판단보다 윌리엄슨의 조언을 앞세우는 바람에 내 손으로 무덤을 파고 말았다. 제대로 된 인간이라면 타인의 도움에 고마워해야 마땅하지만, 은혜를 입었다는 생각에 스스로를 옭아매지 않도록 조심해야 한다. 아무튼 처음에는 수익이 몽땅 날아갔고, 나중에는 회사에 15만 달러 빚까지 졌다. 속이 상했지만, 윌리엄슨은 걱정하지 말라며 나를 다독였다.

"내가 자넬 수렁에서 꺼내주겠네." 그가 약속했다. "반드시 그렇게 함세. 하지만 자네가 협조해줘야 해. 이제부턴 자네 마음대로 거래하지 말게. 그렇지 않으면 내가 자네를 위해 일할 수 없어. 그럼 내가 이제껏 자네를 위해 한 일이 전부 물거품이 될 걸세. 시장에서 손을 떼고 나한테 자네를 위해 돈 벌 기회를 주게. 그럴 텐가, 래리?"

다시 한번 묻겠다. 내가 무슨 낯으로 안 된다고 할 수 있었겠는가? 윌리엄슨이 나에게 베풀어준 친절을 생각하면 혹시라도 배은 망덕하다는 인상을 줄 만한 일은 할 수 없었다. 워낙 유쾌하고 다정다감한 사람이라 그가 좋아지기도 했다. 지금도 기억하지만 윌리엄슨은 언제나 날 격려해줬고, 다 잘될 거라며 계속 안심시켜줬다. 6개월쯤 지난 어느 날, 윌리엄슨이 환하게 웃으며 입금표를 건넸다.

"내가 자넬 수렁에서 빼내겠다고 했잖나." 윌리엄슨이 말했다. "자, 내가 자넬 건져냈어."

입금표를 받아보니 빚이 완전히 탕감됐을 뿐만 아니라 계좌에 잔고까지 조금 있었다. 시장이 내 예상대로 움직이고 있었기 때문에 계좌를 불리는 건 그다지 어렵지 않을 것 같았다. 그런데 윌리엄슨이 이렇게 말했다.

"자네 계좌로 서든 애틀랜틱 1만 주를 매수해뒀다네."

이 회사 역시 매퀸드가 경영하고 있었다. 당연히 주식의 운명 역시 마퀸드의 손에 달린 셈이었다. 누군가 윌리엄슨이 나한테 한 것처럼 해준다면 시장을 보는 관점이 어떻든 간에 "감사합니다"라는 말밖엔 할 수 없을 것이다. 자기가 옳다고 철석같이 믿더라도 팻 허언이 말했듯이 돈을 걸기 전엔 모르는 일인 데다 윌리엄슨은 날 위해 자기 돈을 걸었으니 말이다.

하지만 서든 애틀랜틱은 주가가 떨어지기 시작하더니 계속 하락세를 면치 못했다. 얼마인지는 기억나지 않지만 아무튼 1만 주 정도 손해를 봤는데 윌리엄슨이 1만 주를 전부 처분해줬다. 윌리엄슨에게 진 빚은 더 불어났다. 하지만 그처럼 상냥하고 빚 독촉도 안 하는 채권자는 평생 보지 못했다. 돈을 갚으라며 보채기는커녕 빚은 걱정하지 말라며 다독였다. 결국 이번에도 내가 모르는 수수께끼 같은 방식으로 손실이 메워졌다. 참으로 너그러운 사람이었다. 자세한 얘기는 전혀 하지 않았다. 자세한 내막은 전부 비밀이었다. 윌리엄슨은 그냥 이렇게 말했을 뿐이다.

"서든 애틀랜틱으로 본 손실은 다른 거래에서 얻은 수익으로 벌충했다네."

그는 다른 주식 7500주를 여차여차 팔아서 짭짤하게 수익을 올렸다고 말했다. 나는 빚이 청산됐다는 말을 듣고서야 내 명의로 된 매매에서 그런 축복이 있었다는 것을 알 수 있었다. 농담이 아니다.

이런 일이 몇 번 있은 뒤 곰곰이 생각해봤다. 조금 깊이 생각해보니 다른 관점에서 바라보게 됐다. 마침내 정신이 번쩍 들었다. 명명백백했다. 나는 윌리엄슨에게 이용당했던 것이다. 생각만 해도 속에서 천불이 났지만, 빨리 알아차리지 못한 게 더 분했다. 머릿속이 정리되자마자 윌리엄슨에게 가서 우리 인연은 이제 끝이라고 말하고 윌리엄슨&브라운 증권사를 나왔다. 윌리엄슨이나 동업자들과 입씨름하지는 않았다. 무슨 소용 있겠는가? 윌리엄슨&브라운 때문에도 분통이 터졌지만 무엇보다 나 자신 때문에 화가 치밀었다.

돈을 잃어버린 건 아무렇지도 않았다. 나는 주식시장에서 돈을 잃을 때마다 언제나 무언가를 배웠다고 생각해왔다. 돈을 날렸더라도 경험을 쌓았으니 수업료로 치부할 수도 있었다. 경험을 쌓으려면 대가를 치러야 하니 말이다. 하지만 윌리엄슨&브라운 증권사에서 겪은 일은 쓰라리기 짝이 없었다. 게다가 절호의 기회도 날려버렸다. 다시 한번 강조하지만, 돈을 잃는 건 아무것도 아니다. 돈은 또 벌면 된다. 하지만 그때 나한테 왔던 기회는 다시 오지 않는다.

거래하기에 썩 괜찮은 시장이었다. 더구나 내 판단은 정확했다. 즉, 시장을 정확히 읽고 있었던 내게는 수백만 달러를 벌 수 있는 기회였다. 하지만 고마운 마음 때문에 내 방식대로 밀어붙이지 못했다. 내가 내 손을 옭아맸던 셈이다. 물심양면 도와주는 윌리엄슨이 바라는 대로 움직였다. 종합해보면 집안사람과 동업하는 것만도 못했다. 잘될 리 없는 장사였다!

아직 최악은 얘기하지도 않았다. 이후론 사실상 큰돈을 벌 기회가 없었다. 시장이 횡보를 거듭하면서 사정은 점점 더 나빠졌다. 나는 가진 돈을 몽땅 날리고 어느 때보다 많은 빚을 지게 됐다. 1911년, 1912년, 1913년, 1914년 모두 마찬가지였다. 돈벌이가 안 됐다. 시장이 기회를 주지 않는 바람에 내 형편은 어느 때보다 나빠졌다.

돈을 날리는 건 괴롭지 않았다. 괴로운 건 이렇게 안 될 수도 있었는데 내가 왜 그랬을까 하며 머리를 쥐어뜯을 때다. 아무리 생각해도 후회막급이라 마음은 더 뒤숭숭해졌다. 그때 깨달았다. 투기 거래를 하는 사람이 빠지기 쉬운 함정은 수두룩하다는 것을. 윌리엄슨의 회사에서 내가 한 행동은 인간으로서는 적절한 처신이었지만, 어떤 요소에 영향을 받아 자신의 판단에 반하는 행위를 한다는 건 투기 거래자로선 부적절하고 어리석은 짓이었다. 군자의 소양은 주식시장에선 쓸데없는 덕목이다. 시세 테이프는 의리를 중시하는 강호의 협객도 아니고, 충성을 바친다고 포상금을 하사하지도 않는다. 하지만 지금 생각해도 그렇게 할 수밖에 없었다. 주식시장에서 거래하고 싶은 마음이 간절했기에 달리 어쩔 도리가 없었다. 그래도 사업은 어디까지나 사업이다. 투기꾼으로서 내가 할 일은 언제나 내 판단에 돈을 거는 것이다.

참으로 기묘한 경험이었다. 어떻게 된 일인지 얘기하겠다. 윌리엄슨을 처음 만났을 때 그가 내게 한 말은 한 점 거짓 없는 사실이었다. 어떤 주식이든 윌리엄슨의 증권사에서 몇천 주씩 팔 때마다 월가에선 마퀀드가 매매하는 거라고 속단했다. 물론 마퀀드는 큰손 고객으로 형님인 윌리엄슨이 운영하는 증권사에 모든 거래를 맡겼다. 월가에는 마퀀드만큼 뛰어난 큰손 트레이더가 별로 없었고, 증권사 입장에서도 그건 마찬가지였다. 나는 마퀀드의 매매를 감추기 위한 연막탄으로 이용됐다. 특히 마퀀드가 매도할 때 월가의 시선을 돌리기 위한 용도였다.

마퀀드는 내가 제안을 수락한 직후에 몸져누웠다. 그는 얼마 전 불치병 진단을 받았는데, 윌리엄슨은 마퀀드보다 훨씬 먼저 매제가 불치병에 걸렸다는 사실을 알았다. 윌리엄슨이 내가 공매도한 주식을 환매한 이유도 그 때문이었다. 윌리엄슨은 체서피크&애틀랜틱을 비롯해 매제가 가진 여러 주식 등 투기 자산을 일부 처분하기 시작했다.

물론 마퀸드가 죽자 상속인은 마퀸드가 남긴 투기 목적 자산과 투기 목적에 준하는 자산을 처분해야 했는데, 그 무렵 시장은 하락세에 접어들었다. 윌리엄슨은 내 손발을 묶어서 상속인을 돕고 있었다. 자랑은 아니지만 나는 큰손 트레이더였고 주식시장을 보는 눈이 정확했다. 1907년 약세장에서 내가 크게 먹은 걸 기억하고 있던 윌리엄슨은 나를 가만히 내버려두면 안 되겠다 싶었다. 만약 그냥 쭉 내 길을 갔더라면, 윌리엄슨이 마퀸드의 재산 일부를 청산할 무렵 나는 수십만 주를 굴리고 있었을 것이다. 내가 어느 때처럼 활발하게 공매도 했더라면 2억 달러 조금 넘는 재산을 물려받은 마퀸트의 상속인들은 수백만 달러를 손해 봤을 것이다. 그 집안사람들 입장에선 내가 빚을 지게 만들고 그 빚을 대신 갚아주는 편이 내가 다른 중개소에서 활발하게 매매하는 것보다 훨씬 싸게 먹혔던 것이다. 윌리엄슨에게 신세를 졌으니 나도 그만큼 도리를 해야겠다고 생각했다. 그것만 아니었다면 다른 중개소에서 활발하게 거래했을 것이다.

주식판에서 별별 일을 다 겪었지만 이처럼 흥미로우면서 동시에 운이 나빴던 적은 없었다. 아무리 생각해도 그렇다. 깨달은 교훈에 비해 대가가 너무 비쌌다. 이 일로 재기하는 게 몇 년이나 늦어졌다. 젊기에 날아가버린 수백만 달러를 되찾을 때까지 참을성 있게 기다릴 수 있었다. 하지만 가난에 허덕이기에 5년은 너무 길었다. 젊은이든 늙은이든 가난이 달가운 사람은 없다. 요트는 없어도 살 수 있지만 시장에서 마음껏 매매하지 못해 재기할 수 없는 건 견디기 힘들었다. 평생에 다시없을 큰 기회가 잃어버린 지갑을 코앞에서 흔들고 있었다. 손만 뻗으면 잡을 수 있었는데 손을 내밀지 못했다. 약삭빠른 댄 윌리엄슨. 그는 교활하고, 영리하며, 대담하고, 선견지명이 있었다. 머리가 잘 돌아가는 데다 상상력도 뛰어나 남의 취약한 부분을 감지하고, 냉혹하게 약점을 타격할 계획을 세웠다. 스스로 진단했고, 시장에서 나를 무기력하게 만들려면 어떻게 해야 할지 재빨리 궁리해냈다. 그가 나한테서 가로챈 돈은 없다. 오히려 그는 돈 문제라면 어느 모로 보나 너그러웠다. 그는 누이인 마퀀드 부인을 사랑했고, 자기 딴에는 누이를 위해 할 도리를 다 했던 것이다.

우산 없이 폭우 속을 걷듯
돈벼락을 피할 수 없는 시기가 있다

윌리엄슨&브라운 증권사를 떠난 뒤 시장에선 단물이 다 빠져버린 듯했다. 이때를 생각하면 지금도 울컥한다. 그 뒤로 장장 4년 동안 시장이 침체 상태에서 벗어나지 못해서 오랫동안 돈 구경하기가 힘들었다. 언젠가 빌리 헨리퀘즈가 말했듯, "스컹크조차 냄새를 맡을 수 없는 그런 시장"으로, 단 한 푼도 벌리지 않았다.

마치 운명의 여신 눈 밖에 난 것 같았다. 벌을 내려 새 사람으로 거듭나게 하려는 신의 섭리였는지 모르겠지만, 난 이렇게 구렁텅이에 처박혀야 될 만큼 교만으로 똘똘 뭉친 사람은 아니었다고 자신있게 말할 수 있다. 투기 거래를 하는 동안 빚을 지는 형벌로 속죄해야 할 만큼 죄를 저지른 것도 아니었다. 호구들이 으레 저지르는 그런 바보짓도 하지 않았다. 내가 한 일 또는 하지 않았던 일은 42번가 북쪽 브로드웨이라면 비난은커녕 박수를 받을 만한 일이었다. 하지만 월가에선 어리석은 짓이었고, 대가를 톡톡히 치러야 했다. 여하튼 그 사건이 최악이었던 건 시세 표시기가 돌아가는 곳에선 인간적인 감정까지도 지레 단속하게 만들었다는 점이다.

나는 윌리엄슨의 사무실을 떠나 다른 중개소를 돌아다니며 매매를 시도했다. 하지만 어딜 가나 돈을 잃었다. 돈 벌 기회를 달라고 억지를 부렸으니 그래도 싸다. 시장이 나한테 군이 왜 그런 기회를 주겠는가. 다행스럽게도 아는 사람들 사이에서는 신용이 좋은 편이라 돈 빌리는 건 어렵지 않았다. 마침내 빌린 돈으로 매매하는 건 그만둘 수 있었지만 그 무렵 빚이 100만 달러를 훌쩍 넘었으니 내 신용이 얼마나 좋았는지 짐작이 갈 것이다.

물론 매매 솜씨는 녹슬지 않았다. 문제는 끔찍했던 4년 동안 돈 벌 기회가 아예 없었다는 것이었다. 밑천을 마련해보려고 부지런히 매매했지만 빚만 늘었다. 더 이상 친구들에게 빚지기 싫어서 내 계좌로 하는 매매는 그만두고 다른 사람들의 계좌를 관리해주면서 밥값을 벌었다. 이렇게 침체된 시장도 극복할 수 있을 만큼 내가 이 게임을 쥐락펴락한다고 믿는 사람들의 계좌 말이다. 계좌를 관리해주는 대가로 수익이 나면 일부를 받았다. 그렇게 살았다. 아니, 근근이 입에 풀칠을 했다.

물론 늘 손실만 본 건 아니지만, 빚을 현저하게 줄일 수 있을 만큼 벌지는 못했다. 상황이 더 나빠지자 급기야 태어나서 처음으로 좌절 감이라는 걸 느끼게 됐다. 모든 게 어긋나버린 듯했다. 수백만 달러를 벌어 요트까지 샀다가 딱한 형편에 빠진 빚쟁이 신세로 추락했다.

그래도 신세 한탄은 하지 않았다. 그런 상황이 즐거울 리 없지만, 내가 세상에서 제일 불쌍한 사람인 양 자기 연민에 빠지지도 않았다. 참고 견디면 세월이 지나 신의 섭리로 고생이 끝날 테니 기다리자고 생각하지도 않았다. 대신 나한테 어떤 문제가 있는지 연구했다. 곤경에서 헤어나오려면 돈을 버는 수밖에 없었다. 그리고 돈을 벌려면 매매를 잘해야 했다. 전에 했던 것처럼 다시 한번 제대로 매매해야 했다. 얼마 안 되는 밑천을 수십만 달러로 불린 쾌거도 여러 번 이루지 않았는가. 조만간 시장이 기회를 주겠지.

문제가 있다면 시장이 아니라 나한테 있다고 확신하게 됐다. 자, 나한테 무슨 문제가 있는 걸까? 내 매매에 어떤 문제가 있는지 요모조모 살피듯 똑같은 방식으로 나한테 무슨 문제가 있는지 질문을 던졌다. 차분히 생각한 끝에 빚진 돈 때문에 걱정에 사로잡힌 게 문제라는 결론에 도달했다. 빚만 생각하면 마음이 영 불편하고 속이 갑갑했다. 단순히 빚이 있다는 생각 때문에 그런 건 아니었다. 사업을 하다 보면 운영 과정에서 누구나 빚을 지게 된다. 내가 진 빚도 대부분 트레이딩을 하다가 시장 여건이 불리해지는 바람에 생긴 것이었다. 예를 들면, 절기에 맞지 않는 이상기후가 길어지면 상인들이 고생하는 것과 마찬가지다.

물론 시간이 흘러도 돈을 갚지 못했으니 더 이상 빚에 달관한 사람처럼 덤덤할 순 없었다. 그도 그럴 것이 빚이 100만 달러가 넘었기 때문이다. 모두 주식시장에서 본 손실이었다는 점에 유념하기 바란다.

채권자들은 대부분 따뜻하게 대해줬다. 돈을 갚으라며 들들 볶지도 않았다. 그런데 채권자들 중 두 사람이 나를 쫓아다니며 계속 괴롭혔다. 내가 돈을 벌 때마다 기다렸다는 듯 짠하고 나타나서는 하나부터 열까지 궁금해하면서 돈을 갚으라고 채근했다. 나한테 800달러를 빌려준 사람은 고소하겠다는 둥, 가구를 압류하겠다는 둥 협박했다. 당시 나는 피골이 상접해 역 앞 부랑자처럼 보일 지경이었는데, 이 사람은 왜 내가 재산을 감추고 있다고 생각했는지 도무지 알 수 없었다.

그러다가 마침내 문제가 뭔지 깨달았다. 이번에는 시세 테이프가 아니라 나 자신을 읽어야 했다. 걱정거리가 있는 한 결코 의미 있는 성과를 낼 수 없고, 빚을 지고 있는 한 걱정거리는 사라지지 않는다는 결론에 도달했다. 냉철하게 내린 결론이었다. 돈을 빌려준 사람은 언제든 돈을 내놓으라고 성가시게 하거나 재기하는 것을 방해할 수 있다. 채권자가 언제 어떻게 들이닥칠지 모르니 마음이 편할 리 없고, 걱정거리가 있으니 매매가 제대로 될 리 없어서 밑천을 모으기가 힘들었다. 불 보듯 뻔한 과정이었다. 나는 이렇게 혼자 중얼거렸다. "파산 신청에 들어가야겠어." 파산하는 것 말고는 달리 마음의 짐을 털어낼 도리가 없었다.

간단하면서도 알맞은 방법 아닌가? 하지만 그런 생각을 하는 것만으로도 정말이지 너무 속상했다. 그러기는 싫었다. 돈 갚기 싫어서 파산 신청을 했다는 오해를 살 수도 있다고 생각하니 끔찍했다. 나는 돈에 썩 집착하지 않는다. 거짓말할 가치가 있다고 여길 만큼 돈을 대단하게 생각해본 적도 없다. 물론 다른 사람들이 다 내 맘 같지는 않다는 것도 안다. 물론 다시 일어서면 남아 있는 채무를 전부 다 갚을 작정이었다. 하지만 예전 방식대로 매매할 수 없다면 100만 달러를 갚을 길이 없을 게 뻔했다.

용기를 내서 채권자들을 만나러 갔다. 채권자들은 대부분 친구이거나 오래 알고 지낸 사이여서 나로선 무척 어려운 걸음이었다. 채권자들에게 상황을 솔직하게 설명하면서 이렇게 말했다. "돈을 갚기 싫어서 파산 단계를 밟는 건 아닙니다. 그게 서로에게 좋을 것 같기 때문입니다. 내가 돈을 벌 수 있는 상황에 있어야 합니다. 2년 넘게 이 해결책을 이따금 생각했지만, 차마 입이 떨어지지 않았습니다. 용기가 없어서 솔직하게 말하지 못했던 거죠. 진작 용기를 냈더라면 양쪽 다 모두 훨씬 나아졌을 텐데 말입니다. 아무튼 요약하면 이렇습니다. 빚 때문에 애를 먹거나 걱정하는 상태에서 나는 절대 예전 모습으로 돌아갈 수 없습니다. 1년 전에 했어야 할 일인데, 지금이라도 해야겠어요. 방금 말한 이유 말고 다른 이유는 없습니다."

처음 만난 채권자가 회사의 입장을 이렇게 말했는데 이후에 만난 채권자들 모두 이 사람과 똑같은 취지로 말했다.

"리빙스턴, 이해하네. 자네 입장 잘 알겠어. 이렇게 하지. 빚을 탕감해줌세. 자네가 원하는 서류가 있으면 뭐든 변호사에게 준비하라고 하게. 서명하겠네."

제법 큰돈을 빌려준 채권자들은 대체로 이런 취지로 말했다. 월가에는 이런 모습도 있다. 성품이 무던하고 마음씨가 고와서도 아니고, 동지애가 끈끈해서만도 아니다. 그게 사업상 분명 더 이익이기 때문에 영리하게 내린 결정이었다. 나는 채권자들이 보여준 호의와 패기에 고마움을 표했다.

채권자들이 탕감해준 빚은 100만 달러가 넘었다. 그러나 소액 채권자 두 사람은 끝내 서명하기를 거부했다. 한 명은 아까 얘기한 800달러를 빌려준 채권자다. 또 한 군데는 증권 회사로 내가 진 빚이 6만 달러 정도였다. 회사가 파산한 뒤 재산관리인들이 회사를 관리했는데 재산관리인들은 나와 일면식도 없는 이들이었다. 이 사람들은 나를 자나 깨나 쫓아다니며 괴롭혔다. 비록 큰돈을 빌려준 채권자들을 따라 빚을 탕감해주고 싶었더라도 법원이 그렇게 하도록 내버려두지 않았을 것이다. 아무튼 파산 절차를 거치자 갚아야 할 빚이 100만 달러에서 겨우 10만 달러로 줄어들었다.

내 이야기가 신문에 실리자 쥐구멍에라도 들어가고 싶었다. 예전에는 빚이 있어도 늘 다 갚았다. 파산 절차를 밟은 건 이때가 처음이었다. 그래서 말도 하지 못할 정도로 창피했다. 내가 살아 있는 한 언젠가 모두에게 돈을 갚겠지만, 기사를 읽은 사람들은 그걸 알 턱이 없으니 말이다. 신문에 난 뒤로는 얼굴을 들고 다닐 수 없었다. 하지만 이것은 잠시 겪어내면 그만인 고초일 뿐이었다. 주식 투기에 성공하려면 온 정신을 다 바쳐서 몰두해야 한다. 이걸 이해하지 못하는 사람들에게 더 이상 시달리지 않아도 된다니 어찌나 홀가분한지 날아갈 것 같았다.

빚 걱정에서 헤어나니 성공할 수 있다는 희망을 품고 마음껏 매매할 수 있었다. 이제 밑천을 마련해야 했다. 1914년 7월 31일부터 12월 중순까지 증권거래소가 문을 닫자 월가는 썰렁해졌다.* 오랫동안 매매고 뭐고 다 중단되고 아무것도 없었다. 친구들이 아무리 잘 해줘도 이미 돈을 빌렸기 때문에 또 손을 내밀 순 없었다. 더구나 누구든 자기 앞가림하기 바쁜 이런 시국엔 더더욱 그랬다.

증권거래소가 문을 닫으면서 중개소에 부탁할 수 있는 일도 없어서 밑천을 두둑하게 모으는 것은 하늘의 별 따기처럼 어려웠다. 몇 군데 가봤지만 소용없었다. 결국 윌리엄슨을 찾아갔다. 1915년 2월이었다. 부채를 청산하자 마음이 편해져서 예전처럼 매매할 준비가 됐다고 윌리엄슨에게 말했다. 기억하겠지만 달라고 하지도 않았는데 2만 5000달러를 선뜻 내주었던 그 사람이다. 물론 써먹을 데가 있어서 나한테 돈을 쥐어준 거였지만.

이번엔 내 쪽에서 윌리엄슨이 필요했다. 윌리엄슨이 말했다.

"괜찮아 보이는 게 있으면 가서 500주 사게. 아무 문제없을 걸세."

나는 고맙다고 말하고 나왔다. 윌리엄슨은 저번에 내가 큰돈을 벌지 못하게 막았고, 중개소는 나 덕분에 수수료를 엄청나게 벌었다. 그랬던 윌리엄슨&브라운에서 밑천을 두둑하게 주지 않자 괘씸했다.

---

* 제1차 세계대전 발발로 증권거래소가 폐쇄된 일을 가리킨다.-역주

그랬다. 괘씸한 마음이 들었던 것을 인정한다. 아무튼 처음엔 보수적으로 매매할 작정이었다. 시작할 때 500주보다 조금 더 굴릴 수 있었다면 더 빨리, 더 수월하게 돈이 모였겠지만 어쨌든 재기할 기회는 잡은 셈이었다.

윌리엄슨의 사무실에서 돌아와 시장의 전반적인 상황을 연구하는 한편 내 문제를 자세히 들여다봤다. 시장은 오름세였다. 나도 알고 수많은 트레이더들도 알았다. 그러나 가진 밑천이라고는 내 명의로 500주를 매매하라는 제안뿐이었다. 따라서 재량껏 뭘 할 수가 없었기 때문에 최초 거래에서 조금이라도 실수하면 안 되는 상황이었다. 첫 거래에서 바로 밑천을 불려야 했다. 처음 매수한 500주에서 수익이 나야 했다. 제대로 돈을 벌어야 했다. 그런데 나라는 인간은 매매 자금이 넉넉하지 않으면 판단력이 제대로 발휘되지 않는다. 증거금이 충분하지 않으면 냉철하고 차분한 태도로 게임에 임할 수 없다. 종종 큰돈을 걸기 전에 시장을 떠보다가 몇 차례 소소하게 손실을 보기도 하는데, 이런 손실을 감당할 수 있을 정도로 증거금이 넉넉해야 냉정하게 게임에 임할 수 있다.

지금 생각해보니 그때가 투기 거래자로서 내 경력이 끝장나느냐 마느냐가 결정되는 아슬아슬한 고비였던 거 같다. 이번에 실패하면 언제 어디서 또 밑천을 마련할 수 있을지 기약이 없었다. 그건 분명한 사실이었다. 그저 절호의 순간이 오기만을 호시탐탐 기다렸다. 윌리엄슨&브라운 근처엔 얼씬도 하지 않았다. 일부러 그쪽에는 발길

을 끊고 6주 동안 진득하니 시세 테이프를 읽었다. 500주만 살 수 있
는데 중개소에 갔다가 혹시나 잘못된 시간에 잘못된 종목을 매매하
고 싶은 유혹에 넘어갈까 봐 두려웠다. 트레이더는 시장의 기저 여건
을 연구하고, 시장이 보여준 과거의 선례를 기억해야 하며, 중개인의
한계뿐만 아니라 군중심리도 염두에 두어야 한다. 덧붙여 자신을 알
고 자신의 약점에도 대비해야 한다. 인간이라면 누구나 약점이 있으
므로 자신의 약점 때문에 분노할 필요는 없다. 시세 테이프 읽는 법
을 아는 것도 중요하지만 먼저 스스로에 대해 알아야 한다는 생각이
들었다. 따라서 시장이 활발하게 돌아가면서 피하기 힘든 유혹의 손
길을 뻗칠 때, 또는 충동에 사로잡힐 때 내가 어떻게 반응하는지 연
구하고 고찰했다. 작황 조건을 고려하거나 수익 보고서를 분석할 때
와 같은 기분, 같은 마음가짐이었다.

　무일푼이었는데도 날이 갈수록 매매하고 싶어서 손이 근질거렸
다. 하지만 한 주도 사고팔 수 없는 다른 중개소 호가판 앞에 앉아서
계속 시장을 연구했다. 시세 테이프에 찍히는 거래를 한 건도 놓치지
않고 지켜보며 절호의 기회가 오기만을 기다렸다. 신호만 떨어지면
바로 내달릴 셈이었다.

　1915년 초, 나로선 절체절명의 그 중요한 시기에 내가 가장 강세
를 보일 것으로 예상한 주식은 베들레헴 철강이었다. 그 이유야 세
상이 다 아는 사실이었다. 베들레헴 주가가 훨훨 날아오르리라 확신
했지만, 첫 거래에서 반드시 제대로 수익을 내야 했기에 기준 주가를

넘길 때까지 기다리기로 마음먹었다.

앞서 설명했지만 내 경험상 주가가 처음으로 100달러, 200달러, 300달러를 돌파할 때마다 십중팔구 30포인트에서 50포인트씩 계속 오르고 300달러를 넘어서면 100달러, 200달러일 때보다 더 빨리 오른다. 내가 처음으로 대성공을 거두었던 주식은 아나콘다였는데, 200달러를 돌파할 때 샀다가 이튿날 260달러에 팔았다. 나는 주가가 기준점을 돌파하자마자 매수하곤 했는데, 사설 중개소에서 매매하던 꼬마 시절부터 써먹던 해묵은 매매 원칙이다.

얼마나 간절했는지 짐작할 수 있을 것이다. 예전처럼 대량으로 매매하던 시절로 돌아가고 싶었다. 어서 빨리 매매하고 싶어서 다른 건 생각나지도 않았지만 자제하려 애썼다. 내가 확신한 대로 베들레헴 철강은 하루 지나면 뛰고 하루 지나면 또 뛰었다. 당장이라도 윌리엄슨&브라운으로 달려가 500주를 사고 싶었지만 꾹 참았다. 첫 거래는 최대한 확실하게 해야 했으니까.

주가가 1포인트 오를 때마다 500달러씩 놓치는 셈이었다. 처음 10달러 올랐을 때, 피라미딩 기법으로 계속 주식을 사들였다면 500주가 아니라 1000주를 굴릴 수도 있었다. 그렇다면 1달러 오를 때마다 1000달러를 벌 수 있었을 것이다. 하지만 경거망동하지 않고 버텼다. 기대라는 녀석, 믿음이라는 녀석이 어서 빨리 뛰어들라고 귀가 따갑게 졸랐지만 외면하고 경험이 들려주는 한결같은 목소리와 상식이 주는 조언에만 귀를 기울였다. 일단 밑천이 두둑하게 모여야 기회를 잡을 수 있다. 밑천이 없으면 심지어 사소한 기회조차 감히 꿈도 못 꿀 사치일 뿐이다. 6주 동안 참고 참은 끝에 탐욕과 기대를 꺾고 마침내 상식이 승리했다!

주가가 90달러까지 오르자 온몸이 부들부들 떨리고 진땀이 나기 시작했다. 분명 오른다고 예상한 주식인데 사지 않아서 날린 돈을 생각해보라. 98달러가 되자 이렇게 중얼거렸다. "베들레헴이 곧 100달러를 돌파할 거야. 그러면 천장을 시원하게 뚫어버릴 텐데!" 시세 테이프 역시 같은 얘기를 하고 있었다. 시세 테이프가 하는 말은 또렷하다 못해 확성기를 들고 외치는 수준이었다. 시세 테이프에 98달러가 찍히는 순간, 내 눈에는 벌써 100달러가 보였다. 정말이다. 기대감에 헛소리가 들린 것도, 욕망에 눈이 멀어 헛것을 본 것도 아니다. 시세 테이프를 읽고 본능이 그렇게 주장하고 있었다. 나는 다시 중얼거렸다. "100달러를 돌파할 때까지 기다릴 순 없어. 지금 사야겠어. 기준점을 돌파한 거나 다름없어."

윌리엄슨&브라운 중개소로 달려가 베들레헴 철강 500주 매수 주문을 넣었다. 당시 호가는 98달러였다. 98~99달러에 500주를 샀다. 베들레헴 철강은 내가 사자마자 바로 올랐고, 그날 저녁 114~115달러에 마감했다. 나는 500주를 더 샀다. 다음 날 베들레헴 철강이 145달러까지 오르자 주식을 팔아 밑천을 마련했다. 어렵사리 번 돈이었다. 6주 동안 기다려야 했는데 내 평생 그토록 힘들고 진이 빠진 적은 없었다. 하지만 보람은 있었다. 제법 큰 물량을 굴릴 수 있는 자본이 생겼다. 사실 500주는 이도 저도 안 되는 규모였다.

어떤 사업이든 첫 단추를 잘 꿰는 게 정말로 중요하다. 베들레헴 철강 이후로는 매매가 순조로웠다. 같은 사람이 하는 거래라곤 믿기 힘들 정도였다. 사실 같은 사람이 아니기도 했다. 근심 걱정에 시달리다가 헛물만 켜던 내가 이제는 평온한 마음으로 시장을 제대로 예측하고 있었으니 말이다. 성가시게 굴 채권자도 없고, 자금이 부족해서 생각하는데 방해를 받거나 경험이 들려주는 진실한 목소리를 못 듣지 못하는 상황도 아니었다. 순풍에 돛 단 듯 매매하는 족족 수익이 났다.

이제야말로 한몫 단단히 잡는가 싶었다. 그런데 별안간 루시타니아 호 사건*이 터지면서 시장이 폭락했다. 살다 보면 이따금 이렇게 뒤통수를 얻어맞곤 한다. 이 사건은 아무리 올바른 선택을 해도 느닷없이 시장에 이로울 것 없는 사건이 터지면 영향을 받지 않을 수 없다는 서글픈 사실을 새삼 일깨워줬다. 사람들은 전업 투기거래자면 루시타니아 호가 어뢰에 격침됐다는 소식에 별로 타격을 입지 않을 거라고 했다. 더 나아가 월가에서 소식을 알기 훨씬 전에 자기들은 이런저런 경로로 사고가 난 걸 알았을 거라고도 했다. 나는 사전에 정보를 입수해서 시장에서 빠져나올 만큼 약삭빠르지 못했다. 여

---

* 1915년 5월 7일 2000여 명을 태운 영국 여객선 루시타니아 호가 뉴욕에서 리버풀로 가다 독일 잠수함이 발사한 어뢰에 격침돼 약 1200명이 사망했다. 이 사건을 계기로 미국은 독일에 대항해 전쟁에 뛰어들었다.

하튼 루시타니아 호 사건으로 시장이 폭락하는 바람에 돈을 날렸고, 예상치 못한 한두 차례 반전으로 1915년 말 중개소 계좌에는 14만 달러 정도만 남았다. 실제 번 돈은 그게 전부였다. 1년 중 상당 기간 꾸준히 시장을 제대로 예측했는데도 말이다.

이듬해는 운이 활짝 트였는지 사정이 훨씬 나아졌다. 시장이 거침없이 상승하자 나는 물불 가리지 않고 오름세에 돈을 걸었다. 일이 술술 풀렸다. 돈 버는 일 말고는 하는 일이 없을 정도였다. 스탠더드 오일 컴퍼니의 고 H. H. 로저스가 한 말이 생각난다. 로저스는 우산 없이 외출해서 비바람을 맞으면 홀딱 젖듯 돈벼락을 맞을 때가 있다고 했다. 당시처럼 확실한 상승장은 처음이었다. 미국에서 물자를 생산하면 연합군이 싹쓸이해 갔기 때문에 미국이 전 세계에서 가장 번영한 나라가 되고 있다는 건 삼척동자도 알았다. 다른 나라엔 없는 물자도 미국에는 있었다. 세상 돈이란 돈은 속속 미국 손아귀에 빨려들어왔다. 온 세상 금이 미국으로 억수처럼 밀려오고 있었다. 인플레이션은 불가피했다. 즉, 앞으로는 안 오르는 게 없을 것으로 보였다.

이렇게 되리라는 게 처음부터 뻔했기 때문에 굳이 주가를 부풀리려고 시장을 조작할 필요도 없었다. 다른 강세장에 비해 사전 작전이 훨씬 적었던 이유는 바로 여기 있었다. 전쟁 특수를 누리면서 자연히 경기가 점점 더 살아났을 뿐 아니라 전례 없이 많은 사람들이 돈을 만지게 됐다. 즉, 1915년 주식시장에서 발생한 수익을 대중이 골고루 누렸다. 월가 역사상 호황기에 수익이 이처럼 많은 사람에게 널리 돌아간 적은 없었다. 대중은 평가수익을 전부 현찰로 바꾸지 못했고, 챙긴 수익을 오래 지키지도 못했지만 이건 단지 역사가 되풀이되는 것에 불과했다. 월가만큼 역사가 자주 반복되는 곳도 없다. 과거의 호황이나 공황에 관한 설명을 읽다 보면 주식판이나 투기 거래자들이 어쩌면 예나 지금이나 그대로인지 놀라게 된다. 게임은 변하지 않고 인간의 본성 역시 변하지 않는다.

1916년에는 상승장에 발맞춰 매매를 진행했다. 누구나 그랬겠지만 나 역시 오름세로 예측했다. 그래도 눈을 부릅뜨고 지켜봤다. 언젠가는 오름세가 멈출 테니 혹시 경고 신호가 울리는지 살피기 위해서였다. 경고 신호가 어디서 나올지 추측해서 대응하는 건 별로라서한 곳만 주시하지는 않았다. 강세나 약세 어느 한쪽에만 몰두하지 않았고, 어느 한쪽에만 지나치게 집착하지도 않았다. 강세장 덕분에 계좌에 돈이 불어났다고 해서 강세에 집착할 이유도 없고, 약세장이 유달리 인심이 후했다고 해서 약세에 집착할 이유도 없다. 강세장과 약세장 어느 쪽에도 영원한 충성을 맹세할 필요는 없다. 오로지 제대로 예측하는 일에 전심전력해야 한다.

명심해야 할 사실은 또 있다. 시장이 절정에 달할 때는 한번에 거대한 축포를 터뜨리지 않으며, 또한 축제가 끝날 때도 갑자기 180도 돌변하지 않는다. 강세장이 끝나고 시장 전반이 하락하기 훨씬 전에 종종 오름세가 멈추면서 약세 조짐이 나타난다. 오랫동안 경고 신호를 살피던 중 강세장을 이끌던 대장주들이 몇 달 만에 처음으로 줄줄이 고점에서 몇 포인트씩 반락하더니 다시 반등하지 못하는 게 눈에 띄었다. 적신호가 켜진 것이다. 대장주들의 질주가 끝났으니 매매 전술을 바꿔야 했다.

전술 변화는 간단했다. 물론 강세장이라면 주가 추세는 뚜렷한 상승 곡선을 그릴 것이다. 따라서 어떤 주식이 대세에 역행하면 그 주식에 문제가 있다고 추정해도 무방하다. 노련한 트레이더라면 이 정도만 봐도 뭔가 잘못됐다는 걸 눈치챌 수 있다. 시세 테이프가 구구절절 설명해주겠지 하고 기대하면 안 된다. 트레이더는 시세 테이프에 귀를 기울이고 있다가 시세 테이프가 "탈출해!"라고 할 때를 포착하면 된다. 시세 테이프가 미주알고주알 변론할 때까지 기다리면 안 된다.

앞서 말했듯 시장을 주시하고 있는데 주가 상승을 앞장서서 이끌던 주식들이 약진을 멈추는 게 아닌가. 6~7포인트 하락하더니 계속 그 상태에 머물러 있었다. 동시에 시장에는 새로운 기수들이 등장했다. 이 기수들을 필두로 나머지 시장이 계속 상승세를 보였다. 기업들 자체에는 아무런 문제가 발생하지 않았기 때문에 다른 곳에서 이유를 찾아야 했다. 이전에 주가 상승을 이끌던 주식들은 몇 달 동안 시장 흐름을 따라가더니 멈췄다. 시장은 여전히 힘차게 날아오르고 있었지만, 그 주식들의 오름세는 끝났다는 걸 의미했다. 나머지 종목들은 여전히 상승세가 확연했다.

하지만 아직 물살이 거꾸로 도는 건 아니었으므로 당황해서 어리둥절할 필요는 없었다. 당시 나는 시장을 약세로 보지 않았다. 시세 테이프가 약세라고 말하지 않았기 때문이다. 강세장의 종말은 아직 오지 않았다. 비록 가까이 와 있긴 했지만 말이다. 종말이 당도하기 전까지는 여전히 강세에 돈을 걸어도 돈을 벌 수 있었다. 이런 상황이었기에 나는 상승을 멈춘 주식만 약세론으로 선회해 공매도하고, 나머지 종목들은 여전히 상승 여력이 있다고 보고 매수했다.

상승장을 주도하다가 뒤처진 주식은 공매도했다. 이런 주식은 각각 5000주씩 공매도했고, 새로 등장한 상승 주도주들은 매수했다. 공매도한 주식은 큰 수익이 나지 않았지만, 매수한 주식들은 계속 올랐다. 마침내 매수한 주식들도 상승세를 멈추자 모두 팔아버리고, 종목당 5000주씩 공매도했다. 이 무렵, 나는 약세론에 치우쳐 있었다. 왜냐하면 앞으로 큰돈을 벌려면 분명 하락세에 걸어야 한다고 판단했기 때문이다. 강세장이 완전히 종말을 고한 건 아니지만 사실상 약세장이 시작됐다는 확신이 들었다. 하지만 아직까진 덮어놓고 하락에 큰돈을 걸 때는 아니라고 판단했다. 시장에 아직 약세가 자리 잡지도 않았는데 혼자 북 치고 장구 쳐봐야 소용없다. 특히 때가 무르익지도 않았다면 더더욱 그렇다. 시세 테이프를 보면 하락세의 주력 순찰대가 급히 지나간 것 같았다. 차분히 신발끈을 조여 매면서 준비할 때였다.

나는 한 달 정도 매수, 매도를 계속하다가 12개 종목을 각각 5000주씩 공매도해서 공매도 물량을 총 6만 주까지 늘렸다. 앞서 강력한 상승장을 주도하던 종목으로, 연초 사람들의 인기를 한몸에 받던 종목이었다. 썩 많은 물량은 아니었다. 아직 확실한 하락장은 아니었기 때문이다.

그러던 어느 날 시장 전반이 대폭 하락하더니 주식이 죄다 떨어지기 시작했다. 공매도해둔 12개 종목에서 한 종목당 최소 4포인트 이상 수익이 나면서 내가 옳다는 게 입증됐다. 시세 테이프는 이제 하락에 거는 게 안전하다고 말했고, 나는 즉시 공매도 물량을 두 배로 늘렸다.

이제 포지션이 구축됐다. 그러니까 하락세가 분명해진 시장에서 공매도 물량을 보유하고 있었다. 더 밀어붙일 필요는 없었다. 시장은 내 뜻대로 될 수밖에 없었다. 그걸 아는 이상 기다릴 여유가 있었다. 공매도 물량을 두 배로 늘린 뒤에 오랫동안 다른 매매는 하지 않았다. 공매도 포지션을 구축한 지 약 7주 후에 유명한 "정보 유출" 사건이 터지자 주가는 형편없이 추락했다. 들리는 말로는 윌슨 대통령이 유럽에 평화사절을 급파하겠다는 메시지를 발표할 예정인데 누군가 이 워싱턴발 소식을 미리 입수했다고 했다. 물론 세계대전으로 전쟁 특수에 따른 호황이 시작됐고 이런 추세가 계속 유지됐으므로 평화 기조는 시장에 약세 요인이었다. 객장에서 제일 약삭빠르기로 손꼽히는 장내 거래인 하나가 이때 수익을 챙겼는데, 사전 정보로 돈을 벌었다는 비난을 받자 소식을 듣고 주식을 매도한 게 아니라 상승장이 묵을 대로 묵었다고 생각해서 매도한 거라고 설명했다. 나 역시

7주 전에 공매도 물량을 두 배로 늘린 터였다.

하여튼 이런 소식이 퍼지자 주가는 곤두박질쳤고, 나는 당연히 환매했다. 당시 상황에선 그 길밖에 없었다. 계획을 세울 당시엔 생각지 못했던 일이 일어나 운명이 상냥하게 기회를 내밀면 잡아야 한다. 우선 주가가 폭락하면 팔려는 사람이 많아져 환매 물량을 받아줄 만큼 거래량이 증가하므로 이때 평가수익을 실제 돈으로 바꿔야 한다. 약세장에서조차 12만 주나 환매하면 주가가 올라가게 돼 있다. 즉, 대량 환매하는 과정에서 자신의 매매로 스스로 주가를 끌어올리게 되므로 평가수익을 갉아먹게 된다. 따라서 평가수익을 해치지 않고 12만 주를 환매할 수 있을 정도로 시장이 커지기를 기다려야 했다.

이 점은 짚고 넘어가고 싶다. 난 그 사건이 하필 그때 터져서 시장이 폭락하리라고는 꿈에도 생각하지 못했다. 하지만 앞서 얘기했듯, 나는 최소 저항선을 토대로 포지션을 구축하는데 30년 동안 매매한 경험에 따르면 그런 사건은 대개 최소 저항선과 엇비슷한 수준에서 일어난다. 또 하나 명심해야 할 건 절대 꼭짓점에서 매도하려고 애쓰지 말라는 것이다. 이는 현명하지 못한 행동이다. 주가가 조정받은 뒤 반등하지 않으면 그때 매도해야 한다.

상승장이 지속되면 매수하고 하락장이 시작되면 공매도하는 방식으로 1916년 300만 달러 정도를 벌었다. 전에도 말했지만, 강세든 약세든 시장의 한쪽과 결혼해서 검은 머리 파뿌리 될 때까지 해로할 필요는 없다.

　보통 휴가를 즐길 때면 남쪽 팜비치로 갔는데, 그해 겨울에도 팜비치에 갔다. 바다낚시라면 사족을 못 쓰는 탓이다. 주식과 밀을 공매도해둔 상태였는데, 둘 다 상당한 수익을 올리고 있었다. 성가신 일도 없어서 즐겁게 지냈다. 물론 유럽으로 가지 않는 한 주식시장이나 상품 시장과 아주 연락을 끊기는 힘들다. 예를 들어, 뉴욕주 애디론댁스에 있는 별장은 중개소와 직통전화로 연결돼 있다.

　팜비치에 있으면서 중개소 지점에 뻔질나게 드나들었다. 면화 선물에는 관심이 없었는데 면화가 강세를 보이며 가격이 뛰는 게 보였다. 당시는 1917년으로 윌슨 대통령이 평화를 실현하기 위해 백방으로 노력하고 있다는 얘기가 많이 흘러나오던 때였다. 워싱턴발 소식이 속보로, 또는 쉬쉬하며 귀띔하는 형태로 팜비치에 있는 친구들 귀에 들어왔다. 어느 날 다양한 시장이 돌아가는 흐름을 보니 윌슨 대통령의 노력이 성공을 거뒀다고 시장이 확신하는 듯했다. 평화가 가까워질수록 주식과 밀은 떨어지고 면화는 오른다. 주식과 밀 선물은 공매도해뒀기 때문에 대비되어 있었지만, 한동안 면화 선물은 손도 안 댄 상태였다.

　그날 오후 2시 20분, 면화 선물은 단 1베일도 보유하지 않은 상태였다. 그런데 2시 25분, 평화가 임박했다고 믿고 우선 1만 5000베일을 매수했다. 아까 설명한 것처럼 기준점 돌파 시 매수라는 오래된 매매 방식에 따라 전체 포지션을 구축하려고 마음먹었다. 바로 그날 오후 장 마감 후 독일이 무제한 잠수함 작전*을 통첩했다. 다음 날 시장이 열리기를 기다리는 것 외에는 할 수 있는 일이 없었다. 그날 밤 그리들리스 카지노에 있던 미국 실업계의 거물 한 사람이 물량에 상관없이 그날 오후 종가보다 5포인트 낮은 가격에 US철강을 팔겠다고 제안했다. 피츠버그 출신 백만장자 몇 사람이 이 말을 들었지만 아무도 거물의 제안을 받아들이지 않았다. 다음 날 장이 열리면 주가가 나락으로 떨어지리라 예상했기 때문이다.

아니나 다를까, 짐작대로 이튿날 아침 주식시장과 상품 시장은 난리도 아니었다. 일부 종목은 전날 밤 종가보다 무려 8포인트나 내려서 출발했다. 나한테는 수익을 내면서 공매도 물량을 전부 털 수 있는 천재일우의 기회였다. 앞서 말했듯, 약세장에서 시장이 갑자기 폭삭 내려앉으면 환매하는 게 현명하다. 공매도 물량이 제법 많으면 이때 평가수익이 크게 불어나는데, 이 평가수익을 갉아먹지 않고 재빨리 현금으로 바꿀 수 있는 방법은 이것뿐이다. 왜냐하면 환매하는 과정에서 내 손으로 주가를 끌어올리게 되는데 시장이 곤두박질치면 그럴 위험이 적기 때문이다. 이때를 놓치면 땅을 치고 후회할 수밖에 없다.

나는 US철강 주식을 5만 주 공매도한 상태였고 다른 주식들도 공매도하고 있었는데, 환매 물량을 받아줄 시장이 형성되자마자 환매

---

* 제1차 세계대전 당시 독일이 펼친 잠수함 작전으로 영국, 프랑스 주변 해안을 봉쇄한 뒤 주변 해역을 통과하는 선박은 적국, 중립국 가리지 않고 민간 선박까지 잠수함으로 공격했다.

에 나섰다. 수익은 150만 달러에 달했다. 이런 기회는 절대 흘려버리면 안 된다.

전날 오후 장 마감 30분 전에 면화 선물을 장장 1만 5000베일이나 매수했는데 주가가 500포인트 하락하면서 출발했다. 형편없이 떨어진 것이다! 고작 하룻밤 사이에 37만 5000달러가 날아갔다. 급락장에선 주식과 밀 선물을 환매하는 길밖에 없었다. 그게 현명했다. 하지만 면화는 어떻게 해야 할지 판단이 서지 않았다. 고려해야 할 요소가 다양했다. 나는 내가 틀렸다고 확신하는 순간 언제나 손절매하는 편인데, 그날 아침에는 왠지 손실을 받아들이고 싶지 않았다. 그런데 가만히 생각해보니 낚시가 하고 싶어서 여기 팜비치까지 왔지 면화 시장의 흐름 때문에 머리를 싸매자고 온 건 아니다 싶었다. 게다가 밀 선물과 주식으로 거금을 챙겼기 때문에 면화에선 손실을 감수해보자는 생각이 들었다. 그러곤 평가수익이 150만 달러가 아니라 100만 달러 조금 넘는다고 생각하기로 했다. 주식 기획업자는 상대가 꼬치꼬치 캐물으면 모든 건 회계장부에 기장하기 나름이라고 대꾸하는데, 그와 비슷하다고 할까.

전날 장 마감 직전에 면화 선물을 사지 않았더라면 40만 달러를 아꼈을 텐데, 많지 않은 물량으로도 얼마나 큰돈이 눈 깜짝할 새 사라질 수 있는지 실감한 사건이었다. 시장 전반이 약세를 보일 것으로 예상한 내 판단은 전적으로 옳았다. 평화가 오고 전쟁 특수가 사라질 것으로 예상해 주식과 밀 선물을 공매도했는데 독일이 무제한 잠수함 작전을 통첩하는 정반대 사건이 벌어졌지만 오히려 나는 이득을 봤다.

신신당부하는데, 똑똑히 알아두기 바란다. 최소 저항선을 따라 투기하면 트레이더에게 얼마나 유리한지 다시 한번 여실히 증명되지 않는가. 독일의 통첩이라는 돌발 상황에도 불구하고, 가격은 내 예상대로 내려갔다. 만약 내 예상대로 평화 기조가 자리 잡았더라면, 주식과 밀은 하락하고 면화는 고공행진해서 셋 다 적중했을 것이다. 그랬다면 적중률 100퍼센트로 주식, 밀, 면화 이렇게 세 군데 시장에서 떼돈을 벌었을 것이다. 평화든 전쟁이든 상관없이 주식시장과 밀 시장에서 올바른 포지션을 취했기 때문에 예상치 못한 사건조차 도움이 됐다. 면화의 경우, 시장 외부에서 일어날지도 모르는 일, 즉 월슨의 평화 협상이 성공한다는 쪽에 돈을 걸었다가 독일군 장성들 때문에 돈을 날렸다.

1917년 초 뉴욕으로 돌아와 빚진 돈을 전부 갚았다. 100만 달러가 넘는 규모였다. 빚을 갚으니 날아갈 것 같았다. 몇 달 전에 갚을 수도 있었지만, 아주 단순한 이유 때문에 갚지 않았다. 활발하게 매매해서 잘되고 있었으므로 내가 가진 자금을 몽땅 투입해야 했기 때문이다. 1915년과 1916년 기가 막히게 유리했던 시장을 최대한 활용할 수 있었던 건 내 수완도 있었지만 채권자들 덕분이었다. 큰돈을 벌 수 있을 거라고 자신했기에 걱정은 하지 않았다. 게다가 채권자들은 대부분 내게 돈을 돌려받으리라고는 꿈에도 생각하지 않았기 때문에 몇 달 더 기다리게 한다고 해도 별 문제 없었다. 찔끔찔끔 여러 차례 나눠 갚거나, 한 사람씩 돌아가면서 갚고 싶지 않았다. 한번에 전부 갚고 싶었다. 시장이 내게 유리하게 돌아가는 한 동원할 수 있는 재원을 총동원해서 최대한 큰 규모로 매매를 계속했다.

이자를 주고 싶었지만, 채무 탕감 서류에 서명한 채권자들은 모두 한사코 받지 않았다. 800달러를 빌려준 녀석의 돈은 마지막으로 갚았다. 그가 매매조차 못 할 정도로 괴롭히는 통에 사는 게 힘들었기 때문이다. 내가 다른 채권자들의 빚을 전부 갚았다는 소식이 그의 귀에 들어갈 때까지 기다렸다. 그는 이 소식을 듣고 나서야 돈을 받았다. 다음에 남한테 수백 달러를 빌려주면 심보를 좀 곱게 쓰라는 의미였다. 이렇게 해서 나는 다시 일어섰다.

빚을 다 갚은 후에는 꽤 큰 액수를 연금에 넣었다. 다시는 궁색한 처지가 되어 쪼들리는 일도, 밑천이 없어 애 태우는 일도 겪지 않겠다고 결심했다. 물론 결혼한 후에는 아내를 위해 상당한 자금을 신탁했고, 아들이 태어난 후에는 아들 명의로도 신탁을 해뒀다. 내가 이렇게 한 이유는 주식시장에 도로 돈을 뺏길지도 모른다는 생각에 겁이 나기도 했지만, 인간은 원래 돈이 있으면 쓰기 마련이기 때문이다. 이렇게 해두면 내가 아내와 아이 몫을 건드릴 수 없다.

내 지인 중 몇 명도 가족 앞으로 돈을 신탁해뒀는데 돈이 필요하자 아내를 구슬러서 돈을 빼냈다가 말아먹었다. 그래서 나나 아내가 아무리 돈을 빼고 싶어도 뺄 수 없도록 조치해뒀다. 어느 쪽에서 돈을 빼려고 해도 절대 안전했다. 시장에서 혹시 자금이 필요해도 내가 절대 돈을 뺄 수 없었고, 헌신적인 아내가 애정공세를 펴도 절대 돈을 뺄 수 없었다. 혹시 모르니 빗장을 단단히 잠가둔 것이다!

그 누구도 가격의
흐름을 막을 순 없다

투기판에는 갖가지 위험이 도사리고 있다. 예상치 못한, 아니 예측 불가능한 사건들도 그중 하나다. 아무튼 이런 예기치 못한 일들이 갖은 위험 중에서도 상위권을 차지한다. 즉, 특별히 위험하다. 또한 아무리 신중한 사람이라도 한 번쯤 모험에 모든 것을 걸어도 이해할 만한 그런 기회가 있다. 눈앞의 돈벌이에 정신이 팔린 하등동물에서 벗어나고 싶다면 반드시 잡아야 하는 그런 기회 말이다. 사람이 집을 나와 길거리를 돌아다니거나 철도 여행을 떠나도 어느 정도 위험한 일이 생길 수 있듯, 사업을 하다 보면 으레 직면하는 위험이 있다. 갑자기 폭풍우가 쏟아져 비를 맞았다고 이를 바득바득 갈지는 않듯이 예측할 수 없는 사건이 벌어져 돈을 날려도 아무도 앙심을 품지 않는다. 어차피 요람에서 무덤까지 사는 것 자체가 도박이고, 모든 일을 내다볼 수 있는 천리안을 가진 사람은 없으므로 그냥 덤덤하게 견뎌야 한다. 그런데 투기를 하다 보면 나는 정정당당하게 했는데 지저분한 상대를 만나 야비한 수법에 당해 수익을 뜯기는 일이 종종 있다. 하지만 두뇌 회전이 빠르고 멀리 내다보는 사업가는 사기꾼, 졸장부, 군중의 악행에 맞서 스스로를 지킬 수 있는 법이다.

사설 중개소에서 매매하던 시절 간혹 역겨운 속임수에 맞서 싸워야 했는데, 그것도 한두 군데뿐이었다. 사설 중개소조차 정직이 최선의 방책이었기 때문이다. 큰돈은 정정당당할 때 들어온다. 남을 등쳐서 일확천금하는 건 어불성설이다. 속일 가능성이 높아서 한눈 팔 새도 없이 계속 중개인을 살펴야 한다면 거기가 어디든 어떤 게임이든 손대서 좋을 게 없다. 사기꾼이 돈을 떼먹으려고 우는 소리를 하면 마음 약한 사람은 모질게 굴지 못하는데, 그래도 게임은 게임이므로 공정해야 한다. 지금 와서 말해봐야 입만 아프기 때문에 일일이 말하지 않겠지만 내 경우 신사들끼리 한 약속은 깰 수 없고 맹세는 신성하다고 믿어서 낭패를 본 적이 열 번도 넘는다.

소설가나 성직자, 여자들은 증권거래소 객장을 뇌물이 오가는 전쟁터, 월가에서 늘 하는 일을 싸움박질에 곧잘 비유한다. 정말 그렇다면 박진감 넘치겠지만 오해도 그런 오해가 없다. 나는 내가 하는 사업이 다툼이나 경쟁이라고 생각하지 않는다. 나는 결코 개인이나 투기 집단과 싸우는 게 아니기 때문이다. 단지 의견이 다를 뿐이다. 즉, 시장의 기저 여건을 어떻게 보느냐를 놓고 서로 의견이 부딪칠 뿐이다. 극작가들은 주식판을 매매 격전장이라고 부르지만, 주식판은 사람들이 서로 드잡이하고 싸우는 곳이 아니다. 주식판은 다양한 전망이 옳은지 판정 받는 시험장이다. 나는 사실에 충실하려고 하고, 사실에 따라 내 행동을 통제하려고 한다. 버나드 M. 바루크*는 이 것이 부를 이루는 비결이라고 말했다. 때때로 내가 분명히 보지 못한 사실도 있고 뒤늦게 발견한 사실도 있다. 또 논리적으로 추론하지 못한 경우도 있다. 이럴 때마다 나는 돈을 잃는다. 틀렸기 때문이다. 틀리면 언제나 대가를 치러야 한다.

합리적인 사람은 실수했을 때 대가를 치르지 않으려고 버티지 않는다. 실수에는 우선채권자 같은 게 없다. 즉, 예외도 면제도 없이 마지막 한 푼까지 대가를 치러야 한다. 다만 내가 옳았는데도 손실을 봐야 한다면, 그런 경우에는 맞서야 한다. 특정 거래소에서 규정을 갑자기 바꾸는 바람에 손해를 보는 경우를 말하는 게 아니다. 내가 늘 염두에 두고 있는 위험은, 투기판에선 돈이 입금되어 계좌에 찍히기 전까지는 어떤 수익도 안전하게 확보된 게 아니라는 점이다.

유럽에서 제1차 세계대전이 발발하자 예상대로 상품 가격이 오르기 시작했다. 전쟁이 나면 인플레이션이 예상되는 만큼 상품 가격이 상승할 것 역시 불 보듯 뻔했다. 물론 전쟁이 장기화되면서 시장 전반에 걸쳐 계속 가격이 상승했다. 기억하겠지만, 나는 1915년에 '재기'하느라 바빴다. 주식시장이 호황이었으므로 내가 할 일은 호황기

---

* 버나드 M. 바루크(1870~1965). 미국 사우스캐롤라이나 출신으로 40세까지 월가에서 투자자로 상당한 부를 쌓았다. 이후 정치권의 부름을 받아 제1차 세계대전 당시 전시산업국 의장을 지내고 제2차 세계대전이 끝난 후에는 유엔 원자력위원회 미국 대표를 역임했다. 회고록을 통해 투자자에게 많은 조언을 남기기도 했다.

를 활용하는 것이었다. 가장 안전하면서도 쉽고 빨리 크게 먹으려면 주식시장에서 놀아야 했다. 알다시피 운도 따랐다.

1917년 7월이 되자 빚을 모두 갚고도 수중에 꽤 큰돈이 남았다. 이제 시간도 돈도 있으니 주식뿐만 아니라 상품 거래도 슬슬 생각하고 싶었다. 오랜 세월 늘 습관처럼 모든 시장을 연구해왔다. 상품 가격은 전쟁 이전 수준보다 100~400퍼센트 상승한 터였다. 딱 한 가지 예외가 있는데, 커피였다. 물론 여기에는 이유가 있었다. 전쟁이 터져 유럽 시장으로 가는 길이 막히자 엄청난 화물이 유일한 거대 시장인 미국으로 쏟아져 들어왔다. 시간이 갈수록 엄청난 커피 원두가 남아돌아서 커피 값은 계속 낮은 수준에 머물렀다. 내가 커피를 투기하면 어떨까 처음 고려했을 때, 커피는 전쟁 전 가격보다 싼값에 팔리고 있었다. 커피 값이 싼 이유가 명백하듯 전망 역시 명백했다. 즉, 독일과 오스트리아의 잠수함 작전이 활발하게 전개돼 원하는 결과를 얻으면 상업적 목적으로 이용할 수 있는 선박 수가 대폭 줄어들고, 결국 커피 수입 물량은 감소할 터였다. 수입은 감소하는데 소비에 변화가 없다면 남은 재고가 소진될 것이고, 재고가 소진되면 커피 값은 다른 상품 가격처럼 상승할 수밖에 없었다.

셜록 홈스가 아니라도 이 정도 상황 판단은 가능했다. 왜 모두들 커피 선물을 매수하는 데 나서지 않았는지 지금 생각해도 모르겠다. 커피 선물을 사기로 결정했지만, 그건 투기라고 보기 힘들었다. 당시 커피 선물을 매수한 것은 투기라기보다는 투자에 가까운 행위였다.

현금화하는 데 시간이 걸릴 거라고 봤기 때문이다. 아무튼 시간은 걸릴지라도 수익은 상당하리라 판단했는데, 당시 커피 선물을 매수하는 것은 한탕하려는 도박꾼의 행위라기보다는 은행가의 행보처럼 보수적인 투자 작전이었다.

1917년 겨울부터 커피 매수 작전에 돌입해 꽤 많은 물량을 사들였다. 그런데 시장은 꿈쩍도 하지 않았다. 커피 시장은 계속 지리멸렬했고, 예상과 달리 가격이 오르지 않았다. 그래서 9개월 동안 아무것도 하지 못한 채 그냥 물량을 갖고만 있었다. 그러다가 계약 만기일이 되어 보유 물량을 전부 매도해야 했다. 이 거래로 엄청난 손해를 봤지만 단지 시기가 잘못됐을 뿐, 내 견해는 타당했다고 자신했다. 다른 상품들이 다 그렇듯 커피 선물도 반드시 오르리라 확신했기 때문에 물량을 다 팔자마자 다시 매수에 나섰다. 물량을 보유하고 있던 9개월 내내 낙심천만이었는데, 이때 보유하고 있던 커피 물량보다 3배나 더 많이 매수했다. 물론 만기일까지 잔여 기간이 가장 많이 남은 선물을 샀다.

이번엔 그렇게까지 어긋나진 않았다. 세 배나 되는 물량을 매수하자마자 가격이 오르기 시작했다. 전 세계 사람들이 앞으로 커피 시장이 어떻게 돌아갈지 갑자기 알아차린 듯했다. 커피 투자는 두둑한 수익을 안겨줄 것 같았다.

나한테 커피 선물 계약을 매도한 사람들은 대부분 독일계 원두 가공업자나 이들과 손잡은 업자들이었다. 이들은 미국으로 커피를 들여올 수 있으리라 믿고 미리 브라질에서 커피를 사들였다. 하지만 브라질에서 미국까지 커피를 운송할 배가 없었다. 따라서 브라질에는 커피가 발에 차일 정도로 많아도 미국에 있는 나한테 커피 선물을 대량 매도했으니 업자들로선 갑갑할 수밖에 없었다.

내가 커피 값이 상승하리라 처음 예견한 시기는 커피 값이 사실상 전쟁 전 수준에 머물러 있던 때로, 매수 후 1년 가까이 보유하다가 거금을 날렸다는 점을 명심하기 바란다. 판단 착오에 대한 처벌은 돈을 빼앗기는 것이다. 올바른 판단에 대한 보상은 돈이 들어오는 것이다. 이번에야말로 한몫 단단히 챙기겠다 싶었다. 분명 옳게 판단했고 대량 매수했으니 그렇게 생각할 만도 했다. 커피 선물을 수십만 자루 보유하고 있었기 때문에 조금만 올라도 흡족할 만큼 수익을 거머쥘 수 있을 터였다.

내가 매매한 물량을 수치까지 정확히 말하는 건 내키진 않는다. 물량이 워낙 대규모였던 터라 혹시 뻐긴다고 고깝게 여길까 싶어서다. 사실 나는 형편이 닿는 한도 내에서 거래하고 항상 증거금을 넉넉하게 남겨둔다. 이 투자 역시 충분히 보수적으로 했다. 이렇게 적극적으로 커피 선물을 매수한 이유는 도무지 손해 볼 것 같지 않았기 때문이다. 모든 상황이 나한테 유리했다. 1년을 기다렸으니 이제 지루한 기다림과 올바른 판단에 대한 대가를 받을 차례였다. 수익이 성큼성큼 손에 잡힐 듯 다가오는 것 같았다. 내가 무슨 신통한 재주를 부린 건 아니고, 그냥 눈만 뜨고 있으면 보이는 일이었다.

수백만 달러가 넝쿨째 굴러오고 있었다! 확실하고 빨리! 그런데 굴러오다 말았다. 느닷없이 상황이 바뀌어서 곁길로 샌 게 아니다. 시장이 돌변해 거꾸로 돌아가지도 않았다. 커피가 미국에 물밀듯이 수입된 것도 아니었다. 도대체 무슨 일이었을까? 아무도 예측하지 못한 일! 누구도 경험하지 못한 일, 따라서 대비할 이유가 하나도 없는 일이었다. 투기에 도사린 위험을 목록으로 만들어놓고 언제나 볼 수 있게 눈앞에 뒀는데, 이 목록에 항목을 새로 하나 추가해야 했다. 나한테 커피를 공매도한 무리가 어떤 일이 닥칠지 눈치채고는 매도 포지션에서 벗어나려고 발버둥치다가 돈을 떼어먹을 참신한 방법을 고안해냈다. 놈들은 워싱턴으로 달려가 도움을 요청했고, 워싱턴은 그들의 청을 들어줬다.

기억하겠지만 당시 정부는 생필품에서 폭리를 취하지 못하도록 여러 가지 방안을 고안해냈다. 대다수 조치가 어떤 효과를 거뒀는지도 기억할 것이다. 글쎄, 커피를 공매도한 무리는 전시산업국 산하 물가안정위원회를 찾아갔다. 공식 명칭이 그랬던 것 같다. 아무튼 그들은 위원회 앞에서 미국인의 아침 식탁을 지켜야 한다며 애국심에 호소했다. 참 인정도 많으셔라. 요컨대 이렇게 주장한 것이다. 투기로 먹고사는 로렌스 리빙스턴이 커피를 사재기했다, 아니 막 사재기할 참이다. 만약 리빙스턴의 투기 계획이 무산되지 않으면 전쟁으로 조성된 시장 여건을 악용할 것이고, 그러면 미국인들은 매일 마시는 커피를 터무니없이 비싼 값에 사야 할 것이다. 나한테 커피 선물을 대량 매도했다가 배를 구하지 못하는 사태를 맞은 이 애국자들 생각에 1억 명 남짓한 미국인들이 파렴치한 투기꾼에게 돈을 갖다 바치는 건 용납할 수 없는 일이었다. 그리고 자기들은 누구처럼 커피 선물로 한탕하려는 도박꾼이 아니라 커피업계를 대표하며, 정부가 지금이나 앞으로나 폭리를 막을 수 있도록 발벗고 나서서 돕겠다고 힘주어 말했다.

나는 우는 소리 하는 사람은 질색이다. 따라서 물가안정위원회가 업자의 폭리나 소비자의 쓸데없는 지출을 억제하는 일에 무슨 야로가 있었다고 넌지시 내비치려는 건 아니다. 하지만 이 말은 해야겠다. 위원회는 커피 시장의 특정 문제에 그렇게까지 깊숙이 개입하지 말았어야 했다. 위원회는 커피원두 가격에 상한선을 긋고 커피 선물 계약을 언제까지 전부 청산하라며 시한을 못 박았다. 커피 거래소에 문을 닫으라고 한 것이나 진배없었다. 내가 할 수 있는 일은 딱 하나, 보유하고 있던 선물 계약을 전부 파는 것뿐이었다. 나는 선물 계약을 전부 정리했다. 어느 때보다 확실히 손에 잡힐 듯했던 수백만 달러의 수익이 완전히 물거품이 됐다.

예나 지금이나 생필품으로 폭리를 취하는 행위라면 나 역시 누구 못지않게 반대한다. 하지만 물가안정위원회가 커피 시장을 놓고 이렇게 결정할 당시, 다른 상품들은 죄다 전쟁 전 가격보다 250~400퍼센트 이상 오른 값에 팔리고 있었다. 반면 커피원두는 전쟁 전 몇 년 동안의 평균 가격보다 싼값에 거래되고 있었다. 누가 커피를 보유하

295

고 있는지가 무슨 상관인지 모르겠다. 가격은 오를 수밖에 없었다. 파렴치한 투기꾼들의 농간 때문이 아니라 재고가 줄어들기 때문이었다. 그리고 재고가 감소한 건 독일 잠수함이 전 세계 선박을 마구잡이로 파괴해 수입 물량이 줄었기 때문이었다. 위원회는 커피 값이 미처 시동을 걸기도 전에 제동 장치를 꽉 밟아버렸다.

바로 그때 커피 거래소가 문을 닫도록 만든 건 정책 측면에서나 편의 측면에서나 실수였다. 그냥 가만히 내버려뒀으면 앞서 말한 이유로 가격이 틀림없이 올랐을 것이다. 누가 사재기를 하든 말든 말이다. 턱없이 비싸지는 않더라도 가격이 그냥저냥 올랐다면 분명 시장에 공급이 유입되는 계기가 됐을 것이다. 듣자 하니 버나드 M. 바루크는 이렇게 말했다고 한다. 전시산업국은 가격을 못 박을 때 공급이 확보될지 여부를 고려했고, 따라서 일각에서 일부 상품의 가격 상한선을 두고 불만을 터뜨리는 건 부당하다고. 나중에 커피 선물 거래소가 영업을 재개하자 커피는 파운드당 무려 23센트에 거래됐다. 공급이 부족했던 탓에 미국인들은 이 돈을 주고 커피를 사야 했는데, 공급이 달린 이유는 물가안정위원회가 가격을 너무 낮게 책정했기 때문이었다. 가격이 이렇게 낮게 책정된 건 커피를 공매도한 무리가 국민들의 호주머니를 생각하는 척하면서 해상 운임비가 비싸니 계속 커피를 들여오려면 커피 값이 싸야 한다고 위원회에 호소했기 때문이었다.

내가 한 상품 거래 중 커피 선물건만큼 정정당당한 거래는 없다.

나는 이 거래가 투기가 아니라 투자에 가까웠다고 생각한다. 1년 넘게 커피 선물을 보유하고 있었으니 말이다. 만약 도박이라고 할 만한 건더기가 있다면 독일 이름과 혈통을 가진 애국심 많은 원두 가공업자들이 벌인 수작이었다. 놈들은 브라질에서 커피를 사서 뉴욕에 있는 나한테 팔았다. 물가안정위원회는 값이 안 오른 유일한 상품인 커피 가격을 동결했다. 위원회는 국민을 보호하겠다며 가격이 오르기도 전에 커피 값을 동결했지만, 이후 가격 인상은 불가피했다. 위원회도 이를 막을 순 없었다. 뿐만 아니라 커피원두가 파운드당 9센트에 머물 때도 볶은 커피는 다른 상품과 함께 값이 올랐다. 원두 가공업자들만 이익을 본 셈이다. 커피원두 가격이 파운드당 2~3센트만 올랐더라도 나는 수백만 달러를 챙겼을 것이다. 그랬다면 국민들이 떠안아야 했던 부담은 나중에 커피 값이 올랐을 때보다 적었을 것이다.

투기판에서 '사후약방문'은 시간 낭비, 쓸데없는 짓일 뿐이다. 하지만 이번 매매는 곱씹어보고 배울 만한 게 있었다. 이번만큼 그럴싸한 시장은 없었다. 가격이 상승할 수밖에 없는 상황이었기 때문에 내가 싫다고 해도 수백만 달러가 들어올 거라고 생각했다. 하지만 모두 수포로 돌아갔다.

이전에도 거래소 위원회에서 예고도 없이 매매 규정을 바꾸는 바람에 낭패를 본 적이 두 번이나 있었다. 그때도 내가 취한 포지션은 원칙상 옳았지만, 돈벌이 측면에서 볼 때 이번 커피 매매처럼 그렇게 확실한 건 아니었다. 하지만 투기 작전에선 어떤 것도 100퍼센트 확신하면 안 된다. 아무튼 이 커피 매매로 예상치 못한 위험 요소 목록에 항목을 하나 더 추가하게 됐다.

커피 사건 이후 다른 상품 거래는 잘됐고, 주식시장에선 공매도로 크게 재미를 봤다. 그러자 어처구니없는 소문에 시달려야 했다. 월가 전문가들과 신문기자들은 어떤 상품이든 가격이 폭락하면 내가 공매도 공세를 펼친 탓이라며 입버릇처럼 나를 헐뜯었다. 내가 실제로 공매도 물량을 보유하고 있는지 아닌지는 상관없었다. 그냥 애국심이라곤 없다며 무턱대고 물어뜯었다. 내 매매 규모와 효과를 이처럼 과장한 이유는 가격이 움직일 때마다 군중이 굶주린 사자처럼 이유를 찾고 싶어 했기에 군중에게 핑곗거리로 삼을 먹잇감을 던져줘야 했기 때문이다.

입 아프게 말하지만, 무슨 수로 조작하건 잠시 주가를 떨어뜨릴 순 있어도 계속 찍어 누를 순 없다. 이상하게 생각할 거 없다. 30초만 생각해도 이유를 알 수 있을 만큼 단순한 사실이다. 어떤 투기 거래자가 특정 주식을 공략해서 주가를 실제 가치보다 낮은 수준으로 떨어뜨렸다고 하자. 어떤 일이 벌어질까? 큰손 내부자들이 당장 매수에 나설 테고, 매도 공세를 펼친 사람은 궁지에 몰리게 된다. 주식의 값어치를 아는 사람은 주식이 헐값에 팔리면 언제나 매수에 나서기 때문이다. 내부자가 매수할 수 없다면 그건 제반 여건 탓에 자금을 마음대로 쓸 수 없기 때문인데, 여건이 그렇다면 애당초 강세장이 아니라는 얘기다.

사람들은 매도 공세로 주가를 떨어뜨리는 건 정당하지 않고 범죄나 마찬가지 행위라는 생각을 바탕에 깔고 있다. 그런데 주식을 매도해 가치보다 훨씬 낮은 수준까지 끌어내리는 건 돈벌이 측면에서 위험하기 짝이 없는 행위다. 이 점을 명심해야 한다. 매도 공세를 받아 주가가 떨어졌다고는 하지만 주가가 반등하지 않는다면 그건 내부자 매수가 별로 없다는 얘기다. 즉, 매도 공세 때문에 주가가 하락했다고 볼 순 없다. 실제로 매도 공세, 즉 부당한 공매도가 있었다면 대개 내부자 매수가 따라오기 마련이며, 내부자가 매수하면 주가 하락세는 멈춘다. 소위 매도 공세를 받았다고 하는 사례에서 100건 중 99건은 진짜 떨어질 만해서 떨어진 경우다. 물론 매도 공세 때문에 주가 하락에 속도가 붙을 순 있지만 투기 거래자가 아무리 물량을 크게 굴려도 매도 공세가 주가 하락의 주된 원인이 될 수는 없다.

주가가 뜬금없이 폭락하면 대체로 큰손 도박사가 작전을 펼쳤기 때문이라는 소리가 나온다. 이런 말이 나오는 건 남의 말만 듣고 생각이라곤 없는 맹목적인 노름꾼들에게 뭐라도 구실을 던져줘야 하는데 작전 탓이라고 하면 설명하기가 수월하기 때문이다. 투기 거래자들이 운수 사납게 주가 하락으로 손해를 보면 중개소와 증권가 호사가들은 툭하면 매도 공세 때문이라고 평계를 늘어놓는데, 이런 소리를 들으면 한 번쯤 의심해봐야 한다. 어떤 정보가 하락을 예견하면 분명 공매도하라는 신호이지만, 뒤집어 생각해야 하는 역정보, 그러니까 매도 공세 때문이라는 엉터리 설명은 현명한 공매도에 방해가 될 뿐이다. 주가가 형편없이 추락할 때는 파는 게 자연스러운 대처다. 모르긴 해도 그만한 이유가 있어서 떨어지는 것이므로 시장에서 탈출해야 한다. 하지만 정말로 투기꾼이 매도 공세를 펼친 탓에 주가가 급락한다면 빠져나오는 건 현명한 대처 방법이 아니다. 매도 공세를 중단하는 순간, 주가가 반등할 것이기 때문이다. 이런 건 뒤집어 생각해야 하는 역정보다!

비밀 정보로 거래하는 건
어리석음의 극치다

비밀 정보! 손에 넣고 싶어 애간장이 탄다! 사람들은 오매불망 정보를 손에 넣고 싶어 할 뿐만 아니라 정보를 주지 못해 안달한다. 손에 넣고 싶은 건 탐욕 때문이며, 주고 싶은 건 허세 때문이다. 정말 똑똑하다는 사람들도 이따금 정보를 찾아 헤매는데, 이런 모습을 보노라면 헛웃음이 절로 난다. 정보를 주는 쪽은 얼마나 신빙성 있는 정보인지 따질 필요가 없다. 정보를 구하는 쪽이 괜찮은 정보인지 따지지 않기 때문이다. 이들은 어떤 정보든 덥석 문다. 결과가 괜찮으면 땡 잡았다고 생각하고, 결과가 별로면 다음번엔 운이 좋겠지 한다. 그저 그런 중개소에서 매매하는 그저 그런 고객들이 그렇다는 얘기다.

그런데 초지일관 정보에 목숨 거는 부류가 있다. 바로 주식 기획업자와 주가조작 세력이다. 이들은 정보를 원활하게 퍼뜨리는 작업을 일종의 세련된 홍보, 지상 최고의 판촉 행위로 간주한다. 정보를 찾는 사람이나 받는 사람 모두 정보를 전달하므로 기획업자나 작전 세력으로선 정보가 꼬리에 꼬리를 무는 광고 방송 역할을 한다. 정보를 퍼뜨려 주식을 팔려는 기획업자는 그럴싸하게 전달하면 비밀 정보를 거부할 사람이 없다는 망상에 사로잡혀 있다. 따라서 이들은 어떻게 하면 정보를 듣기 좋게 포장할지 연구한다.

나한테도 매일같이 별별 사람들이 수많은 정보를 들고 뻔질나게 찾아온다. 보르네오 주석이라는 회사가 있다. 이 회사 주식이 언제 상장됐는지 기억하는가? 경기가 한창 좋을 때였다. 주식 기획업자들이 만든 투자조합이 꾀 많은 은행가의 충고를 받아들여 공개시장에서 당장 이 신생 기업의 주식을 팔기로 결정했다. 증권사, 투자은행 등 증권 인수단을 모집한 뒤 인수단에서 증권을 팔면 시간이 좀 더 걸리긴 했다. 아무튼 괜찮은 조언이었지만 딱 한 가지 실수를 저질렀는데, 경험이 부족한 탓이었다. 이들은 주식시장이 미쳐 날뛰는 호황기에 어떤 일까지 벌어지는지 몰랐기에 영리하게 조금만 가격을 올리지 않고 통 크게 가격을 확 올렸다. 기획업자들은 주식을 팔려면 가격을 올릴 필요가 있다는 데 합의했지만, 트레이더와 상장주를 사는 모험가들이 바로 덤벼들기엔 좀 높다 싶은 가격에 주식을 내놓았다.

정상적인 상황이라면 기획업자들이 곤란한 지경이 됐어야 하지만, 광기 어린 상승장에선 이들의 탐욕조차 보수적인 행보로 보였다. 대중은 그럴싸한 정보가 나도는 주식이라면 마구잡이로 사들였다. 사람들이 원하는 건 투자가 아니었다. 사람들이 바라는 건 편한 돈벌이였다. 쉽게 말해, 돈 놓고 돈 먹는 도박판에서 눈먼 돈을 따고 싶어

했다. 전 세계에서 미국이 만든 전쟁 물자를 대량 구매하면서 미국으로 금이 쏟아져 들어오고 있었다. 듣자 하니 기획업자들은 보르네오 상장 계획을 세우면서 정식으로 첫 거래가 이루어지기 전에 세 번이나 상장가를 올렸다고 했다.

나한테도 같이 투자조합을 만들자고 접근하는 사람이 있어서 조사를 좀 해본 적이 있다. 그런데 조금이라도 시장을 조종해야 한다면 나 혼자 하고 싶었기 때문에 제안을 수락하지 않았다. 나는 입수한 정보를 바탕으로 내 방식대로 매매하는 게 체질에 맞다. 아무튼 보르네오가 상장되자 나는 기획업자들이 모여 만든 투자조합의 자금력이 어느 정도인지, 투자조합이 앞으로 어떻게 나올지, 그리고 군중이 어떤 일까지 불사할지 알고 있었기 때문에 상장 첫날 한 시간 동안 1만 주를 샀다. 내가 이 정도 샀으면 시장에 첫선을 보이는 셈치곤 괜찮은 편이었다.

기획업자들은 수요가 왕성하자 주식을 대량으로 빨리 파는 건 실수라고 판단했다. 기획업자들은 주가를 25~30포인트 올려도 자신들이 보유한 주식을 남김없이 다 팔 수 있을 거라고 계산했는데, 그 무렵 내가 1만 주를 매수했다는 사실도 알게 됐다. 수백만 달러가 벌써 계좌에 들어온 거나 마찬가지라고 생각하고 있었는데 내가 1만 주를 매수해 수익을 뭉텅 뜯어간다니 가만히 둘 수 없었던 모양이다. 이들은 주가 부풀리기 작전을 중단하고는 날 떨구어내려고 했다. 주가가 주춤하면 내가 주식을 내놓겠지 하는 속셈이었다. 하지만 나는 딱 버티고 물러나지 않았다. 그러자 이들은 날 떨구어내려다가 자기들이 원하지 않는 방향으로 시장이 흘러갈까 봐 포기했다. 이후 이들은 주가를 다시 끌어올리기 시작했고, 어쩔 수 없는 경우가 아니고는 보유 물량을 시장에 잘 내놓지 않았다.

다른 주식들이 미친 듯이 오르는 걸 보자 기획업자들 눈에는 수백만 달러가 아니라 수십억 달러가 어른거리기 시작했다. 보르네오 주가가 120달러에 이르자 나는 1만 주를 이들의 손에 넘겼다. 그러자 상승세가 주춤해졌고, 투자조합 자금 운용 담당자들의 주가 부풀리기 작업도 잠시 멈칫했다. 그런데 주식시장이 전반적으로 다시 상승하자 기획업자들은 다시 보르네오 시장을 조성하기 위해 애썼고, 그 과정에서 상당한 물량을 처분했다. 하지만 판촉 행위에는 상당한 비용이 들었다. 업자들은 비용을 들여가며 마침내 150달러까지 주가를 끌어올렸지만 불꽃 같던 상승장은 전성기를 지나 완전히 사그라들기 시작했다.

주가가 계속 떨어지자 투자조합은 어떡하든 남은 물량을 팔아치워야 했다. 기획업자들이 노린 대상은 가격이 대폭 반락한 주식을 보며 싸다고 좋아하는 사람들이었다. 이런 사람들은 한때 150달러에 팔리던 주식이 130달러면 싸고 120달러면 헐값이라고 착각한다. 기획업자들은 잠시 시장을 조성할 수 있는 객장 거래원들에게 이런 사람에게 주식을 팔라고 귀띔하고, 나중에는 중개소에도 매도 요령을 알려줬다. 티끌 모아 태산이라고 투자조합은 온갖 수단을 동원했다.

문제는 주가를 부양할 시기가 지났다는 것이었다. 호구들은 다른 미끼를 물었다. 보르네오 기획업자 일당은 이 사실을 알지 못했다. 아니, 모르는 척했다.

그 무렵, 나는 아내와 함께 팜비치에 내려가 있었다. 하루는 그리들리스 카지노에서 돈을 좀 따서는 집에 돌아와 아내에게 500달러짜리 지폐를 한 장 줬다. 그런데 우연도 이런 우연이 없었다. 그날 밤아내는 저녁 식사 자리에서 보르네오 사장 비센슈타인을 만났다. 비센슈타인은 주식투자조합에서 자금 운용을 담당하기도 했다. 나중에 안 사실이지만, 비센슈타인은 저녁 식사 때 아내 옆자리에 앉도록미리 손을 써두었다. 비센슈타인은 아내한테 잘 보이려고 무진장 애쓰면서 유쾌하게 대화를 이끌어 나갔다. 그러다가 마침내 아내에게대단한 비밀이라도 되는 것처럼 말했다.

"리빙스턴 부인, 제가 이런 말하는 건 처음인데 말이죠. 그래도 해야겠어요. 무슨 뜻인지 잘 아실 거예요. 저도 이 얘기를 하게 돼 기쁘기 그지없답니다."

비센슈타인은 말을 멈추고 간절한 눈빛으로 아내를 쳐다봤다. 그의 눈빛은 마치 이렇게 말하는 듯했다. '리빙스턴 부인, 부인은 현명하고 신중한 분이시죠?' 아내는 그의 얼굴에서 이런 표정을 똑똑히읽을 수 있었다. 그래도 아내는 이렇게만 말했다.

"그렇군요."

"그럼요, 리빙스턴 부인. 부인과 부군을 만나 봬서 어찌나 반가운지 모르겠어요. 그냥 하는 소리가 아니라는 걸 증명하고 싶습니다. 두 분을 아주 오래 뵙고 싶거든요. 제가 지금부터 드리는 말씀이 극비라는 점은 새삼 설명할 필요도 없겠죠!" 그리고 나서 아내 귀에 대고 속삭였다. "보르네오를 좀 사면 큰돈 버실 겁니다."

"그런가요?" 아내가 물었다.

비센슈타인은 이렇게 떠벌렸다. "호텔을 떠나기 직전에 전보로 소식을 받았답니다. 적어도 며칠 동안 사람들은 이 소식을 알 길이 없을 겁니다. 전 가능한 한 많은 주식을 사 모을 작정인데, 내일 개장 때 매수하시면 저와 같은 시간대, 같은 가격에 매수하실 수 있을 겁니다. 보르네오는 반드시 오릅니다. 약속하죠. 부인한테만 하는 얘깁니다. 정말이지 부인한테만 말하는 겁니다!"

아내는 비센슈타인에게 고맙지만 주식 투기라면 아는 게 하나도 없다고 대답했다. 그러자 비센슈타인은 자기가 한 말만 알면 되고 다른 건 몰라도 된다고 큰소리쳤다. 아내가 자기 말을 제대로 들었는지 확인하기 위해 비센슈타인은 다시 한번 강조했다.

"부인은 원하는 만큼 보르네오를 사시면 됩니다. 그렇게 하시면 한 푼도 손해 보지 않을 거라고 약속할 수 있어요. 평생 여자한테나 남자한테나 주식을 사라고 말한 적이 없어요. 200달러까지는 멈추지 않고 쭉 오를 겁니다. 확실한 정보이니 부인도 돈을 좀 버셨으면 해서요. 저 혼자 주식을 다 살 수도 없고요. 그리고 저 말고도 누군가가 주가 상승으로 이득을 본다면 낯선 사람보다는 부인이 낫지요. 훨

썬 낫죠! 부인한테만 살짝 얘기하는 겁니다. 하늘이 두 쪽 나도 딴 데
가서 말할 분이 아니시니까요. 믿어주세요, 리빙스턴 부인. 보르네오
를 사세요!"

비센슈타인은 아주 진지해 보였다. 그는 내 아내의 마음을 움직이
는 데 성공했다. 아내는 그날 오후에 내가 준 500달러도 있겠다, 마침
맞다 싶었다. 내가 일해서 번 돈도 아니고 생활비로 준 돈도 아니니 운
이 없어서 날려도 별 상관없었다. 그런데 반드시 돈을 딴다고 하지 않
는가. 아내는 이렇게 생각했다. 혼자 힘으로 돈을 벌면 근사할 거야.
어떻게 된 일인지는 나중에 얘기하면 되고. 이튿날 장이 열리기 전에
아내는 하딩의 사무실로 들어가 투자 담당자에게 이렇게 말했다.

"헤일리 씨, 주식을 사고 싶은데 보통 계좌에는 안 넣었으면 좋겠
어요. 돈을 좀 벌기 전까지는 남편이 몰랐으면 해서요. 그렇게 해주
실 수 있죠?"

헤일리가 대답했다. "그럼요. 특별계좌로 해드리죠. 어떤 주식을
얼마나 사시려고요?"

아내는 헤일리에게 500달러를 건네면서 말했다. "제발 부탁이에
요. 돈을 날린다고 해도 이 돈만 날려야 돼요. 만약 이 돈을 다 날려
도 그쪽에 빚은 안 질 거예요. 잊지 마세요. 남편이 알면 안 돼요. 개
장하면 보르네오를 최대한 많이 사주세요."

헤일리는 돈을 받으면서 누구한테도 입도 뻥긋하지 않겠다고 말
했다. 그리고 장이 열리자마자 아내 돈으로 100주를 매수했는데 매

수 단가가 108달러였던 것으로 기억한다. 이날 보르네오는 거래가 활발했고 3포인트 상승하면서 마감했다. 아내는 해냈다는 생각에 신이 난 나머지 나한테 다 얘기하고 싶었지만 꾹 참았다.

마침 나는 시장이 하락세라는 판단을 점점 굳히고 있었는데, 보르네오가 특이하게 움직이자 눈길이 갔다. 그 종목은 말할 것도 없고, 어떤 종목도 상승할 때가 아니라고 생각했기 때문이다. 바로 그날 하락세에 돈을 걸어야 한다고 생각하고, 첫 주자로 보르네오를 1만 주 공매도했다. 만약 내가 공매도하지 않았다면, 주가는 3포인트가 아니라 5~6포인트 올랐을 것이다. 다음 날 장이 열리자 바로 2000주를 공매도했다. 그리고 마감 직전에 또 2000주를 공매도하자 주가는 102달러로 떨어졌다.

사흘째 되는 날 하딩 브러더스 팜비치 지점의 투자 담당자 헤일리는 아내가 오기를 기다리고 있었다. 아내는 내가 거기 있으면 11시쯤 들어와서 중개소를 둘러보는 게 일과였다. 헤일리는 아내를 한쪽으로 데리고 가서 말했다.

"리빙스턴 부인, 보르네오 주식 100주를 계속 보유하시려면 증거금을 더 주셔야 합니다."

"돈이 없는걸요." 아내가 말했다.

"보통계좌로 옮겨드릴 수 있습니다."

"아뇨, 그럼 남편이 알 거예요." 아내가 말렸다.

"하지만 계좌에 벌써 손실이……." 헤일리가 운을 뗐다.

"500달러 이상은 잃고 싶지 않다고 분명히 말씀드렸잖아요. 500달러조차도 날리고 싶지 않았지만."

"압니다, 리빙스턴 부인. 하지만 부인과 상의도 없이 팔고 싶지는 않았어요. 지금 부인이 보유하라고 말씀하지 않으시면 이쯤에서 팔 수밖에 없어요."

"제가 산 날은 너무 잘됐잖아요." 아내가 말했다. "그래서 이다지 빨리 이렇게 되리라곤 생각도 못 했어요. 안 그래요?"

"그럼요." 헤일리가 대답했다. "저도 이럴 줄 몰랐어요." 중개소에서 일하려면 이렇게 어물쩍 둘러댈 줄 알아야 한다.

"뭐가 잘못된 거죠, 헤일리 씨?"

헤일리는 답을 알고 있었지만 말하지 못했다. 내가 공매도했다고 아내에게 일러바칠 순 없었기 때문이다. 고객의 거래는 신성해서 함부로 누설하면 안 되기에 헤일리는 이렇게 말했다. "특별한 얘긴 못들었어요. 또 시작이네요! 떨어지고 있어요!" 헤일리가 호가판을 가리켰다.

아내는 가라앉는 주식을 바라보며 울부짖었다. "헤일리 씨! 500달러를 날리고 싶지 않아요! 어떻게 해야 하죠?"

"저도 모르겠어요, 리빙스턴 부인. 하지만 저라면 리빙스턴 씨에게 물어보겠어요."

"안 돼요! 그이는 제가 혼자서 투기하면 싫어해요. 나한테 싫다고 말했어요. 내가 부탁하면 그이가 대신 주식을 사거나 팔아주겠지만,

그이 몰래 매매한 적은 없었거든요. 말할 엄두가 안 나요."

"괜찮을 겁니다." 헤일리가 달렸다. "그분은 훌륭한 트레이더 잖아요. 어떻게 해야 할지 아실 겁니다." 아내가 세차게 도리머리를 흔들자 헤일리가 모질게 말했다. "보르네오를 계속 보유하려면 1000~2000달러를 더 내야 해요."

돈을 더 내야 한다고 하자 결국 아내는 그 자리에서 결심했다. 아내는 사무실 여기저기를 서성거리다가 시장이 점점 더 하락하자 나한테 왔다. 호가판을 보고 있는데 아내가 다가와 얘기 좀 하자고 말했다. 전용 사무실에 들어가자 아내가 자초지종을 털어놓았다. 난 그냥 이렇게 말했다.

"아이고 못난 사람, 당신은 이 건에서 손 떼요."

아내는 그러겠다고 약속했다. 내가 아내에게 500달러를 돌려주자 아내는 기분 좋게 나갔다. 그 무렵 주가는 액면가인 100달러를 기록하고 있었다. 무슨 일이 있었는지 훤히 보였다. 비센슈타인은 영악한 인간이었다. 놈은 아내에게 주식을 사라고 귀띔하면 아내가 나한테 말할 테고, 그러면 내가 보르네오를 눈여겨볼 거라고 생각한 것이다. 내가 활발하게 움직이는 주식에 관심 있다는 걸 그는 알고 있었다. 내가 꽤 많은 물량을 굴린다는 건 이 바닥이 다 아는 사실이었다. 그는 내가 1만 주나 2만 주 정도 매수하리라 예상했던 것 같다.

거짓 정보를 그토록 교활하게 기획하고 교묘하게 유포하다니 듣느니 처음이었다. 하지만 그의 계획은 수포로 돌아갔다. 그럴 수밖에 없었다. 우선 그날 공돈 500달러를 받았던 터라 아내는 평소라면 생각하지도 못했을 모험에 나섰다. 혼자 힘으로 돈을 벌고 싶었는데 그런 유혹이 오자 들떠서 유혹을 뿌리치지 못했다. 나는 일반인이 주식에 투기한다면 질색하면서 말리는데 아내는 그 사실을 알고 있었기에 주식을 사고도 나한테 말하지 못했다. 그리고 비셴슈타인은 아내의 이런 심리를 제대로 파악하지 못했다.

비셴슈타인은 또 내가 어떤 트레이더인지 완전히 오판하고 말았다. 나는 절대 비밀 정보를 토대로 매매하지 않는 데다 당시 시장 전반을 약세로 봤다. 비셴슈타인은 보르네오가 활발하게 거래되면서 3포인트 상승하면 내가 매수하도록 유인하는 전술로 그만이라고 생각했지만, 나는 당시 어떤 종목이든 공매도하려고 마음먹고 있었고, 보르네오가 3포인트 상승하자 보르네오를 가장 먼저 공매도하기로 결정했다. 아내에게 자초지종을 듣자 어느 때보다 더 보르네오를 공매도하고 싶어졌다. 매일 아침 개장 직후, 그리고 매일 오후 마감 직전에 그에게 꼬박꼬박 물량을 넘겼고 마침내 공매도 물량을 모두 환매해 상당한 수익을 거머쥐었다.

예나 지금이나 비밀 정보로 거래하는 건 어리석음의 극치다. 나는 체질상 비밀 정보와 맞지 않다. 비밀 정보를 덥석 무는 사람을 보면 가끔 주정뱅이 같다는 생각이 든다. 취기가 올라야 행복하다고 여기고, 술을 마시고 싶어서 환장하는 사람들 말이다. 귀를 열고 비밀 정보를 듣는 건 일도 아니다. 행복하려면 뭘 해야 하는지 누가 콕 짚어 알려주는데, 그 방법이 쉽게 따를 수 있는 거라면 마음이 붕 뜬다. 이 사람 말대로만 하면 그동안 갈망해왔던 걸 성취하고 행복을 향해 성큼 첫걸음을 내디딜 것 아닌가. 간절한 나머지 욕심에 눈이 멀었다기보다는 생각하기 귀찮아서 막연히 잘되겠지 하고 기대하는 마음에 가깝다.

더욱이 정보라면 장삼이사들만 사족을 못 쓰는 게 아니다. 뉴욕증권거래소 객장에 있는 전업 트레이더들도 나을 게 하나도 없다. 나는 그 누구에게도 정보를 주지 않는데 이 때문에 수많은 사람들이 날 오해한다. 평범한 사람에게 "철강주를 5000주 공매도하세요!"라고 말하면 즉석에서 그렇게 한다. 하지만 내가 시장 전체를 하락세로 보고 있으며 그 이유는 뭔지 자세하게 설명하면 좀이 쑤신지 괴로워한다. 내가 얘기를 끝내면 어떤 종목을 어떻게 할지 바로 콕 짚어서 알려줄 것이지, 시장 여건이 어떠니 이러쿵저러쿵 늘어놓는 바람에 시간만 낭비했다며 도끼눈을 뜬다. 월가에는 종목을 콕 짚어주면서 친구, 지인, 그리고 생판 모르는 사람들의 주머니에 수백만 달러를 넣어주려는 자선사업가가 넘쳐난다.

기적이 일어나겠지 하는 믿음은 누구나 갖고 있기 마련이다. 이런 믿음은 희망에 대한 지나친 탐닉에서 피어난다. 걸핏하면 희망에 빠져 허우적거리는 사람들이 있는데, 이들은 술주정뱅이처럼 희망에 취하므로 낙천주의자의 표본이라 할 수 있다. 이게 비밀 정보를 무는 사람들의 실체다.

뉴욕증권거래소 회원인 지인이 있었다. 정보를 주거나 친구들을 끼워주지 않는다고 사람들은 나를 이기적이고 피도 눈물도 없는 돼지라고 생각했는데, 이 사람 역시 마찬가지였다. 몇 년 전 어느 날 이 지인이 신문사 기자와 이야기를 나누는데, G. O. H.가 오를 거라고 믿을 만한 소식통한테 들었다고 기자가 무심코 말했다. 친구는 즉시 1000주를 샀는데 가격이 급락하는 바람에 3500달러를 날리고서야 손절했다. 하루인가 이틀인가 지나서 친구는 신문사 기자를 다시 만났는데, 그때까지도 화가 가라앉지 않았다.

"그런 쓰잘머리 없는 정보나 주고 말이야." 친구가 투덜댔다.

"무슨 정보 말이야?" 기억이 안 난다며 기자가 물었다.

"G. O. H. 말이야. 믿을 만한 소식통이라고 했잖아."

"맞아. 금융위원회 위원인 그 회사 임원이 나한테 말해줬어."

"임원 누구?" 중개인 친구는 분을 삭이지 못하고 물었다.

"꼭 알고 싶다면 말해주지. 당신 장인인 웨스트레이크 씨야."

"왜 그분이라고 말하지 않았나!" 친구가 소리쳤다. "자네 때문에 3500달러나 날렸다고!" 친구는 가족이 주는 정보를 믿지 않았다. 멀리 있는 소식통일수록 정보에 불순물이 적게 낀다.

웨스트레이크는 성공한 은행가이자 주식 기획업자이자 부자였다. 웨스트레이크는 어느 날 존 W. 게이츠를 우연히 만났는데 게이츠가 뭐 좀 아는 게 있는지 물었다.

"만약 내가 준 정보대로 한다면 얘기함세. 그렇게 안 할 거면 입 다

물고." 웨스트레이크 노인은 퉁명스레 대답했다.

"물론 얘기한 대로 하지." 게이츠는 신나서 약속했다.

"레딩을 팔게! 그러면 25포인트는 확실히 먹을 거야. 어쩌면 더 많이 먹을 수도 있어. 아무튼 25포인트는 확실해." 웨스트레이크는 당당하게 말했다.

"정말 고맙네."

'100만 달러를 건 사나이'로 유명한 게이츠는 훈훈하게 악수를 나누고 중개소로 갔다.

웨스트레이크는 레딩통이라 불릴 정도로 레딩이라면 훤했다. 레딩 소식이라면 모르는 게 없었고 내부자들과 어울리며 한 패나 다름없었기 때문에 레딩 주식이라면 손바닥 들여다보듯 잘 알았다. 월가에서 이런 관계를 모르는 사람은 없었다. 그런 웨스트레이크가 서부 출신 투기꾼 게이츠에게 레딩 주를 공매도하라고 충고한 것이다.

레딩 주가는 계속 올랐다. 몇 주 만에 100포인트 정도 올랐다. 어느 날 웨스트레이크는 월가에서 게이츠와 부딪쳤는데, 못 본 척하고 지나쳤다. 게이츠가 그를 따라가서 활짝 웃으며 손을 내밀었다. 그는 어리둥절해서 악수를 나눴다.

"레딩 정보 아주 고맙네." 게이츠가 말했다.

"자네한테 정보라고 준 적이 없는데." 웨스트레이크가 얼굴을 찌푸리며 말했다.

"줬고말고. 그냥 정보가 아니라 아주 최고였어. 자네 덕분에 6만 달러를 벌었다네."

"6만 달러를 벌었다고?"

"그럼! 기억 안 나? 자네가 레딩을 팔라고 해서 샀지! 웨스트레이크, 자네가 하라는 것과 반대로 해서 늘 돈을 벌고 있다네." 게이츠가 유쾌하게 말했다. "항상 벌지!"

웨스트레이크 영감은 화통한 서부 사람을 보고 감탄하며 이렇게 말했다. "게이츠, 내가 자네처럼 머리가 좋았다면 갑부가 되고도 남았을 거야!"

얼마 전 나는 유명한 만화가 W. A. 로저스를 만났다. 로저스는 오랫동안 〈뉴욕 헤럴드〉에 매일 만화를 실었는데 수많은 사람들이 로저스의 만화를 재미있어 했다. 특히 중개인들은 로저스가 그린 월가 만화를 아주 좋아했다. 아무튼 로저스가 나한테 이런 이야기를 들려줬다.

미국과 스페인이 전쟁을 벌이기 직전이었다.* 로저스는 중개인으로 일하는 친구와 함께 저녁을 보내고 있었다. 로저스는 친구와 헤어지면서 옷걸이에 걸린 중산모자를 집어 들었다. 모양도 똑같았고 꼭 맞았기 때문에 로저스는 당연히 자기 모자라고 생각했다.

당시 월가의 관심은 온통 미국-스페인 전쟁뿐이었다. 어딜 가나 전

---

* 1895년 쿠바인들이 스페인에 대해 반란을 일으키고 미국이 자국민 보호를 위해 쿠바에 파견한 군함 메인 호가 격침되자 미국과 스페인은 전쟁에 돌입한다. 미군이 승리하고 12월 파리조약이 체결돼 쿠바는 독립하고 괌, 필리핀, 푸에르토리코는 미국 영토가 됐다.

쟁이 화젯거리였다. 전쟁이 날까, 안 날까? 만약 전쟁이 일어나면, 시장은 하락할 것이다. 미국인들이 팔아서 그런 것도 있겠지만, 주식을 보유한 유럽인들이 매도세에 합류하면서 매도 압력이 커질 것이기 때문이다. 전쟁이 일어나지 않는다면 당연히 주식을 사야 한다. 황색 신문들이 그동안 선정적인 기사로 호들갑을 피우는 바람에 이미 상당폭 하락했기 때문이다. 로저스가 들려준 나머지 이야기는 이랬다.

"전날 밤 중개인 친구 집에서 놀았는데, 그 친구가 이튿날 거래소에 가서 상승, 하락 어느 쪽에 돈을 걸어야 할지 고민하고 있더군. 이런저런 의견을 검토했지만 어떤 게 뜬소문이고 어떤 게 진짜인지 구별하기가 힘들었거든. 지침이 될 만한 확실한 소식이 없었어. 어느 순간엔 전쟁이 불가피해 보이다가도 돌아서면 전쟁 날 일이 전혀 없을 것 같았지. 골치가 아파서 몸에 열이 났나 봐. 친구는 따끈해진 이마에서 땀을 훔치려고 모자를 벗었어.

어쩌다 모자 안이 보였는데 금실로 'WAR'라는 글자가 새겨져 있는 거야. 친구는 전쟁이 일어날 거라는 예감에 사로잡혔지. 그러면 충분했거든. 모자를 통해 하늘이 주시는 정보 같았나 봐. 친구는 주식을 왕창 팔았는데 마침 미국이 선전포고를 했지. 친구는 주가가 폭락할 때 환매해서 떼돈을 벌었어." 로저스는 이렇게 덧붙였다. "그 모자는 돌려받지 못했다네!"

정보에 관해서는 더 기막힌 얘기도 있다. 뉴욕증권거래소에서 잘나가는 회원이었던 장내 거래원 J. T. 후드 얘기다. 어느 날 동료 장내 거래원인 버트 워커가 후드에게 이런 얘기를 했다. 자기가 애틀랜틱&서던에서 방귀 좀 뀐다는 임원의 편의를 봐줬는데 그가 고맙다며 보답으로 정보를 줬다. 임원들이 주식을 최소한 25포인트 끌어올릴 작정이니 회사 주식을 힘닿는 대로 사라고 했다는 것이다. 임원들 전부가 다 찬성하지는 않았지만 분명 대다수가 원하는 대로 주가 부양안에 투표할 거라면서.

임원에게 이런 정보를 듣자 워커는 배당률이 인상되겠다 싶어서 이 얘기를 친구인 후드에게 했고, 두 사람은 각각 애틀랜틱&서던 주식을 2000주씩 샀다. 주가는 두 사람이 사기 전에도 빌빌거렸는데 산 뒤에도 마찬가지였다. 그러자 후드는 내부자들이 물량을 쉽게 확보하려고 일부러 주가를 낮게 유지하는 거라고 얘기했다. 후드는 워커에게 신세 진 임원이 일을 주도하고 있다고 생각했다.

목요일 장 마감 후 애틀랜틱&서던 임원진이 모였는데, 배당금을 지급하지 않고 건너뛰기로 의결했다. 금요일 아침 장이 열리자 주가는 6분 만에 6포인트나 주저앉았다. 워커는 화가 머리 꼭대기까지 치밀어서 임원을 찾아갔다. 임원은 자기도 가슴이 미어진다며 미안하게 생각한다고 했다. 워커에게 주식을 사라고 귀띔한 걸 깜빡했다나. 이사회 다수가 계획을 바꿨는데 깜빡하고 워커한테 전화를 못 했다고 자책했다. 임원이 보상하고 싶다면서 그에게 정보를 하나 더 줬다. 임원은 친절하게도 이런 설명까지 덧붙였다. 골자는 이렇다. 동료 임원 두 명이 싼값에 주식을 확보하려고 자기가 반대하는데도 좀

317

추잡한 수법을 썼다. 자기는 표를 얻기 위해 어쩔 수 없이 양보했다. 하지만 이제 원하는 물량을 다 확보했기 때문에 주가 상승을 가로막을 게 없으니 지금 애틀랜틱&서던을 매수하면 절대 확실하다.

워커는 이 고매하신 임원을 용서했을 뿐만 아니라 따뜻하게 악수까지 나누고 헤어졌다. 물론 기쁜 소식을 전하려고 서둘러 친구이자 같은 피해자인 후드에게 갔다. 떼돈이 눈앞에 아른거렸다. 전에도 오르리라 예상하고 매수했지만 지금은 15포인트나 떨어졌으니 매수는 식은 죽 먹기였다. 두 사람은 공동 계좌로 5000주를 샀다.

그러나 주가는 두 사람이 미끄러지라고 출발 종이나 울린 것처럼 사자마자 곤두박질쳤다. 급락하는 꼬락서니를 보니 내부자가 매도하는 게 분명했다. 두 사람은 얘기 끝에 임원이 나쁜 놈이라는 결론에 도달했다. 후드가 5000주를 몽땅 팔자 워커가 이렇게 말했다.

"제길, 빌어먹을 놈이 엊그제 플로리다에 안 갔어도 내가 곤죽으로 만들어놨을 텐데. 안 되겠어. 같이 가자."

"어디 갈 건데?" 후드가 물었다.

"전화국. 망할 놈. 그놈한테 절대 잊지 못할 전보를 보내야겠어. 어서 가자."

워커는 전화국으로 갔고 후드도 따라나섰다. 전화국에 도착하자 워커는 독설의 걸작을 완성했다. 5000주를 샀다가 이만저만 손해를 본 게 아니었으니 그럴 만도 했다. 워커는 전보 내용을 후드에게 읽어주고는 이렇게 말했다.

"이만하면 그 작자도 내가 자기를 어떻게 생각하는지 알겠지."

워커가 대기하고 있던 직원에게 종이를 주려는 찰나, 후드가 말렸다. "잠깐만!"

"왜 그래?"

"보내지 말자." 후드가 진지하게 충고했다.

"왜?" 워커가 쏘아붙였다.

"전보를 받으면 노발대발할 거야."

"그러라고 보내는 거 아냐?" 워커가 후드를 쳐다보며 말했다.

그러나 후드는 안 된다는 듯 고개를 저으며 진지하게 말했다. "그 전보를 보내면, 다시는 그 사람한테 정보를 못 받는다고!"

전업 트레이더도 이런 말을 하는 판이니 비밀 정보라면 사족을 못 쓰는 호구들이야 말해 무엇하겠는가. 사람들이 멍청해서 비밀 정보를 무는 건 아니다. 아까도 말했지만 희망이라는 달콤한 술에 취하고 싶어 하기 때문이다. 로스차일드 남작이 밝힌 부자가 되는 비법은 다른 어떤 분야보다 투기판에 딱 들어맞는다. 누군가가 남작에게 증권거래소에서 돈 버는 게 어려운지 묻자 남작은 반대로 아주 쉽다고 대답했다.

"그건 당신이 부자니까 그런 거죠." 인터뷰한 사람이 반박했다.

"전혀 아닙니다. 저는 쉬운 방법을 찾았고 그 방법을 고수합니다. 돈을 벌지 않을 수 없어요. 원한다면 비밀을 알려주죠. 밑바닥에선 절대 사지 않고 항상 너무 이르다 싶을 때 팝니다."

투자자는 전혀 다른 종족이다. 투자자는 대부분 재고자산, 수익

통계 등등 수치로 된 온갖 데이터를 파고든다. 마치 숫자가 사실과 확실성을 의미하는 것처럼 말이다. 인적 요인은 원칙적으로 최소한 만 고려한다. 1인 기업의 주식을 선뜻 매수하는 사람은 극소수다. 지금부터 내가 아는 가장 현명한 투자자 이야기를 해주겠다. 이 사람은 독일 출신으로 펜실베이니아에 정착했다가 월가에 와서 러셀 세이지 Russell Sage*와도 자주 교류했다.

　이 사람은 탐구욕이 왕성했으며 끝없이 의심하는 버릇이 있었다. 그는 늘 질문하고 무엇이든 자신의 눈으로 직접 봐야 한다고 믿었다. 그만큼 다른 사람의 눈을 빌리는 걸 싫어했다. 몇 년 전 일이다. 그는 애치슨 주식을 꽤 많이 보유하고 있었다. 그런데 애치슨과 경영진에 관해 심상치 않은 소식이 들리기 시작했다. 항간의 평판으로는 사장인 라인하트가 우러러볼 만한 사람이라고 하지만, 실제로는 방만한 운영으로 회사를 엉망으로 만들고 있다는 소문이었다. 소문이 사실이라면 언젠가 라인하트 때문에 큰 사달이 날 게 뻔했다.

　독일 출신 펜실베이니아 사내에게 이 소식은 죽고사는 게 달려 있는 문제였다. 사내는 부리나케 보스턴으로 달려가 라인하트를 만났다. 그리고 애치슨 토페카&산타페 철도 회사 사장에게 항간에 떠도는 비난을 그대로 전하며 사실인지 물었다.

---

* 러셀 세이지(1816~1906). 미국의 금융가이자 기업인으로 엄청난 부호였으며 정치권에도 발을 들여 하원 의원에 선출되기도 했다. 말년에는 주가조작을 서슴지 않았고 콜옵션, 풋옵션을 처음 고안하기도 했다.

라인하트는 의혹을 완강히 부인했을 뿐 아니라 악의적인 거짓말이라고 했다. 사내가 정확한 정보를 요구하자 사장은 수치를 보여주며 소문이 거짓말이라는 사실을 입증하려고 했다. 사장은 자료를 주면서 회사가 어떤 일을 하고 있는지, 그리고 재정 상태는 어떤지 1센트까지 남김 없이 보여줬다. 사내는 라인하트에게 고맙다고 말하고 뉴욕으로 돌아오자마자 보유하고 있던 애치슨 주식을 몽땅 팔았다. 그리고 일주일쯤 뒤에 여유 자금으로 델라웨어 라카와나&웨스턴 D.L.&W 주식을 대량 사들였다.

몇 년 지나 나는 이 사내와 운 좋게 종목을 갈아탄 경우에 대해 이야기했는데 사내는 애치슨을 꼽았다. 사내는 종목을 갈아타게 된 이유를 이렇게 설명했다.

"라인하트가 숫자를 적으려고 책상 위 정리함에서 편지지를 꺼내더군. 마호가니로 만든 책상인데 뚜껑이 달려 있어서 뚜껑을 밀면 열리게 되어 있었어. 보니까 리넨으로 만든 두꺼운 고급 종이에 회사 이름과 주소가 두 가지 색깔로 예쁘게 찍혀 있더군. 아주 비싼 종이였지. 쓸데없이 그렇게 비싼 종이를 쓰다니 한심했어. 그는 특정 부서에서 얼마나 벌고 있는지 정확히 보여주고 경비나 운영비를 어떻게 절감하고 있는지 증명하려고 했지. 종이에 숫자를 끼적거리더군. 그런데 그 비싼 종이를 구겨서 쓰레기통에 버리지 뭔가. 얼마 못 가 나한테 잘 보이고 싶었는지 회사가 도입한 절감 방안도 수치로 보여주려고 했어. 두 가지 색깔로 회사 이름을 새긴 예쁜 종이를 새로 꺼내 집어 들더군. 숫자 몇 개를 끼적거리더니, 빙고. 쓰레기통으로 직행! 더 큰 돈도 고민조차 없이 마구 낭비하고 있겠지. 사장이 이런 사람이라면 알뜰하게 경비를 절약하는 비서를 곁에 두지도 않을 테고, 알뜰한 직원에게 보상을 줄 리도 없겠다 싶었어. 사장이 하는 말 대신 경영진이 방만하다는 소문을 믿기로 했지. 그래서 갖고 있던 애치슨 주식을 모두 팔았어.

며칠 뒤 마침 D.L.&W 사무실에 갈 일이 있었다네. 늙수그레한 샘 슬론이 사장이었어. 입구에서 제일 가까운 곳에 사장실이 있는데, 문이 활짝 열려 있었어. 늘 열어둔다고 하더군. 사장실을 지나지 않고는 아무도 회사 사무실에 들어갈 수 없었지. 사무실에 들어가는 길에 사장이 책상에 앉아 있는 모습이 훤히 보였어. 볼일이 있으면 누구든 당장 사장실에 들어가서 사장과 일 얘기를 할 수 있었어. 경제부 기자들 말로는 샘 슬론과 이야기할 때는 에둘러댈 필요가 없다고 하더군. 묻기만 하면 사장이 바로 그렇다, 아니다 단도직입으로 대답해준다고 했어. 주식시장에서 어떤 위급한 상황에 있든 단호하게 대답한다고 하더군.

내가 사장 사무실로 들어갔는데 노인이 분주하더라고. 처음엔 편지봉투를 뜯는 줄 알았는데 책상 가까이 다가가보니 뭘 하는지 알겠더군. 나중에 알았지만 늘 습관처럼 하는 일이었어. 우편물을 분류해서 뜯어본 후, 빈 봉투를 버리지 않고 모아서 사장실로 갖고 갔어. 한가할 때 봉투 모서리를 빙 둘러가며 잘랐는데 그러면 한쪽 면이 깨끗

한 종이 두 장이 생기거든. 이 종이를 모아두었다가 직원들에게 메모지로 쓰라고 나눠준다고 했어. 라인하트는 나한테 보여주려고 사명을 새긴 편지지에다 숫자를 끼적거렸는데 말일세. 빈 봉투 하나도 버리지 않고 한가한 시간에 잘라두었지. 한마디로 버리는 게 없었어.

이런 생각이 퍼뜩 들었어. 이런 사람이 수장이라면, 모든 부서가 알뜰하게 운영되겠다 싶었지. 사장도 그리 되도록 신경 쓸 테고! 물론 회사가 정기적으로 배당금을 지급하고 있고, 자산이 상당하다는 사실도 알고 있었어. 힘닿는 데까지 그 회사 주식을 샀지. 이후 시가총액이 두 배로 느는가 싶더니 또 네 배로 늘더라고. 내가 1년 동안 받은 배당금이 내가 투자한 원금과 맞먹을 정도야. 나는 아직도 이 회사 주식을 갖고 있다네. 애치슨은 파산해서 법정관리인 손에 넘어갔어. 자기가 방만하지 않다는 걸 증명하려고 두 가지 색으로 사명을 인쇄한 리넨 종이를 연거푸 휴지통에 버린 지 몇 달 뒤에 말이야." 이 이야기의 묘미는 거짓 없는 진실이라는 점, 그리고 펜실베이니아 사내가 어떤 주식을 샀더라도 D.L.&W만큼 수익을 올릴 수는 없었다는 사실이다.

'촉'을 만드는 건
경험과 습관이다

나한테 소위 '촉'이 있다면서 아주 재미있어 하는 절친이 있었다. 이 친구는 나한테 분석 따위는 넘보지도 못할 능력이 있다고 입버릇처럼 말한다. 친구는 내가 불가사의한 눈먼 충동에 사로잡혀 최적의 시점에 주식시장에서 빠져나간다고 단언한다. 그러면서 아침 밥상 머리에서 허풍을 떨곤 했는데 특히 검은 고양이 이야기가 이 친구 십팔번이었다. 검은 고양이 한 마리가 갖고 있던 주식을 모조리 팔라고 나한테 일러주자 내가 이 털북숭이의 말을 듣고 보유 주식을 몽땅 팔았다는 것이다. 게다가 물량이 남아 있을 때는 안절부절못하다가 다 팔고서야 내가 진정했다나 뭐라나. 내가 꼭짓점에서 팔자 안 그래도 고지식한 이 친구는 '육감 이론'을 더욱 맹신하게 됐다.

나는 하원 의원 몇 사람을 만나러 워싱턴으로 갔다. 세금을 많이 매겨 우리 같은 사람들을 빈사 상태로 몰아넣는 건 현명한 처사가 아니라고 설득할 참이었다. 그래서 주식시장에 신경 쓸 겨를이 없었다.

그런데 내가 느닷없이 보유 물량을 팔겠다고 하자 친구가 이런 말도 안 되는 얘기를 지어낸 것이다.

가끔 거부할 수 없는 충동을 느낀다는 건 인정한다. 그럴 때면 당장 시장에서 조치를 취하지 않으면 큰일이 날 것 같다. 매수 포지션에 진입했건 공매도 포지션에 진입했건 포지션은 중요하지 않다. 이런 기분이 들 때면 청산하고 탈출해야 하는데 탈출하기 전까지는 발을 동동 구르게 된다. 경고 신호가 수없이 눈에 들어오는데, 확실한 이유가 될 만한 뚜렷하고 어떤 강력한 요인은 없다. 그런데도 갑자기 탈출하지 않으면 안 될 것 같은 기분이 든다. 사람들이 말하는 소위 '시세 표시기를 읽는 감각', 그게 전부일지도 모른다. 고참 트레이더들이 하는 말을 들으니, 시세 표시기를 통해 매매 시점을 잡는 이런 감각적인 기법은 제임스 R. 킨을 비롯한 여러 선배 트레이더들이 크게 발전시켰다고 한다. 고백하지만 나중에 보면 대개 내가 받은 경고 신호는 적절했을 뿐 아니라 1분의 오차도 없이 정확했다.

그러나 이번엔 직감 같은 건 없었다. 검은 고양이도 아무 상관이 없었다. 친구는 그날 아침 내 기분이 아주 언짢아 보였다고 했는데, 왜 그랬는지 설명할 수 있을 것 같다. 내가 그날 아침 기분이 별로였다면 그건 실망했기 때문이었다. 하원 의원들을 만나 면담했지만 설득되지 않았다. 하원 위원회는 월가에 세금을 부과하는 문제를 보는 관점이 나와 달랐다. 주식 거래에 매기는 세금을 막거나 회피하려는 게 아니었다. 그저 경험 많은 주식 투기자로서 부당하지도, 무리하지도 않은 과세안을 제안하려고 했다. 제대로만 다루면 황금알을 쑥쑥 낳을 텐데 미국 정부가 그런 거위를 죽이진 말았으면 했다. 의원들을 설득하는 작업이 성과가 없어 짜증이 나기도 했지만 부당하게 세금을 물어야 하는 이 사업에 미래가 있을지 아득했다. 정확히 무슨 일이 있었는지 이야기하겠다.

강세장이 시작될 무렵 나는 철강주와 구리주 전망이 밝다고 생각해서 두 업종의 주식을 매수하고 싶었다. 그래서 주식을 좀 사들이기 시작했다. 우선 유타 코퍼 5000주를 매수했는데 생각대로 풀리지 않았다. 주가 움직임이 매수하기 잘했다고 느낄 정도는 아니었다. 주가는 114달러 언저리였던 것 같은데, 엇비슷한 가격에 US철강 주식을 사들이기 시작했다. 주가 움직임이 제대로였으므로 앞서 설명한 방식을 따라 첫날 2만 주를 몽땅 샀다.

철강주가 계속 뜻대로 움직여서 사 모으다 보니 보유 물량이 7만 2000주가 됐다. 유타 코퍼는 처음 매수한 5000주가 전부였다. 주가 움직임을 보니 더 사고 싶은 생각이 들지 않았기 때문에 보유 물량이 5000주에 멈추어 있었다.

이후 무슨 일이 일어났는지 누구나 알 것이다. 엄청난 상승장이 찾아왔다. 나 역시 시장이 상승할 거라고 판단했다. 시장을 둘러싼 여건도 두루 좋았다. 주가는 급등했고, 평가수익도 얕잡아 볼 수준이 아니었다. 그래도 시세 테이프는 계속 우렁차게 나팔을 불었다. "아직 아냐! 아직 아냐!" 내가 워싱턴에 도착했을 때도 시세 테이프는 여전히 아직 아니라고 말하고 있었다. 물론 아직 상승 여력이 있다고 봤지만 시장이 그토록 무르익은 상황에서 물량을 늘릴 생각이 들지 않았다. 시황은 분명 뜻대로 돌아가고 있었고, 하루 종일 호가판 앞에 앉아서 청산 신호가 이제나 떨어질까 저제나 떨어질까 대기해야 할 만한 요인도 없었다. 퇴각 나팔을 울리기 전에 시장은 멈칫하면서 눈치를 주거나 아니면 장세가 반전되는 데 대비할 시간을 준다. 물론 전혀 예상치 못한 재난이 닥칠 땐 예외지만. 내가 태평스럽게 의원 면담에 나선 것도 시장의 이런 속성 때문이었다.

주가는 계속 뛰었다. 강세장의 종말이 가까워지고 있다는 의미였다. 나는 상승장이 언제 끝날지 날짜를 딱 맞히려고 하지 않았다. 그건 내 능력 밖이니까. 하지만 경고 신호를 기다리며 시장을 주시했다. 경고 신호가 떨어지지 않는지 시장을 예의주시하다 보니 버릇이 되기도 했다.

주식을 다 팔아치우기 전날 껑충 뛴 주가를 보니 내가 얼마나 많이 보유하고 있는지, 평가수익은 또 얼마나 엄청난지 계산하게 됐다. 그러다가 나중에는 공정하고 현명하게 처리해달라고 월가에서 의원들을 설득했지만 먹히지 않았다는 사실도 생각한 듯하다. 단언하지는 못하겠지만 그랬던 것 같다. 이때 내 마음에 씨앗이 뿌려졌고 잠재의식이 밤새도록 작용했다. 아침이 된 뒤 시장을 생각하니 그날 시장이 어떻게 움직일지 궁금했다. 사무실에 가보니 주가는 여전히 오르고 있었고 수익도 흡족했다. 하지만 더 눈에 띄는 건 쏟아지는 물량을 무시무시한 힘으로 소화해내는 거대한 시장이 형성됐다는 사실이었다. 그런 시장이라면 물량에 상관없이 주식을 얼마든지 팔아치울 수 있을 것 같았다. 물론 종잣돈을 전부 끌어서 포지션을 쌓았다면 평가수익을 실제 현금으로 바꿀 기회를 엿봐야 한다. 그리고 현금으로 바꾸는 과정에서 가능한 한 수익을 갉아 먹지 않도록 노력해야 한다. 내가 경험을 통해 배운 바로는, 수익을 실현할 기회는 언제든 찾을 수 있지만 대체로 대세가 끝날 무렵에 찾아오는 법이다. 이런 기회는 시세 테이프 판독이나 육감으로 찾는 게 아니다.

그날 아침 가진 주식을 별 탈 없이 몽땅 팔아넘길 수 있는 시장이 조성되자 나는 주식을 전부 처분했다. 주식을 파는 문제라면 5만 주보다 50주를 파는 게 더 현명하지도, 더 대담하지도 않다. 50주라면 아무리 침체된 시장이라도 가격을 끌어내리지 않고 팔 수 있지만 한 종목을 5만 주 보유하고 있는 경우에는 문제가 다르다. 나는 US철강을 7만 2000주 가지고 있었는데 이 정도면 대단한 물량까지는 아니지만 그래도 매도 과정에서 평가수익이 꽤 뜯겨 나갈 수도 있었다. 평가수익을 사실상 은행에 안전하게 보관된 것처럼 여겼던 만큼, 수익이 줄어들면 속이 쓰릴 수밖에 없다.

나는 총 150만 달러의 수익을 챙겼는데, 현금으로 바꾸는 게 적절했기 때문에 주식을 처분했다. 주식을 전부 처분하고 잘했다고 생각했지만 수익 때문에 그렇게 생각한 건 아니었다. 시장이 내가 옳았다는 걸 증명해줬고, 나한테는 그 점이 무엇보다 흡족했기 때문이었다.

US철강 7만 2000주를 전량 팔았는데 평균 매도가가 그날 고점보다
거우 1포인트 밑이었다. 내가 1분도 어긋남 없이 정확한 시점에 매도
했다는 의미다. 하지만 같은 날 같은 시간에 유타 코퍼 5000주를 매
도하자 주가가 5포인트나 폭락했다. 애초에 두 주식을 동시에 매입
했는데 US철강은 2만 주에서 7만 2000주로 늘렸지만 유타 코퍼는 처
음 5000주를 산 뒤 추가 매수하지 않았다. 현명한 처사였다. 유타 코
퍼를 더 일찍 처분하지 않은 건 구리 산업이 유망하다고 봤고 주식시
장도 강세였으므로 대박은 못 치더라도 크게 손해 볼 일은 없다고 생
각했기 때문이었다. 무슨 육감 같은 건 없었다.

 트레이더가 되려면 의사가 교육 받는 과정과 흡사한 훈련을 거쳐
야 한다. 의사는 오랫동안 해부학, 생리학, 약물학, 기타 관련 과목을
10여 가지나 배워야 한다. 이렇게 다양한 이론을 배운 뒤에야 의료
행위에 평생을 바칠 수 있게 된다. 의사는 온갖 병리 현상을 관찰하
고 분류하고 진단하는 법을 배운다. 올바른 진단은 정확한 관찰에서
나오는데, 정확히 관찰해서 올바른 진단을 내렸다면 예후에 대한 판
단 또한 정확도가 높기 마련이다. 물론 인간의 판단에는 오류가 있다
는 점, 전혀 예측하지 못한 일이 생기기도 한다는 점 때문에 100퍼센
트 완벽한 예후 판단은 불가능하다는 점을 언제나 염두에 둬야 한다.
의사는 이렇게 오랫동안 많은 지식을 쌓은 후에야 경험을 쌓고 배우
면서 올바른 의술을 펼칠 수 있을 뿐만 아니라 환자를 보면 즉각 결
단하고 치료하게 된다. 많은 사람들이 의사가 본능적으로 일한다고

생각하지만, 사실 이는 기계처럼 자동으로 나오는 행위가 아니다. 오 랜 기간 환자들을 관찰한 결과에 따라 질병을 진단하고, 진단한 후에 는 그동안의 경험에 따라 적절한 치료법이라고 생각하는 방식대로 진료하는 것이다. 지식은 전달할 수 있다. 즉, 자신이 찾아낸 정보를 모아놓은 정보집은 전달할 수 있다. 하지만 경험은 전달할 수 없다. 투자의 세계에서도 마찬가지다. 어떻게 해야 하는지 알고도 빨리 행 동을 취하지 못해 돈을 날릴 수 있다.

관찰력, 경험, 기억력, 수리력. 트레이더로 성공하려면 이런 것들 에 의지해야 한다. 정확하게 관찰해야 할 뿐 아니라 관찰한 내용을 항상 기억해야 한다. 인간에게 비합리적인 면이 있다는 것을 알아도, 예상치 못한 일이 걸핏하면 일어난다는 것을 알아도 비합리적이거 나 예상치 못한 것에 돈을 걸 수는 없다. 언제나 확률이 높은 쪽에 돈 을 걸어야 한다. 즉, 어느 쪽이 개연성이 높은지 예측하려고 노력해 야 한다. 게임 경험, 부단한 연구, 항상 기억하는 습관을 여러 해에 걸 쳐 쌓다 보면 트레이더는 예상한 일이 일어날 때뿐만 아니라 예상하 지 못한 일이 일어날 때도 즉각 손을 쓸 수 있다.

수리에 아무리 뛰어나고 관찰력이 아무리 정확해도 경험이 부족 하고 기억력이 없으면 투기에 실패할 수밖에 없다. 의사들이 날로 진 보하는 과학에 뒤떨어지지 않으려고 끊임없이 노력하듯, 현명한 트 레이더는 시장 여건에 대한 연구를 멈추지 않으며 시장의 다양한 흐 름에 영향을 미치거나 미칠 수 있는 모든 것에서 어떤 일들이 전개되고 있는지 추적한다. 몇 년 동안 게임을 하다 보면 시장의 사정을 계속 살피고 최신 정보를 습득하는 습관이 몸에 밴다. 따라서 거의 반사적으로 행동하게 된다. 이처럼 프로다운 태도는 값어치를 따질 수 없을 정도로 귀중한 자산이며, 트레이더를 승리로 이끄는 비결이다. 이런 바탕이 갖춰지면 언제나 승리하는 건 아니라도 이따금 승리하게 된다! 전업 트레이더와 아마추어 트레이더, 혹은 필요할 때만 매매하는 트레이더의 차이는 바로 여기서 비롯된다. 이러한 차이는 아무리 강조해도 지나치지 않다. 예를 들어, 내 경우 기억력과 수리력이 큰 도움이 되었다. 월가는 수리를 바탕으로 돈을 번다. 무슨 말인고 하니 사실과 수치를 다뤄서 돈을 번다.

지금까지 트레이더라면 시시각각 새로운 정보에 귀를 기울여야 하고, 모든 시장에서 전개되는 흐름에 완전히 프로다운 태도로 임해야 한다고 주장했다. 이런 말을 하는 이유는 육감과 '시세 표시기를 읽는 감각' 같은 신비로운 능력이 성공과 별로 상관없다는 걸 강조하고 싶어서다. 물론 노련한 트레이더는 미처 이유를 생각할 겨를도 없이 전광석화같이 행동한다. 하지만 프로의 시각에서 수년간 스스로 노력하고 생각하고 또 목격하면서 차곡차곡 쌓인 사실들을 바탕으로 움직이는 것이므로 이 같은 행동에는 나름대로 타당하고 충분한 이유가 있다. 즉, 프로에게는 버릴 게 하나도 없다. 내가 말하는 프로의 자세란 어떤 것인지 예를 들어 설명하겠다.

나는 상품 시장을 늘 예의 주시하는데, 이는 아주 오래된 습관이

331

다. 예를 들어, 정부 보고서에 따르면 겨울 밀 수확량은 지난해와 엇비슷하고 봄 밀 수확량은 1921년보다 증가했다. 이 경우, 작황이 좋아서 예년보다 수확 시기가 훨씬 빠를 것으로 예상할 수 있다. 작황 관련 수치를 입수하자마자 나는 수익 측면에서 어느 정도 기대할 수 있는지 살폈다. 이건 수리다. 또한 석탄 광부, 철도 수리공의 파업 사태를 동시에 떠올렸다. 시장과 관련 있는 일이라면 어떤 일이 벌어지든 늘 머릿속에 담고 있으므로 굳이 신경쓰지 않아도 자연스레 파업 건이 떠올랐다.

이런 생각이 퍼뜩 들었다. 이미 곳곳이 파업 때문에 몸살을 앓고 있어 화물 운송에 차질이 빚어지고 있으니 밀 가격에 악영향을 끼칠 수밖에 없다. 그렇다면 시장의 사정은 이런 식으로 돌아갈 것이다. 파업으로 운송 시설이 마비돼 겨울 밀 출하는 상당 기간 지연될 수밖에 없고, 운송업계의 사정이 나아질 무렵이면 봄 밀이 출하에 돌입할 것이다. 따라서 철도로 대량 운송이 가능해지면 출하가 지연된 겨울 밀과 이른 봄 밀 두 작물이 동시에 출하돼 엄청난 양이 단번에 쏟아져 나올 것이다. 여러 가지 사실과 사정을 종합해보면 이렇게 돌아갈 개연성이 높으므로 나처럼 정보를 바탕으로 앞일을 내다보는 트레이더라면 당분간 밀 선물을 강세로 보지는 않을 것이다. 따라서 매수해도 괜찮은 투자가 될 만큼 밀 선물 가격이 떨어지지 않는 한, 밀 선물을 사려는 트레이더는 없을 것이다. 시장에 매수세가 없으므로 가격은 응당 내려갈 것이다. 생각이 여기에 미치자 내가 옳은지 그른지 알아봐야 했다. 팻 허언이 늘 하는 말처럼 "돈을 걸기 전엔 모르는 법", 시장이 약세라고 판단하자 나는 지체 없이 공매도했다.

경험을 통해 배운 사실인데, 시장의 행보는 훌륭한 지침이며, 이 행보를 따라야 한다. 의사가 환자의 체온과 맥박을 재고 눈동자 색과 혀에 낀 설태를 유심히 살피듯이, 시장의 흐름은 트레이더에게 인도자 역할을 한다.

보통이라면 밀 선물 100만 부셸을 사거나 팔 때 가격 변동폭은 0.25센트 이내여야 한다. 시기가 적절한지 떠보려고 25만 부셸을 팔았더니 가격이 0.25센트 하락했다. 이 정도 반응으로는 궁금증을 해소할 수 없어서 25만 부셸을 더 팔았다. 시장은 25만 부셸을 찔끔찔끔 소화했다. 보통은 2~3차례 매매로 다 처분되는데, 이번에는 1만 부셸이나 1만 5000부셸씩 팔려 나갔다. 시장은 매도 물량을 찔끔찔끔 받았을 뿐 아니라 가격도 1.25센트나 떨어졌다. 시장이 내가 내놓은 물량을 소화하는 방식과 가격이 지나치게 하락하는 모양새를 보아하니 두말할 필요도 없이 시장엔 매수세가 없다고 판단할 수 있었다.

그렇다면 내가 할 일은 단 하나뿐이다. 뭘까? 더 많이 파는 것이다. 가끔은 경험의 지시를 따르다가 바보가 되기도 한다. 하지만 경험을 외면하면 언제나 멍텅구리가 된다. 어쨌든 200만 부셸을 팔았더니 가격은 더 내려갔다. 며칠 후 시장이 돌아가는 양상을 보니 200만 부셸을 추가로 팔지 않을 수 없었고, 가격은 더 떨어졌다. 며칠 후 밀 선물 가격은 폭락하기 시작했고 1부셸에 6센트씩 추락했다. 그런데 거기서 멈추지 않았다. 반짝 반등하는가 싶다가도 또다시 떨어졌다.

감을 믿고 판 게 아니다. 나한테 비밀 정보를 물어다준 사람도 없었다. 내가 수익을 취한 건 프로다운 마음가짐이 몸에 배어 있기 때문이다. 그런 마음가짐은 내가 이 업계에서 오랫동안 일한 경험에서 나온 것이다. 내가 연구하는 이유는 트레이딩이 내 사업이기 때문이다. 시세 테이프가 올바른 방향으로 나아가고 있다고 말하는 순간, 내가 할 일은 보유 물량을 늘리는 것뿐이다. 그래서 물량을 늘렸고, 그게 전부다.

투기판에서 경험은 꾸준한 수익 창출원이며, 관찰은 최고의 비밀 정보 제공처다. 가끔은 특정 주식의 행보만 관찰한다. 주가 움직임을 지켜보다가 경험이 쌓이면 평상시와 다른, 그러니까 개연성에서 벗어난 움직임을 보일 때 수익을 얻는 방법을 알 수 있다. 예를 들어, 모든 주식이 일제히 한 방향으로 움직이지는 않더라도 같은 업종에 속한 주식들은 강세장이라면 모두 상승하고 약세장이라면 모두 하락한다. 투기판에선 이런 현상이 자주 일어나므로 이런 정보는 자력으로 획득할 수 있는 정보 중 가장 흔한 것이라고 할 수 있다. 중개소도 이런 정보를 잘 알고 있어서 혹시 모르는 고객이 있으면 매매 정보를 고객에게 제공하기도 한다. 무슨 말인고 하니 같은 업종에 속한 다른 주식은 하나같이 움직이는데 홀로 뒤처지는 주식이 있으면 이런 주식은 매매해야 한다. 쉽게 말해, US철강이 상승하면 크루서블 철강이든 리퍼블릭 철강이든 베들레헴 철강이든 뒤따라 상승하는 건 시간문제라고 추론할 수 있다. 업계 여건과 전망은 같은 업종의 모든 주식에 엇비슷하게 적용되므로 한 업종이 잘되면 업종에 속한 모든 회사가 같이 혜택을 누리게 된다. 경험으로 수없이 입증된 사실이지만, 쥐구멍에도 볕들 날 있다고 아무리 시시한 주식이라도 시장에서 반짝할 때가 있으므로 A 철강, B 철강이 오르면 군중은 그동안 빌빌 대던 C 철강을 매수할 것이다.

만약 강세장이라도 강세장에서 마땅히 보여야 할 움직임을 나타내지 않으면, 나는 그런 주식은 절대 사지 않는다. 가끔 확실한 강세장이어서 주식을 샀는데 같은 업종의 다른 주식들이 강세를 보이지 않으면 매수한 주식을 도로 몽땅 팔아버리기도 했다. 왜 그랬을까? 나는 동일 업종 주식들이 보조를 맞추는 현상을 '뚜렷한 집단화 경향'이라고 부르는데, 이 경향에 거스르는 매매는 현명하지 않다고 본다. 세상에 절대로 확실한 건 없다. 개연성을 믿고 어느 쪽이 개연성이 높은지 판단해봐야 한다. 나이 지긋한 어떤 중개인이 나한테 한 말이다. "철길을 걸어가는데 기차가 시속 100킬로미터로 오잖아. 그럼 내가 계속 침목을 밟고 갈까? 옆으로 비키겠지. 하지만 이렇게 기차를 피했다고 잘했다며 으쓱하진 않겠지."

지난해 시장 전반이 한창 오름세를 보일 때 특정 업종을 살펴보니 나머지 종목들은 다 오르는데 한 종목만 보조를 맞추지 못하고 있었다. 나는 블랙우드 모터스 주식을 꽤 많이 보유하고 있었다. 블랙우드 모터스가 사업을 크게 하고 있다는 건 세상이 다 아는 사실이었다. 주가가 하루에 1~3포인트씩 오르자 사람들은 점점 더 블랙우드 모터스로 몰렸다. 그러자 자연히 자동차 업종에 관심이 쏠렸고, 자동차 주가 일제히 오르기 시작했다. 하지만 지지리도 안 오르는 종목이 있었으니, 바로 체스터였다. 체스터가 뒤처져서 맥을 못 추자 곧 사람들 입에 오르내리기 시작했다. 블랙우드를 비롯해 다른 자동차 종목들은 강세를 보이면서 거래가 활발한데 체스터 주가는 아무 반응도 없이 가라앉아 대조를 보였다. 주가 예측이나 정보 제공으로 먹고사는 사람, 아는 체하는 사람들이 자동차 업종의 다른 주식들처럼 체스터도 곧 오를 거라고 쏘삭이자 사람들은 체스터를 매수하기 시작했다. 충분히 솔깃할 만했다.

그런데 이런 매수세는 오래 가지 못했고, 체스터 주가는 하락하기 시작했다. 강세장에서 같은 업종인 블랙우드가 선풍을 일으키며 전체 시장의 주가 상승을 이끌고 있는 데다 차종을 불문하고 자동차 수요가 확확 늘고 생산고는 신기록을 세우고 있었으니 체스터 주가를 끌어올리려고만 하면 누워서 떡 먹기였을 텐데 말이다.

명명백백했다. 강세장이 되면 내부자들은 으레 자사주를 매입해 주가를 끌어올리는데, 체스터 측은 아예 그런 움직임이 없었다. 이유는 두 가지 정도로 추측됐다. 십중팔구는 주가가 상승하기 전에 자사주를 더 사 모으고 싶어서 내버려두는 경우다. 하지만 체스터의 거래량과 매매 행태를 분석하면 이 가설은 무너진다. 또 한 가지 이유는 주가를 띄웠다가 나중에 옴짝달싹하지 못하게 될까 봐 주가를 올리지 않는 경우다.

주식을 갖고 싶어야 할 사람들이 원하지 않는데, 내가 그 주식을 손에 넣어야 할 이유가 있을까? 다른 자동차 회사들이 아무리 번창하더라도 체스터를 공매도해야겠다고 판단했다. 같은 업종의 선두 주자를 따라가지 않는 주식은 섣불리 매수하면 안 된다는 걸 경험이 가르쳐줬기 때문이다.

나는 어렵지 않게 체스터 내부자들이 자사주를 매입하기는커녕 매도하고 있다는 결론에 도달했다. 체스터 매수가 꺼려지는 다른 징후들도 있었지만 시장과 동떨어진 주가 움직임만으로도 경고는 충분했다. 이번에도 정보를 슬쩍 흘려준 건 시세 테이프였다. 시세 테이프 덕분에 체스터를 공매도했다. 공매도한 뒤 얼마 지나지 않아 주가는 폭삭 주저앉았다. 나중에 공식적으로 확인된 사실에 따르면 내부자들은 회사 사정이 좋지 않다는 걸 알고 자사주를 팔고 있었다. 여느 때처럼 주가가 폭락한 뒤에야 이런 사실이 공개됐지만 폭락 전에도 이미 빨간불은 들어와 있었다. 나는 경고 신호가 울리지 않는지 귀를 바짝 세우고 있었다. 체스터에 무슨 문제가 있는지 몰랐지만 직감을 따라 공매도하지 않았다. 다만 뭔가 잘못됐다는 생각이 들었다.

얼마 전 기아나 금광 주가가 급변하자 신문에선 "세상이 놀란 기아나 금광 주가"라며 기사를 냈다. 기아나 금광은 장외시장에서 50달러 언저리에 팔리다가 증권거래소에 상장됐는데, 35달러에서 출발한 주가가 미끄러지기 시작하더니 마침내 20달러 선까지 무너졌다.

나한테는 결코 놀라운 사건이 아니었다. 충분히 예상할 수 있는 사태였기 때문이다. 조금만 수소문해봐도 알 수 있을 정도로, 회사의 내력을 아는 사람이 수두룩했다. 내가 들은 얘기는 이렇다. 이름만 대면 다 아는 큰손 여섯 명과 굴지의 은행 한 곳이 인수단*을 구성했다. 벨 아일 익스플로레이션 대표도 인수단에 참여했는데, 이 회사는 1000만 달러가 넘는 돈을 기아나 금광에 융통해주고 그 대가로 채권과 함께 기아나 금광이 발행한 증권 총 100만 주 중 25만 주를 받았다. 주식은 배당금 지급을 전제로 발행됐는데, 이 점도 대대적으로 광고됐다. 벨 아일은 주식을 현금화하는 게 괜찮겠다고 생각해서 금융업자들에게 25만 주를 매입할 수 있는 콜옵션을 발행했다. 그러자 금융업자들은 해당 주식과 원래 보유하고 있던 지분 일부까지 매도하려고 준비했다.

금융업자들은 시장 조성을 위한 주가조작 작업을 전문가에게 맡길 생각이었는데, 이 전문가는 25만 주를 36달러보다 비싼 값에 매각하는 조건으로 수익의 3분의 1 정도를 수수료로 요구했다. 계약서가 작성되고 서명하는 일만 남은 상태에서 막판에 금융업자들이 마음을 바꿨다. 직접 주식을 매각해서 수수료를 아낄 요량이었다. 금융업자들은 내부자 투자조합을 만들었다. 이들은 벨 아일 보유 지분 25만 주를 주당 36달러에 매입할 수 있는 콜옵션을 보유하고 있었는데,

---

* 기업이 발행한 유가증권에 대해 공동으로 인수 책임을 지는 집단.

41달러에 시장에 내놨다. 즉, 금융업자들은 처음부터 은행업계 동료들에게 5포인트 수익을 지불한 셈이다. 내부자들이 이 사실을 알았는지 여부는 모르겠지만 말이다.

두말하면 잔소리지만 금융업자들에게 이런 작업은 땅 짚고 헤엄치기였다. 상승장이었고 금광주들이 시장을 선도하고 있었다. 기아나 금광은 엄청난 실적을 올렸고, 정기적으로 배당금을 지급하고 있었다. 여기에 평판이 자자한 인물들이 자금을 대고 있으니, 군중이 기아나 금광을 장기간 끌고 갈 수 있는 투자주로 생각할 정도였다. 군중이 40만 주를 퍼 담는 과정에서 주가가 47달러까지 치솟았다는 소식이 들렸다.

금광업은 초강세를 보이고 있었다. 하지만 기아나 주가는 이내 기세가 꺾이나 싶더니 10포인트나 하락했다. 내부자들이 만든 투자조합이 자사주를 매입하고 있다면 문제될 게 없었다. 그런데 얼마 지나지 않아 회사 사정이 안 좋고 자산 가치도 주식 기획업자들의 전망처럼 변변하지 않다는 소문이 월가에 떠돌았다. 자, 주가가 떨어지는 이유가 명백해졌다.

나는 이유가 드러나기 전에 미리 경고 신호를 알아채고 기아나 주식을 시장에서 차근차근 시험했다. 기아나 금광은 체스터 자동차와 엇비슷한 반응을 보였다. 기아나를 공매도하자 주가가 떨어졌다. 더 많이 팔자 주가는 또 떨어졌다. 체스터를 비롯해 10여 개 주식이 이처럼 동일 업종의 다른 주식들과 동떨어진 움직임을 보였는데, 기아나 금광 역시 마찬가지였다. 시세 테이프는 분명 뭔가 잘못됐다고 말하고 있었다. 내부자들이 자사주를 못 사는 어떤 사정이 있다고 말이다. 강세장에서 내부자들이 자사주를 사지 않는다면 그만한 이유가 있는 것인데, 내부자는 이유를 알고 있는 법이다. 한편 45달러 위에서 팔리던 주식이 35달러로 떨어지자 군중은 싸다는 생각에 앞다퉈 주식을 사들였다. 배당금이 여전히 지급되고 있었으므로 헐값으로 보였다.

그러던 와중에 청천벽력 같은 소식이 들렸다. 나는 군중이 알기전에 미리 중요한 시장 소식을 접하곤 하는데, 이번에도 마찬가지였다. 얼마 뒤 기아나 광산에 노다지는커녕 아무짝에도 쓸모없는 바위뿐이라는 확인 보도가 나왔다. 이 소식에 사람들은 놀랐겠지만 나로선 앞서 내부자들이 매도한 이유가 확인됐을 뿐이다. 나는 이 소식을 듣고도 공매도하지 않았는데, 오래전에 주가 움직임에 따라 공매도 해두었기 때문이었다. 기아나 금광을 분석하는데 무슨 대단한 통찰이 필요한 건 아니었다. 나는 트레이더이므로 단 한 가지 신호만 찾았다. 바로 내부자 매수였다. 그런데 내부자 매수가 전혀 없었다. 내부자들이 하락세를 보이는데도 자사주 매입을 고려하지 않는 이유는 알 필요도 없었다. 내부자들이 추가 작전으로 굳이 주가를 끌어올릴 계획이 없다는 것만으로도 충분했다. 고로 결론은 간단했다. 공매도 해야 했다.

군중은 그동안 50만 주 가까이 기아나 주식을 퍼 담았는데, 이제 주식의 주인이 바뀌는 경우는 하나뿐이었다. 무지몽매한 외부자들끼리 거래하는 것, 즉 손절매하려는 외부자가 돈 좀 만져볼까 싶어 매수하는 외부자에게 떠넘길 경우 그나마 거래가 이루어질 가능성이 있었다.

이런 얘기를 하는 건 나는 기아나를 공매도해서 수익을 봤는데 괜히 기아나를 샀다가 손실을 봤다고 군중을 훈계하려는 게 아니라, 동일 업종의 집단행동 경향에 대한 연구가 얼마나 중요한지, 그리고 자금을 얼마나 굴리든 역량이 달리는 트레이더들이 이 교훈을 얼마나 쉽게 무시하는지 강조하기 위해서다. 시세 테이프가 경고음을 울리는 곳은 주식시장뿐만이 아니다. 상품 시장에서도 시세 테이프는 요란하게 경고음을 울린다.

나는 면화 시장에서 흥미진진한 경험을 했다. 나는 약세로 판단하고 주식을 적당한 선에서 공매도해두었다. 동시에 면화 선물도 5만 베일 공매도했다. 주식시장에서 수익이 나 면화를 방치하다가 처음 관심을 갖고 들여다보니 5만 베일에서 25만 달러 손실이 나고 있었다. 말했듯이 주식에서 짭짤하게 수익이 나자 그 맛에 빠져서 다른 건 돌아보고 싶지 않았다. 면화가 생각날 때마다 이렇게 중얼거렸다. "기다리다가 조정이 오면 환매하지 뭐." 면화 가격이 소폭 하락해서 손실을 감수하고서라도 환매해야겠다 싶으면 가격이 다시 뛰어 신고점에 도달했다. 좀 더 기다리기로 결심하고 주식시장으로 눈을 돌려 주식에만 집중했다. 마침내 상당한 수익을 남기고 주식을 처분

341

해서 쉬기도 하고 휴가도 즐길 겸 핫스프링스로 떠났다.

주식이 정리되자 그제야 손실을 보고 있는 면화 선물에 관심을 돌릴 정신이 생겼다. 시장은 불리하게 돌아가고 있었다. 내가 취한 공매도 포지션이 이길 것처럼 보일 때도 있었다. 지켜보니 누군가가 대량 매도할 때마다 큰 폭으로 조정을 받고 있었다. 그러나 그것도 잠시, 가격은 곧장 반등해 신고점을 경신해 나갔다.

핫스프링스에 도착하고 며칠 지났을 무렵, 손실은 100만 달러에 이르렀고 가격 오름세는 멈출 기미가 보이지 않았다. 나는 내가 한 일과 하지 않은 일을 곰곰이 생각해보고 마침내 인정했다. "내가 틀렸나 보다!" 나는 틀렸다 싶으면 바로 청산하기로 결정하므로 사실상 판단과 동시에 청산을 결심했다. 면화 선물을 환매하자 100만 달러 가까이 날아가고 말았다.

이튿날 아침 골프를 쳤는데 딴생각 하지 않고 골프에만 몰두했다. 면화 선물을 거래했지만 예상이 빗나가 그에 대한 대가를 치러야만 했다. 영수증까지 챙겨서 호주머니에 넣었으니 면화 시장은 이제 관심 밖이었다. 점심을 먹으러 호텔로 돌아오다가 중개소에 들러 호가판을 둘러봤다. 면화가 50포인트나 떨어진 게 보였다. 별일 아니었다. 그런데 몇 주 동안은 조정 후 계속 반등하더니 이번에는 반등이 없었다. 여태까지는 매도세가 누그러지자마자 반등했는데 그런 움직임이 보이지 않았다. 이는 최소 저항선이 상승하고 있다는 의미였다. 나는 이를 무시하는 바람에 100만 달러를 날렸다.

내가 큰 손실을 감수하고도 환매했던 건 조정 후 가격이 늘 힘차게 반등했기 때문인데 이제는 그런 이유가 사라져버렸다. 따라서 1만 베일을 공매도하고 기다렸다. 얼마 지나지 않아 가격은 50포인트 하락했다. 조금 더 기다렸지만 반등은 나타나지 않았다. 배가 너무 고파 식당으로 들어가 점심을 주문했다가 음식이 나오기도 전에 벌떡 일어나 중개소로 갔다. 여전히 반등이 나타나지 않아서 1만 베일을 추가로 공매도했다. 조금 기다렸더니 가격이 40포인트 더 하락했다. 뿌듯했다. 이번엔 제대로 매매했다는 게 증명되자 식당으로 돌아와 점심을 먹고 다시 중개소로 갔다. 면화 가격은 하루 종일 반등하는 데 실패했다. 그날 밤 나는 핫스프링스를 떠났다.

저번에는 면화를 공매도하지 말아야 할 때 공매도했고 환매하지 말아야 할 때 환매했다. 골프가 재미있긴 했지만 다시 매매를 시작해야 했고, 그러려면 편안하게 거래할 수 있는 곳에 있어야 했다. 처음 1만 베일을 공매도했을 때 시장이 물량을 소화하는 모습을 보고 두 번째로 1만 베일을 공매도했다. 시장이 두 번째 물량을 소화하는 모습을 보니 하락 반전을 확신할 수 있었다. 이번에는 시장이 보이는 행보가 달랐다.

워싱턴에 도착해서 오랜 친구 터커가 책임자로 있는 중개소 사무실로 갔다. 사무실에 있는 사이에 가격은 더 내려갔다. 앞서 내 예측이 빗나갔을 때도 내가 틀렸다고 확신했지만, 이번에는 더욱 자신 있게 내 판단이 옳다고 장담할 수 있었다. 그래서 4만 베일을 또 공매도

했더니 가격이 75포인트나 주저앉았다. 가격을 떠받칠 만한 세력이 없다는 의미였다. 그날 밤 가격은 더 떨어지며 장을 마감했다. 예전에 있던 매수세는 눈을 씻고 봐도 찾아볼 수 없었다. 가격이 어느 수준까지 떨어져야 매수세가 다시 준동할지 알 수 없었지만, 내가 포지션을 제대로 쌓았다는 확신이 들었다. 이튿날 아침 차를 몰고 워싱턴을 떠나 뉴욕으로 갔다. 서두를 필요가 없었다.

필라델피아에 도착하자마자 중개소 사무실로 차를 몰았다. 면화 시장은 아수라장이었다. 가격은 폭락했다. 살짝 공황 기미도 보였다. 뉴욕에 도착할 때까지 기다릴 수 없었다. 중개인들에게 장거리 전화를 걸어 공매도 물량을 환매했다. 보고서를 받아 보니 앞서 날린 손실을 다 만회한 것 같았다. 더 이상 시세를 보려고 차를 멈출 필요가 없었기에 뉴욕으로 내처 차를 몰았다.

핫스프링스에서 함께 어울렸던 친구 몇몇은 내가 두 번째로 1만 베일을 공매도하려고 밥도 안 먹고 벌떡 일어났던 얘기를 지금도 한다. 하지만 그때도 직감이 번개처럼 떠올라서 그랬던 건 절대 아니다. 앞서 공매도로 낭패를 봤지만 이번에는 면화를 공매도해야 한다는 확신이 들어서 꼭 공매도하고 싶었기 때문이다. 나한테 찾아온 기회를 이용해야 했다. 잠재의식이 계속 작용해 그런 결론에 도달했는지도 모른다. 워싱턴에서 공매도하기로 결정한 건 관찰에서 나온 결과였다. 오랫동안 트레이딩하면서 얻은 경험은 최소 저항선이 하락전환했다고 말하고 있었다.

344

100만 달러를 빼앗겼다고 면화 시장을 저주하지도 않았고, 그런 실수를 했다고 나 자신을 증오하지도 않았다. 마찬가지로 필라델피아에서 환매해서 손실을 메웠다고 어깨에 힘을 주지도 않았다. 감히 말하지만, 트레이딩할 때는 오로지 트레이딩만 고민하기에 그동안 쌓은 경험과 기억하는 습관 덕분에 첫 번째 매매에서 본 손실을 만회할 수 있었다.

내부자의 주가조작에
판단력으로 맞서다

어디에서나 그렇듯 월가에서도 역사가 반복된다. 스트래튼이 옥수수 선물을 매집해놓고 꽉 틀어쥐고 놓지 않는 바람에 내가 꾀를 부렸던 이야기를 기억하는가? 당시 나는 공매도 물량을 환매해야 해서 묘책을 생각해냈는데, 이번에는 주식시장에서 똑같은 전술을 써먹었다. 트로피컬 트레이딩TT이라는 종목이었다. 나는 이 주식을 매수하기도 하고 매도하기도 하면서 돈을 벌었는데, 이 종목은 늘 거래가 활발해서 모험을 즐기는 트레이더들이 즐겨 찾는 종목이기도 했다. 신문에선 내부자 집단이 장기 투자를 유도하지 않고 단기 등락에만 신경 쓴다며 거듭 비판했다.

일전에 알고 지내는 중개인이 이런 말을 했다. 이 사람은 중개인 중에서 유능하기로 둘째가라면 서러운 사람인데, 아무튼 TT의 멀리건 사장 일당이 어찌나 완벽한 주가조작 수법을 개발했는지 이리철도의 대니얼 드루나 제당업계의 해브마이어도 울고 갈 정도라고 했다. TT 내부자 일당은 약세론자들에게 수차례 TT를 공매도하도록 부추긴 다음 주가를 폭등시켜 돈을 갈취했는데, 참으로 피도 눈물도 없었다. 공장에서 쓰는 유압 프레스가 무슨 원한이 있어서 금속을 누르는 것도 아니고, 비위가 약해서 금속을 못 누르는 것도 아닌 것처럼 TT 내부자 무리는 눈 하나 깜짝하지 않고 이런 일을 해치웠다.

물론 TT 주식이 시장에서 '불미스러운 사건들'에 연루됐다고 이야기하는 사람들도 있었다. 이런 얘기를 꺼내는 사람은 공매도했다가 내부자들 때문에 곤경에 처했던 사람들이라고 장담할 수 있다. 그런데 장내 거래원들은 번번이 내부자 일당의 교활한 수법에 당하면서 왜 계속 승부에 도전하는 걸까? 우선, 장내 거래원들은 활발한 주가 움직임을 좋아하는데 확실히 TT에는 그런 활기가 있었다. TT는 지루하게 정체되는 법이 없었다. 아무도 이유를 요구하지도, 밝히지도 않았다. 시간 낭비 같은 것도 없고, 비밀 정보대로 움직일 때까지 초조하게 참고 기다릴 필요도 없었다. 차주잔고가 많아서 시중에 주식이 얼마 없을 때를 제외하고는 언제나 충분한 물량이 유통됐다. 시장에 들어올 얼간이는 얼마든지 있으니까!

얼마 전 여느 때처럼 플로리다에서 겨울 휴가를 보내고 있을 때였다. 신문 한 묶음이 배달될 때만 잠깐 시장에 눈을 돌릴 뿐, 나머지 시간엔 시장을 싹 잊고 낚시나 즐기고 있었다. 우편물은 일주일에 두 번 한꺼번에 배달됐는데, 어느 날 아침 주식 시세를 살펴보니 TT가 155달러에 팔리고 있었다. 지난번에 봤을 땐 140달러 언저리였다.

나는 시장이 약세에 진입했다고 판단했기 때문에 공매도할 시점을 재고 있었다. 그런데 급하게 서두를 필요는 없었기 때문에 낚시나 하면서 시세에 관심을 끄고 있었다. 진짜 때가 되면 휴가를 끝내고 돌아갈 테니 당분간은 주식시장에서 일을 벌여놓고 급히 서두를 생각이 없었다.

그날 아침 신문을 받아보니 TT의 주가 움직임이 예사롭지 않았다. 이런 움직임 덕분에 시장 전반을 약세로 보는 내 견해는 더욱 확고해졌다. 다른 주식들은 다 맥없이 처져 있는데 TT 내부자들이 자사주 주가를 끌어올리고 있었다. 내 눈에는 너무 어리석어 보였다. 이따금 주가조작도 잠시 보류해야 할 때가 있는 법이다. 비정상적인 움직임이 트레이더의 눈에 바람직한 요인으로 보이는 경우는 좀처럼 없으므로 TT의 주가 부양은 돌이킬 수 없는 실수로 보였다. 이런 엄청난 실수를 저지르고 무사히 빠져나갈 수 있는 사람은 없다. 주식시장이라면 더더욱 그렇다. 신문을 다 읽고 다시 낚싯대를 잡았지만 마음은 이미 콩밭에 가 있었다. TT 내부자들이 도대체 무슨 꿍꿍이인지 계속 생각해봤다. 낙하산도 없이 20층 건물 옥상에서 뛰어내리면 어찌 될지 뻔하듯 TT 내부자들 역시 실패할 게 뻔했다. 머릿속에는 온통 이 생각뿐이었다. 결국 낚시를 포기하고 TT 주식을 시세에 2000주 공매도하라고 중개인들에게 전보를 보냈다. 그러고서야 다시 낚싯대를 잡을 수 있었다. 그날따라 낚시가 아주 잘됐다.

오후에 중개인들이 속달로 회신을 보냈다. TT 2000주를 153달러에 팔았다는 보고였다. 여기까지는 좋았다. 하락장이니 당연히 공매도해야 했고 할 일을 한 셈이었다. 그런데 더 이상 낚시나 하고 있을 순 없었다. 요모조모 아무리 따져봐도 TT 주가가 내부자 조작으로 오르지 않고 나머지 주식들과 함께 추락하겠다 싶었다. 이런 판단이 서자 내가 호가판에서 너무 멀리 떨어져 있다는 게 마음에 걸렸다. 낚시터를 떠나 팜비치로 돌아갔다. 아니, 뉴욕과 직통전화가 연결된 곳으로 돌아갔다는 편이 옳을 것이다.

팜비치에 가서 보니 내부자들은 여전히 상황을 제대로 판단하지 못하고 주가를 끌어올리려 시도하고 있었다. 나는 내부자들에게 두 번째로 2000주를 넘겼다. 거래 내역서를 받고는 다시 2000주를 더 팔았다. 시장의 행보는 더할 나위 없이 좋았다. 즉, 공매도할 때마다 주가가 하락했다. 만사 순조롭게 돌아가는 것을 보곤 밖에 나가 인력거꾼이 끄는 관광용 수레에 앉았다. 그런데 마음 한구석이 허전했다. 더 많이 팔걸. 계속 이런 생각이 들면서 뭔가 언짢았다. 결국 중개소로 가서 2000주를 더 팔았다. TT 주식을 공매도하니 그제야 마음이 흡족해졌다. 총 1만 주를 공매도하고는 뉴욕으로 돌아가기로 결심했다. 낚시는 다음에 하면 된다. 우선 볼일부터 처리해야 했다.

뉴욕에 도착하자마자 TT의 사업과 실제 회사 사정, 그리고 전망에 관한 정보를 수집했다. 알아보니 시장 전반의 기조를 보나 회사 수익을 보나 주가를 부양하려는 내부자들의 시도는 무모하기 짝이 없는 짓 같았다. 내 판단이 옳다는 확신이 더욱 굳어졌다. 그런데 이처럼 상황에도 맞지 않고 시기도 잘못됐건만, 내부자들이 주가를 끌어올리자 오름세를 보고 의심하지도 않고 매수하는 사람들이 있었다. 그러자 내부자들은 매수세에 고무돼 현명하지 못한 전략을 계속 끌고 갔다. 나는 추가로 공매도했다. 드디어 내부자들이 어리석은 짓을 멈췄다. 그래서 나는 내 거래 방식에 따라 여러 차례 시장을 타진했고, 마침내 TT 공매도 물량은 3만 주로 늘었다. 당시 주가는 133달러였다.

나한테 경고하는 사람들도 있었다. TT 내부자들은 월가에서 유통되는 주식 한 주 한 주가 정확히 누구 손에 있는지, 차주잔고는 정확히 얼마나 있는지, 누가 아직 공매도 물량을 환매하지 않았는지 등등 전술상 중요한 사실을 전부 꿰고 있다고 했다. TT 내부자 무리는 유능하고 빈틈없는 트레이더들이었다. 이런저런 현실을 종합해보면 내부자 무리에게 맞서는 건 위험했다. 하지만 누가 뭐래도 사실은 사실이다. 그리고 시장 여건만큼 든든한 동맹은 없는 법이다.

물론 주가가 153달러에서 133달러로 떨어지는 과정에서 차주잔고는 늘어났고, 조정이 나타나자 매수하는 군중은 여느 때처럼 이런 논리를 펼치기 시작했다. TT 주식은 153달러 위에서 사도 괜찮게 사는 편인데 20포인트나 떨어졌으니 지금 사면 당연히 훨씬 좋은 가격에 잘 사는 거라는 논리였다. 배당률도 같고, 임원진도 매출도 그대론데 헐값에 잘 샀다! 이런 속내였다.

내부자들은 많은 장내 거래원들이 공매도했다는 사실을 알고 있었는데, 군중이 매수에 나서는 바람에 유동 주식*이 줄어들자 내부자들은 공매도한 장내 거래원들을 압박해 등쳐먹을 때가 왔다고 판단했다. 때마침 주가가 150달러까지 치고 올라갔다. 많은 사람들이 견디지 못하고 환매에 나섰지만 나는 꿈쩍도 하지 않았다. 내가 왜? 누군가 3만 주를 아직 인도하지 않았다는 사실을 내부자들이 알 수도 있지만, 그렇다고 내가 겁먹을 이유가 있을까?

주가가 153달러일 때부터 공매도하기 시작해 133달러까지 내려가는 동안 쭉 공매도한 건 다 이유가 있기 때문인데, 그 이유가 사라지기는커녕 정도가 더 심해지고 있었다. 내부자들은 내가 환매하도록 만들고 싶었는지 모르지만 설득력 있는 근거를 제시하지 못했다. 시장의 기저 여건들이 나를 위해 싸우고 있었다. 겁먹지 않고 인내하는 건 어렵지 않았다.

투기 거래자는 자신을 믿고 자신의 판단을 믿어야 한다. 뉴욕면화거래소 이사장을 역임했고 《투기, 고도의 기술》을 저술한 유명한 저자 딕슨 G. 와츠는 투기꾼에게 필요한 배짱이란 마음의 결정에 따라 행동할 수 있는 자신감이면 족하다고 말했다. 내 경우, 틀렸다는 것이 증명될 때까지는 절대 틀렸다고 생각하지 않으므로 틀리지 않았을까 걱정하며 두려워할 이유가 없다. 사실, 경험을 활용하지 못했을 때는 마음이 불편하다. 특정 시기에 시장의 흐름이 내 판단과 어긋난

---

* 실제 시장에서 유통되고 거래되는 주식.

351

다고 해서 반드시 내가 틀렸다는 뜻은 아니다. 내 포지션이 정확한지, 아니면 착오였는지는 상승 또는 하락 그 자체가 아니라 상승 또는 하락이 어떤 양상을 보이느냐, 즉 상승 또는 하락의 성격이 무엇이냐로 결정된다. 내가 성공한다면 상승 또는 하락의 성격을 파악한지식 덕분이며, 내가 망한다면 상승 또는 하락의 성격을 오판했기 때문이다.

TT 주가는 133달러에서 150달러로 뛰었지만 내가 환매에 나서지않은 건 상승하는 양상을 볼 때 겁먹을 만한 요소가 없기 때문이었다. 그리고 예상대로 주가는 다시 하락세로 돌아섰다. 140달러 선이무너지자 내부자 패거리는 주가를 떠받치기 시작했다. 우연찮게도내부자들이 매수에 나서자 TT 주식이 오를 거라는 소문이 도처에서들려왔다. 소문은 대충 이랬다. 회사가 엄청난 수익을 올리고 있으므로 응당 정기 배당률이 오를 것이다. 또 차주잔고가 어마어마하게 많아서 주가가 상승하면 공매도한 사람들은 전부 곡소리가 날 텐데, 20세기 들어 이런 난리는 처음일 거다, 특히 진작 환매하지 않고 끈질기게 버틴 누구는 이제 큰일 났다, 뭐 이런 소문이었다. 내부자들이주가를 10포인트 끌어올리는 사이에 내가 무슨 얘기까지 들었는지일일이 말하기도 버겁다. 아예 시작을 안 하는 게 나을 정도다.

아무튼 내부자들의 주가조작은 특별히 위험해 보이지 않았지만, 주가가 149달러까지 오르자 항간에 떠도는 소문을 월가에서 죄다 사실로 받아들이도록 그냥 내버려두는 건 좀 아닌 것 같았다. 물론 나처럼 내부자도 아닌 평범한 사람이 무슨 뾰족한 수가 있어 공매도하고 잔뜩 겁먹은 채 있는 사람들을 설득하며, 소문으로 떠도는 정보로 매매하는 귀 얇은 중개소 고객들을 설득하겠는가. 가장 효과가 좋으면서도 점잖은 응수 방법이 있다면 시세 테이프에 찍혀 나오는 주가뿐이다. 3만 주나 공매도한 사람의 말도 안 믿고, 살아 있는 어떤 사람의 말도 믿지 않더라도 시세 테이프는 믿을 것이기 때문이다. 그래서 나는 스트래튼이 옥수수 선물을 매집했을 때 귀리를 팔아 트레이더들이 옥수수를 매도하게 만들었던 그 수법을 사용했다. 경험과 기억은 이번에도 요긴했다.

내부자들이 공매도 세력을 겁주려고 TT 주가를 끌어올렸을 때, 나는 주식을 팔아서 상승세에 제동을 걸려고 하지 않았다. 공매도 물량이 이미 3만 주에 달했는데, 유동주식 대비 비율로 따지면 이 정도가 적당하거나 제법 많은 편이라고 생각했기 때문이다. 나를 잡으려고 쳐놓은 올가미에 순순히 머리를 집어넣을 생각은 없었다. 내부자들이 집요하게 주가를 끌어올려 주가는 두 번째로 상승했다. TT 주가가 149달러에 이르자 나는 이쿼토리얼 커머셜 주식을 1만 주 공매도했다. 이 회사는 TT 지분을 많이 보유하고 있었다.

이쿼토리얼 커머셜은 TT만큼 거래가 활발하지 않았기 때문에 내가 1만 주를 공매도하자 예상대로 주가가 급락했다. 이것으로 목적은 달성됐다. 월가에선 TT가 오른다는 정보만 주야장천 돌았고, 누구도 소문에 반박하는 의견을 제기하지 않았다. 그런데 대규모 매도 물량이 쏟아져 이쿼토리얼 주가가 급락하자 TT가 오를 거라는 소문만 듣고 있던 트레이더들과 중개소 고객들은 자연스레 TT의 주가 상승이 연막에 불과하다고 단정하게 됐다. 이들은 TT의 최대 주주인 이쿼토리얼 커머셜 내부자들이 수월하게 지분을 정리하려고 일부러 시세를 조작해 주가를 끌어올렸다고 생각했다. 그리고 TT가 아주 강세를 보이던 그 시점에 내부자 아닌 사람이 대량 공매도하는 건 꿈도 못 꿀 일이므로 분명 이쿼토리얼 주식을 보유하고 있던 내부자가 매도한 것이라고 추정했다.

곧 사람들은 TT 주식을 팔았고, 주가 상승세에 제동이 걸렸다. 하지만 내부자들은 당연히 쏟아지는 매도 물량을 다 받아줄 의향이 없었다. 내부자들이 더 이상 주가를 떠받치지 않자 TT 주가는 떨어지기 시작했다. 이제는 트레이더들과 대형 중개소들도 이쿼토리얼을 팔았다. 나도 환매해서 공매도 물량을 정리했다. 수익은 미미했지만 이번 작전의 목적은 돈을 버는 게 아니라 TT의 주가 상승세를 저지하는 것이었다.

TT 내부자들과 부지런한 홍보 담당자는 월가의 호재란 호재는 다 쏟아부어서 주가를 끌어올리려고 애썼다. 그들이 주가를 끌어올릴 때마다 나는 이쿼토리얼 커머셜을 공매도했고, TT가 조정을 받으면 이쿼토리얼 커머셜을 환매했다. 그러자 허를 찔린 주가조작 세력은 곤경에 빠졌다. TT 주가는 마침내 125달러까지 떨어졌고, 차주잔고가 크게 늘어 환매가 늘자 내부자들은 주가를 20~25포인트 끌어올릴 수 있었다. 이번에는 공매도 포지션을 지나치게 오래 끌고 간 세력에 맞서는 정당한 주가 부양이었다. 하지만 나는 공매도 포지션을 잃고 싶지 않아서 반등이 예견되는데도 환매하지 않았다. 다만 TT의 상승세에 동조해 이쿼토리얼 커머셜이 동반 상승하기 전에 이쿼토리얼 커머셜을 대량으로 공매도했다. 결과는 여느 때와 마찬가지였다. 이렇게 해서 선풍적인 상승세 이후 떠들썩했던 TT 강세 소문이 거짓임이 입증됐다.

이때쯤 시장 전반적으로 하락세가 완연해졌다. 앞서 얘기했지만 플로리다 낚시터에서 TT 공매도에 돌입한 건 약세장이라는 확신이 있어서였다. 다른 종목들도 많이 공매도했지만 제일 애착이 가는 건 TT였다. 결국 시장의 전반적인 여건이 내부자 집단이 거스르기 어려울 정도가 되자 TT는 추락하기 시작했다. 수년 만에 처음으로 120달러 아래로 내려갔고 110달러 선이 무너지는가 싶더니 100달러마저 무너졌다. 그래도 나는 환매하지 않았다. 전체 장세가 극도로 약세를 보이던 어느 날, TT는 90달러를 하향 이탈하면서 기세가 완전히 꺾였다. 나는 비로소 환매했다. 이유는 예전과 다를 게 없었다! 기회가 왔기 때문이었다. 거래량은 많았고, 시장은 맥을 못 추고 있었으며, 매수자보다 매도자가 많았다.

나 잘났다고 자랑하는 것처럼 보일지도 모르지만 그래도 얘기하겠다. 나는 TT 3만 주를 사실상 바닥에서 최저가에 환매했다. 하지만 바닥에서 환매해야겠다고 노린 건 아니었다. 공매도 물량을 정리하면서 그저 평가수익을 크게 까먹지 않는 수준에서 현찰로 바꿀 생각이었다. 다만 내 포지션이 적절하다고 믿었기에 끝까지 버텼다. 시장의 추세에 저항하거나 기초 여건을 거스른 것은 아니다. 오히려 그 반대였다. 지나치게 자신만만했던 내부 조직이 실패하리라 확신한 것도 시장의 추세 때문이었다. 과거에 다른 회사 내부자들이 시장의 추세를 거스르며 주가조작을 시도한 적 있지만 성공한 역사가 없다. TT 내부자들의 말로는 어차피 정해져 있다고 믿었기 때문에 툭하면 주가가 반등해도 두렵지 않았다. 그리고 환매해서 더 높은 가격에 새로 공매도하는 것보다는 끝까지 버티는 게 낫다는 사실도 잘 알고 있었다.

내가 옳다고 생각하는 포지션을 고수한 덕분에 100만 달러 넘게 벌었다. 육감이 발동해서도, 시세 테이프 판독에 능숙해서도, 막무가내로 옹고집을 피워서도 아니었다. 똑똑하거나 자존심이 강해서 돈을 번 것도 아니었다. 나 자신의 판단력에 대한 믿음으로 거머쥔 수익이었다. 아는 것이 힘이고, 힘이 있으면 거짓말을 두려워할 필요가 없다. 심지어 시세 테이프가 거짓말을 찍어내도 말이다. 거짓말은 잠시 잠깐이면 언제 그랬냐 싶게 쑥 들어간다.

1년 뒤 TT는 다시 150달러까지 뛰어 2주 동안 150달러 언저리에 머물렀다. 시장이 전반적으로 계속 상승했기 때문에 상당폭 조정될 가능성이 컸는데 역시나 강세는 멈췄다. 시장을 타진해본 결과가 그랬다. TT가 속한 업종은 부진한 실적 때문에 어려움을 겪고 있었다.

이 업종의 주식들을 매수할 이유는 눈을 씻고 찾아봐도 없었다. 설령 나머지 시장이 상승할 것으로 보인다 해도 그럴진대, 나머지 시장 역시 침체 상태였다. 그래서 TT 공매도에 착수했다. 전부 1만 주를 공매도할 심산이었다. 내가 공매도에 나서자 TT 주가는 무너졌다. 주가를 떠받치는 세력은 찾아볼 수 없었다. 그런데 갑자기 매수 양상이 돌변하는 게 아닌가.

내가 점쟁이는 아니지만 주가를 떠받치려는 세력이 들어오는 순간은 알아챌 수 있다고 장담한다. 주가를 부양해야 할 도의적 책무를 전혀 느끼지 않던 내부자들이 시장 전체가 하락하는 마당에 자사주를 매입한다면 필시 무슨 이유가 있을 거라는 생각이 퍼뜩 들었다. TT 내부자들은 물색 모르는 얼간이나 자선사업가가 아니고, 장외시장에서 주식을 더 많이 팔기 위해 주가 부양에 매달리는 금융업자들도 아니었다.

나를 비롯해 공매도하는 사람들이 있었지만 주가는 뛰었다. 나는 주가 153달러에 1만 주를 환매했고, 156달러가 되자 매수에 들어갔다. 당시 시세 테이프가 최소 저항선이 상승하고 있다고 알려줬기 때문이다. 전체 장세는 약세라고 판단했지만 보편적인 투기 이론이 아니라 특정 주식이 처한 매매 여건을 직시했다. 주가는 까마득히 뛰어 200달러를 넘어섰다. 그해 TT만큼 돌풍을 일으킨 종목은 없었다.

내가 공매도했다가 주가가 뛰는 바람에 800만~900만 달러를 날렸다는 뉴스가 돌고 신문에도 났던 터라 나는 더욱 득의만면했다. 공매도는커녕 쭉 TT를 매수해왔으니 어깨가 으쓱했다. 실은 공매도 포지션을 너무 오래 끄는 바람에 평가수익을 일부 날려먹긴 했다. 어쩌다 그랬는지 알고 싶은가? 내가 TT 내부자라면 응당 했을 일을 TT 내부자들도 할 줄 알았는데 그렇지 않았기 때문이다. 이런 건 신경 쓰지 말았어야 했는데 말이다. 내 일은 트레이딩이므로 내 앞에 있는 사실들에 집중하고 다른 사람들이 어떻게 해야 할지는 생각하지 말았어야 했다.

주가조작,
과거의 선례들

증권거래소에서 주식을 대량 매도할 때면 소위 매도 전략을 세우고 적용한다. 그런데 판매 전략에 불과한 이런 것들에 누가 언제부터 '조작'이라는 단어를 붙였는지 모르겠다. 매집하고 싶은 주식을 싸게 사려고 시장을 주무르는 행위 역시 조작이다. 그런데 싼값에 주식을 퍼 담으려고 시장을 조작하는 건 경우가 좀 다르다. 치사하게 불법 행위까지 할 필요는 없을지 몰라도 누군가는 위법이라고 생각할 수 있는 행위를 피하기 어렵기 때문이다. 상승장에서 주식을 대량 매수하면 그로 인해 주가가 오르게 마련이다. 그렇다면 주가를 끌어올리지 않고 대량으로 주식을 사재기할 수 있는 방법은 없을까? 이게 문제다. 어떻게 해결할 수 있을까? 이런 상황은 너무 많은 요인들에 좌우되므로 보편적인 한 가지 해결책을 제시할 순 없다. 교묘하기 짝이 없이 조작하면 가능하다고 하면 대답이 될까? 예를 들면 어떻게? 이역시 시장 여건에 따라 다르다. 이보다 더 자세한 해결책은 내놓을

359

수 없다.

　나는 트레이딩할 때 단계마다 온 신경을 집중하며, 내가 직접 체험한 일들뿐만 아니라 다른 사람들의 경험에서도 배우려고 노력한다. 그래도 장 마감 후 증권사 사무실에서 들리는 무용담에서 써먹을 만한 주가조작법을 배울 생각은 접는 게 좋다. 예전에 통했던 계략이나 편법들은 한물가서 쓸모없어졌거나 이제는 불법이 되었거나 실행 불가능한 경우가 대부분이다. 증권거래소 규정과 여건이 바뀌었기 때문에 대니얼 드루나 제이콥 리틀, 제이 굴드가 50~75년 전에는 여차여차했다고 하는 이야기들은 정확하고 상세한 이야기라도 들어볼 만한 가치가 없다. 육군사관학교 생도가 고대인들의 활쏘기 연습법을 연구해 탄도학 실무 지식을 쌓지 않는 것처럼 오늘날 주가를 조작하려는 사람은 과거의 대가들이 무엇을 어떻게 했는지 더 이상 고려할 필요가 없다.

　반면에 인간적인 요소들은 연구해두면 쓸모가 있다. 인간은 믿고 싶은 건 얼마나 덥석덥석 믿는지, 그리고 어떤 식으로 탐욕에 끌려다니도록 자신을 방기하는지, 아니 자신을 몰아가는지 연구해야 한다. 게다가 어중이떠중이들은 경솔하게 굴다가 대가를 치르고야 마는데, 이런 경솔함도 연구할 만한 가치가 있다. 인간의 두려움과 희망은 예나 지금이나 그대로다. 그러므로 투기자들의 심리를 연구하는 작업은 과거나 지금이나 값어치가 있다. 전쟁터나 뉴욕증권거래소나 시대에 따라 무기는 바뀌지만 전략은 유구하다. 이 모두를 가장 명료하게 요약한 사람으로 토머스 F. 우드록을 꼽고 싶다. 우드록은 이렇게 선언했다. "주식판에서 성공 투기의 원칙은 하나의 가정을 토대로 하는데, 바로 사람은 과거에 저질렀던 실수를 앞으로도 저지를 거라는 것이다."

활황장이 되면 평범한 군중이 시장에 대거 유입되는데, 이럴 때는 섬세한 작전이나 구상 같은 건 필요 없다. 조작이니 투기니 논하느라 시간을 낭비할 필요도 없다. 비가 오는데 길 건너 지붕에 떨어지는 빗방울들 사이에서 차이를 찾으려고 애쓰는 것이나 마찬가지다. 호구는 언제나 날로 먹으려고 달려드는데, 활황장이 되면 탐욕 때문에 노름에 손대고 싶은 본능이 깨어나고 다들 돈을 번다고 하니 자기한테도 콩고물이 떨어지겠거니 생각한다. 쉽게 한몫 잡으려는 사람들은 돈만 아는 이 더러운 땅에 공짜 돈 따위는 없다는 사실을 언제나 몸소 입증하는데, 이것도 특권이라고 톡톡한 대가를 지불해야 한다.

예전에 횡행하던 부정 거래나 책략에 대해 처음 들었을 때는 1860~1870년대 사람들이 1900년대 사람들보다 잘 속아 넘어갔나 보다 생각했다. 하지만 지금도 신문을 보면 최근에 일어난 폰지 사기* 사건이나 고객을 속여 부당이득을 취한 중개인이 체포됐다는 얘기, 호구들이 수백만 달러를 날려 소리 소문 없이 사라진 저축금 대열에

---

* 새로운 투자자를 끌어들여 이 투자금으로 기존 투자자에게 수익을 지급하는 투자 사기 기법. 찰스 폰지(Charles Ponzi)의 이름을 따서 폰지 사기라고 부른다. 1920년대 초반 폰지는 만국우편연합 국제 반신권을 미국에서 팔아 수익을 내겠다고 투자자를 모집한 뒤 신규 투자자의 투자금을 기존 투자자에게 수익금으로 배당했다.

합류했다는 기사들이 보인다.

내가 처음 뉴욕에 왔을 무렵 가장매매wash sale*나 담합매매matched order** 때문에 한바탕 소동이 벌어지기 일쑤였다. 증권거래소에서 이런 행위를 금지했는데도 말이다. 가끔은 가장매매 수법이 너무 어설퍼서 아무도 속지 않는 경우도 있었다. 중개인들은 누가 이런저런 주식을 가장매매할 때마다 주저하는 기색도 없이 "세탁이 활발하다"고 빈정거렸다. 또 앞서 얘기한 것처럼, 중개인들은 주식을 2~3포인트 낮은 가격에 내놓아 잠깐 사이에 시세를 떨어뜨려 그동안 해당 주식을 차곡차곡 사들였던 수많은 개미들을 소탕하기도 했다. 중개인들은 이런 수법을 솔직하게 "사설 중개소식 투매"라고 불렀다. 담합매매는 중개인들끼리 조정하고 손을 맞추기가 어려워 늘 불안할 수밖에 없는데, 아무튼 이런 행위는 전부 증권거래소 규정에 위배됐다.

몇 년 전 어떤 유명한 투기 거래자가 담합매매를 시도하다가 매도 주문을 취소하면서 매수 주문을 취소하지 않는 바람에 아무것도 모르는 중개인이 몇 분 만에 주가를 25포인트나 올린 적이 있다. 그런데 중개인이 매수를 중단하자마자 주가는 오를 때만큼이나 빠른 속도로 떨어졌다. 원래 의도는 거래가 활발한 것처럼 꾸미려는 것이었다. 신뢰할 수 없는 무기로 장난을 치려다가 혼쭐이 난 것이다. 훌륭

---

* 한 사람이 같은 종목에서 매수 주문과 매도 주문을 동시에 내서 거래가 활발한 것처럼 보이게 만들거나 시세를 조종하는 행위.
** 매매 당사자들끼리 종목, 물량, 가격 등을 미리 담합해 시세를 조작하는 행위.

한 중개인들을 이런 음침한 일에 끌어들이면 안 된다. 그 중개인이 뉴욕증권거래소 회원으로 남기를 바란다면 말이다. 게다가 허위 거래에 연루된 모든 거래 행위에는 세금이 붙기 때문에 예전보다 훨씬 비싼 대가를 치러야 한다.

조작의 사전적 정의에는 매집도 포함된다. 매집은 조작의 결과일 수도 있고, 경쟁적 매수의 결과일 수도 있다. 예를 들어, 1901년 5월 9일 노던퍼시픽철도 주식 사재기가 있었으나, 이는 확실히 조작이 아니었다. 스투츠자동차 매집건과 관련된 사람들은 누구 할 것 없이 돈과 명예 모두 잃고 말았는데, 이 사건 역시 의도적으로 설계된 매집은 아니었다.

사실 대량 매집을 획책한 사람이 큰돈을 만지는 경우는 무척 드물다. 코모도어 밴더빌트는 두 차례 할렘철도를 매집해 두 번 다 떼돈을 벌었는데, 수많은 공매도 세력과 자신을 배신하려고 한 의원과 시의회 의원들에게 맞선 그는 수백만 달러를 벌 자격이 있다. 반면 제이 굴드는 노스웨스턴철도를 매집했다가 손해를 봤다. '집사' S. V. 화이트는 라카와나를 매집해 100만 달러를 벌었지만 짐 킨은 한니발&세인트조 거래로 100만 달러를 날렸다. 물론 매집으로 돈을 벌려면 원가보다 높은 값에 매집해놓은 주식을 팔 수 있어야 하며, 일이 쉽게 진행되려면 차주잔고, 그러니까 환매하지 않은 공매도 물량이 상당 규모 있어야 한다.

나는 50여 년 전 큰손들 사이에서 매집이 왜 그렇게 성행했는지 궁금했다. 큰손들은 능력도 있고, 경험도 풍부하며, 빈틈없는 사람들인 데다 동료 트레이더들이 자선을 베풀 거라고 믿을 정도로 순진하지도 않다. 그런데도 걸핏하면 호되게 당하는 게 놀라웠다. 지혜롭고 나이 많은 어떤 중개인이 이런 말을 했다. 1860~1870년대 큰손들에게는 누구나 한 가지 야망이 있었는데 바로 매집으로 돈을 버는 것이었다고. 그런데 매집으로 돈을 벌고 싶어 하는 이유는 많은 경우 허세나 앙갚음하고 싶은 마음이라고도 했다. 아무튼 이런저런 주식을 매집해서 성공했다고 소문이 나면 두뇌가 명석하고 대담하며 돈이 많다고 인정받았다. 사정이 이러니 매집으로 성공하면 거들먹거려도 뭐라 할 사람이 없었다. 동료들이 칭찬하면 다 내가 잘나서라고 생각했다. 매집을 획책하는 사람들이 전력을 다한 건 눈앞에 돈이 어른거리기 때문만은 아니었다. 찔러도 피 한 방울 안 나오는 투기꾼들 사이에서 으스대고 싶은 허영심 때문이었다.

　당시 이 바닥은 서로 먹고 먹히는 이전투구 판이었다. 전에 얘기한 것 같은데, 나도 공매도했다가 주가 부양 세력에게 당할 뻔한 게 한두 번이 아니다. 그나마 아슬아슬하게 빠져나올 수 있었던 건 시세 테이프를 보면 떠오르는 신비한 직감 때문이 아니라, 매수세의 성격을 보고 공매도하기 경솔한 시점이라는 걸 대체로 파악할 수 있었기 때문이었다. 매수세가 어떤 성격인지는 상식적인 시험 매매로 판단하는데, 예전에도 이런 식으로 타진한 사람이 있었던 게 틀림없다. 대니얼 드루는 자신에게 이리철도 주식을 공매도한 사람들을 툭하면 압박해서 비싼 대가를 치르게 했다. 드루는 입장이 바뀌어 이리철도 주식을 공매도했다가 코모도어 밴더빌트 때문에 궁지에 몰리기도 했다. 늙은 드루가 좀 봐달라고 싹싹 빌었지만 코모도어는 잔인하게도 이런 문구로 응수했다. 다른 사람도 아닌 약세 투기꾼으로 날리던 '큰 곰Great Bear*' 드루가 만든 두 줄짜리 문구는 다음과 같다.

제 것이 아닌 걸 파는 자, 반드시 다시 사야 할지니.
아니면 철창행이지.

지금은 한 세대 넘게 월가를 휘젓고 다녔던 이 거물 투기꾼을 기억하는 사람이 별로 없다. 드루가 남긴 불후의 문구 중에 으뜸가는 건 바로 '주식 물타기**'에 관련된 것이다.

1863년 봄, 애디슨 G. 제롬은 자타공인 장외시장의 제왕이었다. 듣자 하니 제롬이 정보를 주면 사람들은 계좌에 현금이 꽂힌 거나 마찬가지라고 생각했다고 한다. 아무튼 어느 모로 보나 출중한 트레이더였고, 실제로 수백만 달러를 벌기도 했다. 절제를 모른다 싶을 정도로 통이 커서 월가에는 제롬을 따르는 추종자가 수두룩했다. 그런

---

* 약세장(bear market)에서 큰돈을 벌었다고 해서 이런 별명이 붙었다.
** 대니얼 드루는 가축 중개상으로 일하면서 소의 중량을 늘리기 위해 가축(stock)에게 물을 먹였는데 이를 주식에도 써먹었다. 회사의 자산가치를 훨씬 초과하는 가격에 신주를 발행해 비싼 값에 주식을 팔아치우는 수법으로 큰돈을 번 것이다. 여기서 '물타기'는 회사의 자산가치를 뻥튀기하는 수법으로, 오늘날 주식 투자자들이 말하는 평단가 낮추기, 즉 물타기와는 다르다.

데 이런 제롬도 올드서던철도 주식을 공매도했다가 매집에 나선 '과묵한 윌리엄' 헨리 킵에게 당해 수백만 달러를 몽땅 털리고 말았다. 킵은 로즈웰 P. 플라워Roswell P. Flower* 주지사와 동서지간이었다.

예전에는 매집으로 주가를 조작할 때면 남들 몰래 하면서 갖가지 수법으로 해당 주식을 공매도하도록 유도했다. 따라서 주로 동료 전문가가 먹잇감이 됐다. 왜냐하면 일반인은 선뜻 공매도에 나서지 않았기 때문이다. 현명한 전문가들이 매집되는 주식을 공매도한 이유는 오늘날 전문가들이 공매도하는 이유와 다를 바 없다. 코모도어가 할렘철도를 매집할 때 신의를 저버린 정치인들이 공매도한 건 그렇다 치고, 기사를 통해 내가 수집한 정보에 따르면 전업 트레이더들 역시 너무 비싸다는 이유로 할렘 주식을 팔았다. 전업 트레이더들이 너무 비싸다고 생각한 이유는 전에는 할렘 주식이 그렇게 비싼 값에 팔린 적이 없었기 때문이었다. 그러니 매수하기에는 너무 비싸다고 생각하고 공매도한 것이다. 만약 주가가 지나치게 높다면 공매도하는 게 당연한 수순이다. 요즘에도 많이 회자되는 논리 아닌가? 아무튼 그들은 가격을 생각했지만 코모도어는 가치를 생각했다! 그 후로 오랫동안 이 바닥 터줏대감들은 찢어지게 가난한 상태를 묘사하고 싶을 때면 이렇게 말했다. "할렘을 공매도했다네!"

---

* 1892~1894년 뉴욕 주지사를 역임했고 이후 투자자로 변신했다. 투자자들이 그의 일거수일투족에 주목할 정도로 월가에서 막대한 영향력을 발휘했다. 그가 매수했다는 소문이 돌면 주가가 단기간에 수십 배 오르기도 했는데 이를 계기로 1898~1899년 강세장이 시작되기도 했다.

수년 전 우연히 오랫동안 제이 굴드의 중개인으로 일했던 사람과 이야기를 나눈 적이 있다. 이 중개인은 굴드가 정말 별난 사람이었을 뿐만 아니라, 주가조작이라 과거와 현재를 통틀어 타의 추종을 불허하는 사람이라고 말했다. 대니얼 드루는 "그 사람이 손대면 끝장이야!"라고 벌벌 떨면서 말하곤 했는데, 드루가 말한 '그 사람'이 바로 제이 굴드다. 굴드는 손댔다 하면 뜻대로 해냈으니 진정 금융계의 마술사라 할 만하다. 두말할 여지가 없다. 세월이 지난 지금 돌이켜봐도 굴드는 새로운 여건에 적응하는 재주가 놀라웠다. 트레이더에겐 아주 귀중한 재주다.

굴드의 관심사는 주식 투기보다는 다양한 자산 시장 조작이었기 때문에 시장의 여건이 바뀌면 조금도 개의치 않고 공격과 방어 수법을 바꿨다. 굴드는 시장의 방향을 돌리기 위해서가 아니라 투자를 위해서 조작했다. 그는 일찍이 증권거래소 객장에서 주식 시세를 조작하는 것보다는 철도 회사 주식을 소유하는 게 큰돈이 될 거라고 봤다. 물론 주식시장도 활용했다. 빨리 쉽게 돈을 모으려면 주식시장이 제일 빠르고 쉬운 방법이니 그랬을 것이다. 굴드 역시 콜리스 P. 헌팅턴처럼 항상 은행에서 대출해주려는 돈보다 2000만 달러에서 3000만 달러 정도 더 필요했기 때문에 늘 자금난에 시달렸으니 그럴 만도 했다. 시장의 앞날을 내다보는 선견지명이 있는데 돈이 없으면 속병이 날 수밖에 없다. 그런데 선견지명도 있고 돈도 있으면 이 두 가지 무기를 휘두르며 시장에서 돈을 벌 수 있고, 바라는 바를 계속 성취할 수도 있다.

물론 그때 그 시절, 위대한 인물들만 조작의 기술을 사용했던 건 아니다. 잔챙이들도 숱하게 조작에 나섰다. 한 늙은 중개인이 1860년대 초반의 관행과 윤리 의식에 대해 해준 이야기가 기억난다. 노인은 이렇게 말했다.

"월가 하면 금융가에 처음 갔을 때가 제일 먼저 떠오른다네. 아버지가 그곳에 볼일이 있으셨는데 어쩐 일인지 날 데리고 가셨지. 브로드웨이를 지나 갈림길에서 월가로 접어들었어. 지금도 생생히 기억난다네. 월가를 따라 걷다가 브로드, 아니 낫소가에 도착해서 지금 뱅커스 트러스트 컴퍼니 건물이 있는 모퉁이까지 갔지. 어떤 사내 둘이 걸어가고 있었는데, 사람들이 두 사내를 우르르 따라가더라고. 앞서가는 사내는 동쪽으로 걸어가는데 먼 산을 보면서 딴청을 피웠어. 이 사내를 뒤쫓던 남자는 얼굴이 벌겋게 상기돼서는 한 손으론 모자를 마구 흔들고 한 손은 주먹을 쥐고 허공에 흔들어댔지. 그러면서 딴청을 피우는 사내를 향해 고래고래 소리를 질렀어. '샤일록!* 샤일록! 이자가 얼마야? 샤일록! 샤일록!'

사람들이 구경났다 싶었는지 창밖으로 고개를 내밀더군. 물론 당시엔 고층 건물이 없었어. 길가의 2층, 3층 건물에서 서로 보겠다고 앞다퉈 고개를 내밀었지. 아버지가 무슨 일이냐고 물으셨어. 누가 뭐

---

* 셰익스피어의 희극 《베니스의 상인》에 나오는 고리대금업자.

라고 대답했는데 제대로 듣진 못했어. 사람들이 밀치락달치락하는 통에 혹여 아버지 손을 놓칠까 봐 거기에 온통 정신이 팔려 있었거든. 거리에 사람이 모이면 늘 그렇지만, 점점 더 많은 사람이 몰려들었어. 불안했지. 월가 동쪽과 서쪽에서 몰려오고, 낫소가에서도 브로드가에서도 사람들이 뛰어왔는데 다들 눈빛이 분노로 이글이글 타올랐어. 군중 속에 포위됐다가 마침내 빠져나오자 아버지는 '샤일록'을 부르던 남자가 누구인지 이야기해주셨어. 이름은 잊어버렸지만, 뉴욕에서 주식을 거래하는 패거리 중 제일 큰손인데 제이콥 리틀을 제외하면 월가에서 그 사람만큼 많이 벌고 많이 잃은 사람이 없다고 하셨어. 제이콥 리틀이라는 이름은 똑똑히 기억해. 그 이름이 좀 웃기다고 생각했거든. 태연한 척하던 '샤일록'이라는 남자는 자금줄을 틀어막기로 유명한 사람이었어. 그 사람 이름도 잊어버렸어. 아무튼 키가 크고 호리호리한 몸에 얼굴은 창백했어. 당시 샤일록 일당은 돈을 빌려서 사람들의 돈줄을 옥죄었지. 그러면 증권거래소에서 대출을 받고 싶은 사람들에게 돌아갈 돈이 줄어들거든. 샤일록 일당은 돈을 빌리고 지급보증수표를 받아갔어. 그런데 실제로 돈을 빼서 쓰진 않았어. 물론 작전이었지. 일종의 조작이었던 셈이야."

나도 노인과 같은 의견이다. 요즘에는 볼 수 없는 주가조작의 한 방식이다.

주가조작의
시작과 끝

월가에선 아직도 주가조작으로 유명한 거물급 인사들이 사람들의 입에 오르내리고 있지만, 나는 이들과 직접 얘기를 나눠본 적이 없다. 주식시장을 주름잡은 지도자급 인사 말고 주가조작으로 유명한 인사 말이다. 주가조작으로 유명한 거물급 인사들은 모두 나보다 앞선 세대 사람들이다. 내가 처음 뉴욕에 왔을 때 주가조작이라면 누구보다 탁월했던 제임스 R. 킨이 전성기를 누리고 있었다. 당시 그저 애송이에 불과했던 나는 고향에 있는 사설 중개소에서 누렸던 성공을 정식 중개소에서도 그대로 재현해보겠다는 일념으로 똘똘 뭉쳐 있었다.

당시 킨은 US철강 주식 때문에 정신없이 바빴다. US철강은 킨의 작품 중에서도 걸작으로 꼽힌다. 나는 주가조작을 해본 경험도 없었고, 그에 관해 제대로 아는 것도 없는 데다 주가조작의 값어치나 의미도 몰랐다. 그래서 주가조작에 대해 알아야겠다는 생각도 별로 들지 않았다. 사설 중개소에서 나를 등쳐먹을 때 썼던 속임수가 저속한 형태의 조작이라면, 주식판에서의 주가조작은 기껏해야 똑같은 야바위 짓을 그럴듯하게 포장해놓은 것에 지나지 않겠거니 생각했다. 그 후에도 주가조작에 관해 들은 이야기는 대부분 추측이나 의혹에 불과했고, 명석한 분석이라기보다는 그냥 어림짐작밖에 되지 않았다.

킨을 잘 아는 사람들은 월가에서 일하는 사람들 중 킨이 제일 대담하고 걸출한 투기꾼이라고 입을 모아 이야기했다. 월가에는 날고 기는 트레이더가 한둘 아니니, 이런 소리를 들을 정도면 대단한 사람임에 분명했다. 함께 언급되던 다른 트레이더들은 이제 사람들의 기억에서 희미하게 지워졌지만 이들은 그래도 한때 단 하루일지언정 다들 시장을 평정했던 사람들이다! 이들은 시세 테이프 덕분에 무명에서 벗어나 금융업계에서 찬란한 명성을 얻었다. 그런데 이들은 역사에 길이 남지는 못했다. 오랫동안 매달려 있기엔 시세 테이프라는 작은 종이가 그렇게까지 튼튼하진 않았던 것이다. 아무튼 어느 모로 보나 킨은 당대의 주가조작 전문가 중 으뜸이었다. 킨은 짜릿한 전성기를 꽤 오랫동안 누렸다.

해브마이어 형제는 킨에게 제당 주식 시장을 조성해달라고 요청했다. 당시 파산하지만 않았더라면 계속 혼자 힘으로 매매했을 테지만, 이미 파산한 처지라 킨은 돈을 받고 일을 맡았다. 킨은 주식 게임에 대한 지식과 투기 거래자로 활약했던 경험과 재능을 적절히 활용했는데, 역시 대단한 승부사였다! 킨은 제당 주식을 인기주로 만드는

데 성공했고, 덕분에 제당 주식을 쉽게 매도할 수 있었다. 이후, 킨은 투자조합을 맡아달라는 요청을 몇 번이고 받았다. 내가 듣기로 킨은 결코 수수료를 요구하거나 받지 않았고, 다른 조합원들처럼 자금을 대고 지분을 받았다고 한다. 물론 해당 주식을 시장에서 어떻게 움직일지는 킨이 도맡아 결정했다. 누가 누굴 배신했느니 하는 얘기가 종종 들렸는데, 킨도 그런 얘기를 들었고 상대 역시 그런 얘기를 들었다. 킨이 휘트니-라이언 일당과 틀어진 것도 이렇게 서로 비난하다가 갈라선 것이었다. 주가조작을 하다 보면 동료에게 오해 받기 십상이다. 그들은 킨의 사정을 자기 일처럼 헤아리지 않았다. 나도 겪어봐서 잘 안다.

킨의 업적 중에 최고봉은 1901년 봄 US철강 주가조작에 성공한 것인데, 아쉽게도 킨은 정확한 기록을 남기지 않았다. 내가 알기로 킨이 이 건으로 J. P. 모건과 직접 면담한 일은 없었다. 모건의 회사는 탤벗 J. 테일러와 직접 거래하거나 이곳을 통해 거래했는데 킨은 탤벗 테일러 사무실에 본거지를 꾸렸다. 탤벗 테일러는 킨의 사위다. 장담컨대 일에서 얻는 즐거움 역시 킨이 얻은 대가 중 하나였으리라. 그해 봄, 킨은 자신이 조성한 시장에서 수백만 달러를 벌었는데, 그가 내 친구에게 한 얘기에 따르면 킨은 몇 주 만에 증권 인수단을 위해 공개시장에서 75만 주 넘게 팔았다고 한다. 두 가지 면에서 이는 실로 대단한 성적이다. 첫째, US철강은 시장에 처음 선보인 신주로, 당시 자본금 규모가 미국 국가 채무보다 더 큰 회사였다. 둘째 D. G.

리드, W. B. 리즈, 무어 형제, 헨리 핍스, H. C. 프릭 등 철강업계 거물들도 킨이 조성한 바로 그 시장에서 동시에 수십만 주를 대중에게 팔았다.

물론 전반적인 여건은 킨에게 유리했다. 실제 업계의 경기도 좋았지만 당시 여론도 우호적이었다. 킨은 재정을 아낌없이 쏟아부은 덕분에 성공할 수 있었다. 시장이 초강세를 보였을 뿐 아니라 경기 호황에다 대중의 심리 역시 다시 그런 날이 올까 싶을 정도로 우호적이었다. 이후 시장에서 미처 소화하지 못한 주식 때문에 공황장이 닥쳤다. 그러자 1901년 킨이 55달러까지 끌어올렸던 철강 보통주는 1903년 10달러, 1904년 8.875달러에 거래됐다.

킨의 주가조작이 정확히 어떤 식으로 이루어졌는지 분석할 길은 없다. 그가 책을 쓰거나 상세한 기록을 남긴 것도 아니기 때문이다. 그래도 킨이 아말가메이티드 코퍼 주식을 어떻게 작업했는지 살펴보는 과정은 매우 흥미롭다. H. H. 로저스와 윌리엄 록펠러는 잉여 주식을 처분하려고 했으나 실패했다. 결국 두 사람이 킨에게 물량을 팔아달라고 요청하자 킨은 이를 수락했다. 로저스는 그 시절 월가에서 유능하기로 손꼽히는 사람이었고, 록펠러는 스탠더드 오일 내부자 무리를 통틀어 가장 대담한 투기꾼이었다는 점을 명심하기 바란다. 두 사람은 사실상 무제한에 가까운 자원을 갖고 있었고, 엄청난 명성을 누렸을 뿐만 아니라, 주식시장에서 산전수전 다 겪은 사람들이었다. 그런 두 사람이 킨을 찾아가야만 했던 것이다. 내가 이런 말을 하는 이유는 반드시 전문가가 손대야만 하는 작업이 있다는 얘기를 하고 싶기 때문이다. 미국에서 내로라하는 자본가들이 자금을 대고 요란하게 선전한 주식이 있었다. 돈과 위신을 크게 희생하지 않고는 팔 수 없는 주식. 이 주식 때문에 로저스와 록펠러는 킨을 찾았다. 그들은 킨만이 자신들을 도울 수 있다고 판단할 만큼 똑똑했다.

킨은 즉시 일에 착수했다. 작업하기 좋은 강세장이어서 아말가메이티드 코퍼 주식 22만 주 정도를 100달러 언저리에서 팔았다. 킨이 내부자 물량을 처분한 뒤 사람들이 계속 사들이는 바람에 주가는 10포인트 올랐다. 얼마나 열심히 사들였는지 내부자들이 팔았던 주식이 오를 거라고 판단할 정도였다. 실제로 로저스는 킨에게 아말가메이티드 코퍼 주식을 사두라고 조언하기도 했다. 로저스가 킨에게 보유 주식을 팔아 치우려고 그랬을 리는 없다. 로저스같이 약삭빠른 사람이 킨이 그런 수작에 혹할 얼치기가 아니라는 것쯤 모를 리 없기 때문이다. 킨은 늘 하던 대로 작업했다. 즉, 주가가 큰 폭으로 상승한 후 내리막을 타기 시작하면 대량 매도했다. 물론 그때그때 필요에 따라, 또는 날마다 바뀌는 흐름에 맞춰 전술은 조금씩 바뀌었다. 전쟁터와 마찬가지로 주식판에서도 전략과 전술의 차이를 항상 염두에 두어야 한다.

킨이 흉금을 터놓고 지내는 사람이 있는데, 일전에 그 사람이 나한테 이런 얘기를 했다. 내가 아는 낚시꾼 중에 제물낚시라면 이 사람이 최고였다. 여하튼 킨이 아말가메이티드 코퍼를 작업하던 중, 어느 날 물량이 거의 동났다. 주가를 끌어올려야 하는데 수중에 남은 주식이 별로 없었다. 그러면 이튿날 킨은 수천 주를 사들였고 그다음 날이면 또 그만큼 팔았다. 그러고는 시장에서 완전히 손을 떼고 시장이 어떻게 자체적으로 수습하는지 지켜보고, 스스로 수습하는데 적응하도록 내버려뒀다. 의뢰받은 물량을 실제로 처분할 때는 앞서 얘기한 대로 주가가 내리막길에 접어들면 팔았다. 주가가 떨어지면 대중은 항상 반등을 기대하고 매수에 나서는 데다 공매도해둔 사람들까지 환매에 나서기 때문이다.

킨이 이 작전을 펼칠 때 가장 가까이에서 지켜본 사람이 한 말인데, 킨이 로저스, 록펠러가 의뢰한 물량을 처분해서 2000만~2500만 달러를 만들자 로저스가 킨에게 20만 달러짜리 수표를 보냈다고 한다. 백만장자의 아내가 메트로폴리탄 오페라 하우스에서 10만 달러짜리 진주목걸이를 잃어버렸다가 목걸이를 찾아준 청소부에게 보상금으로 50센트를 준 일이 생각난다. 킨은 자기는 증권 중개인이 아니라며 도움이 되어 기쁘다고 공손하게 쪽지를 써서 수표를 돌려보냈다. 수표를 받은 로저스는 다시 같이 일하면 좋겠다고 킨에게 편지를 보냈다. 얼마 후 로저스는 킨에게 친절하게도 고급 정보를 줬는데, 130달러 정도에 아말가메이티드 코퍼 주식을 사라고 했다!

멋진 투기 거래자, 제임스 R. 킨! 킨의 개인 비서에게 들은 이야긴데, 시장이 뜻대로 돌아가면 킨은 툭하면 그렇게 화를 냈다고 한다. 킨을 아는 사람들은 킨은 화가 날 때면 비웃고 조롱하는 말을 내뱉었는데 오랫동안 기억에 남을 정도였다고 한다. 하지만 돈을 날릴 때는 기분이 그렇게 좋아 보였고, 세상에 다시없을 정도로 교양 있고 상냥하며, 말본새도 간결하면서 기지 넘치고 흥취 있었다고 한다.

누구든 성공한 투기 거래자들은 정신 자세부터 다른데, 킨은 이런 자질을 누구보다 잘 갖추고 있었다. 킨은 절대 시세 테이프와 다투지 않았다. 겁이라곤 없었지만 결코 무모하지 않았다. 자신이 틀렸다는 걸 아는 순간, 눈 깜짝할 사이에 돌아설 수 있었고, 실제로도 그렇게 했다.

킨이 맹활약하던 시절 이후 증권거래소의 규정은 많이 변했다. 예전부터 시행되던 규정이 더욱 엄격해진 데다 주식 매각과 수익에 부과되는 새로운 세금이 너무 많아져 이 게임도 이제 예전 같지 않다. 킨이 수익을 올릴 때 써먹었던 기법은 더 이상 활용할 수 없다. 게다가 월가의 상도덕 수준도 훨씬 높아졌다. 그럼에도 불구하고 시대를 막론하고 미국 금융사에서 킨만큼 주가조작에 뛰어난 인물은 없다고 해도 무방하다. 킨은 위대한 투기 거래자였을 뿐 아니라 투기라는 게임을 밑바닥부터 속속들이 꿰뚫은 투자의 고수였다.

물론 당시에는 여건이 받쳐주었기 때문에 그만한 업적을 이룰 수 있었다. 킨이 캘리포니아를 떠나 뉴욕에 처음 온 건 1876년인데, 2년 만에 900만 달러를 벌었다. 킨은 1901년이나 1876년에 성공했던 것처럼 1922년에도 작전에 나섰다면 틀림없이 성공했을 것이다. 어중이떠중이들보다 성큼성큼 앞서 가는 사람들이 있다. 어중이떠중이들이 제아무리 변한들 칼자루는 이런 사람들이 쥐게 마련이다.

사실, 이 바닥이 바뀌고 있다고는 하지만 생각만큼 극적으로 변하진 않았다. 주가조작으로 손에 쥐는 것도 그다지 크지 않다. 주가조작이 더 이상 개척 분야가 아니라서 선구자들처럼 대박을 치기가 어렵기 때문이다. 어찌 보면 조작하는 게 예전보다 더 쉬울 것 같지만 또 어찌 보면 킨이 활약했던 시대보다 훨씬 어려워진 것도 사실이다.

광고가 하나의 기술이며, 조작은 시세 테이프라는 매체를 통한 광고 기법이라는 점은 의심의 여지가 없다. 주가를 조작하려면 사람들이 봤으면 하는 이야기를 시세 테이프에 새겨야 한다. 이 이야기가 진실에 가까울수록 설득력이 생기고, 설득력이 있을수록 더 훌륭한 광고가 된다. 예를 들어, 오늘날 주가조작은 주식을 강세로 보이게 해야 할 뿐 아니라 실제로 강세로 만들어야 한다. 따라서 견실한 매매 원칙을 바탕으로 해야 한다. 킨이 주가조작에 걸출할 수 있었던 것은 바로 이 때문이었다. 킨은 애초에 신기에 가까운 기량을 보유한 트레이더였으니 말이다.

'조작'이라는 말이 듣기에 거북하면 다른 이름으로 불러도 된다. 대량으로 주식을 매도하는 경우, 그 과정 자체에 그렇게 이상하거나 부정적인 일은 없다고 생각한다. 물론 그런 작업에 기업 실정을 왜곡하는 허위 진술이 동반되지 않는다면 말이다. 두말할 필요도 없지만 주가조작 전문가는 꼭 투기꾼들 사이에서 매수자를 찾는다. 주가조작 전문가는 투자 자본 대비 큰 수익을 노리는 사람들, 그러니까 정상적인 위험보다 더 큰 위험을 기꺼이 감수하는 사람들을 노린다. 이런 사람들은 자신이 먹잇감이 된다는 걸 알면서도 쉽게 돈을 벌 방법만 찾는다. 그리고 실패하면 남을 탓한다. 이런 사람들은 동정하고 싶지도 않다. 이런 사람들은 잘되면 자기가 똑똑해서 잘됐다고 생각하고, 잘못되면 상대가 사기꾼이라서, 그러니까 상대가 주가를 조작해서 실패했다고 생각한다. 이럴 때 이런 사람 입에서 '주가조작'이라는 말이 나오면 마치 도박판에서 카드에 미리 표시를 해놓고 사기 치는 수법에 당한 것처럼 들린다. 하지만 주가조작과 이런 사기 수법은 분명 다르다.

대체로 조작의 목적은 시장성, 즉 언제든지 적당한 가격에 꽤 많은 물량을 처분할 수 있는 가능성을 키우는 것이다. 물론 전반적인 장세와 여건이 거꾸로 돌아가 투자조합이 꽤 큰 희생을 치르지 않고서는 주식을 팔 수 없는 경우도 있다. 이럴 때면 투자조합은 전문가를 고용하기도 하는데, 전문가의 기량과 경험이면 끔찍한 패배를 피하고 비교적 무난한 수준에서 후퇴할 수 있다고 믿기 때문이다. 경영권을 확보하기 위해 가능한 한 싼값에 주식을 대량 매집하려고 주가를 조작하는 경우는 언급하지 않겠다. 왜냐하면 요즘은 이런 일이 흔하지 않기 때문이다.

제이 굴드는 웨스턴 유니언의 지배권을 확보하기 위해 주식을 대량 매수하기로 마음먹었다. 그때 몇 년째 증권사 객장에 모습을 드러내지 않던 워싱턴 E. 코너가 별안간 웨스턴 유니언 주식 거래 창구에 모습을 드러냈다. 그러고는 웨스턴 유니언 주식을 매수하겠다며 주문을 넣기 시작했다. 트레이더들은 자기들을 물로 보다니 어리석다며 코너를 비웃었고, 코너가 매수하려고 하는 만큼 콧노래를 부르며 주식을 넘겼다. 코너는 굴드가 웨스턴 유니언을 사고 싶어 하는 것처럼 행동하면 주가를 끌어올릴 수 있을 거라고 생각한 모양인데 이런 수법은 너무 노골적이다. 이게 조작일까? 내가 할 수 있는 대답은 이것뿐이다. "아니다. 맞기도 하고!"

아까도 얘기했지만 대부분의 경우 조작의 목적은 주식을 가능한 높은 가격에 대중에게 팔기 위한 것이다. 이건 단지 매도의 문제가 아니라 유통의 문제다. 어느 모로 보나 한 사람이 주식을 보유하는 것보다는 1000명이 주식을 보유하는 편이 분명 낫고, 해당 주식의 시장성에도 더 좋다. 따라서 주가를 조작하려는 사람은 좋은 가격에 판매하는 것뿐 아니라 유통 양상도 고려해야 한다.

내 손에 있는 주식을 가져가도록 사람들을 끌어들여야 하므로 사람들을 유인할 수 없을 정도로 주가를 너무 높이 끌어올리면 안 된다. 미숙한 사람들이 조작에 나서 꼭짓점에서 처분하려다 실패하면 터줏대감들은 이렇게 말한다. "말을 물가로 끌고 갈 순 있지만 억지로 물을 마시게 할 수는 없지." 지당하신 말씀! 킨과 능력 있는 킨의 선배들이 익히 알고 있던 조작의 법칙을 기억하라. 바로 이것이다. 주가를 조작할 때는 가능한 한 주가를 높이 끌어올리되 팔 때는 내리막길에 대중에게 매도해야 한다.

처음부터 차근차근 설명하겠다. 증권 인수단이든 투자조합이든 개인이든 보유 주식을 최대한 좋은 값에 팔고 싶다고 하자. 팔려는 주식은 뉴욕증권거래소에 적법하게 상장된 주식이다. 주식을 팔기에 가장 좋은 장소는 공개시장이고, 가장 좋은 매수자는 일반 대중이다. 매각 교섭은 한 사람이 도맡아 처리한다. 현재 또는 과거에 이 사람 혹은 이 사람의 동료가 증권거래소에서 주식을 팔려고 했지만 실패한 적이 있다. 그런데 주식시장이 돌아가는 상황을 알면 알수록 자기보다 경험도 많고 소질 있는 사람이 필요하다는 걸 깨닫는다. 지인에게 듣거나 귀동냥으로 비슷한 거래를 처리하는 데 성공한 사람을 몇 명 알게 되어서 그 사람들의 전문 기술을 이용하기로 결심한다. 몸이 아프면 의사를 찾아가야 하고 기술자가 필요하면 기술자를 찾아가야 하듯 이 사람은 전문가를 찾아 나선다.

이 사람이 내가 게임에 정통한 사람이라는 소문을 들었다고 가정하자. 그는 나에 관한 정보를 최대한 캐내려고 할 것이다. 그런 다음 약속을 잡고 적당한 때 내 사무실로 찾아올 것이다. 물론 내가 그 주식과 회사에 대해 알고 있을 수도 있다. 이런 걸 알아내는 게 내 일이고 내 밥벌이 수단이니까. 내 사무실을 찾아온 사람은 자신과 동업자들이 원하는 걸 말하고, 나한테 일을 맡아달라고 부탁한다.

이제 내가 이야기할 차례다. 나는 내가 맡은 일을 확실히 이해하기 위해 필요한 정보를 다 달라고 요청한다. 그리고 주식 가치를 판단하고 시장성을 가늠한다. 이런 정보들과 함께 현재 시장 여건을 분석하면 제안받은 작전이 성공할 가능성이 어느 정도인지 판단하는 데 도움이 된다. 만약 수집한 정보로 볼 때 전망이 괜찮다면, 나는 제안을 수락하고 그 자리에서 일을 맡는 조건에 대해 말한다. 상대가 내가 제시한 계약 조건, 즉 사례금과 요구 조건을 받아들이면, 즉시 일에 착수한다.

나는 보통 상당한 규모의 콜옵션을 요구한다. 나는 관련된 모든 사람들에게 가장 공평하도록 누진 콜옵션을 고집한다. 콜옵션 행사가격은 시세보다 약간 낮은 수준에서 시작해 차츰차츰 올린다. 예를 들어, 콜옵션 10만 주를 받는데 현재 호가가 40달러라고 하자. 처음 몇천 주는 행사가격을 35달러로 하고, 또 몇천 주는 37달러, 또 몇천 주는 40달러, 45달러, 50달러까지 이런 식으로 올리다 마침내 75달러나 80달러까지 올린다.

만약 전문가인 내 손길로, 그러니까 '조작'의 결과로 주가가 뛰고, 꼭짓점에서 매수세가 탄탄하게 형성되면 상당한 물량을 매도하고 당연히 콜옵션을 행사한다. 그 결과, 나도 돈을 벌지만 내 고객들도 돈을 번다. 이래야 한다. 만약 내 기량을 보고 돈을 주고 일을 맡겼다면, 그들도 돈을 들인 만큼 손에 쥐는 게 있어야 한다. 물론 작전을 맡긴 투자조합이 손해를 보는 경우도 있지만, 이는 아주 드문 경우다. 나는 수익이 날 것이라는 판단이 서지 않으면 아예 일을 맡지 않는다. 올해 한두 건은 운이 나빠서 수익을 올리지 못했다. 이유가 있지만, 그것은 전혀 다른 이야기라서 나중에 기회가 되면 다루겠다.

주가를 끌어올릴 때 가장 먼저 취해야 할 조치는 주가가 오름세를 보일 거라는 사실을 광고하는 것이다. 장난하냐고? 진정하고 잠깐 생각해보라. 농담이 아니다. 그렇지 않은가? 요컨대 주가 부양이라는 고매한 뜻을 널리 알리는 가장 효과적인 방법은 거래가 활발하고 상승세를 타는 주식이 되도록 만드는 것이다. 뭐니 뭐니 해도 전 세계에서 가장 훌륭한 광고 대행업자는 시세 표시기이며, 최고의 광고 매체는 단연코 시세 테이프다. 굳이 고객들에게 연구 보고서를 들이밀 필요가 없다. 일간지에 해당 주식의 가치에 대해 제보하거나 회사 전망에 대한 재무 논평을 작성해서 광고할 필요도 없다. 나를 도와줄 추종자를 찾아 나설 필요도 없다. 이는 모두 시도해볼 만한 일들이지만 하나만 해내면 이런 것들은 저절로 해결된다. 바로 거래가 활발한 주식으로 만드는 것이다. 거래가 활발해지면 그렇게 된 배경이 뭔지 알려달라는 요구가 빗발친다. 물론 이런 상황이 되면 내가 조금도 거들지 않아도 필연적인 이유들을 여기저기서 만들어낸다.

장내 거래원들이 요구하는 건 오로지 하나, 활력뿐이다. 이들은 자유 시장만 있으면 어떤 수준에서든 주식을 사거나 판다. 활기차게 거래되는 주식이 있으면 수천 주 단위로 거래하므로 장내 거래원들의 거래량을 모두 합치면 상당한 물량이 된다. 따라서 주가조작 작전이 벌어지면 첫 번째로 매수에 나서는 이들은 바로 장내 거래원들일 수밖에 없다. 주가를 끌어올리는 동안 장내 거래원들이 계속 따라서 매수하므로 작전이 진행되는 단계마다 이들은 큰 도움이 된다. 제임

스 R. 킨은 늘 장내 거래원 중 가장 활발하게 거래하는 사람을 고용
했는데, 그렇게 하면 누가 주가를 조작하고 있는지 감출 수 있다. 게
다가 거래를 확산시키고 정보를 퍼트리는 데도 장내 거래원만한 사
람은 없다. 킨은 장내 거래원들에게 시세보다 유리한 가격에 콜옵션
을 주겠다고 구두로 약속했는데, 이렇게 하면 장내 거래원들은 먼저
킨을 도와주고 나중에 콜옵션으로 현금을 챙겼다. 킨은 장내 거래원
들이 수익을 챙기게 해줬다. 내 경우, 전업 트레이더들이 따라오게
만들려면 거래가 활발해지도록 만드는 것 이상은 할 필요가 없었다.
트레이더들이 그 이상을 요구하지 않았기 때문이다. 물론 거래소 객
장에 있는 전문가들은 주식을 팔아 수익을 내려고 주식을 산다는 사
실을 명심해야 한다. 그들은 큰 수익을 고집하지는 않지만 빨리 챙길
수 있는 수익을 선호한다.

　다시 한번 말하자면, 나는 투기 거래자들의 관심을 끌기 위해 해
당 주식의 거래를 활발하게 만든다. 내가 그 주식을 사고 팔면 트레
이더들이 뒤따른다. 내가 수수료 대신 콜옵션으로 받겠다고 고집했
던 것처럼, 누군가 투기 목적으로 콜옵션을 다량 보유하고 있으면 매
도 압력은 대체로 크지 않다. 따라서 매수가 매도보다 우세하므로 대
중은 매수에 나선다. 조작 세력이 매수해서가 아니라 장내 거래원들
이 매수하니까 따라서 매수하는 것이다. 이렇게 대중이 매수자로 유
입된다. 이런 수요는 매우 바람직하므로 나는 이들의 수요를 채워준
다. 즉, 이들에게 주식을 판다. 만약 수요가 기대만큼 충분하면 내가

조작 초기 단계에서 사들여야 했던 주식보다 더 많은 양을 소화할 것이다. 그리고 이런 상황이 되면 나는 주식을 공매도한다. 엄밀히 따지면 그렇게 된다. 무슨 말인고 하니, 내가 실제로 보유한 물량보다 더 많은 주식을 팔게 된다. 그래도 행사 가격에 주식을 살 수 있는 권리인 콜옵션을 보유하고 있기 때문에 나는 전혀 위험하지 않다. 물론 대중의 매수세가 수그러들면 주가 상승세는 멈춘다. 그러면 나는 기다린다.

이제 주가가 더 이상 오르지 않는다고 하자. 마침내 약세를 보이는 날이 온 것이다. 시장 전체가 조정받았을 수도 있고, 눈치 빠른 트레이더가 내가 작업하고 있는 주식에 매수 주문이 없다는 걸 알아채고 파는 바람에 동료 트레이더들이 따라서 매도했기 때문일 수도 있다. 이유가 무엇이든 주가가 하락하기 시작하면 나는 매수에 나선다. 어떤 주식에 자금을 대는 사람들이 그 주식을 여전히 좋게 보고 있다는 확신이 들면 나는 작업 도중 주가가 하락할 때마다 매수를 통해 주가를 떠받친다. 게다가 나는 매집하지 않고도, 즉 나중에 매도해야 할 물량을 늘리지 않고도 충분히 주가를 떠받칠 수 있다.

내가 자금을 축내지 않고 이 일을 해냈다는 데 주목하기 바란다. 물론 주식을 산다고 했지만 실은 공매도한 주식을 환매한 것이다. 대중이나 트레이더, 혹은 양쪽 모두 매수세라서 내가 주식을 팔 수 있었을 때 높은 가격에 공매도한 주식을 환매하는 것이다. 주가가 내리막길일 때 주식을 매수하는 수요가 있다는 것을 트레이더들, 그리고 대중에게 분명히 보여주는 건 언제나 적절한 대처다. 이를 보여주면 전업 트레이더들이 앞뒤 가리지 않고 공매도하거나, 주식을 사두었던 사람들이 겁을 먹고 현금화에 나서는 걸 막을 수 있다. 보통 주가가 점점 약세를 보일 때 매도 현상이 일어나는데, 이때 주가를 떠받치는 세력이 없으면 주가 하락세는 지속된다. 나는 이 단계에서 환매에 나서는데, 이를 '안정화 과정'이라고 부른다.

거래가 활발해져 시장이 조성되면 물론 오름세에 주식을 공매도하지만, 상승세에 제동이 걸릴 만큼 팔지는 않는다. 이렇게 내가 세운 안정화 계획에 철저하게 맞춰서 진행한다. 주가가 적당히 순조롭게 착착 오르면 나는 주식을 공매도한다. 시장에는 물불 안 가리는 장내 거래원보다 보수적인 투기 거래자들이 훨씬 많은데, 내가 오름세에 주식을 매도하면 할수록 보수적인 투기 거래자들을 자극하게 된다. 게다가 언젠가 반드시 약세가 찾아오는데 공매도 물량이 있으면 하락세를 보일 때 환매를 통해 주가를 떠받칠 여력이 더 많이 생긴다. 이렇듯 항상 공매도 포지션을 유지함으로써 스스로를 궁지에 몰아넣지 않고도 주가를 부양할 수 있다.

원칙적으로 나는 수익을 얻을 수 있는 가격에 공매도를 시작한다. 하지만 종종 수익이 없는데도 위험 없이 매수할 수 있는 역량을 창출하거나 늘리기 위해 공매도하는 경우도 있다. 주가를 올리거나 고객이 맡긴 대규모 물량을 파는 것만이 내 일은 아니다. 나를 위해서도 돈을 벌어야 한다. 나는 고객들에게 사업 자금을 따로 요청하지 않는다. 내 사례비는 내가 나름대로 벌면 되기 때문이다. 물론 내가 설명한 방식이 절대불변의 진리는 아니다. 나는 융통성 없는 시스템은 취급하지도 않고 고수하지도 않는다. 상황에 따라 조건과 내용을 유연하게 수정한다.

주식을 시장에 유통하려면 주가조작으로 가능한 한 주가를 최대한 끌어올린 뒤에 매각해야 한다. 계속 이 이야기를 반복하는 이유는 이것이 기본 토대일 뿐 아니라 사람들이 매도가 모두 꼭짓점에서 이루어진다고 믿기 때문이다. 때로는 주식이 물먹은 솜처럼 축 처져서 잘 오르지 않을 때가 있다. 이때는 팔아야 한다. 내가 매도에 나서면 주가는 원하는 수준보다 더 내려가겠지만, 주가는 다시 띄우면 된다. 내가 조작하고 있는 주식을 매수해서 주가가 오른다면, 제대로 돌아가고 있다는 뜻이다. 필요하면 안심하고 내 돈을 써서 해당 주식을 자신 있게 매수한다. 다른 주식이 똑같이 움직여도 그렇게 하듯 말이다. 이것이 바로 최소 저항선이다. 최소 저항선에 따른 내 매매 이론을 기억하는가? 최소 저항선이 구축되면 나는 이 선에 따라 매매한다. 내가 특정 시점에 특정 주식을 조작하고 있어서가 아니라 나는 언제나 뼛속까지 주식 투기 거래자이기 때문이다.

내가 매수해도 주가가 오르지 않으면 매수를 중단하고 매도에 착수한다. 해당 주식을 조작하는 입장이 아니라도 똑같이 할 것이다. 알다시피 주식 매도 타이밍 1순위는 하락세다. 하락세에 얼마나 많은 주식을 처분할 수 있는지 알게 되면 놀라울 정도다.

　　다시 말하지만 주가조작을 하는 중에도 나는 내가 주식 트레이더
라는 사실을 결코 잊지 않는다. 주가조작 작업을 하면서 부딪히는 문
제는 결국 투기 거래자가 부딪히는 문제와 동일하다. 작업을 해도 주
가를 원하는 대로 움직일 수 없으면 그때는 손을 놓아야 한다. 주가
조작을 하고 있는데 주식이 뜻대로 움직이지 않으면 그만둬야 한다.
시세 테이프와 다투지 마라. 수익을 되찾으려고 용쓰지 마라. 그만두
어도 큰 탈이 없을 때 그만둬라. 그게 싸게 먹힌다.

성공한 주가조작,
실패한 주가조작

　지금까지 열거한 일반론들이 그다지 쌈박하지 않다는 건 잘 안다. 일반론은 원래 시원스럽게 딱 떨어지는 느낌이 좀처럼 들지 않는다. 구체적인 예를 들면 마음에 확 와닿을지도 모르겠다. 지금부터 내가 주가를 30포인트까지 끌어올린 얘기를 하려고 한다. 주가를 그만큼 끌어올릴 때까지 누적 매수한 물량은 고작 7000주로, 어떤 물량이든 소화할 수 있을 정도로 시장을 조성했다.

　종목은 임페리얼 스틸이었다. 이 주식은 가치주라는 소문이 파다했다. 발행된 총주식의 약 30퍼센트가 이런저런 월가 중개소를 통해 일반 대중의 수중에 들어갔는데, 상장 후 주가는 별다른 움직임을 보이지 않았다. 가끔 누가 이 주식에 대해 물어보면 내부자(상장 시 증권 인수단 회원)들은 수익이 예상을 웃돌고 전망이 아주 좋다고 대꾸하곤 했다. 근거 있는 말이었고 희소식이었지만, 막 전율이 느껴지지는 않았다. 투기 대상으로 삼을 만큼 끌리는 요소가 없고, 투자자로서 볼

388

때도 아직 주가 안정성과 배당 영속성이 입증되지 않았기 때문이었다. 게다가 임페리얼 스틸 주가는 돌풍이란 걸 일으킨 적이 한 번도 없었다. 주가 움직임이 어찌나 점잖은지, 내부자들이 진실로 가득 찬 보고서를 내놔도 확실한 상승세가 뒤따르지 않았다. 반면 주가가 떨어지지도 않았다.

임페리얼 스틸은 대단한 영예도 칭송도 없는 주식으로, 주가 전망이 밝으니 임페리얼 스틸을 사라고 정보를 흘리는 사람도 없었다. 임페리얼 스틸은 아무도 팔지 않아서 주가가 떨어질 일이 없다는 게 그나마 자랑거리인 그런 주식이었다. 아무도 임페리얼 스틸을 팔지 않는 이유는 내부자 일당이 워낙 많은 지분을 보유하고 있어서, 이처럼 분배가 골고루 되지 않은 주식을 공매도했다가는 자칫 내부자 일당의 처분대로 운명이 결정될 게 뻔하기 때문이었다. 마찬가지로 이 주식은 딱히 사고 싶게 만드는 구석도 없었다. 따라서 임페리얼 스틸은 투자자에겐 여전히 투기 종목이었고, 투기 거래자에겐 가망 없는 종목이었다. 투기 거래자는 임페리얼 스틸을 매수하는 순간 망연자실, 자신의 의사에 반해 투자자가 되어야 했다. 이러지도 저러지도 못한 채 송장처럼 축 늘어진 이 주식을 1~2년 넘게 끌고 가야 하는데, 그러다 보면 늘 원래 들인 비용보다 더 많이 손해 보기 마련이었다. 정말 좋은 기회가 와도 이 주식에 자금이 묶여 있을 수밖에 없기 때문이다.

어느 날 임페리얼 스틸 증권 인수단 중 제일 거물급 인사가 동료들을 대표해 나를 찾아왔다. 그들은 주식을 처분할 시장을 조성하고 싫어 했는데, 총 발행 주식 중 일반에게 유통되지 않은 지분 70퍼센트를 보유하고 있었다. 그들은 공개시장에서 매도할 때 받을 수 있는 가격보다 더 좋은 가격에 보유 주식을 처분해달라고 했다. 그리고 어떤 조건이면 내가 그 일을 맡아줄지 알고 싶다고 했다. 며칠 말미를 달라고 한 뒤 회사에 대한 조사에 착수했다. 전문가들에게 회사의 생산부, 영업부, 재무부 등 다양한 부서를 검토한 뒤 편견 없는 보고서를 작성하도록 했다. 내가 알고 싶은 건 좋은 점이나 나쁜 점이 아니라 있는 그대로의 사실이었다.

보고서를 보니 알짜 회사였고 전망을 보면 시세에 매수해도 괜찮을 것 같았다. 투자자가 조금만 기다릴 수 있다면 말이다. 회사 사정이 이런 경우, 실제로 가장 일반적이고 타당한 주가 움직임은 상승밖에 없다. 임페리얼 스틸은 쉽게 말해 저평가된 주식이었다. 임페리얼 스틸의 주가를 끌어올리는 조작에 성실하고 자신 있게 임하지 않을 이유가 없었다.

일전에 찾아왔던 인사에게 내 의사를 알리자 자세한 내용을 협의하기 위해 그 사람이 내 사무실로 찾아왔다. 나는 조건을 말했다. 작업하는 대가로 현금 대신 임페리얼 스틸 주식 10만 주를 콜옵션으로 요구했는데, 콜옵션 행사가격은 70달러에서 시작해 100달러까지 점차 올리는 조건이었다. 수수료가 비싸다고 생각할 수도 있지만 이 점을 고려하기 바란다. 내부자들은 자신들 손으로는 70달러에 10만 주는 고사하고 5만 주조차 팔지 못할 거라고 확신했다. 임페리얼 스틸 주식을 처분할 만한 시장이 없었기 때문이다. 수익이나 전망이 아주 좋다는 말이 아무리 돌아도 대규모 매수세가 유입되지 않았다. 게다가 의뢰인들이 먼저 수백만 달러를 벌어야 내가 현금으로 수수료를 챙길 수 있는 구조였다. 터무니없는 판매 수수료를 받자는 게 아니었다. 그저 적당한 성공 사례금을 받고 싶었을 뿐이다. 임페리얼 스틸은 실제로 가치 있는 주식인 데다 시장 전체의 여건도 강세였다. 괜찮은 종목이라면 어떤 종목이든 상승할 만한 환경이어서 잘되겠거니 생각했다. 의뢰인은 내 말에 힘이 났는지 단번에 내가 제시한 조건에 동의했다. 이리하여 두루두루 기분 좋게 시작했다.

나는 가능한 한 철저하게 나 자신을 보호하려고 했다. 인수단은 전체 발행 주식의 약 70퍼센트를 보유하고 있었다. 즉, 70퍼센트의 의결권을 갖고 있었다. 나는 신탁 계약으로 인수단이 보유한 70퍼센트의 지분을 예치하도록 했다. 혹여 대주주들이 골칫거리가 된 주식을 떠넘길 때 내가 골칫거리를 받아주는 쓰레기장이 될 생각은 없었기 때문이다. 이제 큰 지분은 안전하게 묶었지만, 아직 여기저기 흩어져 있는 30퍼센트의 지분이 있었다. 하지만 그건 내가 감수해야 하는 위험이었다. 노련한 투기꾼이라면 모험에 나섰을 때 전혀 위험하지 않을 거라고 기대하지 않는 법이다. 보험 계약자가 전부 한날한시에 사망하면 생명보험회사는 파산하고 마는데, 생명보험회사의 보험 계약자 모두가 한날한시에 사망할 확률보다 신탁하지 않은 주식이 한꺼번에 시장에 나올 확률이 더 낮다. 생명보험회사에 연령별 사망 위험

391

도라는 게 있듯 주식시장에는 위험도 단계라는 게 있기 때문이다.

주식시장에서 매매할 때 피할 수 없는 위험에 대해서는 일단 조치를 취해두었으니 이제 작전을 시작하는 일만 남았다. 목표는 내가 보유한 콜옵션의 가치를 높이는 것이었다. 그러려면 옵션을 보유한 주식의 주가를 올려야 하고 10만 주를 팔 수 있는 시장을 조성해야 했다. 가장 먼저 한 일은 주가가 오르면 얼마나 많은 주식이 시장에 나올지 타진해보는 것이었다. 내 중개인들을 통하면 시장가나 시장가보다 조금 높은 가격에 시장에 나올 주식이 어느 정도인지 쉽게 확인할 수 있었다. 매도 물량을 아는 업계 전문가들이 장부에 있는 주문을 그대로 중개인들에게 말해줬는지는 모르겠다. 아무튼 호가는 70달러였지만 그 가격에 팔면 1000주도 소진될 리 없는 상태였다. 그 가격이나 심지어 그보다 조금 낮은 가격에 내놓더라도 적으나마 매수세가 형성될 것이라는 확신도 없었다. 중개인들이 알아낸 수치를 믿을 수밖에 없었다. 중개인들이 알아낸 수치만 봐도 시중에 팔려고 내놓은 주식이 어느 정도일지, 매수세가 어느 정도 부족할지 짐작하기에 충분했다.

나는 이런 사항들을 파악하자마자 70달러 이상에 팔려고 내놓은 주식을 소리 소문 없이 몽땅 매수했다. 잘 알겠지만 여기서 '나'는 물론 중개인들이다. 주가조작 작업을 맡긴 의뢰인들은 매도 주문을 냈었더라도 신탁으로 주식을 묶으면서 당연히 주문을 취소했을 터이므로 내가 매수한 물량은 소액주주들이 내놓은 주식이었다. 주식을 많이 살 필요는 없었다. 주가가 적당히 오르면 여기저기서 사자 주문이 들어오게 마련이기 때문이다. 물론 매도 주문도 생기겠지만.

나는 임페리얼 스틸이 오를 거라고 누구에게도 정보를 흘리지 않았다. 그럴 필요가 없었기 때문이다. 내가 할 일은 가능한 한 최고의 홍보를 해서 시장 분위기에 직접 영향을 미치는 것이었다. 그렇다고 주가가 오른다고 선전하면 안 된다는 얘기는 아니다. 양모 옷이나 신발, 자동차의 가치를 광고하듯, 새로운 주식의 가치를 광고하는 것도 합법적이며 바람직한 일이다. 다만, 정확하고 신뢰할 수 있는 정보를 대중에게 제공해야 한다. 그런데 내가 하고 싶은 말은 시세 테이프가 내가 이루고자 하는 목적에 필요한 일을 전부 해준다는 점이다. 앞서 내가 말한 최고의 홍보란 바로 시세 테이프다. 전에도 말했듯, 어느 정도 평판이 있는 신문들은 시장 동향을 설명하는 기사를 싣게 마련인데, 이런 것들이 뉴스거리가 되기 때문이다. 독자들은 주식시장에 무슨 일이 있는지 알고 싶어 하지만, 왜 그런 일이 일어났는지도 알고 싶어 한다. 따라서 주가조작을 하려는 사람들은 손 하나 까딱하지 않아도 된다. 경제부 기자들이 입수 가능한 정보와 소문을 죄다 보도하고 수익, 거래 여건, 전망에 대한 보고서도 분석해주기 때문이다. 간단히 말해, 신문기자들은 주가가 오른 경위를 설명할 수 있는 건 뭐든 보도한다. 신문기자나 지인이 주식에 대해 물어보면 나는 주저하지 않고 내 의견을 얘기해준다. 내 쪽에서 먼저 투자에 관해 조언해주거나 정보를 알려 주는 일은 절대 없지만 내 의견을 감춘다고 해서 얻을 건 아무것도 없다. 그리고 내가 깨달은 사실이지만 최고의 소식통, 가장 설득력 있는 영업사원은 바로 시세 테이프다.

70달러나 그보다 조금 높은 가격에 매물로 나와 있던 주식을 내가 모두 소화하자 시장에선 매도 압력이 누그러졌고, 임페리얼 스틸의 최소 저항선이 뚜렷하게 드러났다. 매매 목적에 필요한 선인 최소 저항선은 대놓고 상승했다. 기민한 장내 거래원들은 이 사실을 인지하는 순간 상승폭이 어느 정도인지는 알 수 없지만 이 주식이 상승세에 돌입했다고 추론했다. 이 정도만 알아도 장내 거래원들은 매수에 나선다. 이런 수요는 오로지 임페리얼 스틸의 주가 상승세가 뚜렷하기 때문에 생긴 수요로, 시세 테이프가 주는 절대 확실한 강세 정보가 만들어낸 수요다. 나는 즉시 수요를 충족시켰다. 주식을 팔지 못해 지쳐 있던 주주들에게 사들였던 주식을 장내 거래원들에게 판 것이다. 물론 이들의 수요를 충족시키는 것에 만족하는 선에서 신중하게 매도했다. 내가 보유한 주식을 강매하듯 내놓지 않았고, 주가를 급등시키려고도 하지 않았다. 내 일은 전체 물량을 팔 수 있는 시장을 조성하는 것이었으므로, 이 단계에서 10만 주 중 절반을 전부 매각한다고 해도 잘했다고 볼 수는 없었다.

비록 장내 거래원들이 간절하게 사고 싶어 하는 만큼만 팔았지만 이때까지 꾸준히 구매력을 행사하던 내가 매도에 나섰기 때문에 시장에선 내가 매수를 중단한 만큼 잠시 매수세가 줄어들었다. 때가 되어 장내 거래원들의 매수가 끊기자 주가 상승이 멈췄다. 상승세가 멈추자마자 주식을 보유한 사람들이 실망 매물을 내놓았고, 상승세가 멈추는 순간 매수할 이유가 없어진 장내 거래원들은 매도에 나섰다. 하지만 나는 매도에 대비하고 있었기 때문에 주가가 하락세로 접어 들자마자 앞서 장내 거래원들에게 2포인트 높은 가격에 팔았던 주식을 다시 사들였다. 이렇게 사들인 주식도 나중엔 결국 팔겠지만 아무튼 내가 매수에 나서자 하락세는 멈췄다. 그리고 주가 하락이 멈추자 매도 주문도 끊겼다.

그런 다음 처음부터 이 과정을 다시 밟았다. 주가가 오르면 매물로 나온 주식을 몽땅 사들였는데 그 물량은 그다지 많지 않았다. 그러면 70포인트보다 조금 더 높게 출발했던 주가가 뛰기 시작했다. 두 번째 주가 상승이었다. 여기서 잊지 말아야 할 게 있다. 주가가 하락세로 접어들면 많은 보유자들이 진작 팔았어야 했다며 땅을 치고 후회하지만, 꼭짓점에서 3~4포인트 떨어진 가격에는 절대 팔지 않는다. 이런 투기 거래자들은 주가가 반등하면 반드시 전부 팔아치우리라 늘 다짐한다. 그래 놓고 오름세가 되면 매도 주문을 넣다가 주가 추세가 변하면 또 마음이 바뀐다. 물론 안전성을 추구하면서 기민하게 움직이는 사람들은 손에 쥐어야 수익이라는 사실을 알고 차익을 실현한다. 이후 내가 할 일은 이 과정을 반복하는 것이었다. 즉, 사고팔기를 번갈아 하되 주가를 계속 높은 수준으로 유지했다.

주가조작 작업을 할 때 가끔 매물로 나온 주식을 전부 사들인 뒤, 주가를 급격히 띄워 작은 파장을 일으키는 것도 괜찮다. 이런 파장은 훌륭한 광고판 역할을 하는데, 왜냐하면 주가가 급등하면 입소문이 나서 활기찬 주가 움직임을 좋아하는 전업 트레이더나 투기적인 경향을 가진 대중이 모두 유입되기 때문이다. 때로는 제법 많은 투기꾼 무리가 유입되기도 한다. 임페리얼 스틸을 작업하다가 이런 파장을 만들어봤는데, 주가가 용솟음쳐서 수요가 생기면 규모를 막론하고 주식을 내놓아 매수세의 수요를 충족시켰다. 내가 매도하면 상승폭과 속도 모두 일정 범위 안에 머물렀다. 하락세에 사고 상승세에 팔면서 나는 주가를 끌어올리는 작업 이상을 했다. 무슨 말인고 하니 임페리얼 스틸의 시장성을 키웠다.

내가 임페리얼 스틸을 작업한 이후 이 주식을 자유롭게 사고 팔 수 없었던 시기는 없었다. 그러니까 주가를 출렁이게 만들지 않고도 적당한 양을 사고 팔 수 있었다. 매수했다가 팔지 못해서 낭패를 보면 어떡하나, 공매도했다가 매집 세력에게 압박을 당하면 어떡하나 하는 두려움은 사라졌다. 전문가와 대중 사이에 언제든 임페리얼 스틸을 거래할 시장이 있다는 믿음이 점차 확산되자 주가 동향에 대한 신뢰도 높아졌다. 물론 주가 움직임에 활력이 생기자 이 주식을 깎아내리던 온갖 험담도 멈췄다. 그 결과, 나는 수천 주를 사고 판 후 이 주식이 액면가에 팔리도록 만드는 데 성공했다. 누구나 주당 100달러 정도의 가격이면 임페리얼 스틸을 사고 싶어 했다. 왜 아니겠는가? 이제 임페리얼 스틸이 괜찮은 주식이라는 건 세상이 다 알지 않는가. 전에도 저평가됐었지만 임페리얼 스틸 주가는 그 정도면 여전히 싼

편이었다. 주가가 오르는 게 그 증거였다. 70달러에서 30포인트 오를 수 있는 종목은 액면가에서 30포인트 더 오를 수도 있다. 많은 종목들이 이런 식으로 가치를 입증해왔다.

이렇게 주가를 30포인트 끌어올리는 과정에서 내가 매집한 주식은 겨우 7000주였다. 이 물량의 평균 매수단가는 정확히 85달러였다. 즉, 이 물량으로 15포인트 수익을 올렸다. 물론 평가수익이긴 하지만. 전체 수익은 이보다 훨씬 많았다. 내가 팔고 싶은 물량을 전부 팔 수 있는 시장이 형성됐으므로 이만하면 수익이 안전하게 확보된 셈이었다. 현명하게 주가조작을 하면 주식을 더 비싼 값에 팔 수 있을 것이고, 나한테는 행사가격 70달러에 시작해서 100달러에 이르는 콜옵션 10만 주가 있었다.

평가수익을 현찰로 바꾸려고 계획을 세웠지만 사정이 있어서 실행하지는 못했다. 내 입으로 얘기하기는 그렇지만, 이번 조작 작업은 합법적으로 진행됐으며, 성공할 만했다. 그만큼 근사하게 해냈다. 임페리얼 스틸의 자산은 가치가 있었고 주가는 더 오르더라도 결코 비싼 수준이 아니었다. 상장 당시 증권 인수단 회원 하나가 회사 지배권을 확보하려는 욕심을 품었다. 돈 많은 굴지의 은행이었다. 임페리얼 스틸같이 번창하고 주목도도 높아지는 기업을 손아귀에 틀어쥔다면 개인투자자보다 은행이 얻을 게 더 많았다. 여하튼 은행에서 옵션을 모두 인수하겠다고 제안했다. 나로선 엄청난 수익을 올릴 기회였기에 얼른 수락했다. 상당한 수익을 올리면서 한꺼번에 매도할 수 있다면 언제든 그렇게 할 용의가 있었다. 수익은 꽤 흡족했다.

내가 콜옵션 10만 주를 처분하기 전에 안 사실이지만, 은행 측은 전문가를 고용해서 임페리얼 스틸을 더 철저히 조사했다. 전문가들이 제출한 보고서를 보고 나한테 그런 제안을 하고도 이익이 날 것으로 판단한 것 같았다. 당시 나는 임페리얼 스틸의 가치를 믿었으므로 그 회사 주식 수천 주를 투자 목적으로 보유하고 있었다.

임페리얼 스틸을 조작하면서 상식을 벗어나거나 구린 구석은 전혀 없었다. 내가 매수할 때 주가가 오르면 잘되고 있다는 의미다. 주식이 때때로 물먹은 솜처럼 축 늘어질 때가 있는데, 임페리얼 스틸은 그런 적이 없었다. 만약 매수했는데도 주가가 적절히 반응하지 않는다면 그것보다 더 확실한 매도 신호는 없다. 눈곱만한 가치라도 있고 전체 시장 여건이 괜찮다면, 주가가 설령 20포인트 떨어지더라도 언제든지 다시 끌어올릴 수 있다. 그런데 임페리얼 스틸은 그렇게 할 필요가 없었다.

나는 주가를 조작할 때, 기본적인 매매 원칙을 결코 간과하지 않는다. 내가 왜 또 이 얘기를 꺼내는지, 시세 테이프의 움직임을 보고 시세 테이프와 맞서려 하거나 시장에 대고 욱하고 성질을 부리지 않는지 그 이유를 왜 또 되풀이해서 이야기하는 건지 궁금할 것이다. 자기 분야에서 수백만 달러를 벌고 덤으로 이따금 투자에도 성공하는 약삭빠른 사람들을 보며 냉정하게 게임에 임하는 지혜가 몸에 배어 있겠거니 생각하겠지만 사실은 그렇지 않다. 누구 못지않게 성공했다는 주식 기획업자들도 시장이 원하는 대로 움직이지 않으면 토라져서 걸핏하면 짜증을 낸다. 얼마나 자주 그러는지 알면 놀랄 지경이다. 이런 사람들은 시장이 뜻대로 움직이지 않으면 마치 모멸이라도 당한 듯 기분이 상해서 부아를 내는데, 이렇게 이성을 잃고 행동하면 결국 돈을 잃게 마련이다.

한편 존 프렌티스와 내 사이가 틀어졌다는 불화설이 시장에 파다하게 퍼졌다. 사람들은 주식 거래가 삐끗했든지, 아니면 누가 배신하는 바람에 어느 한쪽이 수백만 달러를 날렸다든지 하는 막장 스토리를 기대했다. 하지만 그런 일은 없었다. 프렌티스와 나는 오랫동안 친하게 지냈다. 프렌티스는 내게 여러 번 유익한 정보를 줬고, 나도 프렌티스에게 조언을 해줬다. 프렌티스는 조언대로 할 때도 있었고 아닐 때도 있었는데, 내 조언을 따랐을 때는 대개 돈을 아꼈다.

프렌티스는 페트롤리움 프러덕츠 설립과 주식 판촉에 크게 기여한 인물이다. 그런데 상장하는 데는 그럭저럭 성공했지만 전반적인 시장 여건이 악화되는 바람에 시장에 새로 선보인 이 주식은 프렌티스와 동업자들이 기대했던 것만큼 잘 팔리지 않았다. 기저 여건이 호전되자 프렌티스는 투자조합을 결성해 작업에 들어갔다.

프렌티스가 어떤 기법을 썼는지는 말할 수 없다. 프렌티스가 어떻게 일하는지 얘기하지 않았고, 나도 묻지 않았기 때문이다. 프렌티스가 무슨 작업을 어떻게 했는지는 모르겠지만, 월가에서 오래 활약했고 총명하기로 유명한 프렌티스도 성과를 올리지 못하자 투자조합은 얼마 못 가 주식을 대량 처분하기 어려울 것으로 판단했다. 투자조합에서 자금 운용을 담당하는 사람은 자신이 그 일을 맡기에 역부족이라고 생각하지 않는 이상 외부인에게 자리를 내놓지 않는 법이다. 그리고 어지간한 사람은 웬만해선 자신의 역량이 부족하다는 것을 인정하지 않는다. 프렌티스는 할 수 있는 방법을 죄다 시도해봤다. 그러다 결국 나를 찾아왔다. 화기애애하게 몇 마디 나누고 나자 프렌티스는 10만 주가 조금 넘는 투자조합의 보유 주식을 처분해달라고 말했다. 당시 페트롤리움 프로덕츠는 102~103달러 정도에 거래되고 있었다.

뭔가 개운치 않은 구석이 있어서 제안은 고맙지만 할 수 없을 것 같다고 부드럽게 거절했다. 하지만 프렌티스는 맡아달라고 계속 부탁했다. 그간 자신과 쌓은 정을 생각해서라도 청을 들어달라는 얘기에 결국 수락하고 말았다. 성공을 자신할 수 없는 사업에 얽히는 건 질색이지만 사람은 누구나 친구, 지인에게 신세를 지고 산다는 생각에 매정하게 거절할 수 없었다. 그래서 최선을 다하겠지만 그다지 자신은 없다며 내가 앞으로 씨름해야 할 불리한 요소들을 줄줄 읊었다. 하지만 프렌티스는 투자조합에 수백만 달러를 안겨달라는 건 아니라며, 내가 작전을 주도하면 합리적인 사람이라면 누구든 만족할 만큼 충분히 잘해낼 거라고 믿는다고 말했다.

어쨌든 내 판단에 배치되는 일에 발을 들인 셈이었다. 우려한 대로 상당히 곤란한 상황에 부딪히고 말았다. 대부분 프렌티스가 투자조합을 위해 주가를 조작하려다가 실수를 저지르는 바람에 생긴 일이었다. 가장 불리한 요인은 시간이었다. 상승세가 확실히 막바지에 접어들었다는 게 내 판단이었다. 프렌티스는 시장의 사정이 조금 나아지는 것을 보고 힘을 얻어 투자조합을 결성했지만, 상승세가 멈췄다는 건 주가 상승이 단기 반등에 불과하다는 의미였다. 성과를 거두기 전에 시장이 뚜렷한 약세로 돌아서면 어떻게 해야 하나 걱정됐다. 어쨌든 내가 맡기로 약속한 이상 최대한 열심히 해보기로 마음먹었다.

주가를 띄우는 작업을 시작해 처음에는 어느 정도 성공을 거뒀다. 107달러 언저리까지 올렸는데, 이 정도면 꽤 끌어올린 셈이었다. 덕분에 소량이나마 주식을 매도할 수 있었다. 많은 물량은 아니지만 투자조합 보유 물량을 늘리지 않아서 다행이었다. 주가가 조금이라도 오르면 냉큼 팔아버리려고 벼르고 있는 사람이 수두룩했기 때문이다. 물론 투자조합에 속하지 않은 사람들 얘기다. 아무튼 이런 사람들에게 나는 하늘이 보내준 은인이었다. 시장의 제반 여건이 조금 더 나았더라면 좋았을 텐데, 프렌티스가 더 일찍 찾아오지 않은 게 너무 아쉬웠다. 투자조합이 최대한 손실을 적게 보는 선에서 주식을 처분하는 게 그나마 내가 할 수 있는 일이었다.

프렌티스를 불러 내 의견을 말했지만 그는 반대했다. 내가 왜 그렇게 생각하는지 설명했다.

"프렌티스, 나는 시장의 맥을 짚을 수 있다네. 자네 주식에는 추격 매수세가 형성돼 있지 않아. 작전을 펼치면 대중의 반응이 어떨지 뻔히 보여. 잘 듣게나. 트레이더들이 페트롤리움 프로덕츠에 군침을 흘리도록 최대한 작업하고, 언제든 필요한 만큼 떠받쳐주는데도 대중이 거들떠보지도 않잖아. 그럼 확실히 문제가 있다는 거야. 우격다짐으로 어찌 해보려고 해도 소용없어. 그러다간 반드시 낭패를 보게 돼 있다네. 매수할 때 따라서 매수하는 사람이 있으면 투자조합 자금 운용 담당자는 자기 주식을 기꺼이 살 거야. 하지만 시장에서 자기 주식을 사는 사람이 자기뿐인데도 매수한다면 머저리지. 내가 5000주 살 때마다 대중이 5000주 이상 살 의향을 보이거나 살 수 있어야 해. 나 혼자 전부 사는 짓은 해선 안 돼. 만약 그렇게 한다면, 원하지도 않는 대규모 물량을 보유하게 돼서 힘에 부쳐 쩔쩔매게 되겠지. 지금 해야 할 일은 파는 것뿐이라네. 파는 방법은 딱 하나, 파는 거야."

"그러니까 값이 얼마든 감지덕지하고 팔겠단 말인가?" 프렌티스가 물었다.

"바로 그거야!" 프렌티스는 손사래를 칠 눈치였다. "만약 내가 투자조합이 보유한 주식을 팔게 되면, 마음 단단히 먹게. 가격이 액면가 밑으로 떨어질 거야."

"안 돼! 절대 안 돼!" 프렌티스가 소리쳤다. 누가 들으면 내가 동반자살 모임에 들어오라고 권한 줄 착각할 정도였다.

나는 계속 설득했다. "프렌티스, 주가조작의 대원칙은 팔기 위해 주가를 올리는 거야. 주가가 뛴다고 대량 팔아선 안 돼. 그러면 절대 안 된다네. 대량 매도는 주가가 꼭짓점을 찍고 내려올 때 이루어지거

든. 자네 주식을 125달러나 130달러까지 끌어올릴 순 없어. 그러고
싶지만 불가능해. 따라서 이 수준에서 매도를 시작할 거야. 내 생각
에 모든 주식이 하락할 테고 페트롤리움 프로덕츠도 예외는 아닐 거
야. 어차피 떨어질 거라면 투자조합에서 매도해서 지금 떨어지는 게
나아. 다음 달에 다른 사람이 팔아서 떨어지는 것보단 낫단 말이야."

내가 무슨 끔찍한 말을 했는지 모르겠지만, 프렌티스가 울부짖는
소리가 지구 반대편에서도 들릴 정도였다. 프렌티스는 주가 하락이
니 뭐니 하는 말은 아예 들으려고도 하지 않았다. 그는 결코 물러서
지 않았다. 그건 절대 안 될 말이다, 주식을 담보로 대출을 쓴 은행에
서 곤란한 일이 생길 가능성은 말할 필요도 없고, 주가 기록도 엉망
이 될 거라며 결사반대했다.

나는 다시 한번 그를 설득했다. 내가 판단하기로 페트롤리움 프로
덕츠가 15~20포인트 떨어지는 건 세상 누구도 막을 수 없는 일이었
다. 시장이 하락세로 향하고 있는데 무슨 재주로 그 주식만 예외겠
느냐. 터무니없다. 구구절절 늘어놓았다. 하지만 이번에도 헛수고였
다. 프렌티스는 주가를 떠받쳐야 한다고 막무가내로 우겼다.

빈틈없는 사업가, 그 시절 주식 기획업자로 날리던 사람, 월가에
서 수백만 달러를 벌었고, 투기 게임이라면 그 누구보다 아는 게 훨
씬 많은 사람이 약세장의 초입에서 주가를 떠받치라고 고집 부리고
있었다. 자기 주식이니 그랬겠지만, 그래도 아닌 건 아닌 거다. 안 될
말이었기에 나는 또다시 입씨름을 시작했다. 여전히 소용없었다. 프

렌티스는 주문을 넣어서 주가를 떠받치라고 계속 다그쳤다.

　물론 전체 장세가 약세를 보이고 하락세가 본격화되자 페트롤리움 프로덕츠도 나머지 주식들과 함께 움직였다. 그런데 나는 이 주식을 매도하기는커녕 프렌티스가 요구한 대로 내부자 조합을 위해 매수할 수밖에 없었다. 프렌티스는 약세장이 도래했다는 사실을 받아들이려 하지 않았다. 내가 왜 페트롤리움 프로덕츠를 매수했는지 설명할 길은 이것밖에 없다. 나는 강세장이 끝났다고 확신했다. 나는 페트롤리움 프로덕츠뿐만 아니라 다른 주식으로도 시험 매매를 해서 내가 처음 추측한 게 맞다는 걸 확인했다. 나는 약세장이 완전히 정착할 때까지 기다렸다가 매도하지는 않으므로 다른 주식들은 공매도했다. 하지만 페트롤리움 프로덕츠는 단 한 주도 팔지 않았다.

　예상대로 페트롤리움 프로덕츠 투자조합은 처음부터 보유하고 있던 주식에다 주가를 떠받치려고 부질없이 사 모은 주식 때문에 오도 가도 못 하는 신세가 됐다. 결국 투자조합은 주식을 처분했다. 내가 팔자고 했을 때 프렌티스가 내가 하는 대로 놔뒀더라면 투자조합이 받을 수 있었던 가격에 훨씬 못 미치는 값이었다. 그래도 달리 어쩔 도리가 없었다.

　프렌티스는 아직도 자기가 옳았다고 생각한다. 아니, 말만 그렇게 하는 것 같다. 아무튼 프렌티스는 이렇게 말하고 다닌다. 내가 다른 종목들을 공매도해뒀는데 전체 장세가 오름세를 보이자 자기한테 보유 지분을 팔자고 종용하더라, 가격을 따지지 않고 투자조합 지분을 팔아치우면 페트롤리움 프로덕츠 주가가 떨어지고, 그렇게 되면 다른 주식을 공매도해둔 나한테 도움이 될 테니까 자꾸 팔자고 하더라, 뭐 이런 얘기였는데, 은연중에 나를 헐뜯는 말이었다.

그야말로 헛소리다. 공매도 포지션을 취했기 때문에 시장이 약세라고 판단한 게 아니다. 상황을 따져보고 약세라고 판단했고, 약세라는 판단이 선 뒤에야 주식을 공매도했다. 주식시장에선 주객이 전도되면 큰돈을 벌 수 없다. 내가 투자조합 지분을 매도하겠다고 나선 것은 20년 동안 쌓은 경험을 바탕으로 내린 결정이었다. 경험에 비추어볼 때 매도하는 게 현실적이며 현명하다고 판단했기 때문이었다. 프렌티스도 나처럼 트레이더의 관점에서 상황을 뚜렷이 봐야 했다. 달리 무슨 시도를 하기에는 너무 늦은 시점이었다.

많은 문외한이 주가조작에 나선 사람은 뭐든 할 수 있을 거라고 착각하는데, 프렌티스 역시 마찬가지였다. 주가조작 전문가라고 뭐든 할 수 있는 건 아니다. 킨이 해낸 일 중에 제일 큰 건 1901년 봄 US 철강 보통주와 우선주의 주가를 조작한 일이었다. 킨이 성공한 건 영리해서도 아니고, 지략이 뛰어나서도 아니고, 미국에서 손꼽히는 갑부들이 든든하게 뒷배를 봐줘서도 아니었다. 이런 것들도 성공에 일조하기는 했지만, 주된 이유는 전체 장세와 대중의 심리 상태가 유리하게 돌아갔기 때문이었다.

경험의 가르침과 상식에 반하는 행동은 사업에 도움이 되지 않는다. 그런데 월가에선 문외한들만 호구가 되는 게 아니다. 좀 전에 말한 대로 프렌티스는 나한테 불만이 많았다. 그런데 나한테 부아가 난 건 주가조작 작업을 내 마음대로 해서가 아니었다. 오히려 자기 요청대로 했기 때문이었다.

고의로 기업이나 주식에 대한 낭설을 퍼뜨리지 않는 이상, 주식을 대량 팔기 위해 기획된 조작에는 비밀스러운 것도, 음험한 것도, 구린 것도 있을 수 없다. 건전한 주가조작은 건전한 트레이딩 원칙에 토대를 둔다. 사람들은 가장매매 같은 해묵은 수법을 중시하지만, 속임수 기법 그 자체는 큰 효과가 없다고 장담할 수 있다. 주식시장 조작과 주식 및 채권의 장외 매각은 상대하는 고객의 유형이 다를 뿐, 고객을 유인하는 방식이 다른 건 아니다. J. P. 모건은 채권을 대중, 즉 투자자들에게 매각한다. 주가조작 전문가는 다량의 주식을 대중, 즉 투기 거래자에게 처분한다. 투자자는 안전을 추구하며 투자한 자본에서 계속 이자 수익을 얻고자 한다. 투기 거래자는 단기간에 얻을 수 있는 수익을 노린다. 주가조작 세력은 투기 거래자들 사이에서 판매처를 찾을 수밖에 없다. 왜냐하면 투기 거래자는 일정한 밑천으로 큰 수익을 거머쥘 적당한 기회만 있으면 기꺼이 통상적인 사업 위험보다 더 큰 위험을 무릅쓰기 때문이다. 나는 맹목적인 도박에 몸을 맡긴 적이 한 번도 없다. 큰돈을 걸 수도 있고 100주만 살 수도 있지만, 어떤 경우든 그만한 이유가 있어야 행동에 옮겼다.

내가 어쩌다가 주가조작 게임에 나서게 된 것인지는 분명히 기억한다. 그러니까 남을 위해 주식 매도에 유리한 시장을 조성하는 일에 나서게 된 경위 말이다. 이는 소위 월가의 전문가들이 주식시장에서의 작전을 어떻게 생각하는지 극명하게 보여주는 사례이기도 해서 당시를 떠올리면 웃음이 난다. 내가 "재기"한 후, 즉 1915년 베들레헴 철강을 매매해 재정 상태가 회복세로 접어든 후 있었던 일이다.

나는 꽤 꾸준히 거래할 수 있었는데, 물론 여기에는 운도 따랐다. 신문에 기사를 실으려고 애쓴 적도 없지만 굳이 나를 감추려고 애쓴 적도 없다. 잘 알 테지만, 월가 전문가 집단은 활발하게 거래하는 사람이 성공하든 실패하든 모두 과장해서 이야기하는 경향이 있다. 물론, 신문사들은 이런 과장된 소문을 듣고 기사를 쓴다. 신문에 난 소문에 따르면 나는 수도 없이 깡통을 찼는데, 똑같은 신문에 수백만 달러를 벌었다는 기사가 실리기도 했다. 이런 기사를 보면 나는 이런 소문이 어디서 어떻게 퍼지기 시작했는지 궁금할 뿐이다. 중개인 친구들이 잇달아 나한테 와서는 소문을 들려줬는데, 같은 이야기도 조금씩 내용이 달라지고, 부풀고, 살이 붙었다.

남을 위해 처음 주가조작에 나서게 된 경위를 얘기하려다가 서론이 길어졌다. 내가 수백만 달러의 빚을 어떻게 다 갚았는지 신문에 기사가 났는데 이 기사들은 제법 영향력이 컸다. 내가 큰돈을 걸었다느니, 떼돈을 벌었다느니 하는 얘기를 기사에서 어찌나 부풀렸는지 월가에서 화젯거리가 될 정도였다. 한 사람이 20만 주를 휘둘러 시장을 쥐락펴락하던 그런 시절은 지났지만, 알다시피 대중은 항상 노회한 지도자의 뒤를 이을 후계자를 찾고 싶어 하는 법이다. 주식 기획업자나 은행들이 킨에게 대규모 주식 매각 작업을 의뢰한 것은 킨이 혼자 힘으로 수백만 달러를 벌어 주식 투기의 달인으로 명성이 자자했기 때문이었다. 요컨대, 트레이더로 활약할 때의 성공담 덕분에 킨에게 주가조작 의뢰가 들어왔던 것이다.

그러나 킨은 이제 없다. 시손비*가 자기를 기다리지 않으면 거기가 천국이라도 잠시도 머물지 않겠다고 말하더니 하늘나라로 갔다. 몇 달 사이에 주식시장의 역사를 새로 쓴 사람들이 두세 명 나타났지만, 오랫동안 활동이 뜸하자 사람들의 기억 속에서 사라지고 말았다. 서부 출신으로 1901년 월가에 와서 강철주 지분으로 수백만 달러를 벌어들이고 이후에도 월가에 남아 있던 사람들이 특히 그랬다. 이들은 사실 킨 같은 투기 거래자라기보다는 일류 주식 기획업자였다. 이들은 출중한 능력자에다 어마어마한 부자였다. 이들은 자신과 친구들이 쥐고 있던 회사의 주식을 거래해 초대박을 쳤다. 그래도 킨이나 플라워 주지사처럼 거물급 주가조작 전문가라고는 볼 수 없다. 그럼에도 불구하고 월가에선 여전히 이들에 관한 얘기가 끊이지 않았으며, 전문가들 중에도 추종자가 있었고, 말쑥한 중개소들에도 추종자가 있었다. 그런데 이들마저 활발하게 거래하지 않자 월가에선 주가조작 세력이 사라졌다. 적어도 신문에선 주가조작 세력에 대한 기사를 읽을 수 없었다.

---

* 킨이 아끼던 경주마로 경마 대회에서 여러 번 우승한 명마다. 킨은 시손비가 죽고 7년 뒤쯤 사망했다.

기억하겠지만 1915년 증권거래소가 영업을 재개하자마자 초강세 장이 시작됐다. 시장이 확장되고 연합국이 미국에서 사가는 물자 규모가 수십억 달러까지 치솟으면서 미국 경제는 호황을 맞았다. 전쟁 관련 주나 전쟁 수혜주라면 손가락 하나 까딱 안 해도 무한정 시장을 조성할 수 있었으므로 구태여 조작할 필요가 없었다. 수많은 사람이 물자 납품 계약이나 심지어 계약하겠다는 약속을 밑천 삼아 수백만 달러를 벌었다. 이들은 친분 있는 금융업자의 도움을 받거나 회사를 장외시장에 내놓아 주식 기획업자로도 성공했다. 적당히 판촉 소문만 내도 대중이 어떤 주식이든 쓸어 담았기 때문이다.

경기 호황이 정점을 지나 차츰 사그라들기 시작하자, 일부 주식 기획업자는 주식을 매각하려면 전문가의 도움이 필요한 처지에 놓였다. 온갖 증권을 사서 쟁여둔 데다 일부 비싼 값에 사들인 대중은 주식에 치여 질식할 지경이었으므로 새로 시장에 진입한 주식을 처분하기가 여간 어렵지 않았다. 호황이 끝나자 대중은 이제 오를 건 아무것도 없다고 확신했다. 매수자들에게 주식을 분별하는 혜안이 생겨서가 아니라 이제 맹목적으로 매수하는 시절은 끝났다는 의미였다. 대중이 마음을 바꾼 것이다. 굳이 주가가 내려가지 않아도 사람들은 비관론자가 됐다. 시장이 침체되고 당분간 침체 상태를 유지할 것으로 보이자 비관론이 침투하기에 충분한 상황이 조성됐다.

호황장에서 대중은 온갖 주식을 다 탐내는데, 이런 대중의 굶주림을 이용해 기업이 속속 설립된다. 호황을 맞았을 때 새로운 기업이 많이 등장하는 이유가 이 한 가지만 있는 건 아니지만, 이런 주식 탐닉 현상이 주된 이유임은 분명하다. 또한 끝물에 뒤늦게 주식 판촉에 나서는 경우도 있다.

주식 기획업자들이 이런 실수를 하는 이유는 호황의 종말을 보고 싶지 않은 것은 인지상정이고, 잠재 수익이 클 때 기회를 잡는 게 좋다고 생각하기 때문이다. 희망에 눈이 멀면 천장이 시야에 들어오지 않는 법이다. 어중이떠중이의 눈앞에서 주당 12달러나 14달러에도 아무도 원하지 않던 주식이 갑자기 30달러로 뛴다. 그러면 분명 여기가 고점 같다. 그런데 주가가 50달러까지 뛰면 정말로 상승세는 끝인 듯하다. 그런데 60달러가 되고 70달러, 75달러까지 오른다. 그러면 몇 주 전에 15달러 밑에서 팔리던 주식이니 더 이상 오르진 않을 것 같다. 하지만 주가는 80달러, 85달러까지 오르고 어중이떠중이는 급기야 가장 쉬운 길을 택한다. 바로 주가 상승에 한계가 있다는 생각을 그만두는 것이다.

어중이떠중이는 가치를 고려하지 않고 가격만 따지며, 시장 여건이 아니라 두려움에 지배받는다. 현명하게도 그동안 꼭짓점이라며 매수하지 않던 일반인들은 이런 이유로 차익 실현을 미루면서 그동안 놓친 수익을 만회하려고 한다. 경기 호황에 제일 먼저 큰돈을 버는 사람은 언제나 대중이다. 그런데 서류상 수익이라는 게 문제다. 대중은 서류상 평가수익만 거둘 뿐 실제로 돈을 챙기지는 못한다.

타란툴라 독거미와 지네 사이에서 살아남기

어느 날 자주 내 일을 처리해주는 중개인이자 막역한 친구인 짐 반스가 찾아왔다. 짐은 크게 신세 질 일이 있다며 운을 뗐다. 그런 식으로 말하는 건 처음이라 내가 들어줄 수 있는 부탁이기를 바라면서 뭔지 얘기하라고 했다. 그의 부탁을 꼭 들어주고 싶었다. 그러자 짐은 회사에서 신경 쓰는 주식이 있다고 말했다. 사실 여러 주식 기획업자가 그 주식의 판촉을 맡았는데 그중 짐의 회사가 중요한 위치에 있었고 지분도 꽤 많이 소유하고 있었다. 아무튼 상당한 물량을 팔아야 하는 절실한 사정이 생긴 모양이었다. 짐은 내가 판로를 개척해줬으면 하고 바랐다. 그 주식은 콘솔리데이티드 스토브였다.

여러 가지 이유로 그 일에는 발을 들이고 싶지 않았다. 하지만 짐에게 신세 진 일이 있는 데다 짐이 자기 얼굴을 봐서라도 맡아달라고 계속 간청하는 바람에 고집을 꺾을 수밖에 없었다. 짐은 괜찮은 사람이고, 무엇보다 내 친구가 아닌가. 아무튼 알아보니 짐의 회사는 그

일에 꽤 깊이 관여하고 있었다. 그래서 결국 하는 데까지 해보겠다고 승낙했다.

제1차 세계대전 특수에 따른 이번 호황과 다른 호황의 가장 두드러진 차이점은 새로운 유형의 사람들이 주식시장에서 설치기 시작했다는 것이다. 바로 청년 금융업자다. 엄청난 호황이었고, 이 같은 호황이 어디서 비롯됐는지, 원인이 무엇인지 삼척동자도 알고 있었다. 이런 상황에서 미국 굴지의 은행들과 신탁회사들은 종류나 여건을 막론하고 닥치는 대로 온갖 주식 기획업자들과 군수품 제조업자들을 하루아침에 돈방석에 앉혀놓았다. 연합국위원회 회원의 친구의 친구를 안다고만 해도 아직 체결 여부도 확실하지 않은 계약을 이행하는 데 필요한 자금을 전부 받아낼 수 있었다. 사람을 잘 믿는 신탁회사에서 돈을 빌려준 덕분에 말단 직원이 회사를 뚝딱 차려 수백만 달러짜리 사업체를 굴리는 사장이 됐다는 둥, 계약이 이 사람 손에서 저 사람 손으로 넘어가기만 해도 수익이 난다는 둥 입이 떡 벌어지는 얘기가 들렸다. 유럽에서 미국으로 엄청난 금이 쏟아져 들어오자 돈을 주체하지 못한 은행들은 돈을 간수할 곳을 찾느라 분주했다. 나이 지긋한 사람들이라면 이런 사업 행태를 보고 우려했겠지만, 시장을 좌지우지하던 노장들은 그다지 눈에 띄지 않았다. 평온하던 시절에는 백발이 성성한 은행장들이 이 바닥을 주름잡았지만, 격랑의 시대에는 젊음이 최고의 능력이었다. 은행들은 확실히 엄청난 수익을 올리고 있었다.

짐 반스와 동료들 역시 마셜내셔널은행의 젊은 은행장과 흉금을 터놓고 친하게 지냈는데, 이들은 유명한 가스레인지 회사 세 군데를 합병해 새로 회사를 만들고 이 회사의 주식을 대중에게 팔 계획을 세웠다. 대중은 몇 달 전부터 증권같이 생긴 건 아무거나 모조리 주워 담고 있는 터였다.

한 가지 문제는 가스레인지 사업이 어쩌나 잘됐는지 세 회사 모두 사상 처음으로 자사 보통주에 배당금을 줄 정도로 수익을 올리고 있다는 점이었다. 당연히 대주주들은 지배권을 놓으려고 하지 않았다. 장외시장에도 주식을 살 사람이 얼마든지 있었고, 내놓고 싶은 물량만큼 이미 팔았기 때문에 현 상태에 안주하려고 했다. 시장에서 주가가 화끈하게 움직이기에는 각 회사의 자본금 규모가 너무 작았기 때문에 짐의 회사가 개입하게 된 것이다. 증권거래소에 상장하려면 합병기업의 몸집을 불려야 했다. 증권거래소에 신주를 상장하면 상장 전보다 주가가 뛸 게 뻔했다. 이는 월가에서 내려오는 해묵은 수법으로, 바로 증권 색상을 바꿔 값어치를 높이는 방식이었다.* 주식이 액면가인 100달러에도 잘 팔리지 않는다고 하자. 그러면 주식을 4분의 1로 분할해서 나중에 이 주식을 30달러나 35달러에 파는 수법이다. 분할 전으로 따지면 120~140달러에 해당하는 주가로, 분할하지 않았더라면 도저히 도달하기 힘든 수치다.

---

* 당시에는 액면가를 쉽게 알아볼 수 있도록 액면가에 따라 증권의 색상이 달랐다.

　세 회사 중에서는 그레이 스토브가 비교적 몸집이 컸는데, 짐과 동료들은 그레이 스토브 주식을 투기 목적으로 다량 보유하고 있는 친구 몇 명을 합병에 참여하도록 끌어들이는 데 성공했다. 그레이 스토브 1주당 합병회사 주식 4주를 교환해주는 조건이었다. 미들랜드와 웨스턴도 그레이 스토브를 뒤따라 1주당 합병회사 주식 1주를 교환하는 조건으로 합병에 참여했다. 두 회사 주식들은 장외시장에서 25~30달러에 시세가 형성됐고, 더 유명하고 배당금도 지불하는 그레이 스토브의 주가는 125달러 언저리였다.

　현금을 받아야 주식을 내놓겠다고 고집하는 주주들이 있었는데, 이런 주주들의 주식을 매수할 자금을 마련하고 주가 부양 및 판촉에 드는 추가 경비를 제공하려면 몇백만 달러를 조달해야 했다. 짐은 친하게 지내는 젊은 은행장을 만났고, 은행장은 인수단에 흔쾌히 350만 달러를 빌려줬다. 담보물은 신설된 합병회사의 주식 10만 주였다. 인수단은 은행장에게 주가가 50달러 밑으로 떨어지지 않을 거라고 장담했다. 그 정도면 꽤 높은 가격이므로 수지에 맞는 거래였다.

　주식 기획업자들이 처음 저지른 실수는 시의성 문제였다. 시장에서 신규 회사 주식을 원하는 수요는 이미 포화 상태에 이르렀는데, 그들은 현실을 보지 못하고 호황이 절정일 때 다른 주식 기획업자들이 성공했던 것처럼 자신들도 대박을 쳐보겠다고 발버둥쳤다. 그때라도 그런 포부를 버렸더라면 상당한 수익을 올렸을 텐데 말이다.

　그렇다고 짐과 동료들을 멍청하다거나 미숙한 애송이라고 착각하면 안 된다. 그들은 오히려 약삭빠른 사람들이었다. 모두 월가의 방식이라면 속속들이 알고 있었고, 일부는 말 그대로 성공한 주식 트레이더였다. 그러나 그들은 대중의 매수 여력을 과대평가하는 우를 범했다. 오판은 거기서 그치지 않았다. 어쨌거나 대중의 매수 여력은 시장에서 실제로 시험 매매를 해봐야 판단할 수 있다. 또한 이들은 강세장이 오래 지속될 것으로 기대했는데, 이 같은 오판 때문에 더욱 값비싼 대가를 치러야 했다. 이들은 강세장이 끝나기 전에 일을 모두 마무리할 수 있을 거라고 철석같이 믿었다. 너무 빨리 크게 성공한 사람들이라 그렇게 자신만만하지 않았나 싶다. 모두 이름깨나 날리는 사람들인 데다 전업 트레이더나 증권사에 추종자들도 꽤 있었으니 더더욱 자신 있었을 것이다.

합병건 광고는 요란하기 짝이 없었다. 신문들은 정말 지면을 아낌없이 내줬는데, 대개 이런 식의 논조였다. 합병되는 회사들은 미국의 가스레인지 산업 그 자체라고 할 수 있으며, 이들의 제품은 전 세계에 이름이 알려져 있다. 이번 합병은 애국 행위다. 그리고 합병만 하면 세계 정복도 가능할 것이다. 대충 이런 논조의 글이 일간지들에 무더기로 실렸다. 아시아, 아프리카, 남아메리카 시장은 벌써 꽉 잡은 거나 다름없어 보였다.

신설 회사 임원진은 일간지의 경제면을 읽는 독자라면 누구나 익히 알 만한 사람들이었다. 홍보 작업은 솜씨 있게 착착 처리됐고, 주가가 어떻게 될지 익명의 내부자들이 확실하고 그럴듯하게 약속한 덕분에 신규 주식에 대한 수요는 날로 커졌다. 그 결과, 청약 접수를 마감하고 보니 대중에게 주당 50달러에 제공될 주식이 25퍼센트나 초과 청약됐다.

주식 기획업자들은 이 정도가 최선이라고 예측했어야 했다. 무슨 말인고 하니, 몇 주간의 작업 후 평균 매도 단가가 50달러가 되도록 75달러 위까지 주가를 끌어올려 그 가격에 신규 주식을 잘 팔았어야 했다. 사실 이 정도만으로도 합병된 회사들의 예전 주가에서 100퍼센트나 오른 셈이었다. 여기가 결정적인 국면인데, 주식 기획업자들은 제대로 대처하지 못했다. 어떤 사업이든 그 사업에 맞춰서 해야 할 일이 따로 있는 법이다. 보편적인 지혜보다 구체적인 요령이 더 요긴한 법이다. 아무튼 주식 기획업자들은 예상치 못한 초과 청약에 들뜬 나머지 대중이 어떤 가격이든 수량을 불문하고 주식을 살 것이라고 단정했다. 그래서 어리석게도 주식을 다 배당하지 않았다. 기왕지사 탐욕을 부리기로 마음먹었다면 머리를 굴려가며 부렸어야 했다.

물론 주식을 전부 배당했어야 했다. 그렇게 하면 대중에게 내놓은 전체 청약 수량에서 초과 청약분인 25퍼센트만큼 공매도해야 했다. 물론 그랬다면 주가를 떠받쳐야 할 때 환매만 하면 되므로 아무런 대가도 치르지 않고 주가를 띄울 수 있었을 것이다. 즉, 강력한 전략적 포지션에 위치할 수 있었을 것이다. 주가조작 작업을 할 때면 나는 늘 이런 포지션을 취하려고 애쓰는데, 청약 주식을 전부 배당했더라면 주식 기획업자들은 힘들이지 않고 전략적 포지션을 취할 수 있었을 것이다. 게다가 이 포지션을 통해 주가가 처지는 걸 막아 신규 주식이 안전하다는 것, 그리고 증권 인수단이 든든하게 뒤를 받치고 있다는 확신을 대중에게 심어줄 수 있었을 것이다. 대중 몫으로 배당된 주식을 파는 것으로 끝이 아니라는 사실을 명심했어야 했다. 청약 주식은 인수단이 매도해야 했던 물량의 일부에 불과했기 때문이다.

주식 기획업자들은 대성공이라고 생각했지만, 오래지 않아 두 가지 결정적 실수의 영향이 뚜렷이 드러나기 시작했다. 시장 전반에서 조정 추세가 완연해지자 대중은 더 이상 신규 주식을 사지 않았다. 그러자 겁을 집어먹은 내부자들은 콘솔리데이티드 스토브 주가를 떠받치지 않았다. 가뜩이나 침체된 장세에서 내부자들도 자사주를 사지 않는데 누가 사겠는가? 내부에서 주가 부양 움직임이 없으면 시장은 이를 확실한 약세 정보로 받아들인다.

자세한 통계를 들여다볼 필요도 없다. 콘솔리데이티드 스토브 주가는 시장의 전반적인 기조처럼 출렁였으니 말이다. 여하튼 주가 변동이 있었지만 상장 초기 시세인 50달러를 살짝 웃도는 수준을 좀처럼 넘어서지 못했다. 짐과 친구들은 결국 주가 40달러 선을 지키기 위해 매수자로 시장에 진입해야만 했다. 시장에 처음 선보였을 때 주가를 부양하지 않은 게 아쉬웠다. 그러나 무엇보다 대중이 청약한 주식을 모두 팔지 않은 게 더 뼈아팠다.

아무튼 주식은 뉴욕증권거래소에 정식으로 상장됐고, 주가는 37달러까지 맥없이 쭉 미끄러지더니 멈췄다. 37달러에서 멈춘 건 은행에서 10만 주를 담보로 주당 35달러를 대출해주어서 짐과 동료들이 나서서 주가를 방어하지 않을 수 없었기 때문이다. 만약 은행이 담보로 잡은 주식을 팔아 부채를 청산하려고 했다면 주가가 어디까지 떨어졌을지 장담할 수 없다. 주가가 50달러일 때 사고 싶어 안달하던 대중은 이제 37달러에도 살 생각이 없어 보였다. 혹여 27달러가 되더라도 살 것 같지 않았다.

시간이 지나면서 대출 상환 기간 연장 문제와 관련, 은행들이 월권 행위를 하자 사람들은 그간의 업계 행태에 대해 다시 생각하게 됐다. 마침내 청년 은행가의 시대는 끝났다. 위기가 닥치고 발등에 불이 떨어지자 은행업계는 별안간 보수주의로 회귀하려는 듯했다. 은행장의 친한 친구들은 이제 대출을 갚으라는 요청을 받았다. 마치 은행장과 골프 한 번 친 적 없는 사이인 것처럼 말이다. 대출해준 쪽에서 위협할 필요도, 대출받은 쪽에서 시간을 더 달라고 애원할 필요도 없었다. 양쪽 모두 거북하기 짝이 없는 상황이었다. 내 친구 짐이 거래했던 은행은 여전히 호의적이었지만, 직접 말만 안 했다 뿐이지 이런 뉘앙스를 풍겼다. '제발 대출금을 갚게! 아니면 다 같이 시궁창에 처박힐 거라고!'

뒤탈이 얼마나 무섭고 후폭풍이 얼마나 컸으면 급기야 짐이 나를 찾아와 10만 주를 팔아달라고 부탁했겠는가. 은행 대출금 350만 달러를 갚으려면 주식을 팔아야 했다. 짐은 이제 그 주식으로 수익을 얻으려는 기대조차 하지 않았다. 조금 손해 보고 일을 마무리할 수 있다면 인수단으로선 감지덕지할 판이었다. 가망이 없어 보였다. 간간이 시장이 반등하면 다들 기운을 차리고 조금 있으면 상승장이 돌아올 거라고 애써 위로했지만 장세는 활발해지지도, 상승세를 보이지도 않았다.

나는 짐에게 일단 대충 살펴보고 어떤 조건으로 일을 맡을지 알려 주겠다고 대답했다. 실제로 조사에 착수하긴 했다. 하지만 회사의 최근 연간 보고서 같은 건 분석하지도 않았다. 오로지 주식시장이 어떤 국면인지만 연구했다. 수익이나 전망이 좋으니 주가가 상승할 거라는 정보를 흘려 팔아치우는 게 아니라 공개시장에서 대량 처분할 참이었기 때문이다. 그 일을 하는데 무엇이 도움이 될지, 혹은 도움이 될 수 있는지, 아니면 걸림돌이 될지 이것만 생각했다.

한 가지 눈에 띄는 건 주주 몇 사람이 너무 많은 주식을 보유하고 있다는 점이었다. 너무 많은 물량이 극소수 사람의 손에 있었기 때문에 주가 안정성 확보라는 측면에서 영 불안했다. 뉴욕증권거래소 회원사이자 은행과 증권 회사를 거느린 클리프턴 케인이 7만 주를 갖고 있었다. 이 회사는 짐과 친밀한 관계로, 수년간 가스레인지 주식을 전문으로 다루었기 때문에 합병에도 큰 영향력을 행사했다. 돈벌이가 되니 회사 고객들도 끼어들었다. 조카들이 운영하는 고든 브러더스의 특별 파트너 새뮤얼 고든 전 상원 의원 역시 7만 주를 소유하고 있었고, 유명한 조슈아 울프는 6만 주를 소유하고 있었다. 한 줌도 안 되는 월가의 백전노장들이 콘솔리데이티드 스토브 주식을 총 20

만 주나 보유하고 있었다.

이들에게는 주식을 언제 팔라고 친절하게 귀띔해줄 사람이 필요 없었다. 만약 내가 대중의 매수를 이끌어내기 위해 주가조작에 나선 다면, 그래서 주가가 뛰고 거래가 활발해진다면 케인, 고든, 울프가 물량을 털어낼 게 뻔했다. 게다가 조금씩 찔끔찔끔 내놓을 턱 없었 다. 20만 주가 시장에 물밀듯이 쏟아져 들어올 거라고 생각하니 아찔 했다. 이 사실을 잊지 말기 바란다. 주식시장은 황금기가 지난 시기 였기에 내가 아무리 능수능란하게 대처하더라도 대단한 수요가 생길 리 없었다. 짐 역시 이번 작전에 환상 따위는 품지 않았기에 나한테 맡기고 잠자코 비켜나 있었다. 강세장이 마지막 숨을 헐떡이는 와중 에 축 늘어진 주식을 팔아달라고 맡겼으니 그럴 만도 했다. 물론 신 문에는 강세장이 끝났다는 얘기가 없었지만, 나도 알고, 짐도 알고, 은행도 알고 있었다.

그래도 짐에게 약속한 터라 케인, 고든, 울프를 불렀다. 그들이 보 유한 20만 주는 다모클레스Damocles*의 칼처럼 아슬아슬하게만 보였 다. 나는 칼을 붙잡고 있는 말총을 쇠사슬로 바꾸고 싶었다. 일종의 호혜협정을 맺는 것이 가장 쉬운 길인 듯했다. 나는 이렇게 제안할 참이었다. 내가 은행 지분 10만 주를 팔 때까지만 매도를 미루는 식

---

* 다모클레스는 기원전 4세기 시칠리아 시라쿠스의 참주 디오니시오스의 신하였다. 디오니시오스는 잔치를 열고 말총 한 올에 칼을 매달고 칼 밑에 다모클레스를 앉혔다. 언제 떨어질지 모르는 칼 밑에 있는 것처럼 권좌도 불안하다는 점을 일깨워주기 위해서였다.

으로 소극적으로 도와준다면, 우리 모두 매도할 수 있게끔 내가 발 벗고 나서서 시장을 조성하겠노라고 약속할 작정이었다. 시장의 상황이 이러니 그들이 보유한 지분에서 10분의 1만 내놓아도 주가가 폭락할 게 뻔했기 때문이다. 그들 역시 이 사실을 너무나 잘 알고 있었기에 이때까지 매각은 꿈도 꾸지 않고 있었다. 내가 그들에게 부탁한 것은 매도 시점을 잘 판단해달라, 이기적으로 구는 건 어리석은 행동이다, 이타심을 발휘하는 게 현명하니 부디 그렇게 해서 좋은 결과를 얻으라는 것뿐이었다. 제 배만 불리겠다고 나대면 월가든 어디에서든 결코 득이 되지 않는다. 때가 무르익지도 않았는데 섣불리 매도하거나 무분별하게 매도하다가는 물량을 전부 털어낼 수 없다는 사실을 납득시키고 싶었다. 시간이 없었다. 내 제안이 그 사람들의 마음에 닿았으면 했다. 왜냐하면 월가에서 산전수전 다 겪은 사람들인 데다 그 사람들도 콘솔리데이티드 스토브를 흡수할 수요에 대해 환상 따위는 품지 않고 있었기 때문이다.

케인은 11개 도시에 지점이 있고 수많은 고객을 보유한 잘나가는 증권사 수장이었다. 이 회사는 과거에 한 차례 이상 투자조합에서 자금 운용을 담당하기도 했다.

7만 주를 보유한 고든 상원 의원은 어마어마한 갑부였다. 대도시의 신문 독자들은 고든의 이름을 익히 알고 있었다. 열여섯 살짜리 손톱관리사가 고든에게 받은 5000달러짜리 밍크코트와 편지 132통을 증거로 내놓으며 혼인빙자로 고소했으니 고든을 모르기도 힘들었다. 고든은 조카들을 증권사 중개인으로 일하게 한 다음 조카의 회사를 자기 회사의 특별 파트너로 삼았다. 고든이 참여한 투자조합만 수십 개였다. 미들랜드 스토브 지분을 많이 상속받은 터라 콘솔리데이티드 스토브 주식 10만 주를 받았다. 짐이 시장이 미친 듯이 오를 거라고 귀띔했지만 10만 주나 갖고 있던 고든은 이 말을 무시하고 오름세가 사그라들기 전에 3만 주를 팔아 현금을 챙겼다. 고든은 나중에 이렇게 말했다. 나이 지긋하고 막역한 친구인 다른 큰손 주주들이 더 팔지 말라고 호소해서 순전히 친구들을 생각해서 매도를 멈췄는데, 그것만 아니었으면 더 팔았을 거라고. 그래서 매도를 멈춘 것도 있지만, 아까 말했듯이 물량을 소화할 시장이 없기도 했다.

세 번째 대주주는 조슈아 울프였다. 울프만큼 유명한 트레이더는 없다고 해도 무방할 정도다. 20년 동안 승부사로 통 크게 걸었으니 주식 투자를 하는 사람치고 울프를 모르는 사람은 없었다. 주식을 매수하거나 매도하거나 1만~2만 주 정도는 울프에게 이삼백 주나 마찬가지였다. 나도 뉴욕에 오기 전에 통 큰 승부사 울프의 명성을 익히 들은 바 있었다. 그 후 울프는 도박꾼들과 어울려 다니면서 경마장이나 주식시장에서 판돈에 제한 없는 노름을 즐겼다. 사람들은 울프가 노름꾼에 불과하다며 손가락질했지만, 투기 게임에서 발휘하는 실전 능력과 타고난 소질이 대단한 사람이었음은 틀림없는 사실이다.

또한 울프는 교양 있는 체하는 취미에는 관심이 없기로 유명해서 수많은 일화의 주인공이 되기도 했다. 사람들의 입에 많이 오르내리

는 일화 하나를 소개하겠다. 울프가 만찬에 초대 받았을 때의 이야기
인데, 울프는 이런 모임을 '거드름 만찬'이라고 불렀다. 아무튼 손님
들을 초대한 여자의 주도로 몇 명이 문학에 관해 토론을 시작하더니
그칠 줄 몰랐다. 울프 옆자리에 앉아 있던 젊은 여성은 그가 입을 음
식 씹는 용도로만 쓰고 한마디도 하지 않자 그를 바라보며 위대한 금
융업자의 의견을 듣고 싶어 죽겠다는 표정으로 물었다.

"발자크*에 대해 어떻게 생각하세요?"

울프는 점잖게 음식을 삼키고는 이렇게 대답했다. "저는 장외 주
식은 절대 거래 안 합니다!"

이 세 사람이 콘솔리데이티드 스토브의 3대 개인 주주였다. 그들이
오자 나는 이렇게 제안했다. 만약 그들이 투자조합을 결성해 자금을
마련하고 그들이 보유한 물량에 대해 시세보다 조금 높은 가격에 살
수 있는 콜옵션을 나한테 주면 내가 어떡하든 시장을 조성해보겠노라
고. 그들은 필요한 돈이 얼마인지 물었다. 나는 이렇게 대답했다.

"그 주식을 오랫동안 가지고 있었지만, 지금은 그걸로 아무것도 할
수 없다는 것을 잘 알 겁니다. 세 분이 20만 주를 갖고 있는데, 시장
을 조성하지 않으면 처분할 길이 아예 없다는 것도요. 갖고 있는 주
식을 내놓으려면 그걸 소화할 시장이 있어야 합니다. 그러니까 어느
정도가 됐든 우선 필요한 만큼 주식을 매수해서 시장을 조성해야 하

---

* 발자크(1799~1850). 프랑스의 소설가로 사실주의 소설의 창시자로 평가받는다.

니 그만한 자금을 갖고 있어야겠지요. 돈이 모자란 채로 시작했다가 중도에 그만두면 말짱 도루묵이 될 테니까요. 세 분이 투자조합을 결성해 현금 600만 달러를 마련하시죠. 그런 다음 투자조합에 20만 주를 40달러에 매수할 수 있는 콜옵션을 부여하고 주식을 모두 제3자에게 예탁하세요. 만사 잘 풀리면 세 분은 골칫거리를 처분하고 투자조합은 돈 좀 만질 겁니다."

앞서 얘기했지만, 주식시장에선 떼돈을 벌었다며 나에 대한 온갖 소문이 난무했다. 어쩌면 이런 소문 덕에 짐이 나한테 의뢰한 것인지도 모른다. 성공해본 적 있다는 사실만큼 성공을 보장하는 건 없기 때문이다. 아무튼 이 세 사람에게 구구절절 설명할 필요는 없었다. 자신들이 혼자 힘으로 승부에 임한다면 어느 정도 성공할 수 있을 세 사람은 정확히 알고 있었다. 그들은 내 계획이 마음에 든다고 했다. 그러고는 당장 투자조합을 결성하겠다고 말하고 자리를 떴다. 세 사람은 별 어려움 없이 친구들을 대거 투자조합에 끌어들였다. 조합이 얻을 수익에 대해 내가 자기들한테 이야기한 것보다 더 부풀려 장담한 게 아닌가 싶다. 내가 들은 바를 종합해보면 세 사람이 친구들에게 그렇게 호언장담한 건 정말로 그렇게 되리라 믿었기 때문이었다. 파렴치하게 거짓 정보를 떠벌린 건 아니었다.

좌우간 이틀 만에 투자조합이 결성됐다. 케인, 고든, 울프는 40달러에 20만 주를 살 수 있는 콜옵션을 부여했고, 나는 주식이 제3자에게 예탁된 것을 확인했다. 따라서 내가 주가를 끌어올려도 그들이 보유한 지분이 시장에 나올 리 없었다. 나를 위한 보호 장치도 마련해 둬야 했다. 투자조합이나 패거리가 서로 배신하는 바람에 전망이 밝았던 거래가 예상과 달리 어그러지는 경우가 한두 번 아니었으니 말이다. 인정사정없는 동족상잔은 월가에서 새삼스러운 일도 아니다. 아메리칸 스틸 앤드 와이어를 상장할 때는 서로 맥이 뒤통수치고 물량을 처분하려고 하지 않았냐며 내부자들끼리 물어뜯은 일도 있었다. 존 W. 게이츠 일당과 셀리그만 형제The Seligmans*를 위시한 은행연합은 신사협정을 맺은 상태였다. 중개소에서 누군가가 4행시를 읊는 소리를 들었는데 게이츠가 지은 시라고 했다.

타란툴라 거미가 지네 등에 뛰어올랐네.

그리고 악귀처럼 낄낄 웃었지.

"흉악한 개자식, 네놈을 독살할 테다.

안 그러면 네놈이 날 독살할 테니!"

뭐랄까. 월가에 있는 내 친구들이 날 배신할 수도 있었다는 얘기를 하려는 건 아니다. 그러나 원칙상 모든 가능성을 열어두고 만일의 사태에 대비해야만 했다. 이건 평범한 상식이다.

울프, 케인, 고든은 현금 600만 달러를 조달하기 위해 투자조합을

---

* 미국 남북전쟁 때 군복 납품 사업으로 돈을 번 후 은행업에 뛰어들어 굴지의 투자은행으로 성장했다. 남북전쟁 이후 철도 사업, 파나마운하 건설, 광업 등 각종 사업에 투자했다.

결성했다고 알려왔다. 나는 돈이 들어오기를 기다리는 것밖에 달리 할 일이 없었다. 다급하니 서두르라고 그렇게 채근했건만 돈은 찔끔찔끔 들어왔다. 네댓 번 정도 들어왔던 것 같다. 이유는 기억 안 나는데 울프, 케인, 고든에게 긴급 구조를 요청했다. 곧 나한테 거액 수표 몇 장이 들어와서 수중에 400만 달러가 생겼다. 나머지 금액은 하루이틀이면 가져오겠다는 약조도 받았다.

강세장이 끝나기 전에 일을 좀 할 수 있을 것 같았다. 아무리 잘해도 쉽지 않을 일이지만, 빨리 시작할수록 작업하기가 좋을 건 분명했다. 대중은 거래가 활발하지 않은 주식은 시장에서 새로운 움직임을 보여도 별로 관심을 나타내지 않는다. 하지만 400만 달러가 있다면 어떤 주식이라도 관심이 몰리게 하기 위해 많은 일을 할 수 있을 터였다. 혹시 매물이 나온다면 전부 소화하기에 충분한 금액이기도 했다. 아까 얘기한 대로 1분 1초가 급했기 때문에 200만 달러가 더 들어올 때까지 기다릴 순 없었다. 주가가 50달러까지 빨리 오를수록 유리했다. 두말할 필요도 없었다.

다음 날 아침 장이 열리자 놀라운 일이 벌어졌다. 콘솔리데이티드 스토브가 유달리 거래량이 많은 게 아닌가. 앞서 얘기했지만, 몇 달 동안 축 늘어져 있던 주식으로 주가가 37달러에서 옴짝달싹 안 했는데, 그마저도 짐이 거액의 은행 대출 때문에 35달러 선 밑으로 내려가지 않도록 바짝 신경 쓴 덕분이었다. 짐은 콘솔리데이티드 스토브 주가가 더 오르리라 기대하느니 차라리 지브롤터 바위산이 움직여

지브롤터해협을 건너는 게 더 빠를 거라고 말했다. 그런데 그날 아침부터 주식을 사려는 매수세가 꽤 있었고, 주가는 39달러까지 치고 올라갔다. 개장 후 첫 한 시간 동안 거래량이 전년도 전체 거래량보다 많았다. 콘솔리데이티드 스토브가 돌풍을 일으키자 전체 장세에 영향을 미쳐 시장도 오름세를 탔다. 나중에 듣기로는 증권사 객장에선 다른 주식은 안중에도 없고 온통 콘솔리데이티드 스토브 얘기뿐이었다고 했다.

도대체 어찌 된 영문인지 알 길이 없었지만 콘솔리데이티드 스토브가 기운을 차리는 모습을 보니 기분이 나쁘지 않았다. 특이한 움직임을 보였지만 그 이유를 누구한테 물어볼 필요는 없었다. 객장에 있는 친구들, 그러니까 친하게 지내는 장내 거래원들과 내 일을 해주는 중개인들이 나한테 계속 정보를 줬기 때문이다. 내가 궁금해할 거라 생각하고 친구들이 전화로 소식이나 주위들은 얘기를 들려줬다.

이날 내가 들은 얘기는 틀림없이 콘솔리데이티드 스토브 주식을 매수하는 내부자가 있다는 것뿐이었다. 가장매매는 전혀 없었다. 모두 진짜 거래였다. 매수자들은 37~39달러에 나온 매물을 전부 쓸어갔는데, 이유나 정보를 달라고 조르고 애원해도 딱 자르고 입을 다물었다고 했다.

장세를 예의주시하던 약삭빠른 트레이더들은 뭔가 일이, 그것도 큰일이 벌어질 거라고 짐작했다. 내부자들의 매수로 주가가 뛰는데, 내부자들이 일반인들의 추격 매수를 부추기는 낌새가 없으면 티커 사냥개들은 공식 발표는 도대체 언제 나오느냐며 떠드는 법이다.

나는 따로 어떤 조치도 취하지 않았다. 무슨 일인지 고민스러웠지만 거래를 계속 지켜보면서 추이를 파악하려 애썼다. 그런데 다음 날 매수세가 더 증가할 뿐 아니라 더 공격적인 양상을 나타내는 게 아닌가. 고정가인 37달러보다 높은 값에 내놓아서 몇 달째 체결이 불발되는 바람에 담당자의 장부에 푹 묵혀 있던 매도 주문도 별 문제 없이 소화됐고, 상승세를 견제할 만큼 신규 매도 주문도 들어오지 않았다. 주가는 당연히 뛰었다. 40달러를 넘기더니 이내 42달러 선을 건드렸다.

주가가 42달러를 건드린 순간, 은행이 담보로 잡고 있던 주식을 팔아도 될 것 같다는 생각이 들었다. 물론 내가 매도에 나서면 주가는 내려가겠지만, 만약 전체 물량을 평균 37달러에 처분할 수만 있다면 충분히 만족할 만한 수준이었다. 이 주식의 가치가 어느 정도인지 알고 있었고, 몇 달째 무기력하던 주식의 매도 가능성도 파악하고 있었기 때문이다. 나는 조심스럽게 주식을 내놓았고, 주가 상승세에 제동을 걸지 않고도 3만 주를 처분했다!

그날 오후 콘솔리데이티드 스토브 주가가 신기하게도 때맞춰 오른 이유를 알게 됐다. 장내 거래원들이 전날 장 마감부터 이튿날 개장 사이에 이런 제보를 받았다고 한다. 내가 콘솔리데이티드 스토브 주가를 아주 낙관적으로 보고 있어서 늘 하던 대로 조정 없이 바로 주가를 15~20포인트 끌어올릴 거라는 제보였다. 하지만 내가 늘 이렇게 한다는 말은 내 회계장부를 한 번도 기장해본 적 없는 사람들이

하는 소리였다. 소식통들의 우두머리는 다름 아닌 거물 조슈아 울프였다. 전날 상승세에 불을 댕긴 것도 울프의 내부 매수였다. 장내 거래원들은 업계 사정을 속속들이 알고 있는 울프가 친구들에게 잘못된 정보를 줄 리 없다고 생각했기 때문에 얼씨구나 하고 울프가 주는 정보대로 움직였다.

사실 애당초 두려워했던 것만큼 매도 압력은 크지 않았다. 내가 30만 주를 묶어뒀다는 걸 생각해보면 괜히 매도 압력을 두려워한 게 아니라는 걸 알 수 있을 것이다. 오죽 겁이 났으면 그랬겠는가. 아무튼 내 예상보다 주가를 끌어올리기가 한결 수월해졌다. 결국 플라워 주지사가 옳았다. 그는 시카고 가스, 페더럴 스틸, B. R. T. 등의 주가를 조작했다는 비난을 받을 때마다 이렇게 응수했다. "내가 아는 주가 부양 방법은 사는 거, 이거 하나뿐이오." 장내 거래원들이 쓰는 유일한 방법도 주식 매수였고, 매수에 부응해 주가가 올랐다.

이튿날 아침 식사 전에 조간신문을 보다가 기사를 읽었다. 수많은 사람이 이 기사를 읽었을 것이고, 수많은 증권사 지점이나 지방 증권사에도 틀림없이 타전됐을 것이다. 다름 아니라 래리 리빙스턴이 곧 콘솔리데이티드 스토브 주가를 부양하는 작업에 적극 나설 거라는 소식이었다. 그런데 덧붙이는 자잘한 내용은 조금씩 달랐다. 어떤 기사는 내가 내부자 투자조합을 결성해서 공매도 물량을 아직도 환매하지 않은 사람들을 응징할 거라고 했다. 어떤 기사는 가까운 장래에 배당 발표가 있지 않겠느냐고 추측했다. 과거 주가를 띄우려고 내가 어떤 수법을 썼는지 기억하라며 새삼 사람들을 일깨워주는 기사도 있었다. 내부자들이 자사주를 매집할 수 있게 회사 자산을 숨기고 있다며 회사를 욕하는 기사도 있었다. 어쨌든 기사마다 한결같이 주가 상승은 아직 제대로 시작되지도 않았다고 강조했다.

장이 열리기 전 사무실에 도착해 우편물을 확인하는데, 월가 정보통들은 당장 콘솔리데이티드 스토브 주식을 사라며 난리도 아니었다. 내 사무실에서도 전화벨이 계속 울렸는데, 그날 아침 전화를 받은 직원은 문장은 조금씩 다르지만 똑같은 질문, 그러니까 콘솔리데이티드 스토브가 오른다는데 사실인지 묻는 질문을 수백 번도 더 들었다고 했다. 울프, 케인, 고든, 그리고 어쩌면 짐까지도 정보 유포 작업을 제대로 했다고 인정할 수밖에 없었다.

나를 추종하는 사람들이 그렇게 많은지 몰랐다. 그날 아침 전국 각지에서 매수 주문이 들어왔다. 사흘 전만 해도 어떤 값에도 원하는 사람이 없던 주식에 수천 주 매수 주문이 들어왔다. 잊지 말기 바란다. 사실, 대중이 나를 따른 건 모두 신문에서 나를 성공한 승부사로 띄워준 덕분이었다. 상상력이 풍부한 기자 한둘을 찾아가 절이라도 해야 할 판이다.

콘솔리데이티드 스토브 주가가 오름세를 탄 지 사흘째 되는 날, 나는 주식을 팔았다. 그리고 나흘째, 닷새째 되는 날에도 팔았다. 정신을 차리고 보니 어느덧 짐이 부탁한 10만 주를 다 판 게 아닌가. 마셜 내셔널 은행이 350만 달러를 대출해주면서 주식 10만 주를 담보로 잡은 터라 짐은 이 돈을 갚아야 할 처지였는데 내가 그 10만 주를 처분한 것이다.

최소 비용으로 목표를 달성하는 것이 가장 성공한 조작이라면 콘솔리데이티드 스토브는 내 경력에서 가장 성공한 사례일 것이다. 단한 주도 매수할 필요가 없었기 때문이다. 나중에 좀 수월하게 팔려면먼저 매수부터 해야 하는데 그럴 필요가 없었다. 본격적으로 매도에착수하기 전에 주가를 최대한 끌어올려야 하는데, 이번에는 그렇게하지도 않았다. 매도할 때 대다수 물량은 주가가 내림세를 보일 때내놓는데, 이번에는 오름세에 팔았다. 한시가 급한 상황에서 손 하나까딱하지 않고 충분한 매수세를 찾았으니 황홀경에 빠져 꿈을 꾸는듯했다.

언젠가 플라워 주지사의 친구가 이런 말을 했다. 주가 부양 작전으로 월가를 누비던 플라워가 B. R. T. 투자조합을 위해 수익을 남기고 B. R. T. 주식 5만 주를 매도했다. 그런데 플라워의 회사는 25만주 넘는 주식에 대해 수수료를 챙겼다. W. P. 해밀턴이 한 말에 따르면 아말가메이티드 코퍼 22만 주를 여기저기 털기 위해 주가조작 작전을 펼치는 사이 제임스 킨은 적어도 70만 주를 거래했다고 한다. 어마어마한 수수료다! 생각해보라. 내가 지불해야 했던 수수료는 짐을 위해 실제로 판 10만 주에 대한 것뿐이었다. 이 정도면 꽤 쏠쏠하게 아꼈다고 할 수 있다.

짐에게 팔아주겠다고 약속한 물량을 모두 처리했는데 투자조합에서 조달하기로 한 돈은 다 들어오지 않았다. 팔았던 주식을 다시 사들이기는 싫어서 차라리 잠시 휴가나 떠날까 싶었다. 어디로 갔는지는 정확히 기억나지 않는다. 하지만 주식을 그냥 내버려뒀더니 얼마못 가 주가가 맥없이 빠진 건 똑똑히 기억난다. 시장 전체가 약세를보인 어느 날 주식을 보유하고 있던 누군가가 실망한 나머지 서둘러콘솔리데이티드 스토브를 처분하려고 했다. 이 사람이 실망 매물을내놓자 콜옵션 행사 가격인 주가 40달러 선이 붕괴됐다. 그런데 주식을 사려는 사람이 아무도 없었다. 앞서 얘기했지만 나는 전반적인 장세를 낙관하지 않았다. 따라서 일주일에 20~30포인트씩 주가를 부양하지 않고도 10만 주를 처분할 수 있었던 기적에 그저 감격할 따름이었다. 인심 좋은 소식통들이 1주일에 20~30포인트씩 오를 거라고 예언하고 다닌 덕분이었다.

떠받칠 매수세가 없자 하락이 습관인 양 주가는 걸핏하면 떨어지기 시작했다. 급기야 어느 날은 심하게 떨어지는가 싶더니 32달러 선까지 추락했다. 콘솔리데이티드 스토브 역사상 최저가를 기록했다. 기억하겠지만, 상장 당시 짐과 인수단은 은행이 시장에 10만 주를 헐값에 던지는 걸 막으려고 한때 주가를 37달러에 붙들어놓기도 했다. 사무실에서 조용히 시세 테이프를 읽고 있는데 울프가 찾아왔다. 만나겠다고 하자 울프가 허둥지둥 뛰어 들어왔다. 덩치가 그리 크지 않았지만, 울프를 보니 잔뜩 화가 났다는 걸 금방 알 수 있었다. 시세 표시기 옆에 서 있는데 울프가 다가오더니 고함쳤다.

"이봐! 어떻게 된 거야?"

"좀 앉으시죠, 울프 씨."

나는 공손하게 권하며 울프가 차분하게 얘기하게 유도하려고 나부터 의자에 앉았다.

"이 판국에 내가 앉게 생겼냐고! 무슨 뜻인지 말해!" 울프는 목청이 터져라 울부짖었다.

"무슨 뜻이라뇨?"

"대체 거기에 무슨 짓을 한 거야?"

"거기라뇨?"

"그 주식! 그 주식 말이야!"

"어떤 주식 말인가요?" 내가 물었다.

울프는 더 열 받아서 소리를 질렀다. "콘솔리데이티드 스토브 말이야! 무슨 짓을 한 거야?"

"아무것도 안 했어요! 전혀 안 건드리고 있어요. 무슨 일이죠?"

울프는 최소한 5초 동안 나를 노려보더니 폭발했다.

"주가를 좀 보라고! 봐!"

울프는 분기탱천해서 길길이 뛰었다. 나는 일어나서 시세 테이프를 보았다.

내가 말했다. "현재 주가는 31달러 25센트군요."

"그래! 31달러 25센트야. 내가 그 주식을 왕창 보유하고 있다고."

"6만 주 갖고 있다는 건 압니다. 오랫동안 쥐고 있으셨죠. 왜냐하면 그레이 스토브를 처음 샀을 때…….”

울프가 중간에 내 말을 잘랐다. “훨씬 더 샀다고. 일부는 40달러까지 주고 샀고! 그런데 아직 갖고 있다고!”

울프가 하도 잡아먹을 듯이 노려봐서 나는 이렇게 대답했다. “제가 사라고 한 적은 없습니다만.”

“뭘 안 해?”

“제가 잔뜩 사 모으라고 하진 않았다고요.”

“자네가 그랬다는 말이 아니야. 하지만 자네가 주가를 올린다고…….”

“제가 왜요?” 이번엔 내가 끼어들었다.

울프는 분해서 치가 떨리는지 아무런 말도 못 하고 날 쳐다봤다. 그러더니 다시 입이 트이는지 이렇게 말했다. “주가를 올린다며. 살 돈도 있었고.”

“맞아요. 하지만 한 주도 안 샀어요.” 내가 대답했다. 이 말이 결정타가 됐다.

“한 주도 안 샀다? 현금이 400만 달러 넘게 있는데? 하나도 안 샀다?”

“한 주도 안 샀죠!” 나는 거듭 확인해줬다.

울프는 분이 꼭뒤까지 치밀어 올라 말도 똑바로 못 하더니 마침내 간신히 입을 뗐다. “이런 엿 같은 경우가 어디 있냐고, 응?”

내가 입에 담지도 못할 온갖 죄악을 저지른 사람인 것처럼 울프는 욕을 퍼붓듯 살벌한 표정을 지었다. 울프의 눈을 보니 내가 저지른 무수한 죄악이 보였다. 그래서 울프에게 이렇게 말했다.

"울프, 나한테 정말로 추궁하고 싶은 건, 당신이 40달러 이하에 산 주식을 내가 50달러보다 비싼 값에 왜 안 샀냐는 거죠, 아닌가요?"

"자네는 40달러에 주식을 살 수 있는 콜옵션에 현찰도 400만 달러나 있었지. 주가를 끌어올리려고 마련한 돈이잖아."

"맞아요. 하지만 그 돈에는 손도 대지 않았고 내 작전으로 투자조합은 한 푼도 손해 보지 않았어요."

"이것 봐, 리빙스턴……."

울프가 운을 뗐지만 내가 말을 가로챘다.

"똑똑히 들어요, 울프. 댁과 고든, 케인이 갖고 있던 20만 주가 묶여 있다는 것, 그러니 내가 가격을 끌어올려도 시장에 엄청난 유동주식이 쏟아지지는 않는다는 걸 댁은 알고 있었죠. 내가 주가를 끌어올린 이유는 두 가지입니다. 첫째 주식을 팔 시장을 조성하고, 둘째 행사가격 40달러인 콜옵션으로 수익을 내기 위해서였죠.

하지만 댁은 몇 달 동안 이러지도 저러지도 못 하고 질질 끌고 다니던 6만 주를 40달러에 파는 게 성에 안 찼던 거죠. 얼마가 될지는 모르지만 투자조합이 수익을 낼 거라고 생각하니 당신 몫을 챙기는 정도로는 성에 안 찼겠죠. 그래서 40달러 수준에서 주식을 마구 사들인 겁니다. 조합의 돈으로 내가 주가를 끌어올릴 테니 그때 주식을 나한테 팔아넘길 속셈으로 말이죠. 나보다 먼저 사고 나보다 먼저 팔겠다는 계산이었죠.

당신 계산대로라면 십중팔구 내가 떠안게 됐겠죠. 당신은 내가 주가를 60달러까지 끌어올릴 거라 생각했겠죠. 그럴 거라고 단단히 믿은 나머지 1만 주를 샀겠죠. 순전히 나중에 팔 작정으로요. 그리고 내가 매수에 나서지 않으면 다른 사람이 매수해야 하니까 미국, 캐나다, 멕시코에 있는 사람들에게 비밀 정보를 떠벌렸죠. 내 어깨가 얼마나 더 무거워질지는 생각조차 안 하고.

당신 친구들 전부 내가 어떤 일을 해야 하는지 잘 알았잖아요. 친구들이 안 사면 내가 사고, 내가 안 사면 친구들이 살 테니 댁이야 꽃놀이패죠. 댁이 흘린 정보를 받은 친구들은 물량을 산 다음 또 자기 친구들에게 정보를 전달했겠죠. 세 번째로 정보를 받은 사람들이 네 번째 친구들에게 전하고, 네 번째 호구는 다섯 번째 호구에게, 다섯 번째 호구는 여섯 번째 호구에게 전했겠죠. 마침내 내가 좀 매도할라치면 내가 어떻게 나올지 내막을 훤히 아는 수많은 투기 거래자들이 생긴 거죠.

울프, 당신이 이런 생각을 한 덕분에 나야 잘됐어요. 당신은 모를 겁니다. 한 주라도 매수해볼까 미처 고민도 하기 전에 주가가 뛰어서 내가 얼마나 놀랐는지. 고마운 건 또 있어요. 내가 주가를 끌어올린다는 정보를 사방팔방 흘려준 덕분에 증권 인수단 보유 주식 10만 주를 40달러 언저리에 팔 수 있었죠. 그 정보를 믿고 나중에 나한테 50달러, 60달러에 팔아넘길 요량으로 40달러에 사는 사람들이 있었거든요. 400만 달러를 써서 그 사람들 돈벌이에 일조해야 하는데 안 그랬으니 나야말로 바보인가요? 주식을 사라고 준 돈이지만, 내가 사야겠다고 판단할 때만 사는 겁니다. 그런데 글쎄, 사야겠다는 생각이 안 들더군요."

울프는 월가에서 잔뼈가 굵은 사람이라 분노 때문에 사업을 망치는 얼치기는 아니었다. 내 말을 듣는 동안 냉정을 되찾은 울프는 내가 말을 마치자 싹싹한 태도로 말했다.

"이봐, 래리, 이 친구야, 우리가 어쩌면 되겠나?"

"마음 가는 대로 하세요."

"그러지 말고. 만약 자네라면 어떻게 하겠나?"

"내가 당신들 입장이라면 어떻게 할까요?" 내가 사뭇 엄숙하게 말했다.

"어떻게 할 건데?"

"나라면 몽땅 팔 겁니다!"

울프는 잠시 나를 쳐다보더니, 한마디도 없이 발길을 돌려 나갔다. 그 후론 한 번도 내 사무실에 찾아오지 않았다.

얼마 지나지 않아 고든 상원 의원도 찾아왔다. 고든 역시 어지간히 투덜댔다. 그는 자기들이 곤경에 빠진 건 내 탓이라며 비난했다. 그러더니 케인도 따따부따 합창단에 합류했다. 투자조합을 결성할 당시 콘솔리데이티드 스토브가 대량 팔릴 주식이 아니었다는 사실은 까맣게 잊은 모양이었다. 투자조합이 준 수백만 달러가 있고 44달러에 활발히 거래되는데 내가 자기들 지분을 안 팔았다, 지금은 주가가 30달러에 구정물처럼 지리멸렬하다, 그들은 오로지 이것만 기억했다. 그 사람들 생각대로라면 내가 수익을 두둑하게 남기고 자기들 지분을 전부 팔았어야 했다.

물론 머지않아 그들은 냉정을 되찾았다. 투자조합은 땡전 한 푼 손해 보지 않았지만 큰 문제는 그대로였다. 바로 주식을 파는 문제. 하루이틀 뒤에 다시 와서는 도와달라고 사정했다. 고든이 특히 끈질기게 붙잡고 늘어졌다. 결국 나는 보유 지분을 25.50달러에 처분해 주기로 했다. 그 값보다 더 비싸게 팔면 비싸게 판 액수의 절반을 수수료로 받기로 했다. 당시 마지막 매도가는 30달러 언저리였다.

이제 내 손엔 청산해야 할 주식이 있었다. 전체 장세, 그리고 특히 콘솔리데이티드 스토브의 행보를 고려할 때 청산할 방법은 하나뿐이었다. 바로 먼저 주가부터 끌어올리려고 시도하지 않고 내리막길에 파는 것이다. 주가부터 끌어올리려 주가를 올리는 과정에서 매물을 대량 사들여야 한다. 하지만 주가가 내리막길이라면 저가 매수자를 만날 수 있다. 이들은 고점에서 15~20포인트 내린 값이면 싸다고 생각하는데, 특히 고점을 찍은 지 얼마 안 됐을 땐 더더욱 그렇다. 주가는 곧 반등한다는 게 이런 사람들의 지론이기 때문이다. 이런 사람들은 콘솔리데이티드 스토브가 44달러 언저리에서 팔리는 것을 목격했으므로 30달러 선 밑에서 사면 싸게 잘 사는 거라고 생각할 게 틀림없었다.

언제나처럼 내 방식은 통했다. 저가 매수세가 충분한 물량을 사들인 덕분에 투자조합 지분을 청산할 수 있었다. 그래서 고든이나 울프, 케인이 고맙게 여겼을까? 천만의 말씀. 여전히 나한테 잔뜩 골이 나 있었다. 그 사람들의 친구들 사이에서 나오는 말이 그랬다. 세 사람은 내가 사기를 쳤다며 떠벌리고 다녔다. 자기들 기대대로 내 손으로 주가를 끌어올리지 않았기 때문에 날 용서할 수 없었던 것이다.

만약 울프 일당이 주가가 화끈하게 뛸 거라는 정보를 이리저리 흘리지 않았더라면 은행이 담보로 잡고 있는 10만 주를 절대 팔 수 없었을 것이다. 만약 내가 평소처럼 작업했더라면, 즉 순리대로 자연스러운 방식으로 작업했더라면, 어떤 값이든 감수하고 팔 수밖에 없었을 것이다. 말했지만 장세는 하락세로 접어든 터였다. 이런 시장에서 파는 유일한 방법은 정말로 가격에 상관없이 파는 것이다. 그렇다고 앞뒤 없이 마구 팔라는 건 아니지만 다른 방법이 없었다. 하지만 그 사람들은 그렇게 생각하지 않았다. 그들은 여전히 분을 삭이지 못했다. 하지만 나는 화내지 않았다. 성을 내봐야 아무짝에도 소용이 없으니까. 발끈하는 투기 거래자는 싹수가 노랗다는 사실을 골수에 새긴 게 한두 번이 아니다. 이번 경우에도 불평한다고 얻을 건 없었다.

그런데 이런 일도 있었다. 어느 날 아내가 양장점에 갔다. 누군가 적극 추천해준 곳이었다. 다행히 재봉사는 솜씨가 좋고 친절한 데다 붙임성도 좋았다. 세 번짼가 네 번째 방문해서 서로 낯이 좀 익자 재봉사가 아내에게 이렇게 말했다.

"리빙스턴 씨가 빨리 콘솔리데이티드 스토브 주가를 올렸으면 좋겠어요. 남편분이 올리신다고 해서 좀 샀거든요. 손대는 주식마다 대박이라면서요."

무고한 사람들이 이런 정보를 받고 돈을 날렸을지도 모른다고 생각하니 마음이 안 좋았다. 내가 왜 정보를 절대 주지 않는지 이해할 수 있을 것이다. 양장점 재봉사 얘기를 들으니 정작 노여워할 사람은 나였다. 울프한테 정말 화가 치밀었다.

'익명의 내부자'가 내미는
달콤한 칼을 조심하라

주식 투기는 절대 사라지지 않을 것이다. 사라지는 게 바람직하지도 않다. 주식 투기의 위험성을 경고하더라도 주식 투기를 막을 순 없다. 아무리 유능하고 경험이 많아도 예상이 빗나갈 수 있다. 아무리 꼼꼼하게 계획을 짜도 생각지도 않은 일, 심지어 예측 불가능한 일이 일어나면 모조리 물거품이 되어버리고 만다. 천재지변이나 기후, 나 자신의 탐욕이나 누군가의 허세, 두려움이나 걷잡을 수 없는 희망이 재앙을 부를 수도 있다. 자신의 천적을 뭐라고 부르든, 일상생활이나 사업에서나 변명의 여지 없는 오랜 관행이나 악습이 있게 마련이므로 주식을 투기 거래하는 사람은 이런 것들과 씨름해야 한다.

내가 처음 월가에 온 건 25년 전이다. 당시 월가에 어떤 관행이 판치고 있었는지 돌이켜보면 좋은 방향으로 많은 변화가 있었다는 것을 인정할 수밖에 없다. 될 때까지 일확천금만 고집하는 사람들을 등

441

쳐먹으며 엉터리 '중개소'들이 여전히 성황리에 영업 중이지만, 옛날 식 사설 중개소는 모습을 감췄다. 증권거래소는 이렇게 뼛속까지 사 기꾼인 작자들을 추적하고 있을 뿐만 아니라 회원들에게 규정을 철 저하게 지키라고 채근하는 등 제법 일을 잘하고 있다. 유익한 규정과 규제가 엄격히 시행되고 있지만 아직도 개선의 여지는 있다. 특정 폐 단이 사라지지 않는 건 도덕 불감증 때문이라기보다는 월가의 뿌리 깊은 보수주의 탓이 더 크다.

주식 투기로 수익을 내기는 언제나 어려웠지만 지금은 날마다 더 어려워지고 있다. 얼마 전까지만 해도 트레이더가 상장된 모든 주식 에 대해 실무 지식을 제대로 갖추는 게 가능했다. 1901년 J. P. 모건 이 대부분 합병된 지 2년도 안 된 조무래기 회사들을 그냥 한데 아우 르기만 해서 US철강을 만들어서 주식시장에 선보였을 때, 증권거래 소에 상장된 주식은 모두 275개였고, '비상장 부서'에는 100개 종목이 있었다. 이들 종목 중에는 시가총액 규모가 작은 주식들, 잡동사니 주 식이거나 보증주*라서 거래가 드문 종목들, 따라서 투기할 만큼 끌리 는 요소가 없는 종목들이 수두룩했다. 즉, 굳이 알 필요 없는 주식이 많았다. 사실 대다수가 수년간 매도가 없는 주식이었다. 지금은 900 여 개 주식이 상장되어 있으며, 거래가 활발할 때는 약 600개 개별 종 목이 거래된다. 게다가 예전에는 업종이나 종류별로 종목을 파악하

---

* 주식 발행 회사가 아닌 다른 회사가 배당금 지급을 보증하는 주식.

기가 쉬웠다. 업종이나 종류가 더 적었을 뿐만 아니라 시가총액 규모도 작았고, 트레이더가 신경 써야 할 뉴스도 그다지 방대하지 않았기 때문이다. 그런데 요즘에는 거래를 안 하는 게 없다. 전 세계에 존재하는 거의 모든 산업이 거래되고 있다. 따라서 시장에 대한 정보를 시시각각 놓치지 않고 입수하려면 더 많은 시간과 노력이 필요하다. 머리를 써서 거래하는 사람에겐 투기가 그만큼 더 어려워진 것이다.

투기 목적으로 주식을 사고파는 사람은 무수히 많지만 투기로 수익을 내는 사람은 극히 소수다. 대중은 얼마 동안만 시장에 머무르기 때문에 항상 손해를 본다. 투기 거래자에게 치명타를 입히는 적은 무지와 탐욕, 두려움과 희망이다. 세상에 있는 모든 법령집과 지구상에 있는 모든 거래소 규정을 다 동원해도 인간이라는 동물에게서 이 네 가지를 제거할 순 없다. 아무리 깐깐하게 계획해도 사건이 터지면 공중분해되어버리고 만다. 냉철한 경제학자들이 머리를 맞대고 규정을 만들어본들, 인심 좋은 박애주의자들이 모여서 규정을 만들어본들 이런 사건사고를 막지는 못한다. 손해를 보는 원인은 또 있는데, 믿을 만한 정보와 달리 고의로 흘리는 그릇된 정보가 바로 그것이다. 이런 정보는 갖가지 모양으로 변장하고 위장한 채 주식 트레이더에게 다가오는데, 은밀히 파고들기 때문에 더 위험하다.

물론 내부자가 아닌 평범한 사람들은 흔히 말이나 인쇄물로 전달되는 정보와 소문, 노골적으로 던져주거나 넌지시 흘려주는 정보나 소문을 듣고 매매한다. 한마디로 평상시 접하는 정보에 무방비한 상태다. 친구가 돈 좀 벌게 해주고 싶다며 자기가 어떤 주식을 샀다고, 혹은 팔았다고 이야기한다. 물론 선한 의도로 알려준 것이다. 그런데 친구가 알려준 정보대로 했다가 잘 안 되면 어떻게 할 건가? 가짜 금괴나 메틸알코올을 넣은 가짜 술을 파는 사기꾼에게서 대중을 보호하는 장치가 없듯, 정보를 팔아서 먹고사는 사람이나 속일 목적으로 정보를 흘리는 사기꾼들로부터 대중을 보호하는 장치 역시 없다. 월가에 늘 떠도는 소문에 대중은 보호도, 보상도 받지 못한다. 대량 거래하는 큰손, 주가조작 세력, 투자조합, 개인은 가능한 한 최상의 가격에 주식을 처분하기 위해 다양한 장치를 활용하는데, 신문이나 방송 단신을 이용해 호재가 될 만한 뉴스거리를 유포하는 행위가 제일 해롭다.

아무 날이든지 경제 뉴스 통신사의 단신을 자세히 살펴보라. 공식 발표나 다름없다는 식으로 은근히 내비치는 문구들이 얼마나 많은지 깜짝 놀랄 것이다. 소식통은 "실세 내부자", "유력 임원", "고위 간부", 혹은 "권한 있는 아무개"로, 대부분 회사 사정에 훤한 사람들이다.

지금 내 눈앞에 오늘 나온 단신들이 있는데 아무거나 하나 골라 읽겠다. "유력 은행가는 아직 하락장을 기대하기에는 너무 이르다고 했다." 유력 은행가가 정말 그렇게 말했을까? 설사 그렇게 말했다면 왜 그런 말을 했을까? 이 사람은 왜 이름을 밝히지 않았을까? 이름을 밝히면 정말 사람들이 자기 말을 그대로 믿을까 봐 겁나서? 다음은 어떤 회사에 관한 단신인데, 이 회사 주식은 이번 주에 활발하게 거래됐다. 이번에 발언한 사람은 "실세 임원"이다. 이 회사의 임원 10여 명 중 누가 이런 말을 하고 다니는 걸까? 그런 말을 한 임원이 있긴 할까? 분명한 건 익명을 고수하면 이 말로 피해를 입더라도 그 누구도 비난할 수 없다는 사실이다.

트레이더는 어디에 있든 투기에 대해 연구해야 하지만, 연구와는 별개로 특정 사실을 월가의 게임 방식과 연관 지어 생각해야 한다. 어떻게 하면 돈을 벌 수 있을지 방법을 궁리해야 하지만 아울러 돈을 날리지 않도록 노력해야 한다. 해야 할 일을 아는 것도 중요하지만 하지 말아야 할 일을 아는 것 역시 그만큼이나 중요하다. 그러므로 이 점을 명심해야 한다. 개별 주식이 오를 때는 사실상 예외 없이 모종의 주가조작이 개입되어 있다. 그리고 내부자가 이처럼 주가를 띄울 때 염두에 두는 목적은 단 하나뿐이다. 바로 매도해서 가능한 한 최대의 수익을 뽑는 것이다. 그런데 중개소의 어중이떠중이 고객은 특정 주식이 오르는 이유를 어떻게든 들으려고 끝까지 애쓰면서 스스로를 쉽사리 납득하지 않는 용의주도한 사람이라고 생각한다. 당연히 조작하는 쪽은 팔아넘기기 쉽게 미리 계산해둔 대로 주가가 상승하는 이유를 '설명'한다.

익명으로 제보한 주가 상승 뉴스를 신문에 게재하지 못하게 하면 대중이 입는 손실이 크게 줄어들까? 그러니까 대중이 주식을 사거나 사둔 주식을 그대로 보유하게끔 만들도록 계산된 진술 말이다. 익명의 임원이나 내부자의 권위를 빌려 주가가 오를 거라고 말하는 기사

445

들 중 압도적 다수가 미심쩍고 오해의 소지가 있는 생각을 대중에게 전달한다. 대중은 이런 문구를 공식적인 발표나 다름없으며 따라서 신뢰할 수 있는 발언이라고 받아들이는 바람에 해마다 수백만 달러를 날린다.

어떤 회사가 특정 사업에서 부진을 면치 못한다고 하자. 주식은 활력을 잃는다. 시세는 주식의 실제 가치에 대한 대략적이고 정확한 믿음을 반영한 결과다. 만약 주가 수준이 너무 싸다면 누군가 그 사실을 아는 사람이 매수할 것이고, 그러면 주가는 상승할 것이다. 만약 너무 비싸다면 누군가 그 사실을 아는 사람이 매도할 테고, 그러면 주가는 떨어질 것이다. 어느 쪽도 아니라면 그 주식에 대해 얘기하는 사람도 없고, 어떤 조치도 취해지지 않는다.

그런데 부진하던 해당 사업 분야가 호전될 조짐이 보인다. 누가 이 사실을 가장 먼저 알까? 내부자일까 일반 대중일까? 장담하지만 대중은 아니다. 다음에 무슨 일이 일어날까? 사업이 계속 잘되면 수익이 증가해서 회사는 중단했던 주식 배당금을 다시 줄 수 있는 처지가 되거나 배당이 중단되지 않았다면 배당률을 더 높일 수도 있다. 즉, 주식의 가치가 올라간다.

사업이 갈수록 더 잘된다고 하자. 경영진이 이 기쁜 소식을 사방팔방 알릴까? 회장이 주주들에게 얘기할까? 인심 후한 임원이 자기 이름으로 발표문을 공표할까? 겸손한 내부자가 신문 경제난과 통신사 단신을 읽는 사람들을 위해 회사의 미래가 아주 밝다는 취지로 익명의 성명서를 공표할까? 그럴 리 만무하다. 아무도 입을 뻥긋하지 않으며, 신문이나 방송에 어떤 발표도 나오지 않는다. 주식 가치가 높아진다는 정보는 대중에게 새지 않도록 꽁꽁 감춘다.

이제 "실세 내부자들"은 말수가 적어지면서 시장에 진입해 값싼 주식을 손에 닿는 대로 모조리 사들인다. 회사 내부 사정을 잘 아는 내부자들이 이처럼 쉬쉬하면서 계속 매수하면 주가는 뛴다. 경제부 기자들은 내부자는 알겠거니 하면서 내부자에게 주가가 뛰는 이유를 묻는다. 하나같이 익명인 내부자들은 발표할 소식이 없다고 입을 모은다. 그러면서 주가가 뛰는 이유를 모르겠다고 잡아뗀다. 때로는 주식시장의 변덕이나 주식 투기자들의 행동에는 별 관심이 없다는 얘기까지 한다.

오름세가 계속되면 회사 사정을 아는 사람들이 원하는 만큼, 또는 감당할 수 있을 만큼 물량을 보유하게 되는 행복한 날이 온다. 그러면 월가에는 갑자기 주가가 올랐다며 온갖 호재가 쏟아지기 시작한다. 단신은 "믿을 만한 소식통"에 따르면 회사가 분명 고비를 넘겼다는 소식을 전한다. 주가가 뛰는 이유를 모르겠다며 이름을 밝히지 않던 겸손한 임원은 이제 기자들에게 이렇게 말한다. 주주들이 주가 전망을 한껏 기대할 만한 이유가 충분하다나 뭐라나. 물론 이번에도 이름은 밝히지 않는다.

주가가 뛴다는 뉴스가 홍수처럼 쏟아지면 대중은 해당 주식을 사들이기 시작한다. 대중의 매수세에 힘입어 주가는 더 오른다. 때가 되면 하나같이 익명인 임원들의 예측이 실현되고, 회사는 배당금을 다시 지급하거나 경우에 따라 배당률을 높인다. 이렇게 되면 주가가 뛸 거라는 소문은 더 무성해진다. 호재가 있다는 소식은 가짓수가 어느 때보다 많아질 뿐 아니라 훨씬 더 맹렬해진다.

한 "실세 내부자"는 회사 사정을 알려달라고 단도직입적으로 묻는 질문에 현상 유지를 넘어섰다고 말한다. "유력한 내부자"는 끈질긴 질문 공세 끝에 마지못한 듯 통신사에 수익을 올리고 있다고 털어놓는다. 사업상 회사와 얽혀 있는 "저명한 금융업자"는 업계 역사상 이런 매출 신장은 전대미문이라고 말한다. 그러면서 설사 주문이 더 들어오지 않더라도 공장을 밤낮으로 돌려야 하는데, 앞으로 몇 달 동안이나 이렇게 해야 할지는 아무도 모른다고 덧붙인다. "재무위원회 위원"은 성명을 통해 이렇게 또박또박 말한다. "대중이 주가 상승에 경악하는 게 오히려 놀랍다. 관계자로서 보기에는 주가 상승 곡선이 완만하다는 것, 이것 하나만 놀라울 뿐이다. 곧 발표될 연례 보고서를 분석해보면 누구든 주식의 장부가치가 시세보다 얼마나 더 큰지 쉽게 알 수 있을 것이다." 그러나 어떤 경우에도 이 친절한 사람의 이름은 드러나지 않는다.

수익이 계속 호조를 보이고 성장이 멈출 조짐이 없으면 내부자들은 제일 쌀 때 사들인 주식을 그대로 안고 있다. 주가를 끌어내릴 악재가 없는데 왜 팔겠는가? 하지만 회사 사정이 악화되는 순간, 무슨 일이 일어날까? 내부자들이 나서서 언급하거나 경고할까? 아니 희미하게 힌트라도 줄까? 어림 반푼어치도 없다. 주가가 하향세에 접어들면 사업이 잘될 때 요란하게 나팔을 불지 않고 사들였던 것처럼 내부자들은 이제 쥐도 새도 모르게 팔아치운다.

이렇게 내부자들이 매도하면 주가는 당연히 떨어진다. 그러면 대중은 익숙한 "설명"을 요구하기 시작한다. 실세 내부자는 회사에는 아무 문제가 없으며 주가 하락은 약세에 돈을 거는 투기꾼들이 전체 장세를 흔들려고 매도한 결과일 뿐이라고 단언한다. 주가가 한동안 하락하다가 어느 날 급락하면 "이유"나 "설명"을 원하는 요구가 들끓는다. 누가 나서서 무슨 얘기라도 하지 않으면 대중은 최악의 상황이 벌어질까 봐 겁을 집어먹는다.

단신에는 이런 소식이 실린다. "회사 유력 임원에게 주가 약세에 대해 설명해달라고 요청하자 오늘 하락은 약세 투기꾼들의 매도 공세 때문이라는 게 자신이 내릴 수 있는 유일한 결론이라고 대답했다. 기저 여건에는 변화가 없다. 회사 사업은 지금처럼 잘된 적은 없었고, 전혀 예기치 못한 일이 불쑥 터지지 않는 한 다음 배당금 회의 때 십중팔구 배당률이 인상될 것이다. 시장에서 약세론자들이 공세를 퍼붓고 있다. 주가가 약세를 보이는 것은 분명 장세가 조금만 흔들려도 주식을 내놓는 취약한 보유자들을 노린 습격이다." 괜찮은 척도를 제공하고자 하는 뉴스 제공자라면 기사에서 아마 이렇게까지 말하진 못할 테지만 말이다. "주가가 하락한 날 주식을 사들인 세력은 대부분 내부 관계자들이며, 매도한 약세론자들은 언젠가 스스로 판 덫에

449

걸릴 거라고 믿을 만한 소식통이 말했다. 심판의 날은 오고야 말 것이다."

대중은 오른다는 주장만 믿고 주식을 사들이다가 손해를 보기도 하지만 매도하지 말라는 말을 듣고 그대로 보유하고 있다가 손해를 보기도 한다. "실세 내부자"로선 자신이 팔려는 주식을 사람들이 사주는 게 가장 좋지만, 같은 주식이라도 자신이 주가를 떠받치거나 매집할 의사가 없을 때 대중이 팔지 못하도록 막는 것도 좋다.

"유력 임원"이 하는 말을 들으면서 대중은 무슨 생각을 할까? 내부자가 아닌 보통 사람은 무슨 생각을 할까? 물론 이렇게 생각할 것이다. 주가는 절대 떨어질 시점이 아니었고, 약세 투기꾼들이 팔아서 억지로 떨어뜨렸다. 약세론자들이 매도 공세를 멈추는 순간, 내부자들이 이들을 응징하기 위해 주가를 올릴 것이다. 이 과정에서 공매도 세력은 고가에 환매하지 않을 수 없을 것이다. 대중이 이렇게 믿는 건 올바른 예측이긴 하다. 왜냐하면 정말 약세론자의 공세로 주가가 하락했다면 정확히 이렇게 상황이 전개될 것이기 때문이다.

공매도했다가 환매하지 않고 질질 끈 사람들은 주가 상승으로 엄청난 압박에 시달릴 거라는 전망과 협박이 난무하지만 주가는 반등하지 않는다. 주가는 계속 하락하며, 하락을 피할 수 없다. 시장이 소화할 수 없을 정도로 내부 세력이 주식을 너무 많이 풀었기 때문이다. 게다가 "유력 임원들"과 "실세 내부자들"이 매각한 주식은 전업 트레이더들 사이에서 천덕꾸러기 신세가 된다. 그러면 주가는 바닥을 모르고 계속 미끄러진다. 회사의 향후 수익에 영향을 줄 정도로 업계 사정이 나쁘다는 사실을 아는 내부자들은 주가를 떠받칠 엄두를 내지 못한다. 그러다가 회사 사업이 호전되면 내부자들은 가만히 매수에 나선다.

나는 트레이딩 업계에 나름 몸 담아왔고, 오랫동안 주식시장을 지켜본 사람이다. 이런 내 기억에도 약세론자의 공습으로 주가가 대폭 하락한 경우는 없었다. 약세론자의 공습이라고 말하지만, 사실은 실제 상황에 대한 정확한 지식을 토대로 매도한 것일 뿐이었다. 그런데 내부자가 매도해서, 혹은 내부자가 매수하지 않아서 주가가 하락했다고 말하는 것에도 어폐가 있다. 주가 폭락이라는 끔찍한 사태는 모두가 서둘러 팔아치우려고 하며, 모두가 팔고 아무도 사지 않을 때 벌어진다.

평범한 대중은 이 한 가지를 단단히 마음에 새겨야 한다. 주가 하락이 오래 계속된다면 진짜 원인은 결코 약세론자의 매도 공세 때문이 아니라는 사실이다. 주가가 계속 하락하면 분명 시장에 문제가 있거나 회사에 문제가 있을 가능성이 높다. 만약 근거 없이 주가가 하락한다면 주식은 곧 실질 가치보다 싸게 팔릴 것이고, 그러면 매수세가 유입돼 하락세에 제동이 걸릴 것이다. 사실 약세 투기꾼이 주식을 팔아서 큰돈을 벌 수 있는 유일한 시기는 주가가 너무 높을 때다. 그리고 이런 때가 오더라도 내부자들이 세상에 공표하지 않는다는 데 내 마지막 한 푼까지 몽땅 걸 수 있다.

전형적인 예로 뉴헤이븐 철도*를 들 수 있다. 지금은 내막을 모르는 사람이 없지만 당시엔 몇 사람만 알고 있었다. 뉴헤이븐 철도는 1902년 255달러에 거래된, 뉴잉글랜드 철도주 중에서 으뜸가는 투자처였다. 뉴잉글랜드에서는 뉴헤이븐 주식을 얼마나 보유하고 있느냐로 지역사회에서의 위신과 위상을 가늠할 수 있었다. 만약 누군가 뉴헤이븐이 파산할 거라고 입이라도 뻥긋했다간 감옥에 갇히진 않았겠지만 미치광이들이 수용된 정신병원에 가둬버렸을 것이다.

그러나 J. P. 모건이 저돌적인 사람을 신임 회장 자리에 앉혀놓으면서 회사가 무너지기 시작했다.** 처음에 새로운 정책들***을 펼칠 때의 위상을 그대로 유지할 수 있을지 불투명했다. 찰스 멜런 신임 회장이 뉴잉글랜드 지역에서 교통 산업을 독점하기 위해 여러 회사를 인수하는 과정에서 터무니없이 비싼 가격에 자산을 사들이자 선견지명 있는 몇몇 관측통들은 멜런의 정책이 현명한 것인지 의심의 눈길을 보내기 시작했다. 200만 달러에 팔린 전차 회사가 1000만 달러에 뉴헤이븐에 넘어가자 입이 가벼운 한두 사람이 무모한 짓이라며 경영진을 비난했다. 감히 뉴헤이븐을 깎아내리는 불경죄를 범한

---

* 정식 명칭은 'New York, New Haven and Hartford Railroad'이다.
** J. P. 모건은 찰스 S. 멜런Charles S. Mellen(1852~1927)을 뉴헤이븐 철도 회장에 앉히면서 다른 철도 회사와 전차 회사, 증기선 회사 등을 인수해 뉴잉글랜드 지역에서 독점 체제를 구축하고자 했다. 그러나 이 과정에서 비싼 값에 다른 회사를 사들이면서 부채가 과도하게 늘어났다. 1914년에는 전현직 임원들이 '독점 모의'로 기소되기도 했다. 멜런은 노던퍼시픽 철도 회장(1897~1903), 뉴헤이븐 철도 회장(1903~1913)을 역임했다. 뉴헤이븐 철도 회장 시절 J. P. 모건과 손잡고 여러 운수 회사를 인수해 뉴잉글랜드 지역의 주요 교통 산업을 독점하는 정책을 추진했다.
*** 뉴잉글랜드 교통 산업을 독점하기 위해 다른 회사들을 인수한 정책을 가리킨다.

것이다. 그런 낭비는 뉴헤이븐조차 견딜 수 없을 거라는 식으로 입을 놀리다니 그만한 대역죄도 없었다.

세차게 밀려오는 파도를 제일 먼저 목도하는 사람은 물론 내부자들이다. 내부자들은 회사의 실정을 알고 보유 지분을 줄였다. 내부자들이 매도에 나서고 주가를 떠받치는 세력이 없자 뉴잉글랜드의 우량 철도주는 무너지기 시작했다. 질문들이 쏟아졌고, 언제나 그렇듯 사람들은 설명을 요구했다. 그리고 늘 그렇듯 똑같은 설명이 곧장 나왔다. "유력 내부자들"은 자신들이 아는 한 문제는 없다며 약세론자들이 닥치는 대로 매도하기 때문에 이런 일이 생긴 거라고 단언했다. 그러자 뉴잉글랜드 "투자자들"은 뉴욕, 뉴헤이븐&하트포드 주식을 계속 보유했다. 왜 아니겠는가? 내부자들이 아무런 문제도 없다며 약세론자들이 팔아서 이렇게 된 거라고 하지 않는가? 배당금을 계속 주겠다고 했고 지급하지 않았는가?

그러나 약세 투기꾼들을 궁지에 몰아넣겠다는 약속은 이행되지 않았고, 주가는 신저가를 경신했다. 내부자들이 점점 더 다급하게 매도에 나서자 더 이상 쉬쉬할 수 없는 지경이 됐다. 주가 하락은 안전한 투자와 꾸준한 배당금 지급을 바라던 뉴잉글랜드의 모든 사람들에게 끔찍한 손실을 의미했다. 그러자 의로운 보스턴 시민들이 처참할 정도로 주가가 급락한 배경에 대해 진실하게 설명해달라고 요구하고 나섰다. 그런데 이렇게 설명을 요구했다는 이유로 주식 막벌이꾼, 선동가라는 비난을 받아야 했다.

255달러에서 12달러로 떨어진 기록적인 주가 추락은 결코 약세론자의 공세 탓이 아니었다. 약세론자의 공세로 그처럼 추락하는 게 가능할 리 없다. 주가 하락을 촉발한 것도, 주가 하락세가 유지된 것도 약세론자의 작전 탓이 아니었다. 내부자들이 진실을 말했더라면, 또 진실이 발설되도록 허용했더라면 그렇게 곧바로, 그렇게 높은 값에 매도할 수 없었을 것이다. 250달러, 200달러, 150달러, 100달러, 50달러, 25달러. 주가가 어떻든 중요하지 않았다. 무슨 말인고 하니 어떤 가격도 뉴헤이븐 주가로는 너무 높았다. 오로지 몇 사람만 실상을 알 수 있는 그런 회사의 주식을 사고팔아서 돈을 벌려면 일반인은 자신이 불리한 위치에서 고군분투하고 있다는 사실을 기억해야 한다.

지난 20년 동안 최악의 하락세를 보인 이 주식은 약세론자들의 공세 때문에 하락한 것이 아니다. 그러나 이런 설명을 쉽사리 받아들이는 바람에 대중은 수백만 달러에 이르는 돈을 날리고 또 날렸다. 주가가 보여주는 행보가 마음에 들지 않아도 사람들은 이런 설명을 믿고 팔지 않았고, 이런 설명을 믿었기에 약세 투기꾼들이 공세를 멈추면 주가가 바로 회복되리라 예상하고 주식을 청산하지 못했다. 예전에 킨은 약세 투기로 주가를 폭락시킨 주범이라는 소리를 듣곤 했다. 그 이전에는 찰리 워리쇼퍼Charles Frederick Woerishoffer*나 애디슨 캐맥Addison

---

* 찰리 워리쇼퍼(1843~1886). 독일 출신 증권업자로 1870년대 도금 시대에 월가를 주름잡았다.

Cammack*에게 뒤집어씌웠고, 나중에는 나를 핑곗거리로 삼았다.

인터베일 오일 사례도 생각난다. 투자조합이 주가를 띄우자 주가 상승에 편승하려는 매수세가 합류했다. 투자조합은 주가를 50달러까지 끌어올렸다. 투자조합이 이 가격에 주식을 매도하자 주가는 급락했다. 언제나처럼 사람들은 설명을 요구했다. 인터베일이 그렇게 허무하게 무너진 이유는 무엇인가? 이렇게 캐묻는 사람들이 너무 많아지자 대답은 중요한 뉴스거리가 됐다. 금융 소식지 한 곳에서 인터베일의 주가 상승 내막에 빠삭한 중개인들에게 전화를 돌렸다. 주가가 상승한 이유를 잘 알고 있으니 주가가 하락한 이유도 잘 알 거라고 생각했기 때문이다. 강세 조작에 나선 투자조합 회원인 중개인들은 뭐라고 대답했을까? 대답하면 인쇄물로, 또는 방송으로 전국에 퍼질 텐데 말이다. "래리 리빙스턴이 시장을 공격하고 있기 때문이죠!" 이걸로도 성에 안 찼던 모양이다. 그들은 래리에게 "뜨거운 맛"을 보여주겠다고 덧붙였다. 물론 인터베일 투자조합은 계속 매도했다. 주가는 12달러에서 겨우 멈췄다. 투자조합이 주식을 10달러 이하에 팔더라도 평균 매도가는 여전히 매수 원가보다 높았다.

내부자들이 하락세에 매도한 건 현명하고 적절한 처사였다. 하지만 35~40달러에 주식을 산 대중은 사정이 달랐다. 사람들은 소식지

---

* 애디슨 캐맥(1827~1901). 켄터키주 출신으로 월가에서 부를 이루었다. 루이스빌&내슈빌 철도가 배당금을 삭감한다는 내부 정보를 입수해 공매도했다가 이 사실을 눈치채고 주식을 몽땅 긁어모은 다른 투자자에게 당하기도 했다.

가 전하는 대답만 보고는 주식을 보유한 채 래리 리빙스턴이 분개한 투자조합의 손에 혼찌검 나기만을 기다렸다.

상승장, 특히 활황기가 되면 대중은 처음에는 돈을 벌지만 나중에는 돈을 날린다. 상승장에서 더 비싼 값에 팔려고 하다가 매도 기회를 놓치기 때문이다. "약세론자의 공세"라는 해명은 대중이 매도 기회를 놓치는 데 일조한다. 익명의 내부 인사들은 대중이 믿어주길 바라면서 설명을 내놓는데 대중은 이런 설명을 경계해야 한다.

현명한 트레이더는 선물을 가지고 오는 그리스인을 경계한다

대중은 항상 남의 말에 귀를 기울인다. 이런 이유로 비밀 정보를 주고받는 관행이 도처에 만연한 것이다. 증권사는 시장 관련 소식지 같은 매체를 통해서나 구두로 직접 고객에게 매매에 관한 조언하는데, 이런 관행은 매우 바람직하다. 그런데 시장의 흐름은 항상 실제 상황보다 6개월에서 9개월 정도 선행하므로 증권사는 눈앞에 보이는 실제 상황에 과도하게 집착하면 안 된다. 사업 전망을 볼 때 6~9개월 뒤에도 동일한 수익률이 유지될 거라는 확실한 보장이 없으면 지금 당장 눈앞의 수익만 보고 고객에게 주식을 사라고 권하는 건 옳지 않다. 6~9개월 정도 미래를 내다봤을 때 작금의 역학관계를 바꿀 수 있는 여건들이 무르익는 게 보인다면 현재 주가가 저평가됐다는 주장은 자취를 감출 것이다.

트레이더는 앞을 내다봐야 하지만 증권사의 관심사는 당장 들어오는 수수료다. 그러므로 그저 그런 시장 소식지는 오류가 없을 수 없다. 증권사는 대중이 주는 수수료로 사는데, 밥줄은 또 있다. 내부자나 주가조작 세력에게 매도 주문을 받으면 똑같은 주식을 사라고 시장 소식지나 말로 대중을 꼬드긴다. 내부자가 증권사 대표에게 찾아가서 종종 이렇게 말하기도 한다. "내가 보유한 주식 5만 주를 처분하게 시장을 조성해주시오." 중개인이 자세한 조건을 묻는다. 해당 주식의 시세가 50달러라고 하자. 내부자는 중개인에게 이렇게 제시한다. "5000주를 45달러에 매수할 수 있는 콜옵션을 주겠네. 그리고 주가가 1포인트 상승할 때마다 5000주씩 5만 주 전체를 매수할 수 있는 콜옵션을 주겠네. 또 시장가에 5만 주를 매도할 수 있는 풋옵션도 주지."

부릴 수 있는 사람이 많으면 중개인으로선 땅 짚고 헤엄쳐서 돈 벌수 있는 기회다. 물론 내부자는 이런 중개인을 찾는다. 전국 각지의 지점과 직통전화로 연결돼 있고 여기저기 연줄이 있는 증권사라면 대개 이런 일을 처리하는 것을 도와줄 사람이 많을 것이다. 풋옵션이 있으므로 증권사는 어떤 경우에도 절대 안전하다는 점을 기억하라. 만약 중개인이 이런 사람들을 동원할 수 있다면 정규 수수료를 받는 것은 물론이고, 두둑한 수익을 내고 전체 물량을 처분할 수 있을 것이다.

월가에서 유명한 어떤 "내부자"가 남긴 위업이 생각난다. 그는 대형 증권사의 고객 담당팀장에게 전화를 걸었다. 가끔은 증권사와 협업 관계에 있는 사람에게도 전화해서 이렇게 말했다.

"이보게. 여러 번 날 위해 일해줘서 고맙네. 고마움의 표시로 자네한테 돈 벌 기회를 주고 싶네. 회사 하나를 새로 설립해서 우리 회사들 중 한 곳의 자산을 흡수할 계획이네. 주식을 현 시세보다 대폭 비싼 값에 인수할 걸세. 자네한테 반탐 숍스 주식 500주를 65달러에 넘기겠네. 그 주식은 지금 72달러에 거래되고 있다네."

고마움을 표시한 이 내부자는 다른 대형 증권사 사장 10여 명에게도 비슷한 말을 한다. 자, 내부자가 하사한 보상금을 받은 월가 사람들이 이 주식을 받고 나서 어떻게 할까? 이미 수익을 내고 있는 주식을 말이다. 물론 연락이 닿는 사람 모두에게 그 주식을 사라고 조언할 것이다. 인정 넘치는 내부자는 증권사 사람들이 이렇게 나올 줄 알고 있었다. 증권사 사람들은 이런 식으로 시장을 조성하는 데 일조할 테고, 그러면 인정 많은 내부자는 불쌍한 대중에게 자신이 가진 '좋은 물건'을 비싸게 팔아넘길 수 있다.

주식을 매도하려고 주식 기획업자들이 쓰는 판촉 수법 중 일부는 반드시 금지되어야 한다. 일반 투자자에게 상장주를 팔면서 분할 지급 방식을 제시하는 경우가 있는데, 이런 주식은 거래소에서 거래를 허용하지 말아야 한다. 어떤 주식이든 주가가 공시된다는 건 일종의 공식 인가를 받는 셈이다. 자유시장이라는 공적 증표, 그러니까 이따금 가격이 변한다는 것만으로도 손님을 끌어들이기에 충분하다.

지각 없는 대중이 수백만 달러를 날리게 만드는 흔한 판촉 수법은 또 있다. 그런데 수백만 달러를 날리게 만들고도 완벽하게 합법적이라는 이유로 아무도 감옥에 가지 않는다. 무슨 수법인고 하니 오로지 시장에서 긴급히 필요하다는 이유로 발행주식 총수를 늘리는 것이다. 총수를 늘리는 과정은 증권 색깔 바꾸기* 그 이상도 이하도 아니다. 기존 주식 1주를 2주, 4주, 심지어 10주로 쪼개어 신주를 발행하는데, 이런 묘기를 부리는 이유는 대체로 구닥다리 상품을 쉽게 팔고 싶기 때문이다. 1파운드짜리 상품을 1달러에 팔 때는 잘 나가지 않다가 4분의 1파운드로 나누어 25센트에 팔면 잘 나간다. 27~30센트에 팔아도 더 잘 팔릴 것이다.

대중은 어째서 주식을 쪼개서 사기 쉽게 만들었는지 이유를 묻지 않는다. 이 수법 역시 인심 좋은 월가 업자들의 작전이다. 현명한 트레이더는 선물을 가지고 오는 그리스인**을 경계한다. 경고는 이것으로도 충분하다. 하지만 대중은 이런 경고 신호를 무시하고 매년 수백만 달러를 날린다.

개인이나 기업의 신용 또는 사업에 흠집 내기 위해 소문을 꾸며내거나 퍼뜨리는 사람, 즉 대중이 주식을 팔도록 유도해서 주식의 가치를 떨어뜨리는 사람은 누구든지 법의 처벌을 받는다. 원래 이 법은 비상시 은행의 지불 능력이 의심스럽다며 대놓고 떠드는 사람들을 처벌해 고객이 패닉에 빠지는 일을 막자는 취지에서 만든 것이다. 이 법은 대중이 주식을 실질 가치보다 싼값에 팔지 않도록 막아주는 역

---

* 당시 증권은 액면가에 따라 색깔이 달랐다.
** 그리스인의 선물은 트로이 목마를 가리킨다. 그리스가 군사를 숨긴 목마를 트로이 도성 앞에 놓고 후퇴한 척했는데 이 목마를 성 안으로 들였다가 트로이 성이 함락됐다.

할도 한다. 달리 말하면, 이 나라 법에 따르면 주가를 떨어뜨리는 소문을 퍼뜨리는 사람은 처벌 받는다.

그렇다면 실질 가치보다 비싼 값에 주식을 살 위험에 대해 대중은 어떤 보호를 받고 있는가? 근거 없는 호재를 퍼뜨리는 사람은 누가 처벌하는가? 아무도 없다. 대중은 익명 내부자의 조언을 듣고 주식을 터무니없이 비싼 값에 사는 바람에 돈을 날리기도 하고, 소위 약세론자의 "공습" 기간에 주가 하락을 예고하는 조언에 따라 가치를 밑도는 값에 매도해서 돈을 날리기도 하는데, 비싼 값에 사서 날리는 돈이 싸게 매도해서 날리는 돈보다 훨씬 많다.

만약 현재 법으로 주가 하락을 부추기는 거짓말쟁이를 처벌하듯 주가를 띄우기 위해 거짓말하는 자들을 처벌하는 법이 통과된다면 대중은 수백만 달러를 지킬 수 있을 것이다. 주식 기획업자, 주가조작 세력을 비롯해 익명으로 퍼뜨린 낙관론으로 득을 보는 사람들은 으레 이렇게 말하곤 한다. 소문이나 익명의 진술을 믿고 매매하는 사람은 손실을 봐도 스스로를 탓할 수밖에 없다고. 이런 논리는 마약 중독자는 어리석어서 마약에 빠졌으니 보호받을 자격이 없다는 소리나 마찬가지다.

증권거래소가 나서서 도와야 한다. 증권거래소는 불공정한 관행으로부터 대중을 보호하는 일에 부쩍 관심을 기울이고 있다. 어떤 사실을 알 만한 위치에 있는 사람이 사실이나 심지어 자신의 의견을 대중에게 전달하고자 한다면, 이름을 밝히도록 만들어야 한다. 상승 요인이 될 만한 호재를 전하면서 이름을 밝힌다고 해서 모두 진실이 되는 건 아니다. 하지만 이름을 밝히도록 만들면 "내부자들"과 "임원들"은 지금보다 더 신중하게 처신할 것이다.

대중은 주식 거래의 기본을 항상 명심해야 한다. 주가가 오르면 왜 오르는지 분명한 설명을 찾을 필요가 없다. 주가가 계속 오르려면 매수세가 끊이지만 않으면 된다. 이따금 자연스럽게 소폭 조정이 있겠지만 매수세가 동반되면서 주가가 꾸준히 상승하면 주식을 계속 끌고 가는 게 안전하다. 그러나 오랫동안 꾸준히 오르다가 하락 전환해 점차 떨어지기 시작하고 가끔 소폭 반등만 있다면 분명 최소 저항선이 상승에서 하강으로 바뀐 것이다. 이런 상황에서 굳이 설명을 요구할 필요가 있을까? 가격이 내려가는 데는 그만한 이유가 있을 테지만, 이 이유는 대체로 몇몇 사람만 알고 있을 뿐이다. 그런데 이 사람들은 자기들만 그 이유를 알고 있고, 대중에게는 주가가 저평가됐다고 말한다. 이 바닥에서 실상을 아는 소수는 진실을 말하지 않는다. 이 바닥 현실이 이렇다는 걸 대중은 깨달아야 한다.

소위 "내부자" 또는 간부가 했다는 발언 중 상당수는 사실 근거가 없다. 때때로 내부자들은 이름을 밝히든 안 밝히든, 설명을 제시하라는 요구조차 받지 않는다. 떠도는 말들은 이해관계가 크게 걸려 있는 누군가가 꾸며낸 것이다. 시세가 상승하다가 특정 수준에 이르면 대규모 물량을 보유한 내부자들은 주식을 거래하기 위해 전문가의 도움도 마다하지 않는다. 그런데 내부자는 큰손 도박사에게 적절한 매수 시점은 알려주기도 하지만, 매도 시점을 절대 알려주지 않는다. 따라서 큰손 전업 투기꾼 역시 물량을 처분하려면 물량을 소화해줄 시장이 있어야 한다는 점에서 대중과 같은 처지에 놓인다. 이때가 낚이기 쉬운 엉터리 "정보"가 가장 많이 돌아다니는 시기다. 물론 주가가 어느 수준에 있든 믿을 수 없는 내부자들도 있다. 대체로 대기업 수장들은 내부자로서 알게 된 정보에 따라 시장에서 움직이기도 하지만, 자기 입으로 직접 거짓말을 하지는 않는다. 침묵이 금일 때가 있다는 걸 알기 때문에 그냥 일언반구도 하지 않는다.

오랫동안 주식을 투기 거래하면서 쌓은 경험을 통해 나는 한 가지를 확신하게 됐다. 지금까지 여러 번 얘기했지만 침이 마르도록 얘기해도 지나치지 않다. 바로 몇 차례 개별 종목에서 돈을 벌 수는 있어도 지속적으로 일관되게 주식시장을 이길 순 없다는 사실이다. 투기는 100퍼센트 안전할 수 없기 때문에 아무리 노련한 트레이더라도 손해를 볼 가능성이 항상 존재한다. 월가 전문가들은 "내부"에서 나온 비밀 정보에 따라 움직이는 것이 기아, 전염병, 흉작, 정치적 변화 또는 일상에서 일어나는 사건사고보다 더 빨리 사람을 무너뜨린다는 사실을 알고 있다. 월가든 다른 곳이든 성공이 보장된 탄탄대로는 없다. 그렇지 않아도 험난한 길에 굳이 장애물을 보탤 이유가 있을까?

역자 후기

역사상 가장 위대한 투자자 제시 리버모어, 거장의 삶과 투자 철학

제시 리버모어Jesse Livermore(1877~1940)는 20세기 초반 월가를 누빈 풍운아다. 주식과 선물에 투자해 갑부가 되어 롱아일랜드 대저택에 살면서 요트를 타고 매일 뉴욕으로 출근했던 사내. 그러나 이 책에 추종자들을 거느리며 거드름 피우는 사내는 없다. 아니, 온갖 비바람을 맞아가며 버티는 고독한 사내가 있을 뿐이다. 중개소와 월가에 몰려든 인간 군상 속에서 고군분투하는 외로운 트레이더 말이다. 이 책의 작가 에드윈 르페브르는 20세기 전반 '월스트리트의 황제'라 불린 제시 리버모어를 고스란히 반영한 인물 래리 리빙스턴을 내세워 그의 투자 기법과 투자 철학을 소개한다.

이 소설은 호가판의 시세를 받아 적는 사환에서 시작해 월가의 전설이 된 사내의 성장 드라마이자, 화려한 가면 속 월가의 진면목을 엿볼 수 있는 투시경이기도 하다. 유난히 숫자에 강하고 기억력이 좋았던 래리 리빙스턴은 사설 중개소에서 친구를 따라 우연히 몇 달러를 투자했다가 돈을 벌자 혼자 열심히 '투자'해 '꼬마 도박사'라는 별명까지 얻는다. 그러나 돈을 너무 잘 번 탓에 곧 받아주는 사설 중개소가 없는 지경에 이른다. 결국 돈을 투자할 곳이 정식 중개소밖에 없게 되자 리빙스턴은 트레이딩의 본거지 뉴욕으로 떠난다. 그러나 정식 거래소에서 매매한 지 6개월도 못 돼 알거지가 된다. 사설 거래소는 실제 주식이 오가지 않기 때문에 돈을 걸 때 매매가가 고정되어 있지만, 정식 중개소는 시세 테이프에 100이 찍히더라도 실제 거래가 체결될 때는 97이 될 수도 103이 될 수도 있었기 때문이다.

쓴맛을 본 리빙스턴은 돈을 왕창 벌었다가도 쫄딱 망하기를 여러 번 반복한다. 그러다 우여곡절 끝에 마침내 월가의 거물로 우뚝 선다. 1907년 주식시장이 공황에 빠졌을 당시에는 J. P. 모건이 그에게 공매도를 중지해달라고 부탁까지 하게 된다. 리빙스턴은 이때 모건의 부탁을 들어주고도 하루 만에 300만 달러를 버는 쾌거를 올리기도 한다.

그런데 이런 풍파를 겪으면서 리빙스턴은 차츰 자신만의 투자 원칙을 정립하게 된다. 개별 주식의 주가 등락에만 의존하던 습관을 버리고 업종 전체의 주가 동향을 살펴야 하며, 시장 전반의 움직임, 즉 대세에 편승해야 한다는 사실을 깨닫게 된다. 물론 이런 깨달음을 얻기까지는 그동안 길러온 시세 테이프 판독 능력과 기억력 훈련이 큰 도움이 됐다. 리빙스턴은 이유를 콕 짚어 말할 순 없지만 어떤 '예감'이 강하게 들 때가 있다는 것, 인간의 무의식이 작용한다는 것 역시 인정했다. 실제로 이런 '감'을 믿고 돈을 걸어 큰돈을 거머쥐기도 했다. 그러나 이마저도 그동안 거쳐온 수많은 연구와 작업, 자신만의 매매 원칙을 부지런히 갈고닦은 결과였다. 그런 노력들이 무의식에 작용해 소위 돈 되는 쪽으로 '촉'이 온 것이다.

이 소설 속 주인공의 투자 역정을 통해 얻을 수 있는 알토란 같은 투자 원칙을 몇 가지 소개하겠다.

· 절대 확실한 건 세상에 없다. 언제나 확률이 높은 쪽에 걸어라.
· 절대 밑바닥에서 사려고 하지 말고 팔 때는 좀 이르다 싶을 때 팔아라.
· 최대한 싸게 사거나 최고가에 공매도하려고 용쓰지 마라. 핵심은 적시에 사고파는 것이다.
· 시세 테이프와 다투지 말고 대세에 따라 매매하라.

· 비밀 정보에 목매지 마라. 대신 관찰하라. 관찰하면 최고의 비밀 정보를 손에 넣을 수 있다.

누구나 살 때는 최대한 싸게 사고 공매도할 때는 최대한 비쌀 때 공매도하고 싶은 게 인지상정이다. 주인공은 여러 차례 분할해서 매수하거나 공매도하는 전략을 썼는데, 주가가 강세라고 판단하면 이전보다 주가 수준이 높아져야 계속 매수에 나섰고 반면 약세라고 판단하면 이전보다 주가 수준이 낮아져야 계속 공매도했다. 즉, 주가가 오르면 계속 매수하고 주가가 내려야 계속 공매도했다.

그러나 무엇보다 주인공이 골수에 사무치게 깨달은 교훈은 스스로 생각하고 자신의 눈으로 직접 보라는 것이다. 주인공은 항상 혼자서 판단하고 움직였지만, 어쩌다 남의 말에 솔깃할 때도 있었는데 그런 때는 여지없이 돈을 날렸다. 따라서 주인공은 우리에게 경거망동하지 말고 신념을 지키며 버티라고 말한다. 물론 '옳은 쪽', 그러니까 돈이 되는 쪽으로 판단하게 되려면 끊임없이 연구하고 시장의 흐름을 계속 추적하는 습관이 몸에 배야 한다.

이 소설에서 역자가 가장 재미있게 읽었던 부분은 월가에 진을 치고 있는 협잡꾼들을 만나면서 주인공이 겪는 모험들이었다. 주인공은 주가조작 세력, 엉터리 호재나 악재를 퍼뜨리는 사기꾼, 입을 꾹

닫고 개미들을 등쳐먹는 내부자 등등 돈을 벌기 위해 수단 방법 가리지 않는 온갖 인간들과 얽힌다. 주인공의 아내까지 이용해 거짓 정보를 유포하려는 모사꾼, 상속 편의를 위해 사탕발림으로 주인공을 끌어들인 야비한 인간, 커피 선물을 공매도해놓고 커피 가격이 오를 조짐이 보이자 국민을 생각하는 척 당국을 구슬려서 커피 가격을 동결한 업자들도 있었다. 주인공은 때로는 이들에게 걸려들어 괜히 헛물만 켜기도 하고 때로는 수법을 간파하고 빠져나오기도 한다.

이 책은 투자 기법을 나열한 책이 아니다. 그러나 투자 비법을 소개하는 어떤 전략서보다 더 독자들의 투자에, 인생에 참고서가 될 만한 책이다. 역자 주변에도 소소하게 재미 삼아, 혹은 노후 대비용으로 주식에 투자하는 사람들이 많다. 그런데 어느 날은 사상 최고치를 찍었다고 하더니 어느 날 갑자기 거품 붕괴니 악재니 하는 말이 들린다. 이런 시장의 흐름에 따라 일희일비하는 모습을 숱하게 봐왔다. 이처럼 종잡을 수 없는 시장에서 악전고투하는 우리들에게 주인공은 끝으로 이렇게 당부한다.

호구 잡히지 마라! 자신의 의지를 따라라!
잘되겠지 하는 막연한 믿음, 잘못되면 어쩌나 하는 막연한 두려움 모두 버려라! 어중이떠중이들을 연구하라! 인간은 같은 실수를 또 하기 마련이니까.